新编公共管理教学丛书

■ 主 编 王作军
副主编 甄 杰

管理学理论与实务

GUANLIXUE LILUN YU SHIWU

西南师范大学出版社
国家一级出版社 全国百佳图书出版单位

图书在版编目(CIP)数据

管理学理论与实务 / 王作军主编. — 重庆 ：西南师范大学出版社，2016.8
ISBN 978-7-5621-7980-1

Ⅰ. ①管… Ⅱ. ①王… Ⅲ. ①管理学一教材 Ⅳ. ①C93

中国版本图书馆 CIP 数据核字(2016)第 118664 号

管理学理论与实务

主　　编：王作军
副 主 编：甄　杰

责任编辑：雷　兮
封面设计：李建卫
出版发行：西南师范大学出版社
网址：www.xscbs.com
地址：重庆市北碚区天生路 2 号
邮编：400715
经　　销：全国新华书店
印　　刷：重庆紫石东南印务有限公司
开　　本：787mm×1092mm　1/16
印　　张：23.25
字　　数：550 千字
版　　次：2016 年 11 月　第 1 版
印　　次：2016 年 11 月　第 1 次
书　　号：ISBN 978-7-5621-7980-1

定　　价：42.00 元

新编公共管理教学丛书

编委会

总 序 ZONGXU

党的十八届三中全会把全面深化改革的总目标确定为完善和发展中国特色社会主义制度，推进国家治理体系和治理能力现代化。这就意味着国家的管理制度、管理模式以及运行机制都将发生根本性变化，与此相适应，国家公共部门与社会组织的管理人员素质和能力也将面临新的要求。为了适应改革发展的新变化，培养和造就一大批适应经济社会发展需要的，特别是国家治理体系和治理能力现代化发展要求的合格建设者，我们组织编写了这套"新编公共管理教学丛书"。

该丛书以公共管理的主干课程为依据，以理论应用和实践运行为指向，构建了以《公共管理学》《公共政策学》《政府经济学》《管理学理论与实务》《行政管理学》《电子政务》《行政伦理学》《人力资源管理》《公务员制度》《领导科学》《地方政府管理》《社会科学研究方法》等为主体的结构体系，以期顺应法治政府和服务型政府的发展要求，探索和构建公共管理本科教学新体系。

该丛书是由一批在高校长期从事公共管理教学和研究工作的中青年学者编写完成的，他们立足于自己的理论研究成果与教学经验的总结，在合理地吸收国内外学者研究成果的基础上形成了独具特色的教学研究成果。其特色和优势在于：一是突出重点，独成体系。丛书教材编写中，十分重视把握本学科的学术前沿问题，突出学科重点，并以重点问题为主线，以学科发展规律为依据，构建独具特色的教材体系。二是立足国情，关注现实。丛书教材编写中，把立足国情作为出发点，并以中国 60 多年的发展，特别是改革开放 30 多年发展的基本国情为基础，总结公共管理理论与实践发展的成果，揭示中国公共管理理论与实践发展的规律，彰显公共管理发展的中国特色。与此同时，以强烈的问题意识关注公共管理改革发展中的现实问题，探索其原因，提出相应的对策建议，使教材具有较强的现实感和针对性。三是放眼世界，时代意识。在丛书教材编写中，坚持世界眼光，全球思维，力求最大限度地吸收和借鉴国外有关公共管理的最新研究成果，并把这些成果与时代发展的特色相结合，以现时代的眼光、现时代的思维来分析和认识世界范围内公共管理中理论和实践的发展问题，使教材内容具有强烈的时代感和世界性。

该丛书主要适用于高等院校公共管理专业的本科生教学和学习之用，也适用于继续教育，网络教育本、专科学生教学和学习之用，还可作为公共管理部门领导和工作人员学习参考之用。

该丛书在组织编写过程中，编者吸收和借鉴了国内外学者的一些研究成果，得到西南师范大学出版社、西南大学图书馆、西南大学信息中心以及西南大学政治与公共管理学院等单位的大力支持和帮助，西南大学政治与公共管理学院的部分研究生参与了大量的文献收集和整理工作，对此，一并表示衷心感谢！

该丛书作为公共管理学本科教学的主要教材，期望加强与国内高校的交流与合作，以进一步推动公共管理教学的改革与创新，促进公共管理教材建设的新发展。

由于编者水平所限，丛书中难免有疏漏和欠妥之处，敬请广大读者批评指正。

丛书编委会

2014 年 9 月于西南大学绩镛楼

目 录

第一章　管理与管理学

本章学习目标

1.掌握管理的基本内涵与基本问题。

2.掌握管理的职能与过程。

3.了解管理学的学科体系。

4.掌握管理学的研究对象与研究方法。

知识结构图

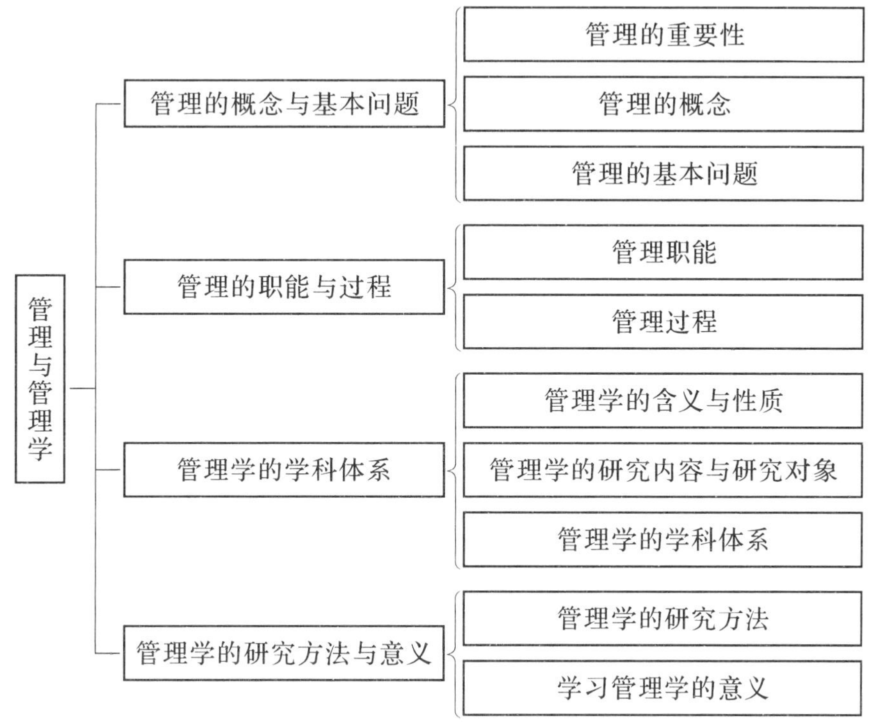

本章学习重、难点

重点

1.掌握管理的基本内涵与基本问题。

2.掌握管理的基本职能以及管理过程。

难点

1.理解管理的职能及其之间的关系。

2.理解管理学的研究对象与研究内容。

3.理解并掌握管理学的研究方法。

引　例

破解公路乱收费乱象离不开财税改革①(节选)

山东交通部门宣布,2014 年底到期的 15 条(段)高速公路将继续收费,主要理由是偿还银行贷款。山东省延时收费现象并非个例,此前新疆等地对到期公路的收费态度也如出一辙,由此激起了民意的反弹。如若说公路收费的初衷是为了集合众人之力筹措专项建设资金,那么现在许多公路收费的目的都已有所跑偏。

值得一提的是,山东省公然坦陈其公路实施“统贷统还”,这意味着只要有一条道路还没还清贷款,其他公路收费都将延续。《收费公路管理条例》规定:政府还贷公路的收费期限最长不得超过 15 年,中西部地区收费期限最长不得超过 20 年。收费公路的收费期限届满,以及政府还贷公路收费期限届满前已经还清贷款、还清有偿集资款的,必须终止收费。据此,公路延时收费、将还贷公路收取的部分通行费用于其他公路项目都有违法律规范,地方政府此举相当于将公共交通建设责任转嫁给了广大过路车主。既然相关审计已披露高速公路收取的车辆通行费被挤占挪用、违规减免、利益输送等问题十分突出,包括山东、河南、河北等多地已被曝对公路收费实行了“统贷统还”,有关部门应当承担相应的违法违规责任,切莫让“法不责众”的心态无度滋长。

① 马红漫.公路收费乱象与财税体制改革[N].南方都市报,2014-12-02(AA23 版).

第一节 管理的概念与基本问题

管理是共同劳动的产物，是社会化大生产的必然要求。当人们只需要独立从事各种活动就能满足生产的需要时，个人可以单独地决定其行动计划，加以执行，并对执行结果加以控制。但是有了社会性的共同劳动之后，为了实现共同目标，人们就需要分工与协作，于是劳动过程中的“指挥、监督、协调”功能显得日益重要。随着社会分工的出现，管理出现了。马克思在《资本论》一书中提出“一切规模较大的直接社会劳动或共同劳动，都或多或少地需要指挥，以协调个人的活动”①。

一、管理的重要性

人“生而有欲”，而且还会随着当前需求的不断满足而产生更多的需求。但是，每个人或者说我们整个人类拥有的资源是有限的，但是，需求却是无限的，这就产生了资源的有限性与需求的无限性之间的矛盾，此时，需要找到协调解决这对矛盾的方法。这样，管理就应运而生了。管理的重要性体现在以下几方面。

1.管理是维系人类正常社会生活的基本保障

人类的一切社会生活都离不开管理。一个人在组织中工作，首先要靠一个共同的目标把大家聚集在一起，按一定的结构组织起来，在共同遵守的规章制度下协调工作，这就是管理。早在原始社会，人类就明白了组织的重要性，而有了组织，也就有了管理。随着人类社会文明不断发展，人际交往日益频繁，生产和生活的社会化程度越来越高，管理也就越来越重要了。管理的重要性，在我们每个人的日常生活中也可以体现出来。个人的工作、生活也需要很好地管理。比如，在学习之余做些什么？诸如此类的问题，都要有计划地安排。总之，管理的重要性体现在管理的普遍性之中，管理是人类社会普遍存在的一种社会性活动。

2.管理是促进生产力发展的关键因素

在生产力的要素中，劳动力、劳动工具、劳动对象如果没有相应的管理就形成不了生产力。科学技术是第一生产力，它融于劳动力、劳动工具和劳动对象之中，而管理是生产力中的结合性要素，如果没有管理来组织与创造条件，科学技术难以转化为生产力。美国人把经济社会发展史上的成功看作“三分靠技术，七分靠管理”，第二次世界大战后经济腾飞的日本也认为是技术和管理两个车轮使经济起飞的。这说明管理可以促使科学技术和劳动力、劳动工具、劳动对象有效地结合起来，尽快投入生产，使总体生产力得以扩大和发展。当今，科学技术的发展日新月异，生产力的发展更是突飞猛进，劳动生产率迅速提高，给管理工作提出了新的、更高的要

① ［德］马克思，恩格斯.马克思恩格斯全集（第23卷）［M］.中共中央马克思恩格斯列宁斯大林著作编译局编.北京：人民出版社，1973.

求，也为管理学的发展创造了条件、提供了机会。

3.管理是社会资源有效配置的根本保障

任何管理活动都必须有相应资源的支持，人力、物力、财力等资源是一切管理活动赖以开展的基础；同时，管理是管理主体通过有效配置资源而发挥作用的。合理配置资源是管理活动顺利进行的根本保障，是各种资源能够有效发挥作用的前提，“人尽其才，物尽其用，货畅其流”，均是组织实现管理目标的重要途径。现代社会，人类活动的规模越来越大，社会化程度越来越高，社会分工越来越细化，一项管理活动的开展可能会调用数以万计的人员、上亿元资金和数千万吨物材。生产力的发展促使社会化大生产，分工细密、专业化水准空前提高，广泛采用现代科学技术、复杂的机器和机器体系，每一件产品可能都要通过掌握人、财、物、技术资源的几十人、几百人甚至几千人的共同努力才能完成。这些人可能处于不同的空间，他们之所以能够密切协作，正是由于存在着有效的管理活动。

4.管理是增强组织实力和竞争力的必要前提

一个组织的实力和竞争力取决于诸多因素，如拥有的资源数量、创新能力、信誉等。这些因素都会随着环境变化而发生变化，而这种变化取决于组织管理水平的高低。有效管理就在于以尽可能少的人力、财力、物力的投入来获取更多的效益，有效地实现组织目标，增强组织的实力和竞争力。对企业而言，管理得好，企业就会提供尽可能多的利润和税收，不仅提高了经济效益，而且也为社会做出了贡献，对整个社会和国家的经济建设和发展都有着十分重要的意义。再比如，一个学校要培养出合乎时代需要、社会需要的高素质人才，就要有高素质的教师、一流的教材以及良好的教学体系和后勤服务体系，这些都要依靠科学的管理才能得以实现。

专栏 1-1　管理的必要性

自西方文明诞生之日起，管理也就应运而生了。伴随着人类从蛮荒时代走向文明，管理作为一门学科，一直占据着基础而又重要的地位。因为管理植根于现代工业体系的特征和现代商业企业的需求之中，而工业体系必须把有价值的人力和其他资源投入商业企业中。然而，管理的范围并不囿于此，它体现在西方社会的根本信念之中。借助系统的经济资源组织，人们的生活可能得以调节，这是“管理”对这种根本信念的一种诠释。乔纳森·斯威夫特早在 300 多年前就郑重指出：“谁能在原先只长单叶草的土地上种出双叶草，那么他就要比所有思辨的哲学家或是玄奥的系统创建者更有功于人类。”

管理部门作为特定的社会组织，承担着使资源更有利用效率的重任，亦即承担着实现经济在组织下进步的重任，为此体现了当今的时代精神。事实上，管理是不可或缺的。

——摘自彼得·德鲁克《管理实践》(*The Practice of Management*)

二、管理的概念

既然学习管理如此有必要，那么在学习之前首先得搞清楚什么是管理。仁者见仁，智者见智。不同的学者专家提出了不同的见解。

中国古代把开锁的钥匙称为“管”。成语“北门之管”就用来比喻军事要地或守御重任。“理”字由“玉”和“里”两部分构成，原意为加工雕琢玉石。后来，人们将“理”引申为按照事物自身的规律或者按照特定标准对事物进行加工、处置之意。在《辞海》中“管理”有三层含义：一是负责某项工作使其顺利进行，二是保管和料理，三是照管并约束(人或动物)。因此，“管理”在汉语中，就是指管束、治理。若仅从字面词义上了解“管理”的概念及内涵，就显得一叶障目了。

随着管理理论和管理实践的不断发展，人们对于管理的概念的理解也逐步趋于完善。关于“管理”，国外学者从不同维度提出了自己独到的见解(如表 1-1 所示)。

“科学管理之父”弗雷德里克·泰勒(1911)指出：管理就是确切地知道你要别人干什么，并使他用最好的方法去干。泰勒的定义指出，管理者要研究如何让他人用正确的方法去做正确的事。[①]

“现代经营管理之父”、管理过程学派开山鼻祖亨利·法约尔在《工业管理与一般管理》(1925)一书中给出了“管理”的定义，他认为管理是所有的人类组织(企业、政治、宗教、慈善事业、军队以及其他各种行业)都有的一种活动，这种活动由五项要素组成：计划、组织、指挥、协调和控制。[②]

哈罗德·孔茨(1955)在他的著作《管理学原理》与《管理学精要》中这样给“管理”下定义：管理就是设计并保持一种良好的环境，使人在群体里高效率地实现既定目标的过程。管理包括计划、组织、人员配置、领导和控制五项职能；管理适用于各类组织和组织的各层次管理者；管理的目标就是创造盈余，并以生产率来反映实现目标的情况。生产率包含效益和效率，效益是指目标达到的程度，而效率要求以最少的资源来达到目标。[③]

管理决策学派主要代表人物，1978 年诺贝尔经济学奖获得者赫伯特·西蒙在其著作《管理决策新科学》(1960)一书中提到的观点：管理就是制定决策。他认为，决策是管理的核心，决策贯穿于管理的全过程。[④]

现代管理之父彼得·德鲁克(1973)结合其管理实践说，提出“管理就是一种实践，其本质不在于‘知’，而在于‘行’，其验证不在于逻辑，而在于成果”[⑤]的观点，从管理的实践性与实效性方面强调管理的唯一权威就是成就。

---

① [美]弗雷德里克·泰勒.科学管理原理[M].马风才，译.北京：机械工业出版社，2013.

② [法]亨利·法约尔.工业管理与一般管理[M].迟力耕，张璇，译.北京：机械工业出版社，2007.

③ [美]海因茨·韦里克，哈罗德·孔茨.管理学——全球化视角(第十一版)[M].马春光，译.北京：经济科学出版社，2004.

④ [美]赫伯特·西蒙.管理决策新科学[M].李柱流，汤俊澄，等译.北京：中国社会科学出版社，1982.

⑤ [美]彼得·德鲁克.管理：任务、责任和实践[第三部][M].刘勃，译.北京：华夏出版社，2008.

表 1-1 国外学者关于"管理"概念的观点归纳

维度	定义	视角	特征	要素	适用范围
泰勒	管理就是确切地知道你要别人干什么,并使他用最好的方法去干	提高工作效率	管理与劳动分离	科学化、标准化的工作流程,计件工资制	满足标准化管理的工厂或组织
法约尔	管理就是实行计划、组织、指挥、协调和控制	企业经营活动	区别经营与管理,认为管理是各个职能发挥作用的过程	计划、组织、指挥、协调和控制	人类一切组织(包括工商业、政府、教会、军事组织以及其他各种团体)
孔茨	管理就是设计并保持一种良好的环境,使人在群体里高效率地实现既定目标的过程	管理过程	以管理过程与职能为研究对象	环境、目标、计划、组织、人事、领导和控制	各类组织和组织的各层次管理者
西蒙	管理就是制定决策,决策贯穿于管理的全过程	决策	将管理从一般事务性工作中解脱出来	以数学模型与程序为工具,制定决策方案	各类组织与各层次的管理者
德鲁克	管理就是一种实践	管理的实践性与实效性	管理的本质不在于"知",而在于"行",其验证不在于逻辑,而在于成果	"知""行"与成就	各类组织与各层次的管理者

我国学者也从不同角度和侧面对管理的定义给出了解释。

从管理的活动过程与管理职能给出定义,认为管理是管理者在特定的环境和条件下,为了实现组织预期的目标,对组织所拥有的资源进行计划、组织、领导和控制等活动的过程,这个过程包括决策的制定和实施两个阶段,或计划、组织、领导、控制四个职能(张智光,2010;周三多,2011;娄成武,2011)。

以动静结合的视角来研究管理,如申喜连(2004)认为:管和理的含义是不同的。管着眼于控制,即按照预定计划和标准把人、财、物管控在一定范围内,着眼于静态;理则是梳理,使之条理化,延伸其意义是指创造一种机制或"势",使人在这种机制或势中顺势而为,从而达到目标。好比大禹治水,堵是管,疏则是理。①

综合国内外学者的观点,可以把管理的定义概括为:管理是管理主体依据其拥有的权力,通过实施计划、组织、领导、控制等职能,营造特定的环境与条件,对人力、物力、财力及其他资源进行有效协调与配置,以实现既定目标的活动过程。管理包含以下几层含义。

① 申喜连.管理概念的新审视[J].中国行政管理,2004(3).

①管理的主体既可以是个人,也可以是以组织形式出现的机构或团体。作为个人的管理主体通常成为管理者,基本上可以分为高层管理者、中层管理者和基层管理者三个层次。管理者既包括国家的统治者、政府的领导者,还包括企业的经理及社会组织的管理者等。

②管理的对象是生产经营或者日常工作的过程中出现的大量问题或者事务。

③管理的出发点和归宿是达到既定目标。管理的直接目标是追求效益,包括经济效益、社会效益及生态效益。除此之外,效率也是管理追求的目标,由于组织中的资源有限,所以,追求低投入、高产出也十分重要。

④管理是一个过程。这个过程是由计划、组织、领导和控制等活动组成的,管理过程中的一系列活动构成相互关联的整体。

专栏 1-2　管理小寓言:袋鼠与笼子

一天,动物园管理员发现袋鼠从笼子里跑出来了,于是开会讨论,一致认为是笼子的高度过低。所以他们决定将笼子的高度由原来的 10 米加高到 20 米。结果第二天他们发现袋鼠还是跑到外面来,所以他们又决定再将笼子的高度加高到 30 米。没想到隔天居然又看到袋鼠全跑到外面,管理员们大为紧张,决定一不做二不休,将笼子的高度加高到 100 米。一天,长颈鹿和几只袋鼠们在闲聊。"你们看,这些人会不会再继续加高你们的笼子?"长颈鹿问。"很难说,"袋鼠说,"如果他们再继续忘记关门的话!"

管理心得:事有"本末""轻重""缓急",关门是本,加高笼子是末,舍本而逐末,当然就不得要领了。管理是什么? 管理就是先分析事情的主要矛盾和次要矛盾,认清事情的"本末""轻重""缓急",然后从重要的方面下手。

三、管理的基本问题

解决管理的基本问题是管理者组织管理活动的首要任务。管理的基本问题主要包括管理的要素、管理的性质以及管理的特点等方面。

1.管理的要素

从上述定义可以看出,在一个组织的管理中,管理主体为实现其管理目标,运用所掌握的权力对被管理者(管理客体)施加某种作用。为此,管理主体、管理客体、管理目标、管理活动、管理环境等要素相互作用构成一个完整的系统。从图 1-1 可以看出,管理主体为了实现管理目标而进行一系列的管理活动,管理主体首先对管理环境进行分析预测,筛选并获得组织管理活动开展的有效信息,然后通过资源配置协调对管理客体施加作用,以确保组织目标的实现,最后,管理客体将主体的实施信息与效果反馈给管理主体,以便管理主体监测管理活动是否符合组织目标,监测组织目标的实施情况。同时,被施加作用的管理客体会发生某种变化,这种变化也会对管理环境具有一定的影响,这是一个循环往复的过程。此外,管理环境影响管理目标的制订与实施,而管理目标的实现有助于改善组织的管理环境(主要是内部环境)。

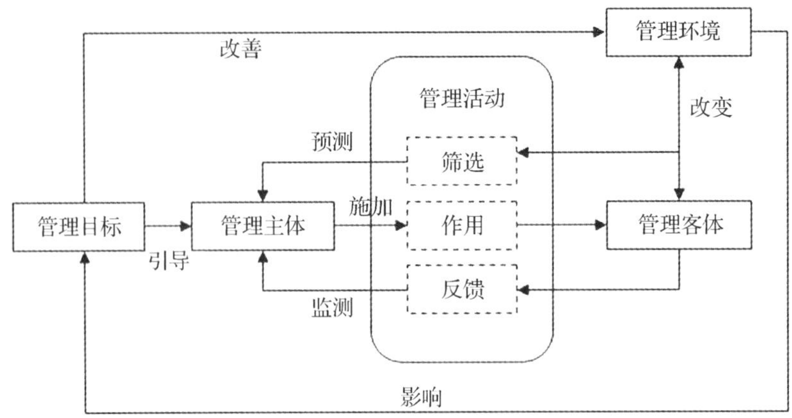

图 1-1 管理要素的构成

(1)管理主体

管理主体(Management Subject)是指从事管理活动的人员,是管理作用的施加者,又称为管理者(Manager)。一般而言,管理者通常分为三个层次:高层管理者、中层管理者和基层管理者。基层管理者一方面对被管理者进行管理,另一方面又是中层管理者的管理对象;中层管理者一方面对基层管理者进行管理,另一方面又要接受高层管理者的管理。所以,基层管理者、中层管理者既是管理主体又是管理客体。

(2)管理客体

管理客体(Management Object)是指被管理的对象,是管理作用的接受者或者管理活动的执行者,包括组织内部人员、财物、信息等资源。值得注意的是,管理者可能既是管理主体,又是管理客体。例如,某部门经理,在本部门范围内,他是管理主体,但对于总经理来说,他又是管理客体。因此,根据管理层次,对管理客体中的人员,可以分为高层管理者与中层管理者以及基层管理者三类。中层管理者相对于高层管理者而言是管理客体,对于基层管理者而言是管理主体。此外,基层管理者同时也是高层管理者的管理客体。

(3)管理目标

管理目标(Management Objective)是指管理者进行管理活动所努力的方向或要达到的目的或者想获得的利益,可以用绩效来衡量。其中,绩效包括效益与效率两方面内容。效益(Effectiveness)是指组织所要达到的目标的实现程度;效率(Efficiency)是指实现一定数量的产品所投入的各种资源的数量,可以用产出与投入比来衡量。

(4)管理活动

管理活动(Management Activity)是指管理主体和客体相互之间发生联系的桥梁,是管理工作的主要体现。在管理过程中,管理活动是核心要素,如图 1-1 所示:管理活动首先按照管理主体的意愿向管理客体施加作用;其次,管理客体将管理的效果反馈于管理主体,以便其进行控制监测;最后,监测管理的内外部环境状况,并进行分析、预测,为管理主体的决策与组织目标的调整与完善提供有效信息。结合本书定义,我们可以看到,计划、组织、领导和控制四项职能正是从众多的管理活动中总结归纳得来,这四项主要职能实际上构成了一个有机联系的管理过程。

(5)管理环境

管理环境(Management Environment)也就是组织环境,是指对组织绩效起着潜在影响的外部机构或力量。管理的环境是组织生存发展的物质条件的综合体,它存在于组织界限之外,并可能对管理当局的行为产生直接或间接影响。[①] 任何组织都是在一定环境中从事管理活动的;任何管理也都要在一定的环境中进行,这个环境就是管理环境。管理环境的特点制约和影响管理活动的内容和实施。管理环境的变化要求管理的内容、手段、方式、方法等随之调整,以利用机会,趋利避害,更好地实施管理。尤其对于行政管理来说,管理环境的影响和作用更是不可忽视。这是由行政环境的特点所决定的。管理环境分为外部环境和内部环境,外部环境一般有政治环境、社会文化环境、经济环境、技术环境和自然环境,内部环境有人力资源环境、物力资源环境、财力资源环境以及内部文化环境。

2.管理的性质

任何社会生产都是在一定的生产关系下进行的。管理,从最基本的意义来看,一是指挥劳动,二是监督劳动。由于生产过程具有二重性——既是物质资料的再生产,同时又是生产关系的再生产。因此,对生产过程进行的管理也就存在着二重性:一是与生产力、社会化大生产相联系的管理自然属性,二是与生产关系、社会制度相联系的管理社会属性。这就是管理的二重性(管理的性质)。它是马克思关于管理问题的基本观点。

管理的二重性是由管理活动本身所决定的,一方面,管理具有自然属性。管理活动的产生具有其客观必然性,是由人们共同劳动而引起的。任何社会,只要进行有组织的实践活动,人与人之间就会实行分工协作,监督、指挥等活动势必会出现。管理是从劳动分工中产生的,是管理活动专门化的产物,因此,它具有同生产力相联系的自然属性。

另一方面,管理具有社会属性。任何一种管理活动都是在一定的社会制度下进行的,都要反映特定的生产关系,是生产关系实现的方式之一。社会生产关系决定着管理的性质,决定着管理方式、手段、工具的选择与运用。管理势必体现出生产资料占有者的意志,因此,管理又具有同生产关系相联系的社会属性。

管理的二重性是相互联系、相互制约的。一方面,管理的自然属性不可能孤立存在,它总是在一定的社会形式、社会生产关系条件下发挥作用;同时,管理的社会属性也不可能脱离管理的自然属性而存在,否则,管理的社会属性就会成为没有内容的形式。另一方面,管理的二重性又是相互制约的。管理的自然属性要求具有一定社会属性的组织形式和生产关系与其相适应;同样,管理的社会属性也必然对管理的科学技术等方面产生影响或制约作用。

3.管理的特点

管理是一门科学,需要依据实际情况行事;管理是一门艺术,就如作曲、舞蹈、体育活动一样需要灵活运用。从管理活动过程的要求来看,既要遵循管理过程中客观规律的科学性要求,又要体现灵活协调的艺术性要求,这就是管理所具有的基本特征——科学性与艺术性。

---

① [美]斯蒂芬·P.罗宾斯,玛丽·库尔特.管理学(第11版)[M].李原,孙健敏,黄小勇,译.北京:中国人民大学出版社,2012.

(1)管理是一门科学

管理具有科学的特点,以反映客观规律的管理理论和方法为指导,有一套分析问题、解决问题的科学的方法论。而且,作为总结管理规律的管理学所具有的特点也足以证明管理是一门科学。

①客观性。管理学的研究对象是人类社会中各种组织的管理活动,它从客观实际出发,揭示管理活动的客观规律。它是一种科学知识,是对客观事物及其规律的真实反映。

②实践性。管理学是从实践中产生并发展起来的一门学科,它所包含的知识都是人们多年来实践经验的总结,它的直接目的就是有效地去指导实践。

③系统性。现在的管理学已经形成了一整套理论,这是通过对大量的实践经验进行概括和总结发展而成的。管理的各个功能以及过程相互间有着紧密的联系,从而形成了一个合乎逻辑的系统。

④发展性。管理学处于不断发展完善的过程当中,因为受到各方面条件的限制,管理不可能达到尽善尽美的程度,它要在发展中不断充实、完善,有些内容还要进行修正,使之能够更有效地去指导实践。

(2)管理是一门艺术

艺术的含义是指能够熟练地运用知识,并且通过巧妙的技能来达到某种效果。管理活动除了要掌握一定的理论和方法外,还要掌握灵活运用这些知识和技能的技巧与诀窍。管理的艺术性主要表现为实践性。

管理的科学性和艺术性并不相互排斥而是相互补充。不注重管理的科学性而只强调管理的艺术性,将使管理表现出随意性;不注重管理的艺术性而只强调管理的科学性,管理科学将会是僵硬的教条。管理的科学性来自管理的实践,管理的艺术性要结合具体情况并在管理实践中体现出来,二者是统一的。

第二节　管理的职能与过程

尽管各类不同组织以及各组织的不同管理层次和管理领域中的管理活动是多种多样的,但是从中可以概括出一些具有共性的基本管理程式。本节将从管理职能与管理过程两方面对管理共性的基本程式进行逐一解读。

一、管理职能

管理职能(Functions of Management)是管理主体为实现组织既定的目标而进行管理活动所承担的职责以及功能。管理职能一般是根据管理过程的内在逻辑,划分为几个相对独立的部分。划分管理的职能,并不意味着这些管理职能是互不相关、截然不同的。划分管理职能,其意义在于:管理职能把管理过程划分为几个相对独立的部分,在理论研究上能更清楚地描述管理活动的整个过程,有助于实际的管理工作以及管理教学工作。划分管理职能,管理者在实践中有助于实现管理活动的专业化,使管理人员更容易从事管理工作。在管理领域中实现专业化,如同在生产中实现专业化一样,能大大提高效率。同时,管理者可以运用职能观点去建立或改革组织机构,根据管理职能规定的组织内部的职责和权力以及它们的内部结构,从而也就可以确定管理人员的人数、素质、学历、知识结构等。

最早对管理职能做出概括的是法国的实业家、管理学家亨利·法约尔,他于1916年提出了管理五职能说,即管理具有计划、组织、指挥、协调和控制五项基本职能。在法约尔之后,许多学者根据社会环境的新变化,对管理的职能进行了进一步的探究,有了许多新的认识。20世纪30年代,戴维斯等人提出了管理三职能说,即管理的职能是计划、组织、控制。古利克和厄威克就管理职能的划分,提出了著名的管理七职能说,认为管理职能包括计划、组织、指挥、协调、控制、人事、沟通等。20世纪50年代,哈罗德·孔茨提出了管理的五职能说,他认为管理的职能包括计划、组织、人员配置、领导、控制五项职能。20世纪60年代以来,随着系统论、控制论和信息论的产生以及现代技术手段的发展,管理决策学派的形成,使得决策问题在管理中的作用日益突出。赫伯特·西蒙等人在解释管理职能时,突出了决策职能。他认为组织活动的中心就是决策。制订计划、选择计划方案需要决策,设计组织结构需要决策,人事管理等也需要决策,选择控制手段还是需要决策。他认为,决策贯穿于管理过程的各个方面,管理的核心是决策。20世纪90年代以后,学术界通常把管理的主要职能归纳为计划、组织、领导和控制四项职能,即管理的职能主要包括:计划、组织、领导和控制。

计划(Planning)是管理主体对组织未来的行动进行的预先统筹安排,是管理的首要职能。任何管理活动都是从计划开始的。为了使管理有成效,首先得确立清楚的管理目标,只有确定了目标,管理主体才能知道什么事情应该做。严格来讲,计划有广义和狭义之分,广义的计划是指计划的制订、执行、反馈以及终结等活动;狭义的计划仅仅指计划的制订。本书所讲的计划的概念是指广义的计划。管理计划包括评估组织环境、确定目标、制订行动方案和评估方案、方案选择、计划调试、拟订备用计划和编制预算等一系列的环节与步骤。

组织(Organizing)是管理的基本职能,在制订出切实可行的计划后,为了将组织目标变为现实,就要组织必要的人力、物力、财力去执行该计划。组织就是为了有效达到组织目标而按照已确定的计划进行分工协作、合理配置各种资源的过程。组织体现在物质资源和人力资源方面的结构上,管理的任务在于构建这种结构,使其能够以最有效的方式从事基本的活动。组织是管理的基础和载体。管理是组织的基本机能,二者相辅相成,依据不同的分类标准,可以把组织分成不同的类型。正式组织的活动一般包括结构设计、人力资源管理、组织运行、组织文化创建以及组织变革等。

领导(Leading)是组织的管理主体指挥和引导管理客体为实现组织的目标和任务而积极奋斗和努力工作的过程。管理过程中有一项基本工作是指导和协调计划以及实施过程中组织成员之间的关系、激励和调动组织成员积极性,这就是领导。它涉及对组织运转和发展过程中各种管理问题的决策,涉及对组织的资源进行支配和协调,涉及对人事的任免,以及对管理客体的激励、沟通、协调、奖励以及处罚等。由于领导职能主要体现为对组织中最重要的资源——人的管理,因此领导职能是管理的核心职能。

控制(Controlling)是指在动态的环境中为保证组织目标的实现而进行的检查和纠偏的过程,是管理过程的终点。控制是管理主体对各项工作能否按照计划进行随时做出反应,也就是说，管理主体要检查各项工作是否按照已定计划进行，是否与下达的指令以及已定原则相符合，以便于防止、发现和纠正组织成员在工作中的偏差。控制工作过程包括衡量组织工作绩效、发现偏差、纠正偏差三个步骤。控制是保证组织目标实现的监视仪和调节器，它使管理成为一个有机循环的过程，是管理过程中不可缺少的基本职能。

上述各管理职能，计划着眼于有限资源的合理配置，组织主要致力于贯彻落实，领导则着重于激发组织成员的积极性，控制的重心在于纠正偏差。如图 1-2 所示，它们相互间有内在逻辑关系，各个职能相互之间不是完全分割开来，而是相互融合在一起的。

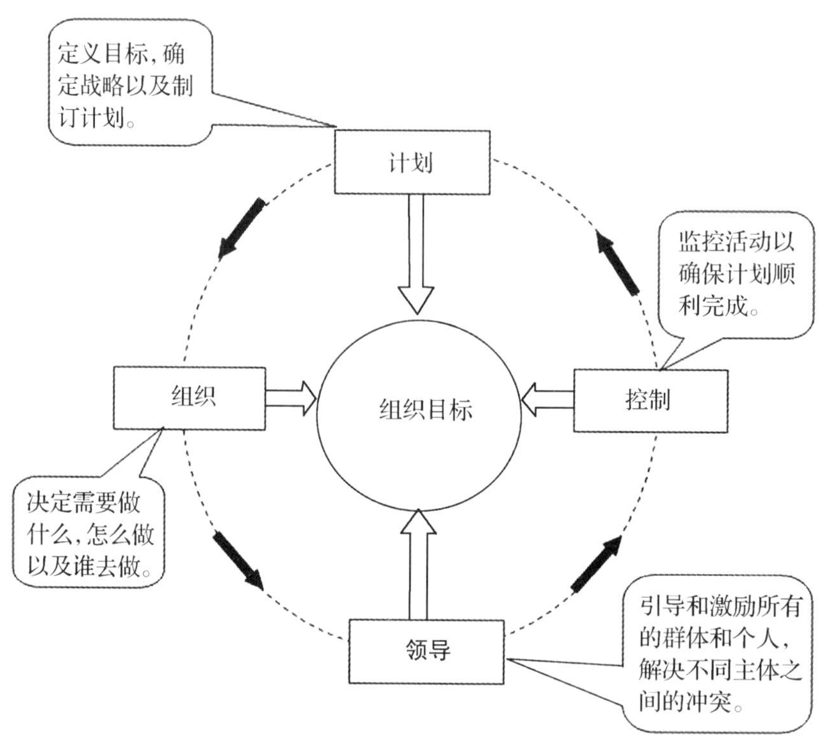

图 1-2 管理职能间的关系

二、管理过程

如图 1-2 所示，从如何进行管理和有效管理的角度出发，管理是由计划、组织、领导和控制等职能组成的一个有机循环的过程。管理的四个职能还是相互包容的，每一个管理职能的履行过程中同样包含着其他三个管理职能的履行。比如，在进行计划工作时，不仅要拟订计划，而且还要为计划的拟订落实资源保障，做好激励与控制等工作。同样的，在进行控制的时候，要有计划、有组织、有领导地进行。管理正是通过计划、组织、领导、控制等环节来开展的。为了做好正确的事情，管理主体首先要根据组织内外部环境，确定组织目标，并制订出相应的活动方案；一旦目标确定，就要组织相应的力量去完成，为了落实计划，人们就要进行组织工作。由于目标的完成有赖于组织成员的努力，为了充分调动组织成员的积极性，在确定目标、计划落实的同时要做好领导工作。在设立目标、制订计划、分解与落实任务、激发和调动组织成员积极性的同时,各种偏差仍可能出现,为了纠正偏差,确保各项工作的顺利进行,还必须对整个活动过程进行控制。因此,管理是由计划、组织、领导和控制等职能组成的一个系统的过程。

正因为管理是一个系统的过程,因此,要做好管理工作,就必须系统地开展计划、组织、领导、控制等各项基本工作。单纯地就计划谈计划、就组织论组织、为领导而领导、为控制而控制,是达不到应有的管理效果的。

综上所述,管理是人们在一定的环境约束条件下,通过综合运用组织内外部各种资源,有效地实现组织目标的过程。管理从本质上而言就是管理主体为了有效地实现组织目标而采用的一种手段和工具。管理本身不是目的,我们不能为了管理而管理。管理作为一种工具,用得好,有助于组织目标的实现;用得不好,则可能适得其反。因此,管理者们应尽可能提高自己的管理水平,充分发挥管理的作用。

第三节 管理学的学科体系

随着科学技术和社会经济的不断发展,市场竞争愈发激烈,各种矛盾冲突不断激化,管理问题越来越复杂,也越来越重要,因此管理学得到了前所未有的重视和发展,现代管理学的门类和内容越来越丰富。本节首先介绍管理学的含义与性质,在此基础上介绍管理学的研究内容与研究对象,进而介绍管理学的学科体系。

一、管理学的含义与性质

不同行业、不同部门、不同性质的组织,其具体的管理方法和内容可能很不相同,但它们在从事管理活动中必然存在某些相通之处,遵循某些相同的规律。管理学是人类智慧的结晶,它为人们提供了一套比较完整的关于组织管理活动的理论与方法。学习管理学有助于人们在实践中少走弯路。要学好管理学,首先要了解管理学的含义与性质。

1.管理学的含义

管理活动自有人类出现便有之,与此同时管理思想也就逐步产生。事实上,无论是在东方还是在西方,我们均可以找到古代哲人在管理思想方面的精彩论述。但是,管理作为一门科学被学者研究则是比较晚的。现代管理学的诞生是以泰勒的名著《科学管理原理》(1911)以及法约尔的名著《工业管理与一般管理》(1925)为标志。现代意义上的管理学自诞生以来,有了长足的进步与发展。进入 21 世纪,随着人类文明的进步,作为一门年轻学科展现出勃勃向上的生机和兴旺发达的景象,同时,管理学仍然需要大力发展其内容及形式。

管理学就是一门系统研究管理活动及其内在基本规律和一般方法的科学,是管理实践活动的科学总结和理论提升。管理学以研究现代管理的一般规律为主,它不是研究某一特殊领域的管理活动,而是研究共同的原理和共同的原则,也就是以各种管理工作中普遍适用的原理和方法作为研究对象。管理学是在总结管理发展历史经验的基础上,综合运用现代社会科学、自然科学的理论和方法,研究一般管理规律和方法的一门综合性学科。

管理学是在自然科学和社会科学两大领域的交叉点上建立起来的一门综合性交叉学科,涉及数学(概率论、统计学、运筹学等)、社会科学(政治学、经济学、社会学、心理学、人类学、生理学、伦理学、哲学、法学等)、技术科学(计算机科学、工业技术等)、新兴科学(系统论、信息科学、控制论、耗散结构论、协同论、突变论等),以及领导学、决策科学、未来学、预测学、创造学、战略学、科学学等。

2.管理学的性质

管理学的性质,可以概括为以下几方面。

(1)管理学是一门综合性的学科

管理学作为一门学科,所揭示的管理规律适用于各类专门的具体形式的管理,也正是这一点,突出体现了管理学的综合性。管理学需要综合运用现代社会科学和自然科学的成果来研究社会管理活动过程中的基本规律。影响管理活动的因素有很多,因此在管理过程中,要全面综合考虑各种错综复杂的因素,比如政治、法律、社会、文化、心理等,要综合利用经济学、数学、社会学、心理学、组织行为学、系统论、控制论、博弈论等多门领域的最新成果,对管理现象进行说明、描述、模拟与测量。所以,无论是从内容上、形式上,还是从方法上看,管理学都是一门具有很强综合性的学科。

(2)管理学是一门实践性很强的学科

一方面,管理理论、原则和方法来源于管理实践,是从实践经验中归纳总结出来的,是人们管理经验的升华;另一方面,管理学的理论与知识只有运用到实践中去才有生命力,才能真正实现其价值,实践是检验真理的唯一标准,管理学的理论知识正确与否,只有接受实践的检验才可以证明。实践对管理学的产生、存在和发展的决定性作用,明确地界定了管理学的性质。由于管理对象的复杂性和管理环境的多变性,在运用管理知识时具有较大的创造性和灵活性,因此,要成为一名合格的管理者,除了要通过学习掌握管理学的基本知识以外,更重要的是要在管理实践中不断地磨炼,积累管理经验,"学"与"干"结合,才能真正领悟管理的真谛。

(3)管理学是一门软科学

管理的价值在于有效地利用各种资源,以最小的成本争取组织目标或者组织效益的最大化。管理的情况与计算机的情况十分相似,如果把组织中的人力、物力、财力看成硬件的话,管理就是软件。所以,说管理是软科学,实际上是指管理是如何使各项条件形成最佳组合和发挥最大效能的。一方面,管理本身是不能创造价值的,它必须借助于被管理的对象及条件来体现管理的价值,而这种价值是很难从其他社会活动创造的价值中明确地区分出来的;另一方面,要想通过管理来提高效率和效益是需要一定过程的,只能经过长时间后才能看得出来。这不像设计了一种新产品,生产出来后,销量不错,很快就能得到明显的成效。它也不像新产品设计方案,在正式投产之前人们就可以对它进行比较准确的评估,预知投产后的情况。一项管理措施在实施前,不能进行准确的评价,也不可能逐项进行试验,往往主要取决于管理者的主观判断。根据这些,管理学就不可避免地成为一门软科学,具有许多不同于其他科学的特点。

(4)管理学是一门具有时代特征的学科

在人类历史长河中,随着人类生存发展的环境以及自身的不断发展变化,社会活动呈现出阶段性与时代性的特征。管理学也不例外,不同历史阶段的管理学,在思想、内容、性质、工具和方法等各个方面,都体现出鲜明的时代特色。以生产力、生产关系及社会制度变革为研究对象的管理学,只有紧跟时代的步伐,才能科学有效地揭示管理规律,反映管理趋势,构建具有鲜明时代特征的学科体系,才能适应生产力发展的客观要求,作为主流知识被人们所接受。

二、管理学的研究内容与研究对象

管理学作为一门系统地研究一般管理规律和方法的综合性学科，不同于其他学科，具有其独特的研究内容与研究方法。

1.管理学的研究内容

由管理学的定义可知，管理学研究管理活动的主要矛盾和基本规律、管理现象与方法及其应用等问题。简言之，其研究内容有四个方面。

①基础部分。介绍什么是管理、管理者的角色与技能、管理的性质、管理的职能、管理学的特点、管理学的发展历史等。从最一般意义上，对管理学进行总体描述，为管理学的学习研究构建总纲和基础。

②职能部分。研究管理的计划、组织、领导、控制、协调等各项职能，具体分析每一职能的内涵、地位、功能、过程及要求。从管理过程角度，分析管理是什么的问题，奠定管理学学习与研究的世界观或认识论。

③原理部分。研究反映管理活动本质内容及必然联系的系统原理、人本原理、权变原理等基本管理原理，分析由这些原理派生的各项管理原则的内涵、要求及实现途径。从管理规律的角度，阐明管理应遵循的各项原理与原则。

④方式部分。探讨管理者应如何根据管理环境、组织性质、人性等变量的综合分析，选择科学有效的管理方式与管理方法。从方法论的视角，揭示各种管理方式的适应性问题。

2.管理学的研究对象

(1)从管理的二重性方面研究管理学

从管理的二重性方面研究管理学，主要是指从生产力、生产关系两个层面进行研究。在生产力层面，主要研究生产力各要素之间的关系，也就是合理组织生产力的问题，研究如何合理配置组织中的人、财、物，使诸要素充分发挥作用的问题；如何依据组织目标和社会需求，合理有效地使用资源，以求得组织最佳效益的问题。在生产关系层面，主要研究如何正确处理组织中人与人之间的相互关系问题，研究如何建立和完善组织结构以及管理体制的问题，研究如何激励组织成员的问题。

(2)从管理发展史方面研究管理学

从历史的角度，研究中外管理实践、管理思想、管理理论的形成、演变和发展。管理活动源远流长，自古即有，但形成一套比较完整的理论，则是经历了一段漫长的历史发展过程。因此，回顾管理学的形成与发展，了解一些管理先驱对管理理论和实践所做的贡献，以及管理活动的演变和历史，这对每个学习管理学的人来说都是必要的，知古鉴今。

(3)从组织和管理者方面研究管理过程

从组织和管理者方面研究管理过程，主要研究管理活动的职能，执行这些管理职能涉及组织中的要素以及应遵循的基本原理、运用的方法技术，研究在管理过程中可能遇到的一些障碍和阻力以及如何克服这些障碍与阻力的方法技巧，研究管理者应具备哪些技能以及如何提升管理者的管理能力等一系列问题。

三、管理学的学科体系

经过百年的发展，管理学涉及人类生活的方方面面，成为包含多门分支学科、边缘学科的学科知识体系。因此，厘清管理学的学科体系结构，进一步了解管理学的性质与研究内容，明了管理学的发展研究脉络，对于促进管理学在中国的发展具有重要的现实意义。

1.管理学作为一门基础学科，吸收了许多其他学科知识

尽管管理有着悠久的历史，但作为一门研究管理的学科产生的时间却很短。由于管理活动与管理环境的复杂多变性，管理学在形成独立学科体系的过程中，必然要借鉴许多其他学科的知识和理论以便充实自己。管理学作为一门基础学科，主要吸收了哲学、经济学、政治经济学、社会学、社会心理学、人类学、系统论、计算机技术、数学、运筹学等多门自然科学和社会科学的理论。

2.管理学作为一种学科门类，包含有许多分支的学科体系

经过与多门自然科学、社会科学综合而形成的管理学，在其成为一门独立学科的同时，逐步分化，并产生了许多分支学科。这些分支学科或许是管理学在某个专业领域的延伸，或许是专门对某项管理职能进行的研究，而且，有的分支学科还进一步细化为更小的子学科。目前，管理学门类下设有五个一级学科，十六个二级学科，具体如表 1-2 所示。

表 1-2 管理学的分类

学科门类	一级学科	二级学科
管理学	管理科学与工程	管理科学
		管理工程
	工商管理	会计学
		企业管理
		旅游管理
		技术经济与管理
	公共管理	行政管理
		社会医学与卫生事业管理
		教育经济与管理
		社会保障
		土地资源管理
	农村经济管理	农业经济管理
		林业经济管理
	文献信息管理	图书馆学
		情报学
		档案学

3.管理学理论具体包括三个层面的内容

一般说来，由于管理者所处的层次不同，对管理理论的内容掌握与运用技能也不同。高层管理者需要的是具有普遍指导意义的基本原理，中层管理者需要的是适用于组织的管理技术、管理方法和工具，基层管理者更需要专业领域的管理知识。所以，为了实现有效管理，管理者必须了解并掌握管理理论中三个层次的管理知识。

综上所述，管理学是一门横跨社会科学、自然科学的交叉学科。长期以来，随着管理理论的发展，管理学逐步构成了金字塔式的学科体系（如图 1-3 所示），处于底层的是以自然科学和社会科学为交叉的基础学科，中间的是管理学的各种门类，处于顶端的是依据管理学理论与原理在不同部门、不同领域中运用而形成的具体管理内容。

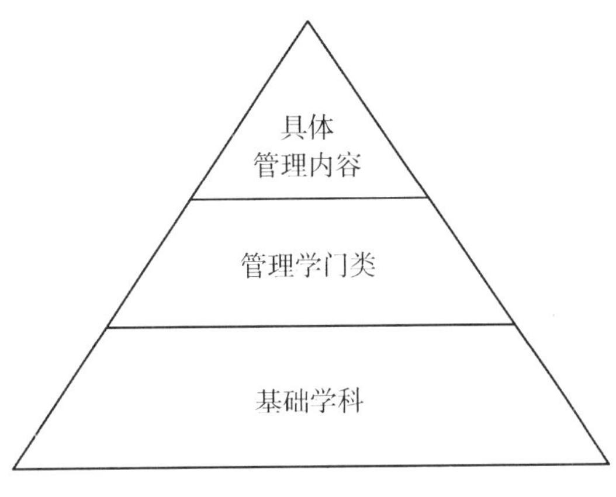

图 1-3　管理学学科体系

第四节　管理学的研究方法与意义

管理学是一门从管理实践中形成和发展起来的，系统地研究管理活动及其基本规律和一般方法的学科。它是由一系列的管理职能、管理原理、管理原则、管理方法、管理制度等组成的学科体系。所以，掌握管理学的研究方法以及学习管理学的价值是提高学习管理学效率的有效途径，对提升管理能力也有所帮助。

一、管理学的研究方法

学习和研究管理学，是现代管理者提升管理能力的重要手段。掌握科学有效的研究方法会达到事半功倍的效果。管理学的研究方法主要有两方面内容，一方面是管理学研究的一般方法，另外一方面是管理学研究的具体方法。

1.管理学研究的一般方法

（1）唯物辩证法是研究管理学的方法论基础

唯物辩证法是我们研究管理学的强大的思想武器。管理学源于管理的实践活动，在长期的管理实践中，人们运用历史的、全面的、发展的观点去观察和分析各种管理现象和管理问题，通过感性积累与经验的加工提炼，上升为理性认识，即管理理论；反过来又能动地运用有关管理理论去指导管理实践，验证管理理论的正确性和有效性，并进一步发展和完善管理理论。因此，研究管理学，必须以唯物辩证法为总的方法论基础，坚持实事求是的科学态度，深入管理实践，进行调查研究，总结管理实践经验并运用判断和推理的方法，使管理实践经验上升为管理理论。在研究中还要认识到一切现象都是相互联系和相互制约的，一切事物也都是不断发展变化的。因此，必须用辩证法的观点，去观察和分析管理问题，重视管理学的历史，考察它的过去、现状及其发展趋势，不能固定不变地看待组织及组织的管理活动。

(2)系统方法是研究管理学的主要思维方法

所谓系统方法，是指用系统的观点和方法来研究和分析管理活动的全过程。系统是由相互作用和相互依赖的若干组成部分结合而成的，具有某种特定功能的有机整体。系统本身，又是它所从属的一个更大系统的子系统。

从管理的角度看，系统有两层含义。第一层含义是指系统是一种实体，如组织系统。作为实体系统的组织，一般具有整体性、目的性、动态性、层次性、开放性、功能性、结构性等特征。既然组织是个系统，为了更好地研究组织与组织管理，就必须用系统理论来理解、分析和研究组织。第二层含义是指系统是一种方法或手段，它要求在研究和解决组织管理问题时，必须具有整体观、过程观、“开放与相对封闭”观、反馈观、分级观等有关系统的基本观点。尽管在现代管理科学领域，各学派在管理系统的定义、系统的具体特征等问题上，存在较大的理论分歧，但没有一个管理学派不运用系统理论来研究组织与组织管理，系统原理也是公认的管理的基本原理。

因此，研究管理学必须用系统方法作为主要的思维方法。在学习与研究管理理论和管理活动时，应首先把组织与组织管理活动看作一个系统，对影响管理过程的各种因素及其相互之间的关系进行总体的、系统的分析研究，对管理的概念、职能、原理、方法等管理理论做系统的分析和思考。唯有如此，才能形成科学的管理理论和有效的管理活动。

(3)理论联系实际是管理学体现时代要求的方法

管理学是一门应用性、实践性很强的学科，它是科学性与艺术性的统一，决定了学习和研究管理学应采用理论联系实际的方法。具体说，可以是管理案例的调查和分析、边学习管理理论边从事管理实践，以及带着问题学习等多种形式。通过这种方法，有助于提高学习者运用管理的基本理论和方法去发现问题、分析问题和解决问题的能力。同时，由于管理学是一门生命力很强的建设中的学科，因而还应以探讨研究的态度来学习，通过理论与实践的结合，使管理理论在管理实践中不断地加以检验，同时，通过对管理实践经验的总结和提升，不断丰富、深化和发展管理理论。

2.管理学研究的具体方法

（1）比较研究的方法

当今各国都十分重视对管理和管理学的研究，各自形成了有特色的管理学科。学习和研究管理学时，要注意管理学的差异性，既要吸收发达国家管理学中科学性的东西，又要去其糟粕；既要避免盲目照搬，又要克服全盘否定；要从我国国情出发加以取舍和改造，有分析、有选择地学习和吸收西方的管理理论和实践经验。在学习和研究外国的管理经验时，至少要考虑到四个不同：社会制度的不同，生产力发展水平的不同，自然条件的不同，民族习惯和传统文化的不同。这就要学会用比较研究的方法对世界上先进的管理理论和实践进行比较研究，分辨出一般性的东西和特殊性的东西，可以借鉴的和不可借鉴的知识，真正做到兼收并蓄，丰富我国管理学的内容，建立具有中国特色的管理学科体系。

（2）历史研究的方法

历史研究的方法，就是指要研究管理学发展演变的历史，要考察管理的起源、历史演变、管理思想和管理理论的发展历程、重要的管理案例，从中揭示管理规律和管理学的发展趋势，寻求具有普遍意义的管理原理、管理原则、管理方式和管理方法。无论是中国的历史，还是外国的历史，都有大量的关于管理方面的文化典籍，有许多值得研究的管理事例。只要坚持正确的指导思想，通过细致的工作方法，深入地研究前人留下的管理思想精华，就会有所收获，有所创新，有所发展。

（3）案例研究的方法

案例研究的方法是指对具有代表性的案例进行剖析，从中发现可资借鉴的经验、方法和原则，从而加强对管理理论的理解与方法的运用，这是管理学研究和学习的重要方法。哈佛商学院因其成功的案例教学，培养出了大批的优秀企业家。管理的案例研究法，是当代管理科学比较发达的国家在管理学教学中广为推行的研究方法，效果甚佳。学习研究管理学，必须掌握案例教学法、案例研究法，将自己置身于模拟的管理情景中，学会运用所学的管理原理、原则和方法去指导管理实践。

（4）试验研究的方法

试验研究的方法，是指有目的地在设定的环境下认真观察研究对象的行为特征，并有计划地变动试验条件，反复考察管理对象的行为特征，从而揭示出管理的规律、原则和艺术的方法。试验研究不同于案例分析，前者是将自己置于已发生过的管理情景中，一切都是模拟的，而后者则是在真实的管理环境中对管理的规律进行探讨。只要设计得合理，组织得好，通过试验方法是能够得到很好的结果的。如管理学发展史上，泰勒的科学管理原理就以“时间—动作”的实验性研究为基础，著名的“霍桑试验”是运用试验研究的方法研究管理学的又一典范，通过试验所得到的重要成果是扬弃了传统管理学将人视为单纯的"经济人"的假说,建立起了"社会人"的观念,从而为行为科学这一管理学的新分支的形成和发展奠定了基础。因此,试验研究的方法是管理学研究的一种重要方法。

(5)归纳法与演绎法相结合的方法

归纳法,指的是从许多个别管理事例中获得一个较具概括性的规则。这种方法主要是对收集到的既有资料加以抽丝剥茧的分析,最后做出一个概括性的结论,即从特殊到一般。演绎法与归纳法相反,是从既有的管理普遍性结论出发,推导出个别性结论的一种具体管理方法的过程,即从一般到特殊。归纳法与演绎法在人们的认识过程中是紧密联系着的,两者互相依赖、互为补充。演绎法的一般性管理理论与知识来自归纳、概括和总结,在归纳的过程中,人们常常需要应用演绎法对某些归纳的管理理论与知识加以论证。人类的管理实践,特别是众多优秀管理者的管理经验,蕴藏着深刻的管理哲理、原理和方法,因此有必要运用综合、抽象等逻辑方法,总结人们的管理实践经验,从而形成系统的管理理论来进一步指导管理实践。这样研究和学习管理学,就会收到事半功倍的效果。

(6)定性研究与定量研究相结合的方法

全面地研究某一事物,除了对事物进行质的研究外,还必须进行量的研究。定性和定量相结合的研究方法,有助于我们从不同侧面、不同角度来研究问题,使得研究结果更具全面性、准确性。通过定性研究,可以掌握管理学区别于其他学科或者事物的内部所固有的特性;而辅以定量研究,有助于掌握事物存在和发展的规模、程度、速度以及其他方面可以用数量公式来表示的特性。定量研究与定性研究各自都存在局限性,在实际的管理活动中,若只局限于定量研究,只能实现对管理过程、管理活动以及管理现象局部的把握;若只局限于定性研究,则很难发现管理现象的本质规律,从而也不能对其进行科学的认识。而各自的缺陷又恰恰能被对方弥补,因此,在管理研究中,将两种研究方法结合使用,发挥两者各自的优势,对开阔研究视野、丰富研究成果、提高研究质量具有很大的帮助。

总之,学习和研究管理学,要以马克思主义的唯物辩证法为总的方法论进行指导,同时综合运用各种方法,吸收和采用多学科的知识,从系统的观点出发,理论联系实际,实事求是,这样才能真正掌握和发展管理科学,为提高我国的管理水平做出有益的贡献。

二、学习管理学的意义

1.管理的地位和作用决定了学习管理学的价值

管理与科学技术是现代文明社会前进的两大车轮。就二者的关系来看,科学技术是第一生产力,是社会发展的原动力,而管理为科学技术作用的充分发挥和进一步发展提供了保证。

换言之，先进的科学技术必须通过有效的管理才能充分发挥出应有的作用。如美国阿波罗登月计划的成功实施就是最好的佐证。1961 年，美国组织了震惊世界的阿波罗登月计划，发射火箭的“土星一号”有 590 万个零部件，飞船也有 300 万个零部件。为了这项研究，前后有 400 万人参与，最多的一年动员了 42 万人。参加该项目研究开发的有 200 家公司、120 所大学，整个项目共耗资约 300 亿美元，它使人类第一次离开地球。阿波罗登月计划的总负责人韦伯博士后来总结说：“我们没有使用一项没用过的技术，我们的技术就是科学的组织管理。”事实上，美国经济的强大，日本经济的崛起，无不得益于先进的科学技术和先进的管理水平。

2.学习管理学是提高管理人员管理能力的重要途径

组织是社会中各机构最为普遍的形式，占有主导地位，而组织成功运作的基础则是管理。学习管理，了解管理者如何通过采取计划、组织、人员配备、领导和控制等工作有效地实现组织目标，可以直接提高组织的管理水平。组织的管理水平不仅决定着组织目标与利益的实现，也决定了整个社会管理水平。通过系统扎实地学习管理知识与技能是提高组织管理人员能力以及组织管理水平的有效途径之一。当前，我国正在发展社会主义市场经济，需要大批合格的管理人员，而我国的管理人员大多是经验型的，或者是一些刚从专业技术岗位走向管理岗位的人员，因此要迅速提高这些管理人员的管理能力，必须加强管理学的学习和研究。管理人员只有通过学习和研究管理学才能掌握扎实的管理理论与方法，才能很好地指导管理实践，并取得成效。

3.学习研究管理学是个人适应未来社会的需要

管理是由共同劳动引起的。随着未来社会共同劳动规模的日益扩大，劳动分工协作将更加精细，社会化大生产将更加复杂，因而未来社会将更加需要科学的管理。人们在生活中可以切实地感受到高效的管理对整个社会乃至每个人的重要性。试想一下，假如你去银行办一张银行卡要耗时几小时，你会不感到沮丧吗？假如你到商场购物，商场里的售货员都不搭理你，你会感到困惑吗？这些低水平的管理导致的不良后果直接影响每一个人的生活质量。对于渴望成为管理者的人来说，学习管理学以获得管理的基础知识，将有助于其成为优秀的管理者。作为组织成员，通过学习管理学，可以使其更好地了解管理者的行为方式和你所在组织的内部运作方式，从而有助于更好地适应组织，增强生存竞争能力。

本章小结

1.管理是管理主体依据其拥有的权力，通过实施计划、组织、领导、控制等职能，营造特定的环境与条件，对人力、物力、财力及其他资源进行有效协调与配置，以实现既定目标的活动过程。

2.管理的重要性体现在:管理是维系人类正常社会生活的基本条件,是促进生产力发展的关键因素,是社会资源有效配置的根本保障,是增强组织实力和竞争力的必要前提。

3.管理是由管理主体、管理客体、管理目标、管理活动与管理环境等要素相互作用构成的一个完整的系统。

4.管理的二重性:一是与生产力、社会化大生产相联系的管理自然属性,二是与生产关系、社会制度相联系的管理社会属性。管理的二重性是相互联系、相互制约的。

5.管理职能是管理主体为实现组织既定的目标而进行管理活动所承担的职责以及功能。管理职能主要包括:计划、组织、领导和控制。

6.管理学就是一门系统研究管理活动及其内在基本规律和一般方法的科学。管理学是一门综合性的学科,是一门实践性很强的学科,是一门软科学,是一门具有时代特征的学科。

关键术语

管理　管理客体　管理主体　管理活动　管理目标　效益　效率　管理环境　管理性质　管理职能　管理过程　计划　组织　控制　领导　研究方法

复习思考题

1.什么是管理?管理的性质是什么?管理的特点是什么?

2.谈谈管理在社会发展中的作用。

3.什么是管理职能?

4.简述管理职能主要包括哪几项。

5.管理包括哪些管理要素?

6.论述管理学的性质。

7.如何把握管理学的学科体系?

8.如何认识学习管理学的意义?

9.论述管理学的研究方法。

案例讨论

百年老院的现代管理启蒙

北京同仁医院是一所以眼科闻名中外的百年老“店”,走进医院的行政大楼,其大堂的指示牌上却令人诧异地标着：五楼——MBA（工商管理硕士）办公室。目前该医院已经从北大、清华聘请了11位MBA，另外还有一名学习会计的研究生，而医院的常务副院长毛羽就是一位曾在美国留学的医院管理方向的MBA。

内忧外患迫使同仁医院下定决心引进职业管理人并实施规模扩张，希望建立一套行政与技术相分离的现代医院管理制度。

根据我国加入世贸组织达成的协议，2003年，我国将正式开放医疗服务业。2002年初，圣新安医院管理公司对国内数十个城市的近30家医院及其数千名医院职工进行了调查访谈，得出结论：目前国内大部分医院还处于极低层次的管理启蒙状态，绝大多数医院并没有营销意识，普遍缺乏现代化经营管理常识。更为严峻的竞争现实是：医院提供的服务不属于那种单纯通过营销就可以扩大市场规模的市场——医院不能指望通过市场手段刺激每年病人数量的增长。

同仁医院显然是同行中的先知先觉者。2002年，医院领导层在职代会上对同仁医院的管理做过"诊断"：行政编制过大、员工队伍超编导致流动受限；医务人员的技术价值不能得到体现；管理人员缺乏专业培训，管理方式、手段滞后，经营管理机构力量薄弱。同时，他们开出"药方"：引入MBA，对医院进行大手笔的制度改革，涉及岗位评价及岗位工资方案、医院成本核算、医院工作流程设计和医院的经营开发等。

目前，国内几乎所有的医院都没有利润的概念，只计算年收入。但在国外，一家管理有方的医院，其利润率可高达20%。这也是外资对国内医疗市场虎视眈眈的重要原因。

同仁医院要在改革中引入现代市场营销观念、启动品牌战略和人事制度，树立"以病人为中心"的服务观念：以病人的需求为标准，简化就医流程，降低医疗成本，改善就医环境；建立长期利润观念，走质量效益型发展的道路；适应环境、发挥优势、实行整合营销；通过扩大对外宣传、开展义诊咨询活动、开设健康课堂等形式，有效扩大潜在的医疗市场。

同仁医院所引进的MBA背景各异，绝大多数都缺乏医科背景。他们能否胜任医院的管理工作呢？医院职业化管理至少包括了市场营销管理、人力资源管理、财务管理、科研教学管理、全面医疗质量管理、信息策略应用及管理、流程管理7个方面的内容。这些职能管理与医学知识相关但非医学专业。

同仁医院将MBA"下放"到手术室3个月之后，都悉数调回科室，单独辟出MBA办公室，以课题组的形式，研究医院的经营模式和管理制度。对于医院引入的企业化管理，主要包含医院经营战略、医疗市场服务营销、医院服务管理、医院成本控制、医院人力资源管理、医疗质量管理、医院信息系统和医院企业文化等多部分内容。其中，医院成本控制研究与医院人力资源研究是当务之急。

国内几乎所有的医院都面临着成本控制的难题，如何堵住医院成本管理的漏洞，进行成本标准化设计，最后达到成本、质量效益的平衡，是未来医院成本控制研究的发展方向。另外，现有医院的薪酬制度多为"固定工资＋奖金"的模式，而由于现有体制的限制，并不能达到有效的激励效果，医生的价值并没有得到真实的体现，导致严重的"拿回扣"与"收红包"问题。如何真正体现员工价值，并使激励制度透明化、标准化，已成为当前首先要解决的问题。

这一切都刚刚开始，指望几名 MBA 就能改变中国医院管理的现状是不可能的。不过，医院管理启蒙毕竟已经开始，它将推动中国医院的管理发展。

（案例来源：茅以宁.MBA 洗礼同仁医院：百年老院的现代管理启蒙[N].21 世纪经济报道，2003-03-19.）

讨论：

1.请结合本案例谈谈你对管理的理解。

2.根据本案例说明计划、组织、领导和控制等职能的作用。

3.同仁医院为什么要引进如此多的 MBA？你认为 MBA 能否胜任医院的管理工作？

第二章　管理理论的发展

本章学习目标

1.了解管理理论的发展。
2.熟悉各阶段代表理论、人物与观点。
3.运用相应理论分析和解决实际问题。

知识结构图

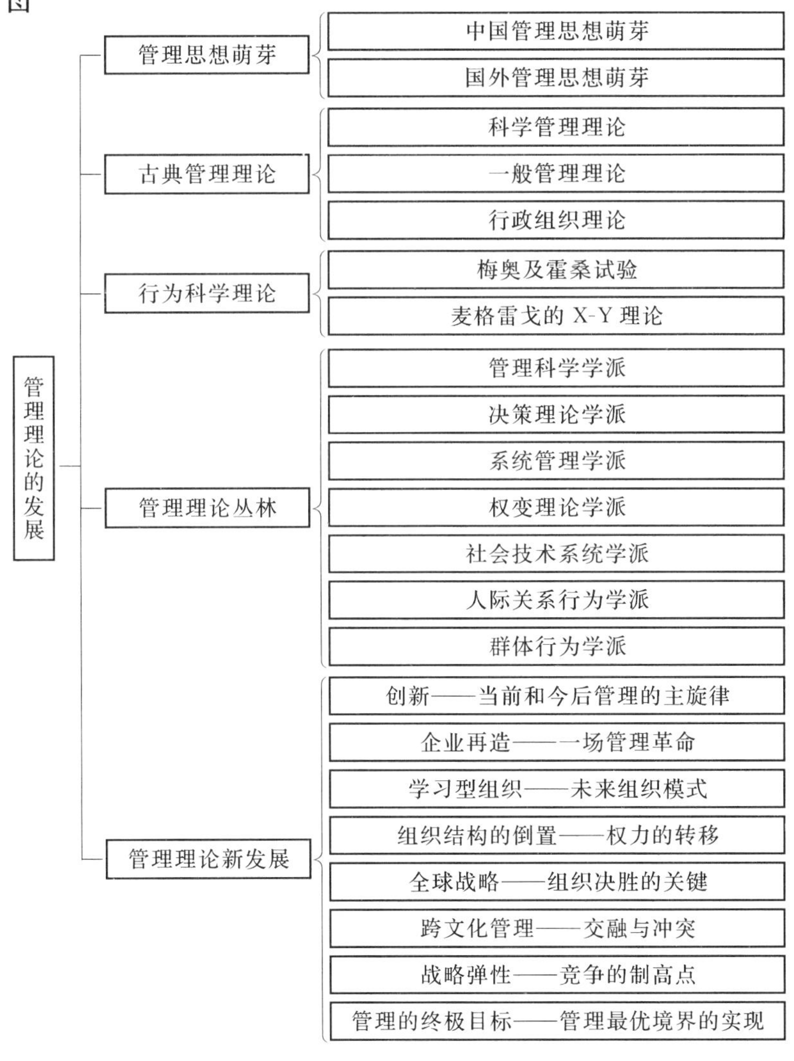

本章学习重、难点

重点

1.科学管理理论。

2.霍桑试验。

3.管理理论丛林。

难点

1.古典管理理论。

2.行为科学理论。

引　例

中国传统文化引领海南航空发展①

"'人不知而不愠,不亦君子乎'中,'愠'的意思是什么?""曾子曰:'吾日三省吾身。'这'三省'指什么?"这些问题,源自海南航空集团一份员工转正考试题——所有经过三个月试用期的员工在正式成为"海航"成员之前,都必须解答这样一份试卷。在讲究"运用之妙,存乎一心"的"海航"董事长陈峰看来,管理和资本运作同样重要,尤其是起到了让"海航"在迅速成长过程中保持平稳的作用。他常说:"为将之道,当先治心。"在陈峰看来,管理就是管人,而管人就是管心。因此,"海航"把"善待他人,以人为本"作为统一的思想标准。《中国传统文化导读》《同仁共勉十条》《海航管理干部必修读本》是"海航"极为推崇的三本读物。与很多国际企业向员工宣读激励机制或西方管理思想不一样,"海航"更倾向于教导一个员工怎样做人。"内修传统文化精粹,外兼西方先进科学文化技术。"毫无疑问,"海航"的管理被深深打上了"中国式"烙印。

管理是人类生活中最普遍、最常见的活动之一,大到国家,小到个人,都离不开管理。管理并不是从来就有的,它是伴随着人类社会的产生而产生,并伴随人类发展而发展,是人类社会发展到一定阶段的产物。

原始时期已有管理行为,几个原始人会在首领简单的动作和语言的帮助下,合力配置资源并通力协作以达到获取猎物的目的。18 世纪,随着工业革命的发展,管理思想也得到长足发展,古典管理理论、行为科学理论、管理理论丛林相继出现。20 世纪以来,世界瞬息万变,组织为了获取最大的竞争力,需要新型的管理理论和完善的管理制度加强成员间合作,以实现组织的战略目标。

① 梁莹辉.海南航空:传统文化的力量[N].中国经营报,2013-07-29.

第一节　管理思想萌芽

在远古时代，狩猎往往由一群人完成，一些人举火把，一些人拿木棒，一些人掷石块，只有靠这种组织协作，才能既保全性命又能捕获猎物。这种组织协作就是最初的管理活动，管理活动随着人类文明的起源而在世界各地萌芽。

一、中国管理思想萌芽

中国是世界上历史最悠久的文明古国之一，是人口最多的国家，也是国土面积最大的国家之一。在秦朝以后2000多年的漫长历史中，中国曾经发生过无数次战争和外敌入侵，经历了多次改朝换代。从管理的角度来看，历史留下了有关管理国家、巩固政权、统帅军队、组织战争、治理社会和发展经济等极为丰富的经验和理论，其中也饱含着许多至今仍闪耀着光辉的管理思想。

中国最初管理思想的载体为神话传说，旧石器时代的管理文化体现在遗迹图腾和氏族管理上。随后，青铜器管理文化和主体管理意识的进一步发展，铁器管理文化及管理主体思想萌芽，中国境内诸民族管理群体的融合以及其意识也随之发展。中国古代管理思想最早出自《周易》《管子》与《洪范》，包括：儒家、道家、法家、佛家、兵家、墨家、农家、阴阳家及杂家等管理思想。本章重点介绍人本管理思想、教育管理思想、“修己安人”管理思想，以及中国古代较为系统的管理理论体系“重道、明德、知止、行法、重术”。

人本管理思想是中国古代管理思想中一个永恒的命题，如管子“百年之计，莫如树人”，荀子“法不能独立，类不能自行，得其人则存，失其人则亡”，韩非子“循天顺人而明赏罚”。在选人方面，体现为“不以前为过”“勿限年龄”“勿拘资格”“不限国籍”、不计较“小疵小过”等思想。在用人方面，孔子提出：君子“使人也，器之”，而小人“使人也，求备焉”。《孙子兵法》中强调“择人任势，不责于人”。此外，“为官择人”“任人唯贤”“外举不避丑，内举不避亲”等都充分显示了古人在选人、用人方面的高明之处。

教育管理思想方面，儒家学派的创始人孔子认为：“君子学道则爱人，小人学道则易使。”道出了教育的功能。儒家经典《大学》中明确提出，教育的目的就是培养能“明德”、能“亲民”、能“止于至善”、能“化民从俗”、能“使近者悦服，远者怀之”的佐政管理人才。我国古代学者对教育有过很多论述，如在《习斋记余》中，颜元指出：“使天下之学校皆实才实德之士，则他日列朝廷皆经济重臣。”即强调了教育要充分发挥学校教化作用及其在培养优秀人才地位上的重要性。

先秦儒家的“修己安人”被称为最具现代价值的中国传统管理思想，被儒家奉为“治国之道”。通过修养个人道德，提高个人道德品质，以此来教育感化周围的人，使其改变不良行为，最终达到齐家治国的目的。即通过“修己”到“安人”的过程，达到社会管理的终极目标“大同”。“大道之行也，天下为公，选贤举能，讲信修睦，故人不独亲其亲，不独子其子，使老有所终，壮有所用，幼有所长，鳏寡孤独废疾者皆有所养。男有分，女有归。货，恶其弃于地也，不必藏于己；力，恶其不出于身也，不必为己。是故，谋闭而不兴，盗窃乱贼而不作，故外户而不闭，是谓大同。”(《礼记·礼运》)

所谓“道”，主要是指管理事务的最高指导原则，因而可以说“重道”是中国古代管理思想中最重要、最基本的理论。所谓“德”，主要是指伦理道德，“明德”即培养人们的高尚道德情操，同时还有使人们明白自己合理合法收入的含义。所谓“知止”，即指要明确管理所要达到的至善的目标。孔子曰：“知止而后有定，定而后能静，静而后能安，安而后能虑，虑而后能得。物有本末，事有终始，知所先后，则近道矣。”所谓“行法”，即实行法制。对于法制的认识，孔子曾说过“齐之以刑”，“齐之以礼”(《论语·为政》)。墨子曰：“天下从事者，不可以无法仪；无法仪而其事能成者，无有也。”(《墨子·法仪》)。

所谓“术”，指具体实现战略目标、实施管理、解决实际问题的步骤和方法。荀子提出“六术”，即“制号政令，欲严以威；庆赏刑法，欲必以信；处舍收藏，欲周以固；徒步进退，欲安以重，欲疾以速；窥敌观变，欲潜以深，欲伍以参；遇敌决战，必道我明，无道我所疑。夫是谓六术”(《荀子·议兵》)。另外，荀子提出了评定人的标准：“相形不如论心，论心不如择术。”(《荀子·非相》)

二、国外管理思想萌芽

人类的管理活动源远流长，古代各国已有较多成功管理实践，体现了对管理活动的渐进认识。埃及金字塔、巴比伦古城等，都凝聚着古代劳动人民的智慧结晶及管理实践。国外管理思想起初发展较为缓慢，18 世纪的工业革命促进了生产力的发展，对劳动管理方式提出了新要求，从而促使管理思想快速发展。

根据对古埃及文献考古资料的研究，埃及早在古代文明时期就已提出了“计划”“分工”“辅勤人员”“控制”及“领导”等十分丰富的管理概念。古金字塔的成功就是古埃及杰出组织能力和管理能力的有力证明。

希伯来人领袖摩西的岳父耶特鲁批评摩西的故事是有关管理思想文字记载的第一个例子。耶特鲁认为摩西处理政务事必躬亲，这并不利于管理，因此对他提出三点建议：一是制定法令；二是自下而上分层定级；三是委任授权，分级管理，只有最重要的政务才提交摩西。这种确定管理跨度和组织程序的思想，在当时是很先进的。

古希腊流传至今的第一部经济专著《经济论》，其作者色诺芬在书中提出了“管理的中心任务是加强人的管理”这一重要的管理思想，为管理思想的发展奠定了重要的思想基础。在中世纪，国外的管理实践和管理思想有了很大的进步与发展。

15 世纪威尼斯兵工厂就利用了流水作业，建立了早期的成本核算制度，并进行了管理分工，其工厂的管事、指挥、领班和技术顾问全权管理生产，而市议会通过一个委员会来干预工厂的计划、采购和财务事宜。这是一个出色的管理实践范例，它体现了现代管理思想的雏形。

16 世纪，意大利尼科洛·马基雅维利的《君主论》一书对如何治理国家及怎样更好地运用权力，提出了四项原则：群众认可，权威来自群众；内聚力，组织要长期存在就要有内聚力，而权威必须在组织中行使；领导方法，领导者的类型有两种，一种是自然或天生型，另一种是后天获得领导技术的类型；生存意志，就要“居安思危”。

18 世纪 60 年代后，以英国为代表的西方国家开始了第一次产业革命，生产力有了很大的提高，节省了由于变换工作而浪费的时间，同时也有利于机器的发明和应用。今天广泛普及的工作专业化与 200 多年前亚当·斯密的管理思想一脉相承，他还提出了“经济人”的观点。

后来，英国人查尔斯·巴贝奇发展了亚当·斯密的论点。1832 年他发表的《论机器与制造业经济》一书中，进一步阐述了劳动分工对提高劳动生产率的作用，并强调了关于体力劳动与脑力劳动分工的主张。他还提出了一种工资加利润的分配制度，为现代劳动工资制度的发展和完善做出了重大贡献。英国的罗伯特·欧文也是这一时期著名的管理学者，他通过一系列的试验，首先提出了在工厂生产中要重视人的因素，反对将人作为机器的附属物。

虽然这些管理思想并不是非常的系统和全面，也没有形成专门的管理理论，但它对促进当时的生产以及后来科学管理理论的产生和发展起到了积极的作用。

美国著名管理学家、管理思想史专家丹尼尔·雷恩认为，早期的管理学研究更注重于对生产工艺、流程的研究，现在则转为重视研究组织中人与人之间的关系，而人与人之间的关系却受传统文化的影响，因而，对管理思想演变的研究，有助于了解管理文化的发展，以便更好地根据管理文化，制订出符合人们行为关系的管理方法，提高管理效率。

第二节 古典管理理论

19 世纪末，第一次出现“科学管理”这一术语，标志着科学管理的开端。随着各种组织的规模和数量不断增长，管理人员遇到了以前所没有遇到过的多种问题。人们考虑问题的重点已经转移到厂商内部的各种活动，如加工过程、设备排列、场地布置、生产技术、刺激制度等。管理已逐步转向“物”的管理。人们聚集在大集体中，又突出了组织与效率的问题，对这些问题的关心表现在管理文献中。由于人们认识到需要通过社会、出版物和会议来交流观点，所以也开始了管理思想的交流和传播。人们对管理的认识有了变化，把它看成对人类经济活动有影响的一门完整知识，管理人员被公认为受尊敬的人。管理原理这一主题已经从工业界扩散到大学的课堂，管理终于成为一个独立的研究领域。

20 世纪 30 年代，资本主义世界爆发了大危机，管理运动受到了影响。但是，历时四五十年的管理运动改变了人们的观念，引起了人们思想上、观念上的转变，对经济的发展起到了重要作用。管理运动为管理学的形成和发展奠定了基础，它所提倡的并被普遍接受的“保存、调研、合作、渐进”观点已经在人们心中扎了根。古典管理理论也称科学管理理论，是以“经济人”假设为基础的管理理论，认为员工提高劳动效率的主要动力是经济利益的驱动。在研究方法上，该理论侧重于以静态的观点分析管理过程的一般规律，代表性的理论有泰勒的科学管理理论、法约尔的管理过程理论以及韦伯的行政组织体系理论。

一、科学管理理论

泰勒科学管理的基本思想包括专业分工思想、标准化思想、最优化思想以及“经济人”的思想四大部分。专业分工思想即根据工人的体力、智力情况合理地进行分工。为了提高生产效率，要职得其人、人尽其用。泰勒的标准化思想，主要是指操作方法的标准化。最优化思想为提高生产效率找到了科学的方法，在于寻求一种达到最优化工时定额的最优化操作方法。所谓“经济人”，是指人的行为动机是为了追求个人经济利益的最大化，企业主追求最大利润，工人追求最高工资。

泰勒的科学管理理论的主要内容可以概括为以下八个方面。

①科学管理的中心问题是提高效率。泰勒认为，要制订出有科学依据的工人“合理的日工作量”，就必须进行工时和动作研究。方法是选择合适且技术熟练的工人，把他们的每一项动作、每一道工序所使用的时间记录下来，加上必要的休息时间和其他延误时间，就得出完成该项工作所需要的总时间，据此定出一个工人“合理的日工作量”，这就是所谓的工作定额原理。

专栏 2-1　管理人物：泰勒

弗雷德里克·泰勒(1856—1915)出生于美国费城一个律师家庭，他的家庭希望他成为律师。年轻的泰勒不负众望，考上哈佛大学法律系，却因眼疾被迫辍学。泰勒于 1875 年进入费城一家机械厂当学徒工，于 1878 年转入米德瓦尔工厂当技工直到 1890 年。期间，他不断改进工作方式，从车间管理员、小组长、工长、维修工厂制图部主任一路提升到总工程师。在米德瓦尔工厂的实践中，他深感企业不懂科学管理，不懂工作秩序、工作节奏，疲劳、劳动工具等因素对工作效率的影响，于是 1880 年他开始通过试验研究和分析工人的操作方式与劳动效率的关系。

1893—1898 年，泰勒开始从事管理咨询工作，随后受雇于伯利恒钢铁公司为其提供咨询服务，在那里进行了著名的“生铁试验”和“铁锹试验”。1901 年以后，他潜心写作，宣传他的科学管理理论。泰勒在管理方面的主要著作有《计件工资制》(1895)、《车间管理》(1895)、《科学管理原理》(1911)等。

②为了提高劳动生产率，必须挑选“第一流的工人”。泰勒认为“每一种类型的工人都能找到某些工作使他成为第一流的，除了那些完全能做好这些工作而不愿做的人”。在制订工作定额时，泰勒是以“第一流的工人在不损害其健康的情况下维持较长年限的速度”为标准的。这种速度不是以突击活动或持续紧张为基础，而是以工人能长期维持正常速度为基础。泰勒认为，健全的人事管理的基本原则是：使工人的能力同工作相配合，管理当局的责任在于为雇员找到最合适的工作，培养他成为第一流的工人，激励他尽最大的努力来工作。

③要使工人掌握标准化的操作方法，使用标准化的工具、机器和材料，并使作业环境标准化，这就是所谓的标准化原理。泰勒认为，必须用科学的方法对工人的操作方法、工具、劳动时间和休息时间的搭配、机器的安装和作业环境的布置等进行分析，消除各种不合理的因素，把各种最好的因素结合起来，形成一种最好的方法，他认为这是管理当局的首要职责。

④实行刺激性的计件工资报酬制度。为了鼓励工人努力工作、完成定额，泰勒提出了这一原则。这种计件工资制度包含三点内容：第一，通过工时研究和分析，制订出一个有科学依据的定额或标准；第二，采用一种叫作“差别计件制”的刺激性付酬制度，即计件工资率按完成定额的程度而浮动；第三，对工人而不是对职位进行工资支付，即根据工人的实际工作表现而不是根据工作类别来支付工资。

⑤工人和雇主都必须认识到提高效率对双方都有利，都要来一次“精神革命”，相互协作，为提高劳动生产率而共同努力。在下面介绍的铁锹试验中，每个工人每天的平均搬运量从16吨提高到59吨，工人每日的工资从1.15美元提高到1.18美元，而每吨的搬运费从7.5美分降到3.3美分。对雇主来说，关心的是成本的降低，而对工人来说，关心的则是工资的提高。所以泰勒认为这就是劳资双方进行“精神革命”，从事协调与合作的基础。

⑥将计划与执行职能分开，变原来的经验工作法为科学工作法。所谓经验工作法是指每个工人用什么方法操作，使用什么工具等，都由他根据自己或师傅等人的经验来决定。泰勒主张明确划分计划职能与执行职能，由专门的计划部门来从事调查研究，为定额和操作方法提供科学依据；制订科学的定额和标准化的操作方法及工具；拟订计划并发布指示和命令；比较“标准”和“实际情况”，进行有效的控制等工作。现场工人则从事执行的职能，按照计划部门制订的操作方法和指示，使用规定的标准工具，从事实际操作，不得自行改变。

⑦实行“职能工长制”。泰勒主张实行“职能管理”，即对管理的工作予以细分，使所有的管理者只承担一种管理职能。他设计出八个职能工长，代替原来的一个工长，其中四个在计划部门，四个在车间，每个职能工长负责某一方面的工作。在其职能范围内，可以直接向工人发出命令。泰勒认为“职能工长制”有三个优点：对管理者的培训所花费的时间较少；管理者的职责明确，因而可以提高效率；由于作业计划已由计划部门拟订，工具与操作方法也已标准化，车间现场的职能工长只需进行指挥监督，因此非熟练工人也可以从事较复杂的工作，从而降低整个企业的生产费用。后来的事实表明：一个工人同时接受几个职能工长的多头领导，容易引起混乱，所以“职能工长制”没有得到推广，但泰勒的这种职能管理思想为职能部门的建立和管理专业化提供了参考。

⑧管理控制上实行例外原则。泰勒等人认为，规模较大的组织进行管理，必须应用例外原则，即高级管理人员把例行的一般日常事务授权给下级去处理，自己只保留对例外事项的决策和监督权。这种以例外原则为依据的管理控制原理，之后发展成为管理上的分权化原则和事业部制管理体制。

泰勒的科学管理理论在20世纪初得到了广泛的传播和应用，影响很大。因此，在他所生活的年代和以后的年代中，有许多人也积极从事管理实践与理论的研究，丰富和发展了科学管理理论。尽管泰勒的合作者和追随者在许多方面不同程度地发展了科学管理理论和方法，但总的来说，他们和泰勒一样，研究的范围始终没有超出劳动作业的技术过程，没有超出车间管理的范围。

在泰勒等人以探讨工厂中提高效率为重点进行科学管理研究的同时，法国的法约尔则以管理过程和管理组织为研究重点，着重研究管理的组织和管理的活动过程。

背景知识

"铁锹试验"①

1898年，泰勒在匹斯连钢铁公司发现以下现象：当时，不管铲取铁石还是搬运煤炭，都使用铁锹进行人工搬运，雇佣的搬运工动不动达五六百名。优秀的搬运工一般不愿使用公司发放的铁锹，宁愿使用个人拥有的铁锹。同时，一个基层干部要管理五六十名搬运工，且所涉及的作业范围又相当广泛。

在一次调查中，泰勒发现搬运工一次可铲起3.5磅（约1.6千克）的煤粉，而铁矿石则可铲起38磅（约17千克）。为了获得一天最大的搬运量，泰勒开始着手研究每一锹最合理的铲取量。

泰勒找了两名优秀的搬运工用不同大小的铁锹做实验，每次都使用秒表记录时间。最后发现：一锹铲取量为21.5镑（约10千克）时，一天的材料搬运量最大。同时他也得出另一个结论，在搬运铁矿石和煤粉时，最好使用不同的铁锹。此外，他还展开生产计划，以改善基层管理干部的管理范围。进一步地，他还设定了一天的标准工作量，对超过标准的员工，给予薪资以外的补贴，达不到标准的员工，则要进行作业分析，指导他们的作业方式，使他们也能达到标准。结果，在三年以后，原本要五六百名员工进行的作业，只要140名就可以完成，材料浪费也大大降低。

二、一般管理理论

亨利·法约尔管理理论的代表作《工业管理与一般管理》于1925年问世，他认为尽管管理理论是从经济性组织开始研究的，但管理的一般理论应普适于其他组织。法约尔对管理活动贡献杰出，被后人尊称为"现代经营管理之父"。法约尔一般管理理论的主要内容包括管理的五大职能说与著名的14条管理原则。法约尔将管理活动分为计划、组织、指挥、协调和控制等五大管理职能，他认为任何企业都有6种基本活动，即商业活动、技术活动、财务活动、安全活动、会计活动、管理活动，而管理活动仅是指其中之一。14条管理原则包含以下内容。

①劳动分工。法约尔认为，实行劳动专门化可提高雇员的工作效率，从而增大产出。

②权责对等。管理者必须拥有命令下级的权力，但这种权力又必须与责任相匹配，不能责大于权或者权大于责。

③纪律严明。雇员必须服从和尊重组织的规定，领导者应以身作则。应使管理者和员工都对组织规章有明确的理解并实行公平的奖惩，这些对保证纪律的有效性非常重要。

④统一指挥。这是指组织中的每一个人都应该只接受一个上级的指挥，并向这个上级汇报自己的工作。

---

① 邵冲.管理学案例[M].北京：清华大学出版社，2006.

⑤统一领导。每一项具有共同目标的活动，都应当在一位管理者和一个计划的指导下进行。

⑥个人利益服从整体利益。任何雇员个人或雇员群体的利益，不能超越组织整体的利益。

⑦报酬。对雇员的劳动必须付以公平合理的报酬。

⑧集权。集权反映下级参与决策的程度，决策制定权是集中于管理当局还是分散给下属，这只是一个适度的问题，管理当局的任务是找到在每一种情况下最合适的集权程度。

⑨等级链。从组织的基层到高层，应建立一个关系明确的等级链系统，使信息的传递按等级链进行。不过，如果顺着这条等级链沟通会造成信息的延误，则应允许越级报告和横向沟通，以保证重要信息的畅通无阻。人们将这种方式称为"法约尔跳板"。

⑩秩序。无论是物品还是人员，都应该在恰当的时候处在恰当的位置上。

⑪公平。管理者应当友善和公正地对待下属。

⑫人员稳定。每个人适应自己的工作都需要一定的时间，高级雇员不应轻易流动，以免影响工作的连续性和稳定性。管理者应制订出规范的人事计划，以保证组织内成员的供应。

⑬首创性。应鼓励员工发表意见和主动地开展工作。

⑭团结精神。强调团结精神会促进组织内部的和谐与统一。法约尔提出的一般管理的要素和原则，实际上奠定了在20世纪50年代兴盛起来的管理过程研究的基本理论基础。

专栏2-2 管理人物：法约尔

亨利·法约尔(1841—1925)出生于法国一个小资产者家庭，17岁考入一所国立矿业学院，19岁毕业并取得矿业工程师资格。法约尔毕业后被一家煤矿公司任命为工程师，31岁被任命为该公司的总经理，并一直从事管理工作，1918年退休时仍是公司总经理，退休后还在公司继续担任董事，直到去世。

三、行政组织理论

马克斯·韦伯的行政组织理论的要点是：组织的管理活动是经过职位或职务，而不是个人或世袭来管理。他认为，理想的行政性组织应当以合理且合法的权力作为组织的基础，而传统组织则以世袭的权力或个人的超凡权力为基础。所谓"合理—合法"权力，就是一种按职位等级合理分配，经规章制度明确规定，并有能力胜任其职责的人，依靠合法手段而行使的权力，统称职权。

以这种权力为基础，韦伯设计出了具有明确的分工、清晰的等级关系、详尽的规章制度和非人格化的相互关系、人员的正规选取及职业本身等特征的组织系统。韦伯甚至以工业生产的"机械化"过程来比喻组织机构的"行政组织化"过程，认为一个组织越是能完全地消除个人的、非理性的、不易预见的感情因素或其他因素的影响，那么它的行政组织特征也就发展得越完善，从而越趋于一种"理想的""纯粹的"状态。而这种状态的组织和其他形式的组织相比，犹如机械化生产与非机械化生产之比，在精确性、稳定性、纪律性和可靠性方面具有绝对的优势。

正因为如此,行政组织被后来的人通称为“机械式组织”。韦伯补充了泰勒、法约尔的研究,对后来的组织理论学家也有深远的影响。

专栏 2-3　管理人物:韦伯

马克斯·韦伯(1864—1920)出生于富裕家庭,1882 年在海德堡大学进修法律,后就读于柏林大学、哥丁根大学,曾担任教授、作家、主编及政府顾问,是德国著名的社会学家。他的研究成果集中于组织理论方面,是古典组织理论的重要代表人物。他在代表作《社会组织和经济组织理论》中提出了所谓理想的行政组织体系理论,被誉为“组织理论之父”。

第三节　行为科学理论

一、梅奥及霍桑试验

科学管理理论以“经济人”为假设,忽略了对人的关怀,引起了工人强烈的不满,寻找一种蕴含新的管理思维的管理理论已迫在眉睫。行为科学的发展起源于人际关系学说,人际关系理论的代表人物为梅奥。

乔治·埃尔顿·梅奥(1880—1949)是原籍澳大利亚的美国行为科学家。在 1924—1932 年与美国国家研究委员会、西方电气公司合作期间,进行了著名的“霍桑试验”,以测定各种有关因素对生产效率的影响程度,进而产生了人际关系学说。试验分为四个阶段。

第一阶段:照明试验(1924—1927)。该阶段研究不同照明条件对生产效率的影响。选择一批工人分为两组:一组为试验组,先后改变工场照明强度,让工人在不同照明强度下工作;另一组为控制组,工人在照明强度始终维持不变的条件下工作。试验者希望得出照明强度对生产率的影响,但结果发现,照明强度的变化对生产率几乎没有什么影响。这个试验似乎以失败告终,但得出了两条结论:①工场的照明只是影响工人生产效率的一项微不足道的因素;②由于牵涉因素太多,难以控制,且其中任何一个因素都足以影响试验结果,故照明强度对产量的影响无法准确测量。

第二阶段:继电器装备室试验(1927—1928),也称福利试验。该阶段旨在试验各种工作条件的变动对小组生产率的影响,以便能够更有效地控制影响工作效率的因素。通过材料供应、工作方法、工作时间、劳动条件、工资、管理作风等各个因素的改变对工作效率影响的试验,发现无论各个因素如何变化,产量都是增加的。其他因素对生产率也没有特别的影响,而似乎是由于督导方法的改变,使工人的工作态度有所变化,因而产量增加。

第三阶段:访谈试验(1928—1931)。经过 2 年多时间,对厂内 2 万多名工人进行采访,多听少说,详细记录工人的不满和意见,在访谈试验期间生产效率大幅提高。研究结果显示:发泄不满后,工人士气高涨,生产效率明显提高。任何一位员工的工作绩效都受到其他人的影响。

第四阶段:接线板接线工作室试验(1931—1932),也称群体试验。以集体计件工资制刺激,企图形成"快手"对"慢手"的压力以提高效率。试验发现,工人既不会为超定额而充当"快手",也不会因完不成定额而成为"慢手",当他们达到自认为是"过得去"的产量时就会自动松懈下来。根本原因有三:一是怕标准再度提高,二是怕失业,三是为保护速度慢的同伴。梅奥在这一阶段的试验中,还发现了"霍桑效应",即对于新环境的好奇和兴趣足以取得较佳的成绩,至少在初始阶段如此。

通过4个阶段历时近8年的霍桑试验,梅奥等人认识到,人们的生产效率不仅要受到生理方面、物理方面等因素的影响,更重要的是会受到社会环境、社会心理等方面的影响。该结论的获得是相当有意义的,这对"科学管理"只重视物质条件,忽视社会环境、社会心理对工人的影响来说,是一个重大的修正。

人际关系学说是梅奥在霍桑试验的基础上提出的,他第一次将人际关系问题放在工业生产的首位,详细剖析社会因素及心理因素对生产效率的影响,并在1933年的《工业文明的人类问题》一书中发表了著名的"人际关系理论"。该理论的主要观点有:第一,"社会人"假设,社会与心理因素会影响人的生产积极性;第二,生产效率的高低受士气影响,而士气受到人与人的关系影响;其三,组织中存在着非正式组织,影响着员工的感情倾向和工作行为,这些影响包含积极与消极两方面的影响;第四,新型领导者应兼具技术能力与人际关系的处理能力。人际关系学说仅强调重视行为,而对如何控制人的行为的行为科学理论需要进一步地探索。

二、麦格雷戈的X-Y理论

在哈佛大学、麻省理工学院长期从事心理学教学和研究工作的道格拉斯·麦格雷戈(1906—1964),通过"人性"假设,对不同的"人性"采取不同的行为管控方式,并于1957年在《企业的人性面》中提出了"X-Y理论"。他认为,管理者对员工有两种不同的看法,相应地就会采取两种不同的管理办法。他将这两种不同的人性假设概括为"X理论"和"Y理论"。

1.X理论

麦格雷戈认为,持"X理论"观的管理者对人的基本判断有以下几个观点:①员工天生懒惰、逃避工作;②员工会逃避责任、安于现状;③需对员工采取强制措施、惩罚手段以便达成组织目标;④员工是"经济人";⑤个人目标与组织目标总是矛盾的。

此时,对人的管理采取"胡萝卜加大棒"的管理方式:①对工人行为最大化的控制;②制订严密的规范、章程要求员工执行;③要求员工服从组织要求;④以金钱换取员工的服从;⑤要求员工做对组织有利的事。基于这种对人做出的"性本恶"的判断,持"X理论"观的管理者必然会在管理工作中对员工采用强制、惩罚、解雇等手段来迫使他们工作。这种对员工严加监督和控制的方式,实际体现在泰勒科学管理思想的奉行者及其以前的传统管理方式上。

2.Y理论

"Y理论"对人性的认识同"X理论"恰好相反,它对人性假设持一种"性本善"的判断。具体观点是:①员工喜欢工作与否取决于环境;②员工若对工作承诺,会通过自我管理和控制完成任务;③员工会主动承担责任;④绝大多数人具备做正确决策的能力;⑤人既是“经济人”,也是“社会人”。

此时,对人的管理采取以下方式:①创造良好的工作环境帮助员工实现个人目标;②管理者是辅助者、帮助者,管理者的任务是为员工创造机会;③通过信任、职责和自主权激发员工实现组织目标。

行为科学理论已发展成为组织行为学,对组织中人与人、人与群体的关系进行了深入的探讨,帮助组织认识人类行为的复杂性,但正因为人类行为的复杂性,使得组织行为学在实践中遇到很多难题而无法很好地运用。

第四节　管理理论丛林

20 世纪 60 年代以来,科学技术日新月异,生产力水平迅速提高,跨国组织不断涌现,直接导致了组织结构的复杂化,给管理工作带来了一系列新问题。管理学以外的专家如心理学家、社会学家、经济学家都纷纷加入管理研究的队伍,从不同的视角和方法对管理进行研究,出现了诸多管理理论派别,可谓“百家争鸣,百花齐放”,美国管理学家哈罗德·孔茨将其形象地形容为“管理理论丛林”(The Management Theory of Jungle)。

1980 年,孔茨在《再论管理理论的丛林》的论文中提出,有代表性的管理理论学派至少有 11 个大学派。其学派名称、代表人物、理论内容见表 2-1。

表 2-1　管理理论学派的 11 个大学派

学派名称	代表人物	理论内容
管理过程行为学派	孔茨、奥唐奈	研究管理的过程及职能
人际关系行为学派	马斯洛、赫茨伯格	管理工作是通过人完成的,因此要注意对人与人关系的研究
群体行为学派	梅奥、卢因	着重研究各种群体行为方式
经验学派	德鲁克、戴尔	通过研究成功与失败的管理案例来研究管理问题
社会合作系统学派	巴纳德	组织是社会大系统中的子社会系统,受各方面因素影响,管理人员要适应这种合作系统
社会技术系统学派	特里斯特及其同事	管理中仅分析社会系统还不够,技术系统跟社会系统协调起来,才能提高生产率
系统管理学派	卡斯特、罗森茨威克	系统观点、系统分析和系统管理是其主要内容
决策理论学派	西蒙	管理的关键是决策,决策是复杂的活动,决策应遵从满意原则,强调决策者的作用
管理科学学派	伯法	利用数学工具和模型对管理进行定量分析
权变理论学派	卢桑斯	管理方法应随着环境的改变而调整
经理角色学派	明茨伯格	通过观察经理的实际活动来明确经理角色的内容

一、管理科学学派

管理科学学派也称“数学学派”。第二次世界大战时期，英国为解决国防需要而产生了“运筹学”(Operational Research，OR)，发展了新的数学分析和计算技术，如统计判断、线性规划、排队论、博弈论、统筹法、模拟法、系统分析等。这些成果应用于管理工作就产生了“管理科学理论”，其主要内容是一系列的现代管理方法和技术。提出这一理论的代表人物是美国研究现代生产管理方法的著名学者伯法等人。他们开拓了管理学的另一个广阔的研究领域，使管理从以往定性的描述走向了定量的预测阶段。

“管理科学”理论是指以现代自然科学和技术科学的最新成果(如先进的数学方法、电子计算机技术及系统论、信息论、控制论等)为手段，运用数学模型，对管理领域中的人力、物力、财力进行系统的定量分析，并做出最优规划和决策的理论。这一理论是在第二次世界大战之后，与行为科学平行发展起来的。从历史渊源来看，“管理科学”是泰勒科学管理的继续和发展，因为它的主要目标也是探求最有效的工作方法或最优方案，以最短的时间、最少的支出，取得最好的效果。但它的研究范围已远远不是泰勒时代的“操作方法”和“作业研究”，而是面向整个组织的所有活动，并且它所采用的现代科技手段也是泰勒时代所无法比拟的。“管理科学”理论主要包括以下三个方面。

1.运筹学

运筹学是管理科学理论的基础，是在第二次世界大战中，以杰出的物理学家布莱克特为首的一部分英国科学家为了解决雷达的合理布置问题而发展起来的数学分析和计算技术。就其内容讲，这是一种分析、实验和定量的科学方法，专门研究在既定的物质条件(人力、物力、财力)下，为达到一定目的，运用科学的方法，主要是数学方法，进行数量分析，统筹兼顾研究对象的整个活动各个环节之间的关系，为选择出最优方案提供数量上的依据，以便做出综合性的合理安排，最经济最有效地使用人力、物力、财力，以取得最大的效果。

2.系统分析

系统分析这一概念是由美国兰德公司于1949年首先提出的，意思是把系统的观点和思想引入管理的方法之中，认为事物是极其复杂的系统。运用科学和数学方法对系统中的事件进行研究和分析，就是系统分析。其特点就是在解决管理问题时要从全局出发进行分析和研究，制定正确的决策。

3.决策科学化

这是指决策时要以充足的事实为依据，采取严密的逻辑思考方法，对大量的资料和数据按照事物的内在联系进行系统分析和计算，遵循科学程序，做出正确决策。上述管理科学理论的两项内容就是为决策科学化提供分析思路和分析技术的。同时，它所使用的先进工具——电子计算机和管理信息系统也为决策科学化提供了可能和依据。

二、决策理论学派

决策理论学派主要代表人物是曾获诺贝尔经济学奖的赫伯特·西蒙。该学派特别重视管理决策问题并在这方面有诸多独创见解。决策理论学派吸收了行为科学、系统理论、运筹学和计算机科学等学科理论，是在社会系统论基础上发展起来的。其理论的主要内容有：

①决策贯穿于管理的全过程，管理就是决策。决策是组织里做任何事情的第一步，即先要决定做什么，然后才是怎么做的问题。决策也是组织里最费神，同时也是最具风险性的核心管理工作。

②决策过程包括 4 个阶段：搜集情况阶段，即搜集组织所处环境中有关经济、技术、社会等各方面的信息以及组织内部的有关情况；拟订计划阶段，即在确定目标的基础上，依据所搜集到的信息，编制可能采取的行动方案；选定计划阶段，即从可供选用的方案中选定一个行动方案；评价计划阶段，即在决策执行过程中，对过去所做的抉择进行评价。这 4 个阶段中每一个阶段本身都是一个复杂的决策过程。

③在决策标准上，用“令人满意”的准则代替“最优化”准则。以往的管理学家往往把人看成以“绝对理性”为指导，按最优化准则行动的理性人，西蒙认为事实上这是做不到的，应该用“管理人”假设代替“理性人”假设。这种“管理人”不考虑一切可能的复杂情况，只考虑与问题有关的情况，采用“令人满意”的决策准则，从而可以做出令人满意的决策。

④一个组织的决策根据其活动是否反复出现可分为程序化决策和非程序化决策。此外，根据决策条件，决策还可以分为确定型决策、非确定型决策和风险型决策，每一种决策所采用的方法和技术都是不同的。

⑤一个组织中集权和分权的问题是和决策过程联系在一起的，有关整个组织的决策必须是集权的，而由于组织内决策过程本身的性质及个人认识能力的有限，分权也是必需的。

三、系统管理学派

系统管理理论是指应用系统理论的范畴、原理，全面分析和研究组织的管理活动和管理过程，重视对组织结构和模式的分析，并建立起系统模型以便于分析。由美国管理学家卡斯特、罗森茨威克和约翰逊等人在系统论和控制论的基础上建立起来，盛行于 20 世纪 60 年代前后。其主要内容有：

①组织是一个系统，由相互联系、相互依存的要素构成。为了研究一个系统的构成，可以把系统分解为各个结构的子系统；为了研究一个系统的功能，可以把系统分解为各个功能的子系统。

②系统在一定的环境中生存，与环境进行物质、能量和信息的交换。

③运用系统观点来考察管理的基本职能，可以提高组织的整体效率，使管理人员不至于只重视某些与自己有关的特殊职能而忽视了大目标，也不至于忽视自己在组织中的地位和作用。

系统管理理论曾风靡一时，但由于其理论本身抽象、可操作性差，并未得到广泛运用。然而该理论体现出的系统管理思想对管理实践有较高的参考价值，因而它在管理理论丛林中仍有较高的地位。

四、权变理论学派

权变理论（Contingency Theory）又称“随机应变法”“情况决定论”“管理情景论”。1967年，美国的保罗·劳伦斯和杰伊·洛希合写了《组织和环境》一书，论述了外部环境与组织结构之间的相互关系，被世人称为权变理论的创始人。该理论代表人物主要还有：汤姆·伯恩斯、琼·伍德沃德、亨利·明茨伯格和弗雷德·卢桑斯。

该理论认为，没有一成不变、固定的管理模式，组织必须根据环境的变化改变管理方式。该学派的主要观点是：适当的管理行为取决于环境要素。环境是自变量，而管理行为是因变量。其中，环境包括内部环境和外部环境，管理行为如管理方法、管理技术等。权变理论学派的思想，适应了当今科技、经济的日新月异和政策、组织内部的剧烈变动，成为管理学的基本观念之一。

专栏 2-4　管理应用：权变理论的应用

不同岗位的权变应用：一线的体力劳动群体一般是计件报酬，工作的重复度高，他们只需要着眼于工作的熟练程度及规范程度，他们的劳动容易监督、管理、检测和计量，他们的管理适用较强薪酬刺激。对于大批量生产的产品，采用普通报酬，对于小批量新式产品，采用较高的报酬。但是，对于高层管理人员、科研人员与技术工人依赖脑力多于体力，其薪酬达到了一定程度，更关心自身的发展和成长，因而对于这部分人群，应该将富有挑战性和使命感的工作分配给他们，以便激发其潜能和积极性。

不同时期的权变应用：人随着时间迁移在不断发展变化，需求也在不断变化。刚踏入社会的年轻人，工作经历及社交经验薄弱，迫切需要给予最基本的工作和人际疏导。当工作渐入佳境，已能胜任本职工作后，他们需要工作的突破，需要在工作中得到更好的发展，也希望提高生活质量，这时基本的培训和适当的物质激励是必要的。当工作走向成熟，需要自我价值的实现，这时可以适当放权，给他们提供独当一面的工作机会，让他们享受工作带给他们的成就感和乐趣，使其得到精神上的满足。

——摘自：逄增伦.基于权变理论的公司治理与实践[J].今日财富，2010(3).

五、社会技术系统学派

创立这一学派的是英国的特里斯特及其同事，他们对煤矿中“长壁采煤法”进行研究后认为，要解决管理问题，只分析社会协作系统是不够的，还必须分析研究技术系统对社会的影响及对个人的心理影响。他们认为管理的绩效乃至组织的绩效，不仅取决于人们的行为态度及其相互影响，而且取决于人们工作所处的技术环境。管理人员的主要任务之一就是确保社会协作系统与技术系统的相互协调，其大部分著作都集中于研究科学技术对个人、对群体的行为方式上，以及对组织方式和管理方式等的影响，特别注重于工业工程、人机工程等方面问题的研究。其代表著作有《长壁采煤法的某些社会学和心理学意义》《社会技术系统的特性》等。该学派虽然也没有研究管理的全部理论，却首次把组织作为一个社会系统和技术系统综合起来考虑，可以说是填补了管理理论的一个空白，并且对管理实践也很有意义。

六、人际关系行为学派

人际关系行为科学兴起于 20 世纪 20 年代，这个学派的研究依据是，既然管理就是让别人或同别人一起去把事情办好，就必须以人与人之间的关系为中心来研究管理问题。该学派把社会科学方面已有的新理论、新方法和新技术用来研究人与人之间及个人的各种现象。从个人的个性特点到文化关系，范围广泛、无所不包。早期理论的代表人物有乔治·埃尔顿·梅奥、亚伯拉罕·哈罗德·马斯洛、弗雷德里克·赫茨伯格、道格拉斯·麦格雷戈、库尔特·勒温、利兰·布雷德福、罗伯特·坦南鲍姆等。

这个学派的学者大多数都受过心理学方面的训练，他们注重个人，注重人的行为的动因，把行为的动因看成一种社会心理学现象。其中有些人强调处理人的关系是管理者应该而且能够理解和掌握的一种技巧；有些人把“管理者”笼统地看成“领导者”，甚至认为管理就是领导，结果把所有的领导工作都当成管理工作；还有不少人着重研究人的行为与动机之间的关系，以及有关激励和领导问题。所有这些，都提出了对管理人员大有裨益的一些见解。例如，马斯洛的“需求层次理论”，赫茨伯格的“双因素理论”，罗伯特·布莱克和简·莫顿的“管理方格理论”(Management Grid Theory)。

七、群体行为学派

群体行为学派(Group Behavior Approach)同人际关系行为学派密切相关，以致常常被混同。然而，该学派关心的主要是一定群体中人的行为，而不是一般的人际关系和个人行为；它以社会学、人类文化学、社会心理学为基础，而不是以个人心理学为基础。该学派着重研究各种群体的行为方式，从小群体的文化和行为方式到大群体的行为特点，均在研究之列。有人将其研究内容称为“组织行为”(Organizational Behavior)研究，其中“组织”一词被用来表示公司、企业、政府机关、医院，以及任何一种事业中一组群体关系的体系和类型。其最早的代表人物和研究活动是梅奥及霍桑试验。

20 世纪 50 年代，美国管理学家克瑞斯·阿吉里斯提出所谓“不成熟—成熟交替循环的模式”，归纳了“成熟”“不成熟”的特点(如表 2-2 所示)，并指出“如果一个组织不为人们提供使他们成熟起来的机会，或不提供把他们作为已经成熟的个人来对待的机会，那么人们就会变得忧虑、沮丧，甚至还会按违背组织目标的方式行事”。

表 2-2　阿吉里斯"不成熟""成熟"特点对照表

不成熟的特点	成熟特点
被动性	能动性
依赖性	独立性
办事方法少	办事方法多
兴趣淡漠	兴趣浓厚
目光短浅	目光远大
从属地位	自主地位
缺乏自知之明	有自知之明、能自我控制

第五节　管理理论新发展

随着经济全球化的发展,世界经济正经历着工业经济向知识经济的转变。资本、硬件不再是经济发展的第一推动力,取而代之的是战略、文化、创新等。

一、创新——当前和今后管理的主旋律

21 世纪是多变的世纪,变是永恒的真理。任何已有的和常规的管理模式都将被创新的管理模式所取代,管理创新是管理的主旋律。当前对管理创新发展趋势的研究主要有以下观点。

①管理创新的内容:战略创新、制度创新、组织创新、观念创新和市场创新等,让创新渗透于整个管理过程之中。

②组织中的每个人都是创新者,因而组织要创造一个让每个人都可以创新的环境和机制。

③企业个性化。因为竞争的激烈性,模仿别人是难以生存的,所以成功的企业必须具有自己独特的个性,即具有独特的个性化的产品和个性化的经营管理方式。

二、企业再造——一场管理革命

20 世纪 90 年代以来,西方发达国家兴起一场企业再造革命,被喻为"从毛毛虫变成蝴蝶"的革命,也被认为是继全面质量管理运动后的第二次管理革命。

美国麻省理工学院教授迈克尔·哈默在 1993 年提出这个概念,到 1994 年底,据一项调查显示,在 600 多家欧美大型企业中,有七成企业正在推行企业再造计划,其余的也有半数企业正在积极考虑。随着企业再造运动的发展,亚洲国家的一些公司也在开始重新考虑企业的构成模式。

企业再造运动主要在两个方面和传统的管理模式不同:一是从传统的自上而下的管理模式变为信息过程的增值管理模式,即衡量一个企业有效性的主要标志是,当一个信息输入企业以后,经过企业的加工然后再输出,信息通过企业的任何一个环节,其管理环节能对此信息加

工增值。从工业的产品链到信息的价值链，形成一种企业价值的增值过程。如果该信息不进行增值就要进行改造，这样就形成了企业管理运行机制观念的改变。二是企业再造不是在传统管理模式基础上的渐进式改造，而是强调从根本上着手，要改变企业的运作模式就要彻底改造，把旧的管理方式全部忘掉，全部抛弃，唯有破除过去，才能创造新机会。这样，企业再造革命是建立在信息网络遍布企业内各部门的基础上的。在企业内部，职工可以得到与自己有关的任何信息，这样大大减少了信息流动所带来的时间损失，不仅提高了效率，精简了人员，还使得每个员工都对企业全局有全面的了解，从而使企业出现一个崭新的局面。

三、学习型组织——未来组织模式

技术和知识在急剧地增长，无论多么先进的事物都会随着时间的推移而逐渐被淘汰，因此，一个组织要保持持续发展，就必须不断学习，不断地更新知识。学习型组织是美国麻省理工学院彼得・圣吉在《第五项修炼》一书中首先提出的，他不仅要求组织中的每个人都要终生不断学习，不断获取新知，不断超越自我，而且要求组织也要不断地学习和超越。要使组织向学习型组织迈进，需要具备以下五项技术。

(1)自我超越(Personal Mastery)

这是五项修炼的基础，在认清客观世界的基础上，创造出适合自己的最理想的环境，不是用降低理想来适应环境，而是用提升自己来达成理想，这需要创意和耐力，需要不断地学习和不断地超越。

(2)改善心智模式(Improving Mental Models)

强调每个人都要以开放求真的态度，将自己的胸怀扩大，克服原有习惯所形成的障碍，不断地改善它，最后还要突破它，这样才能以一个全新的心智模式出现。

(3)建立共同愿景(Building Shared Vision)

这需要在共同的理想、共同的文化、共同的使命的大方向下组织在一起达成一个共同的未来目标。

(4)团队学习(Team Learning)

团队学习是组织中沟通与思考的对话工具，强调彼此不在本位，不自我防卫，不预设立场，在不敬畏的情况下共同学习。团队学习是适应环境剧变的最佳的方法，唯有大家一起学习、成长、超越和不断进步，才能让组织免于失败，创造出不断成长的绩效来。

(5)系统思维(Systems Thinking)

这是五项修炼的核心，组织在处理问题时要扩大思考的空间，通过电脑模拟把事件的前因后果都考虑到，建立系统的处理模式。

四、组织结构的倒置——权力的转移

传统的组织结构是金字塔形的，最上面的是高层，然后是中间层，最后是基层。指挥链是从上到下，决策来自最上层，下面是执行层。在多变的时代，顾客的个性化需求日益突出，当上层的决策和用户的要求相矛盾时，在传统的组织结构中，是执行上层的决策。而在知识经济时代正好相反，在金字塔最上层的是用户和顾客，下面是第一线的基层工作人员，最下面是中层和最高层领导者。这种倒金字塔不仅仅是把组织结构进行一下简单的颠倒，而是确立了客户的主导地位，也明确了只有投客户所好，才能可持续发展。这种转变是整个管理观念的改变，高层从领导变为提供支持服务的阶层，员工从执行命令转变为独当一面。

五、全球战略——组织决胜的关键

随着信息时代的到来，人与人之间的距离在缩短，国与国之间甚至洲际之间的边界变得越来越模糊。组织竞争已经不在单一的区域内进行，而是在全球范围内展开竞争。竞争的全球化对每个组织来说既受到挑战，同时也带来新的机遇，全球化为组织发挥特殊能力提供了新的空间。主要涉及以下问题。

①组织的竞争战略是否从全球化的角度来思考，或者说组织是否把自己看成地球村的一员；

②从资源配置的角度来看，组织是否从全球的范围统筹考虑资源的合理配置，即依据不同地区的不同税率和不同金融风险来配置资本，依据不同地区技术发展水平和优势设计相应的技术发展中心、组织技术开发，根据经营需要利用、开发人力资源；

③注意全球的协调，不仅注意国内组织的研究和开发，更重要的是不断建立国际化的技术协调型研究开发机构，提高综合竞争力；

④建立基于国际分工协作的高效的生产体制；

⑤完善全球营销网络的建设，启用当地人才，尽量使营销本土化；

⑥做好全球战略整合，建立起全球战略管理体系。

例如，英特尔公司从“储存器战略”到“微处理器战略”，联想集团的“技工贸战略”到“贸工技战略”再到“一拆为二”的战略，海尔集团的“名牌战略”到“多元化战略”再到“国际化战略”，都证明了战略的至关重要。

以政府为例，国际战略格局正处于新旧交替阶段，以前西方独大的局面已朝多极竞合方向转移。全球相互依存和影响加深，政治、经济、文化、社会、科技紧密关联。只有顺应国际战略格局多极多元趋势，主动构筑有利的大国关系框架，积极参与多边机制的改革创新，不断扩大国际制度性权力，抢占能源、科技制高点，制定全球治理战略，才能维护国家利益。

六、跨文化管理——交融与冲突

管理实现了两次飞跃，第一次是从经验管理到科学管理，第二次便是从科学管理到文化管理。信息技术的革新推动着各级政府间的彼此交流和学习，地球像一个村庄，村民间各通有无，国家间、城市间频频派出代表团造访他国，在思想上和形式上，政府内部出现了多文化并存的现象。随着竞争的全球化和资源的全球化流动，企业中的多元文化共存的现象更是明显。

管理活动受人们的价值观、伦理道德、行为准则、社会习俗的全面影响，当它与不同的文化相结合，就形成了不同的管理文化和管理风格。美国式管理是典型的以"法"为主的管理，强调个人价值、严格的制度、理性决策和追求最大限度的利润，等等。日本式管理是典型的以"理"为主的管理，强调和谐的人际关系，上下协商的决策制度，员工对组织忠诚与企业对社会负责，等等。中国式的管理则是以"情"为主，注重发掘人的内在价值和积极性，强调管理的"人和效应"，制度管理显得比较松懈，理性精神表现不足。值得注意的是美国通过对日本管理模式的反思，企业的经营理念在不断地变化，开始重视社会效益和人力资源的开发及职工的稳定，而日本也在强化人力资源的竞争机制，摒弃论资排辈，开始强调能力至上的观念。中国应该如何建立既具有中国文化特色又吸纳人类一切先进文化成果的管理文化模式是一个需要深思的问题。

七、战略弹性——竞争的制高点

组织面临经营环境的快速变化，必须具有快速的反应能力。要获得这种能力就要建立具有应对市场变化的柔性化战略体系，使战略具有弹性。战略弹性是依据组织自身的知识能力，为应付不断变化的不确定情况而具有的应变能力，这些知识和能力由人员、程序、产品和综合的系统所构成。战略弹性由组织结构弹性、生产技术弹性、管理弹性和人员构成弹性所组成。战略弹性来源于组织本身独特的知识能力，而人员本身知识的构成及其组合方式是构成战略弹性的关键。一旦组织建立起自己的战略弹性，即形成了组织的活性化、功能的综合化、活动的灵活化，这一切即构成了独特的组织文化，从而建立起别人无法复制的战略优势，竞争能力将会得到极大的提高。

专栏 2-5 管理故事：惠普的战略弹性

战略选择与战略执行的比重是三七开，换言之，是知不易、行更难。惠普离职 CEO 卡莉并购康柏的战略在新任 CEO 马克·赫德的坚持下展现威力，2006 年底惠普夺回了 PC 市场第一的地位，且保持全部业务成长并盈利的态势，历史性地第一次超过 IBM 成为 IT 新霸主。

规模的扩大为惠普带来了诸多优势，也积累了不少"非核心竞争力"业务，面临是卖掉还是重塑"非核心竞争力"业务的问题时，赫德坚持后者，提出了"动力铁三角"战略，即增长、成本效率和资本策略的共同实现。2006 年，惠普成功把 IT 成本从 3.8%降到 2.9%。

在波谲云诡、瞬息万变的时代，审时度势，不固守于一劳永逸的原则，不执迷单一的战略，结合具体情景选择最合适的战略，才能实现公司战略的弹性竞争力。

——摘自：苏醒. 惠普的战略弹性[J]. 21 世纪商业评论，2007(3).

八、管理的终极目标——管理最优境界的实现

组织成员的个人目标与组织目标和谐一致，每个组织成员都能进行自我管理，自觉实现组织目标，同时个人的终极目标与组织的终极目标达成理念上的共鸣，并使所有组织成员在特定

管理场中自觉行动，这样管理就达到了最优境界。自我管理不是取消管理，而是使管理进入更高的层次和境界。传统的管理模式在一定程度上束缚了人的个性和创造力，而未来的社会由于员工的知识更加丰富，获取信息的手段更加便捷，就可能形成全新的管理模式。

①人人都是管理主体，对于重大决策，员工既是决策的参与者，也是决策的执行者；

②以人为本，顺应人性，尊重人格，员工不是在制度的约束下进行工作，而是自动自觉地把工作视为人生发展的组成部分；

③通过管理文化的构建，创造一种高度和谐、友善、亲切、融合的氛围，使组织成为一个密切协作的团体；

④遵循形势，顺应社会经济运行的自然法则，使管理成为一个自然的历史过程，这样就使组织成为一个自我管理、自我调节的有机整体，因此能够协调、有序、高效地运行。此时管理行为就达到了管理与被管理的完全融合，不同文化和谐地融合，个人理性和组织理性的高度一致。由此，管理的最优境界就实现了。

本章小结

1.管理理论的发展主要经历了四个阶段：管理思想萌芽、古典管理理论、行为科学理论、管理理论丛林。

2.古典管理理论包括泰勒的科学管理理论、法约尔的一般管理理论、韦伯的行政组织理论。

3.行为科学理论包括梅奥的人际关系学说、麦格雷戈的X-Y理论等。

4.管理理论丛林包括管理科学学派、决策理论学派、系统管理学派、权变理论学派、社会技术系统学派、人际关系行为学派、群体行为学派等。

5.随着社会的发展，管理对象不再是资本、硬件，取而代之的是战略、文化、创新等。

关键术语

霍桑试验　古典管理理论　科学管理理论　一般管理理论　行为科学理论

复习思考题

1.管理理论发展分为哪些阶段？

2.泰勒的科学管理理论的主要内容是什么？

3.什么是霍桑试验？人际关系学说的主要观点是什么？

4.管理理论丛林主要包括哪些学派？分别有哪些观点？

案例讨论

钟表王国的困惑与复兴

瑞士西部城市比也纳是一个人口不到6万的“钟表之城”，这里聚集着几十家钟表厂，驰名世界的“劳力士”表就出产于此。

20 世纪 70 年代中期开始，瑞士钟表业陷入严重的危机。日本和香港采用电子石英技术使钟表的生产效率大大提高，大量价廉物美的电子石英表涌入国际市场。这股狂流冲击着以生产机械表为主的瑞士钟表业。世界钟表市场在逐日扩大，而瑞士产品的销路却在不断缩小。

危机使瑞士两大钟表集团受到了严重损失，这两大集团就是德语区钟表业集团有限公司(ASUAG)和法语区钟表业联合会(SSIH)，两大集团都在寻找夺回钟表王国霸主地位的途径。ASUAG 面对日本的挑战不断进行科研攻关，终于于 1979 年 1 月制造出了世界上最薄的手表：整个手表只有 0.98 毫米厚。该表以塑料作为主要材料，是一种大众表，1981 年被正式命名为“瑞士表”(即 Swatch)。他们期望“瑞士表”能够像流行音乐、流行服装一样，不断随着时代的变化而变化，成为时代的弄潮儿。

然而，这种不起眼的塑料表的诞生却在这个钟表王国受到广泛批评，没有人喜欢这个 80 年代的“灰姑娘”，认为它毁坏了瑞士钟表业的形象。

1982 年初，ASUAG 和 SSIH 决定与美国一家公司成立合资企业生产“瑞士表”。同年 8 月，“瑞士表”产量达到每周 4000 只，型号 25 种。但产品销售很快出现了问题，失败的情绪笼罩着“瑞士表”。面对种种反对意见，公司负责人果断制定了将“瑞士表”打入国际市场的长远战略，并成立了市场研究小组。1983 年 3 月 1 日，“瑞士表”的宣传大战正式拉开序幕，这同时也标志着该表的正式问世。在一个大型记者招待会上，“瑞士表”打出了四张“王牌”：

①价格是瑞士石英手表历史上最低的；

②质量敢与价格昂贵的手表相比：误差每天 1 秒，30 米深防水压、防震，经久耐用；

③是新潮流、新生活的标志；

④能够适合各种人的爱好，可作为时髦的装饰品。

为使“瑞士表”在更大范围内获得人们的接受，公司每年至少将利润的 12%用于广告宣传，以扩大企业和产品的影响。为壮大实力，ASUAG 和 SSIH 在 1984 年正式合并，组成瑞士微电子钟表工业集团有限公司(SMH)。这家公司在今天已拥有欧米茄、布郎班、浪琴、雷达等高档表以及雪铁纳、铁索和“瑞士表”等 12 家钟表企业，在瑞士 100 家大型企业中名列第 12 位。

根据统计，1993 年，瑞士出口手表和机芯达 12 亿件，约占世界手表市场的 50%，其中仅“瑞士表”就有 2500 万只，占瑞士出口成表的 75%。另有资料表明，“瑞士表”的市场已经遍布 5 大洲、140 多个国家和地区。“瑞士表”受到了人们的普遍欢迎和称赞，它的成功在瑞士钟表界已被传为佳话。

[案例来源：杨玄.瑞士钟表业是怎样走出困境的[J].经济研究导论，2012(31).]

讨论：

1.你认为“瑞士表”的成功开发和经营主要得益于什么？

2.谈谈你从本案例中得到的启示。

第三章　管理理念与原则

本章学习目标

1.了解现代管理活动的基本理念及其内容。
2.认识基本理念对于管理活动的指导意义。
3.了解现代管理活动的基本原则及其内容。
4.掌握现代管理活动的基本原则的应用方法。

知识结构图

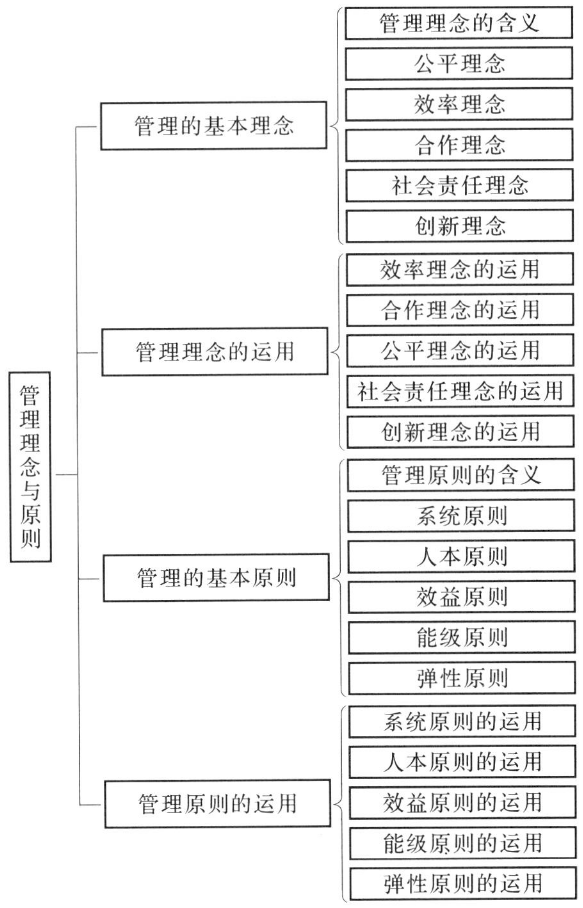

本章学习重、难点

重点

1.理解、掌握管理公平理念。

2.理解、掌握管理效率理念。

3.掌握管理合作理念。

4.掌握管理系统原则。

难点

1.理解、掌握管理创新理念。

2.掌握管理能级原则。

引　例

灵活性是弹性化政府管理模式的灵魂①

与传统政府管理相比较，弹性化政府管理模式具有很强的灵活性以及由此带来的协调性。在传统政府管理模式下，机构的常设性和雇员的终身雇佣常常使人们对政策的认识和对现实政策所存在问题的看法固定化、程式化。另一方面，这种状况也使得公务员对自身利益和组织机构的财政预算比对政策和事业更为关注。正因为如此，弹性化政府管理模式主张建立临时性机构，比如一些工作小组、特别委员会、项目小组等。在人事上实行短期或临时雇佣，任务完成后合约即解除。在权力上根据地域管理下放权力，使之具有灵活性和多样性。历史上法国与德国曾分别设立 Project Demission 和 Project Gruppen 等临时性组织，以解决短期性及密集性的政策问题。虽然当时这种做法未获得普遍性的成功，但是也因此减少了许多永久性组织的设置。

第一节　管理的基本理念

一、管理理念的含义

“理念”(Concepts)即理性的概念，是对现象实质的基本理解，是对管理目的的基本定位。“管理理念”(Management Concepts)即管理在理性方面的概念，是人们对管理活动基本规律和原理的科学反映和概括，是管理实践的基本指导思想，也是管理活动必须遵循的行为准则。

---

① 杜治洲，汪玉凯.电子政务促进政府管理模式弹性化[J].信息化建设，2006(5).

海尔公司在实现向现代化经营方式转变的过程中，一个重要方面就是率先实施“先推出，后制造”的经营理念，把消费者服务放到了市场营销的前位。该公司推出的“市场链”经营模式，就突出了“先服务”的重要思想，创造出B2X定制差别品，即以企业对商家、企业对用户为特点的海尔“迷你”生产线，围绕消费者实行“你设计、我生产”，实现了瞬时转产，及时满足消费者的特殊需求，真正做到了产品的特殊设计由用户说了算，制造产品物超所值。正因为海尔独特的经营和管理理念，海尔才取得了今天的成就。

二、公平理念

公平正义(Justice and Equity)是管理的内在要求。管理，归根到底是对人的管理。经典管理理论对管理对象的看法经历了从“经济人”(Economic Man)到“社会人”(Social Man)，再到“复杂人”(Complex Man)的发展变化过程，即经历了对人的公平正义度不断提高的认识过程。由此产生的诸多管理理论如需要理论(Theory of Needs)、激励理论(Incentive Theory)、公平理论(Equity Theory)等和依法行政、制度化管理的实践，都体现了以人为本的公平正义的管理理念。

社会在一定时期的财富和机会的总量是一定的，如果没有公平正义，就会有些人超值获得，有些人贬值获得。超值获得者的积极性可能都被调动起来，但那些贬值获得者的积极性就不可能都被调动起来，社会积极性的总量就会减少。在公平正义的环境中，一方面，人人心平气顺，能够较好地发挥出自己的聪明才智；另一方面，个人发展的前途是清晰可见的，努力就有回报，同样的努力就有同样的回报，也只有努力工作才有回报，没有其他捷径可走。此时，人们就会将自己的才干尽可能多地用在事业上。所以，公平正义的管理，才是可能调动一切积极性的最优化的管理。实现公平正义的管理，才能切实增强社会和组织的凝聚力。

古今中外的历史证明，公平度与凝聚力是成正比的，公平度越高凝聚力就越强。如果一个组织到了人人都愤愤不平、怨声载道的时候，将不能持久发展。要想把组织做大做强，持续发展，就应该在管理过程中，提高公平度，增强凝聚力。

改革开放以来，我国的管理创新也体现了这一发展过程。从取消计划、非计划的双轨制，到取消内外企业的双税制，都是在营造公平正义的社会发展环境。这一切都表明，公平正义是管理的内在要求，是现代管理的发展趋势。

三、效率理念

效率(Efficiency)是指有用功率对驱动功率的比值。经济学上效率的含义是指社会能从其稀缺资源中得到最多的东西。郭沫若在《洪波曲》第六章中写道：“逾之是做文章的老手，而且是素来讲究效率的人。”这里的效率又指的是单位时间完成的工作量。

不论何种定义，效率都存在一个普遍的含义，即：在既定的技术和资源投入的条件下，经济资源被最大限度地利用。

管理是制约和决定组织效益的重要因素，管理水平的高低关键取决于管理效率的状况，较低的管理效率很难获得较高的收益；较高的管理效率一般与较好的效益相一致。管理效率与组织效率和效益存在着大体一致性的正相关关系。因此,研究管理问题,不能不把管理效率放在突出的位置上给予充分的认识和把握。

泰勒把管理效率作为其科学管理理论(Scientific Management Theory)追求的基本原则和目标,他认为,工人劳动应当存在一种“最佳”工作方式,工人按照“最佳方式”完成每项工作便能使工厂得到较高的效益。哈林顿·埃默森进一步明确提出管理效率是科学管理的核心,并对管理效率进行了深入研究,提出了 12 项效率原则。亨利·法约尔在对管理过程研究后认为,成功的管理人员如想保持较高的管理效率,必须在工作中遵循经过验证并行之有效的管理原则,他列出了实行分工和专业化、给管理人员权力等 14 项管理原则。

现代管理科学为提高管理效率把最新的科研成果应用于管理活动,特别是统计学和计算机技术的应用,使管理活动最大程度地数学化和模型化,增强了管理活动的客观性、规律性、必然性,极大地提高了管理的效率。

专栏 3-1 管理名言

30%的人永远不可能相信你。不要让你的同事为你干活,而让我们的同事为我们的目标干活,共同努力,团结在一个共同的目标下面,就要比团结在你一个企业家底下容易得多。所以首先要说服大家认同共同的理想,而不是让大家来为你干活。

——马云

IBM 需要的,就是像野雁这样能独立作业,又能团队合作的人。

——许朱胜

不管努力的目标是什么,不管他干什么,他单枪匹马总是没有力量的。合群永远是一切善良思想的人的最高需要。

——歌德

四、合作理念

合作(Cooperation)指二人或多人一起工作以达到共同目的。对于现代管理来说,合作理念是最基本的管理理念之一,它是一种存在于组织之中的有利于协调组织行为、增强组织凝聚力和提高组织绩效的团队精神。

随着信息时代的来临,顾客需求的多样化以及竞争的白热化使得市场机会稍纵即逝。要在这瞬息万变的市场中仅靠组织内部的力量创造出满足消费者多样化和个性化的需求变得越来越困难。而组织之间通过合作经营来分担生产成本、提高经营效率以及加快商品面市速度和满足市场不断变化的需求已成为必然趋势。

各类组织已经利用合作理念取得了较大的成就,如美国科宇公司在 1993 年有 13%的企业收入来源于组织之间的合作,美国世界通信公司(MCI)利用其他 100 家联盟公司的资金、技术等优势使得公司每年节省 3 亿美元的研究成本,通用汽车、丰田汽车、索尼等商业巨头也纷纷加入合作的行列之中。

五、社会责任理念

社会责任是指组织对社会应承担的职责与应负的责任，组织应以一种有利于社会的方式进行经营和管理。社会契约理论（Social Contract Theory）认为，社会责任是组织与社会之间不断变化的社会契约关系，经济发展不同阶段的特征决定了组织社会责任具有不同的内容。主流的利益相关者理论提出：组织应该满足利益相关者而非仅满足股东的利益要求。因此，组织的目的应是更为广泛的一系列社会责任目标。

1954 年，德鲁克在《管理的实践》一书中明确提出"企业社会责任"（Enterprise Social Responsibility）概念，并建立了以"企业社会责任"为核心的管理思想体系，厘清了"社会、企业、个人"三者之间的相互关系。德鲁克从社会学视野研究企业与社会的关系，从企业对社会的影响和社会责任出发审视企业的目的，把企业当作社会有机体的一部分所理应肩负的责任来审视企业目的："我们的各个机构没有一个是为着它自身而存在的，也不以自身为目的。每一个机构都是社会的一种器官，而且是为社会而存在的。"即企业的目的必须在企业本身之外。事实上，企业与社会的关系是：社会为企业提供了生存和发展的空间，而企业又依托社会而存在。只有充分、全面履行了自己社会责任的企业，才会最终获得发展的重要条件。如果不能妥善处理企业对社会的影响和承担企业对社会的责任，就会丧失社会对企业的支持，从而使企业衰亡。

亚当·斯密依据经济人观点的逻辑推导出：追求最大利润作为人们经济活动的唯一目的，其结果"往往使他能以在真正出于本意的情况下更有效地促进社会的进步和利益"。然而，只有经济人意识是远远不够的，如果缺乏伦理引导，物质的发达就会支配和奴役这个社会，其代价是人性的泯灭。

马克斯·韦伯论证了"近现代市场经济作为一种法治经济，作为一种不再是建立在暴力掠夺基础上的'经济型'经济，是以社会的道德进步为前提的，资本主义文明不仅是经济急剧发展的产物，而且是社会道德进步的结晶"。

近段时间以来，世界许多著名企业以 1997 年出台的国际性企业管理体系认证标准"SA8000"为指导，先后将社会责任上升为公司战略，使得社会责任竞争成为著名企业继价格、质量、品牌竞争之后新一轮国际竞争的重要方面，标志着世界一流公司的企业社会责任运动已经发展到了系统推进的新阶段。

中国的相关研究学者指出：中国企业社会责任是"由纵向的四层责任体系——经济责任、法律责任、伦理责任、文化责任和横向的四维责任体系——维权责任、环保责任、诚信责任、和谐责任，两组责任体系所组成的责任链集结而成。简言之，就是以'互利奉法、仁义、和谐'为核心，以经济、法律、伦理、文化为载体，以'维权、环保、诚信、和谐'为抓手的责任链体系，企业以该责任链体系对利益相关者履行相应的责任，包含强制性责任和自愿性责任"。

因此，中国企业的社会责任有以下含义：第一，企业社会责任是由其本身的性质所决定的，是企业理应履行的责无旁贷的责任，企业是履行社会责任的主体，而不是客体。第二，企业社会责任不仅是一个理论体系，而且是一个可实践操作的系统。第三，企业社会责任的明确目的是要构建人与自然、企业与社会和谐、统一的完美局面。

中国企业必须履行其相应的社会责任主要有以下原因：第一，企业发展的必然要求（国际社会对履行企业社会责任的普遍认同和赞同所带来的外部压力）；第二，社会主义经济体制发展的必然要求（入世后国内企业参与国际市场竞争的压力）；第三，社会主义和谐社会发展的必然要求（中国关于构建和谐社会和坚持科学发展观的时代要求）。企业社会责任的履行程度会极大地影响企业的形象和声誉，甚至影响企业的发展。权利来自义务，义务决定责任，责任决定观念，观念指导行动，行动决定成果。所以，树立正确的社会责任观并导之以实践是企业管理理念中的又一核心。近年来，我国政府也十分重视企业伦理化管理和社会责任的实践，已把企业社会责任纳入"十一五"规划目标中，并在2006年颁布的《公司法》中明确规定企业承担的社会责任，还将其作为落实科学发展观、服务社会主义和谐社会建设的内在要求。

当今社会，一方面，不仅仅是商业组织，其他不同类型的组织都意识到并且承认它们也有责任为社会的可持续发展做出贡献；另一方面，社会对各种类型组织为其决策和活动对经济、社会和环境所造成的影响所承担的责任越来越关注，国际标准化组织的ISO26000社会责任国际标准提出，用"组织社会责任"（SR）取代"企业社会责任"（CSR），反映了这种关注和期望。社会责任针对所有组织，但不包括行使主权职责时的政府。组织"是负有责任、权威和关系以及可以识别目标的实体或人员群体和设施"，即不仅仅是企业或经济组织，其他组织，如学校、医院、学术团体、中介机构或一般意义上的政府机构（不包括政府在制定和实施法律、履行司法权威、贯彻建立公共政策或信守国家国际义务的职责方面的主权作用）等。依据国际标准ISO26000，社会责任的承担主体不限于企业、公司等经济组织，还包括政府组织、非政府组织等，即社会责任理论和实践由"企业社会责任"转变为"社会责任"。

组织的社会角色、社会功能是组织社会责任的基础。组织社会责任不仅是对组织行为是否符合法律程序即形式正义的评价，更是对组织决策及其后果是否合理正当即实质正义的考察。组织社会责任的实践机制主要包括：合乎道德的决策和行动是组织履行社会责任的评判框架；尊重、考虑和回应利益相关方的利益是组织社会责任的外在表象；组织决策和行为的过程和结果的公开、透明度是组织社会责任的程序保障。

六、创新理念

经济学家约瑟夫·熊彼特于1912年首次提出了"创新"的概念。管理创新是指组织把新的管理要素（如新的管理方法、新的管理手段、新的管理模式等）或要素组合引入管理系统以更有效地实现组织目标的活动，即富有创造力的组织能够不断地将创造性思想转变为某种有用的结果。当管理者谈到要将组织变革得更富有创造性的时候，通常指的就是要激发创新。

管理创新包括管理思想、管理理论、管理知识、管理方法、管理工具等的创新。按功能可将管理创新分解为目标、计划、实行、反馈、控制、调整、领导、组织、人力9项管理职能的创新。按业务组织的系统，将管理创新分为战略创新、模式创新、流程创新、标准创新、观念创新、风气创新、结构创新、制度创新。以企业职能部门的管理而言，管理创新包括研发管理创新、生产管理创新、市场营销和销售管理创新、采购和供应链管理创新、人力资源管理创新、财务管理创新、信息管理创新等创新。一般来说,管理创新过程包含 4 个阶段。

1.对现状的不满

在几乎所有的案例中,管理创新的动机都源于对组织现状的不满,或是组织遇到危机,或是商业环境变化以及新竞争者出现而形成战略型威胁,或是某些人对操作性问题产生抱怨。当然,不论出于哪一种原因,管理创新都在挑战组织的某种形式,它更容易发生于紧要关头。

2.从其他来源寻找灵感

管理创新者的灵感可能来自其他社会体系的成功经验,也可能来自那些未经证实却非常有吸引力的新观念。有些灵感源自管理思想家和管理宗师。如 1987 年,惠灵顿保险公司的 CEO 马瑞 · 沃伦斯受到汤姆 · 彼得斯的《混沌中的繁荣》的启发,进行了卓有成效的"惠灵顿革命"。还有些灵感来自无关的组织和社会体系。如 20 世纪 90 年代初,助听器公司奥迪康的 CEO 拉斯 · 科林德受到美国童子军运动组织的启发,推行了一种鼓励志愿行为和自我激励的组织体系,并取得了巨大的利润增长。此外,有些灵感来自背景非凡的管理创新者,他们通常拥有丰富的工作经验。

3.创新

管理创新人员将各种不满的要素、灵感以及解决方案组合在一起,组合方式通常并非一蹴而就,而是重复、渐进的,但多数管理创新者都能找到一个清楚的推动事件。

4.争取内部和外部的认可

与其他创新一样,管理创新也有风险巨大、回报不确定的问题。很多人无法理解创新的潜在收益,或者担心创新失败会对公司产生负面影响,因而会竭力抵制创新。而且,在实施之前,很难准确判断创新的收益是否高于成本。因此对于管理创新人员来说,一个关键阶段就是争取他人对新创意的认可。

在管理创新的最初阶段,获得组织内部的接受比获得外部人士的支持更为关键,这个过程需要明确的拥护者。如果有一个威望高的高管参与创新的发起,就会大有裨益。另外,只有尽快取得成果才能证明创新的有效性,然而,许多管理创新往往在数年后才有结果。因此,创建一个支持同盟并将创新推广到组织中非常重要。管理创新的另一个特征是需要获得"外部认可",以说明这项创新获得了独立观察者的印证。在尚且无法通过数据证明管理创新的有效性时,高层管理人员通常会寻求外部认可来促使内部变革。

第二节 管理理念的运用

管理理念从实践中发现和总结,并继续用于指导实践,才能体现其价值。在运用各种管理理念时,需要关注其运用对象、范围与方法等。

一、效率理念的运用

第一,牢固树立效率观念。管理者必须树立效率观念,运用科学的方法对组织各个管理要素和流程进行优化管理。第二,确立正确的战略。正确的战略和策略是成功的一半。组织只有确立正确的战略,才能引领未来正确的方向,减少不必要的消耗,从而提高效率。第三,注重高层管理者的行动偏好与适度理性。计划和行动只有得到了高层领导的支持才能事半功倍。因此,计划和行动的实施必须重视高层领导的行动偏好,以此来减少行动阻碍。第四,效率导向的组织设计。效率导向的组织设计能使战略计划的实施更具高效性。第五,营造优良的组织文化。要形成组织的管理效率理念和文化,使效率观念深入人心,必先培养良好的组织文化。第六,依靠科技进步,采用先进技术。要充分应用当代先进的科学技术和管理方法,为管理效率的提高提供物质保障。

二、合作理念的运用

1.公共部门合作理念

合作理念在公共管理领域的应用主要表现为协作性公共管理的兴起和发展。过去几十年的公共管理实践使人们逐步认识到,人类正生活在一个涉及许多组织和群体的网络之中,而这些组织和群体有责任合作解决公共问题,由公共部门、私人部门和非营利部门协作提供高质量的公共服务,并协同解决复杂的社会问题。而新公共管理倡导市场化、商业化和民营化等在公共部门中的积极应用,其在有效提高管理效率的同时也产生了“机构或部门裂化”和组织“碎片化”等困境。为解决这些问题,从 20 世纪 90 年代中后期开始,英国、澳大利亚、新西兰、美国和加拿大等国家开始思考如何更有效地为公众提供公共服务,推动以协作性公共管理为主要内容、超越传统公共行政和新公共管理的政府改革。如罗斯玛丽·奥利瑞所言,在过去 10 余年间,公共行政中的一个新进展就是协作性公共管理领域的开拓。协作性公共管理是指为实现单个部门无法更有效或不能实现的某一结果,在两个或更多部门中组织间的信息、资源、活动和能力等方面的联系、整合或共享。协作性公共管理的兴起和发展,主要有两个背景。

第一个背景是社会变革。“社会变革论”认为,社会变革使得政府治理面对一种全新的社会生态环境,各种“跨边界公共问题”不断涌现,有效应对和解决这些跨边界公共问题涉及多个部门、多个管辖区甚至整个社会,需要政府多个相关职能部门,甚至包括私人部门、非营利组织和公众的协同配合。这使得公共部门管理者始终是在一种复杂的组织环境中工作,并促进科学制定公共政策、有效实施公共项目和实现公共责任的新战略,围绕服务对象的需求和偏好,以资源整合为主线,突破和超越基于地区和部门边界的公共管理模式,构建跨部门协作治理网络。电子政务的发展是协作性公共管理兴起和发展的重要因素。

第二个背景是部门失灵。“部门失灵论”认为,当今政府面临的许多问题不可能通过传统官僚制和以边界为基础的科层制解决。信息时代需要可以跨部门职能和边界联系的组织结构。跨部门协作更有效率,有助于克服空间分化和职能分割带来的管理“碎片化”问题。而公共事务的广泛关联性和渗透性,使得相应的管理不得不打破科层制的严格界限,以协同工作的方式,走向跨边界、跨部门、跨层级和跨行业协作管理。因而,传统官僚体制在治理复杂性社会问题上的能力失灵催生了协作性公共管理的兴起。

协作性公共管理主张在公共决策与公共服务过程中,发展互动式、参与式和协作性的管理体制机制，把不同部门或不同辖区的权力、职能、资源和优势联结成一个共同的资源与整体化的治理结构。其初衷是促使各公共管理主体，包括政府、社会组织、私人组织以及政府内部各层级与各部门在公共管理过程中更有效率地协调与合作，建设功能整合、有效利用稀缺资源、为公民提供无缝隙服务、创造公共价值的服务型政府。具体包括如下基本观点。

①消除政府系统不同部门间的封闭分割状态。基于特定政策和任务，对不同部门实施优化组合和整合，并促进这些部门有效沟通与合作协调。

②倡导政府、社会组织和企业跨界合作互动的理念，破除纵横条块分割管理，在不同部门间建立了一种整体性的思考和交流方式，实现跨部门资源交换与能力整合，以推进公共管理系统的整体有序运转。

③通过文化、价值观、信息和培训进行协同工作，最大限度地减少损害彼此利益的边界和不同政策，将某一特定政策领域或网络中的不同利益相关者有效组织在一起，以创造公共价值为终极目的的集体行动网络，实现 1+1>2 的协同效应。

④构建跨部门协作机制或成立部门间协调机构，通过共同领导、整合结构和联合团队，以及资源整合和政策整合进行协同，更有效地利用稀缺资源。

⑤为构建公共服务的协作提供机制，建立“一站式”服务中心，共享公共服务界面，多部门合作提供整体化的公共服务。

⑥建立健全公共责任和绩效评估机制。通过共同的结果目标、绩效指标和监管推进协作，并建立冲突和争端解决机制。

2.私营部门合作理念

合作理念在私营领域的应用表现为一系列有意义的企业合作形式，如企业合作网络、战略联盟、供应链管理、企业集团等。

(1)企业合作网络

企业合作网络就是将企业和经济组织间相互依赖的活动关系看作一种企业网络，而各种从事这类活动的经济行为者就是网络中的节点。处于企业合作网络中的企业之间的互动将不再通过市场交易，也不通过内部一体化过程，而是通过合作网络的组织间彼此协调来完成，企业可以通过网络来获得资源，使自己有可能克服自身的局限，实现经营目标。

(2)战略联盟

战略联盟又称策略联盟，它是两个乃至多个企业或经济组织之间为了达到某种战略目的，通过某种契约或者部分股权关系而形成的一种合作形式。战略联盟的主体对象十分广泛，它不仅包括企业通常意义上的合作实体，如互补意义上的生产商、科研院所、政府部门、供应商、上下游企业等，还可能包括昔日、甚至目前的对手。战略联盟的主体之间的合作，有时是全面的，但更多的时候是基于某一特定的目的，在某一方面所进行的合作。

(3)供应链管理

供应链实际上是一个企业与其供应商、供应商的供应商，依次向前直到最初的供应商，以及与其销售商、销售商的销售商，按此向后直到最终用户之间的关系网链。供应链管理是市场渠道各层之间的一个联结，是控制供应链中从原材料通过各制造商和分销商直到最终用户的一种管理思想和技术。

(4)企业集团

企业集团是多个法人企业通过一定纽带形成的具有多个层次，跨行业、跨部门、跨所有制、跨国家所组成的大型经济联合组织。企业集团的形成有两种途径：一是由一家大企业裂变而成，二是由两个以上的企业通过合作形成一个多法人企业。企业集团是为了进一步提高企业合作的效率而产生的，它是以将外部合作内部化为目的，寻求一个在企业联合体内部完成企业间合作的过程。

(5)业务外包

业务外包所推崇的理念是，如果在价值链的某一环节上不是世界上最好的，而且又没有核心竞争优势，在保证客户资源不流失的前提下，那么应当把它外包给世界上最好的专业公司去做。也就是说，首先要确定企业的核心竞争优势，并把企业内部的智能和资源集中在那些具有核心竞争优势的活动上，然后将剩余的其他企业活动外包给该领域最好的专业公司。

(6)虚拟企业

所谓虚拟企业是指在资源有限的条件下，为取得最大的竞争优势，企业以自己拥有的优势产品或品牌为中心，由若干规模各异、拥有专长的小型企业或车间，通过信息网络和快速运输系统连接起来而组成的开放式组织形式。

三、公平理念的运用

1.公平正义的核心理念贯穿管理全过程

有什么样的思路，才可能有什么样的结果。更正观念是提高管理公平正义度的前提，平均主义不是公平，效率和公平并不矛盾而是一致的，公平了才会更有效率。公平正义是管理的核心理念，应该贯穿于社会管理、组织管理的全过程，并内化为管理者的信念。

2.完善决策程序，提高决策的公平正义度

完善决策程序，是提高管理公平正义度的首要环节。科学的决策程序既是正确决策的保证，也是提高管理公平正义度的前提。其中，透明、公开和民主化、制度化是最为重要的，可以在很大程度上规避暗箱操作的不公和失误。健全监督机制，提高决策管理的公平正义度，从现实性上讲，应该更好地发挥工会组织、群团组织以及非正式组织的民主管理职能，再配合舆论监督来健全组织的监督机制。

3.切实依法管理，公平正义地参与市场竞争

公平正义地参与市场竞争，才是组织的长存之道。市场经济是诚信经济，是公平正义经济。用坑蒙拐骗、假冒伪劣的方法参与市场竞争，尽管可能得益于一时，但不可能永远欺骗消费者，且迟早会被曝光，从而使企业的社会形象严重受损，甚至可能还会导致企业一蹶不振被淘汰出局。最近被央视曝光的胡师傅、爱仕达等所谓无油烟锅的虚假广告事件，就是这种害人害己行为的真实写照。公平正义地参与市场竞争，不仅能长盛不衰，而且为维护公平竞争的社会环境做出了贡献，使组织的社会价值得到提升。因此，依法管理应该成为永不动摇的信条。

四、社会责任理念的运用

1.政府社会责任

政府社会责任要求政府管理目标的实现以及社会责任的和谐统一。政府是受行政决策和行为影响的利益相关方，政府在做出影响其服务对象的行政决定及资源分配时要公平和不偏不倚。政府采取有利于其服务对象的积极行动，使其决策和行动对利益相关方的有利影响最大化，风险要最小化。政府的社会责任主要围绕服务、透明、回应、责任展开。

服务政府是在法制框架下的政府形式，以公众利益和福祉为根本出发点和归宿点，在法定的职权范围内，提供完备而良好的公共服务政府。詹姆斯·福里斯特尔曾说过："政府工作的困难在于，它不仅必须干得很好，而且必须让公众相信它干得很好。透明才能产生信任。政府加强公共行政活动的公开性，确保政府的透明度和公众对政府公共行政活动的知情权、评议权、参与权，确保政府行为充分正当的程序。回应政府意味着政府对公众的期待和要求做出及时、负责、满意的反应，在必要时还应当定期或不定期主动征求公众意见，解释政策法规规章和回应公众意见，鼓励公众有序参与，增进公众与政府的良性互动。在政府决策过程中，推进公众参与和政府回应的制度创新，有利于增进政府决策的透明度、参与度、回应度，实现决策的民主化。"在《布莱克维尔政治学百科全书》中，责任政府是指"一种需要通过其赖以存在的立法机关而向全体选民解释其所做的决策并证明这些决策是正确合理的行政机构"。政府在社会管理过程中，首先要做的是角色塑造及其权益设置，保障各司其职，不允许利益冲突、角色错位，其次是建立一套让政府履行职能具有可问责性的法律机制，最后是建立责任追究机制。一个政府只有在其能够保障社会利益，促进实现社会所提出的目的，真正履行其责任时，才是合理合法的。

2.企业社会责任

随着社会经济的发展，公司规模和影响力的扩大，公司的公共性显著增加，公司行为及其影响超出了个体行为的范畴而辐射到社会和利益相关方，公司的决策和运行都须视社会反馈而定。公司实际上是将一群人按照确定的相互关系以及他们与机器工具的确定关系组织在一起。在公司中，无论是工人还是经理，都不可能完全依靠自身实现生产，都需要分工与合作。公司是利益结合体：公司内部有投资者利益、经营者利益、劳动者利益，公司外部有供货商利益、销售商利益、债权人利益、消费者利益、社会公共利益等。一定意义上，公司社会责任就是各利益相关方的利益在公司决策中得到合理体现。公司不单纯是经济组织，公司更是社会组织，公司与社会环境、社会约束相链接。公司社会责任包含所有活动——守法、合规、战略性慈善活动、基于价值的自我约束、效率和增长——被整合成一个有凝聚力的公司发展战略。公司在日常决策和行为时，透明且合乎道德的生产经营，并为其决策和活动对社会和环境造成的影响承担责任，既能满足股东追求利润的需求，又能满足公司利益相关者和社会的需求，使公司发展与社会所期望的方向相一致，是公司履行社会责任的最佳诠释。

3.非政府组织责任

非政府组织积极开展社会创新，有利于解决社会问题。近年来非政府组织在数量、组织以及活动范围等方面不断扩大。一方面，当今社会在民主化的价值取向下，社会自治日益发展，非政府组织及其自治功能显现，非政府组织承担社会公共管理职能，以自治的方式缓解法律和政府公共管理的压力。一定范围内代替了国家权力和法律的部分功能，弥补了传统司法调整内含的当事人对立、冲突及其与国家公权力运作之间的紧张状况，弥补了公权力和法律的不足，这种以组织的协调和整合为主要内容的自治、自律机制是社会管理创新的重要机制之一，非政府组织已经成为权力结构的一部分。另一方面，非政府组织迅速增长的规模及其担当的角色、发挥的功能并不都是正面的。某个非政府组织可能宣称代表了正义，而其行为却与正义原则背道而驰。

在应对非政府组织社会责任问题时，理解非政府组织、社会和利益相关方三者之间的关系十分重要。在非政府组织与社会的关系方面，非政府组织应理解和辨识其活动和决策如何影响社会和环境，非政府组织还应理解社会对这种影响的负责任行为的期望。在非政府组织与利益相关方的关系方面，非政府组织处于一个关系群中，而在每一个关系中非政府组织具有不同的责任并且即使是对同一个利益相关者，不同的非政府组织在不同的政治背景下所承担的责任程度是不一样的。在利益相关方与社会的关系方面，虽然利益相关方是社会的一部分，但它们的利益可能与社会所期望的并不一致。

五、创新理念的运用

十八大报告指出，现阶段我国发展全局的战略抉择是：坚持走中国特色新型工业化、信息化、城镇化、农业现代化道路，推动信息化和工业化深度融合、工业化和城镇化良性互动、城镇化和农业现代化相互协调，促进工业化、信息化、城镇化、农业现代化同步发展。为此，当务之急是尽快转变大投入、粗放式、高污染、低效益的发展方式，适应国内外经济形势新变化，创新驱动、转型发展，加快形成新的经济发展方式，把推动发展的立足点转到提高质量和效益上来，着力激发各类市场主体发展新活力，加快构建现代产业发展新体系。

欧洲政策研究学者丹尼尔·格罗斯教授认为，一个国家的发展可以走两条路子："汗水式增长"或"创新式增长"。"汗水式增长"意味着生产力要素的集聚，包括劳动力的集聚、有形资本（包括基础设施、工厂等）硬要素的大量投入，如目前中国的投资份额占国内生产总值的比重接近45%，这一比重超过其他任何一个大国。当一个超大型经济体已达到科技水平制高点的时候，就必须依靠自己的力量进行自主创新。在这个阶段，"创新式增长"便会成为一国经济发展的主要驱动器，它是一个经济体创建新产品、新流程的能力，它不需要大量硬要素的投入，而是加大科研投资（而非基础设施、机械装置等投资）、提高全民教育水平、改善管理环境、鼓励组织和个人的创业创新。

当前要加快转变经济发展方式、深化改革创新，核心问题是处理好政府和市场的关系，通过创新行政来服务创新发展，具体就是通过有效发挥政府在经济调节、市场监管、社会管理、公共服务四方面的职责作用，进一步推动全面深化经济体制改革，推进经济结构战略性调整，推动城乡发展一体化。

中央行政机构改革方案的创新思路与特点是，机构改革和职能转变有机结合，把职能转变作为核心，把行政审批制度改革作为突破口和抓手。转变政府职能，就是要解决好政府与市场、政府与社会的关系问题，通过简政放权，进一步发挥市场在资源配置中的决定性作用，激发市场主体的创造活力，增强经济发展的内生动力。

以创新行政来服务于创新发展，就必须加快政府职能的“三大转变”，即向创造良好发展环境转变、向提供优质公共服务转变、向维护社会公平正义转变。基本任务就是“五个深化”：深化行政体制改革，深化行政审批制度改革，深化大部制改革，深化地方行政体制改革，深化行政管理方式的创新与改革。在“五个深化”行政改革创新的进程中，政府的全部活动与作为将与经济发展方式创新调整的需求和形势互动适应，不断朝着依法行政和依法提供公共服务的方向运行，逐步形成法治政府和服务型政府，同时，不断创新行政理念，树立并弘扬行政治理理念、阳光行政理念和责任行政理念；不断创新行政制度，从行政管理的程序建设做起，以程序建设带动规则建设，以规则建设带动制度建设，进而为实现权力公平、机会公平和规则公平创造优质的行政制度环境，逐步建立起职能科学、结构优化、廉洁高效、人民满意的中国特色社会主义行政体制。

第三节　管理的基本原则

一、管理原则的含义

管理原则(Management Principles)是组织活动一般规律的体现，是人们在管理活动中为达到组织目标而在处理人、财、物、信息等管理基本要素及其相互关系时所遵循和依据的准绳。管理原则是对大量管理实践经验的升华，对于提高管理的科学性、艺术性以及推动管理学科自身建设具有重要意义。

二、系统原则

有一首民谣是这样说的：丢失一个钉子，坏了一只蹄铁；坏了一只蹄铁，折了一匹战马；折了一匹战马，伤了一位骑士；伤了一位骑士，输了一场战斗；输了一场战斗，亡了一个帝国。马蹄铁上的一个钉子就是管理系统中的一个要素，其是否丢失，本是初始条件十分微小的变化，但其长期效应却是一个帝国存与亡的根本差别。可见，系统与系统之间有着千丝万缕的联系，我们要用系统的观点看待管理问题。

1.系统的概念

系统是指由若干相互作用、相互联系的部分或要素组成，在一定环境下具有特定功能的有机整体。管理系统是指由管理者、管理对象等若干个相互联系、相互作用的要素和子系统，按照管理整体目标结合而成的有机整体。对任何一个系统来说，要素、结构、功能、活动、信息和环境以及它们之间的相互依存、相互作用，构成了要素的基本条件。

2.系统的特性

(1)整体性

系统的整体性是指系统要素之间的关系以及要素与系统的关系，以整体为主进行协调，局部服从整体，使得整体效果达到最优。

(2)动态性

系统的动态性是指系统是一个运动着的有机整体，其稳定状态是相对的，而运动状态是绝对的。

(3)开放性

系统的开放性是指系统内部与系统外部在不断地进行物质、能量和信息的交换。

(4)适应性

环境对系统的发展起制约作用，而系统对环境也起反作用，动态地保持系统对环境的适应性是组织成功的关键。

3.系统原则对管理的要求

遵循系统原则开展活动，首先要求管理者树立全局意识，当局部利益与整体利益发生矛盾时，局部利益必须服从整体利益。其次，管理者要树立超前观念，要预见系统运动发展的趋势，使得系统朝着期望的目标发展。再次，管理者要充分认识到外部环境对本系统的种种影响，努力从开放中扩大本系统从外界吸入的物质、能量和信息。最后，管理者既要清醒地认识到环境对系统的制约，又要有勇气看到能动改造环境的可能。

二、人本原则

世界上一切科技的进步、物质财富的创造、社会生产力的发展、社会经济系统的运行，都离不开人的服务、劳动和管理。

1.人本原则的含义

人本原则(Humanism Principles)实质上是一种以人为中心的管理思想。它要求将组织内的人际关系放在首位，将管理工作的重点放在激发被管理者的积极性和创造性方面。在管理学的整个发展过程中，“人”始终是一个最基本的概念。任何一种管理理论，都是依赖对人的一定看法而提出来的，各种管理理论的区别大都可以归结为对人理解的不同。

2.关于人的假设

关于人的假设包括“工具人”(Tool Man)假设、“经济人”假设、“社会人”假设、“自我实现人”(Self-accomplishment Man)假设、“复杂人”假设、超Y理论(Super Theory Y)假设等。不论是“工具人”还是“复杂人”，关于人性假设都有其科学合理的一面，对管理活动有很重大的借鉴意义，但这五种人性假设也有其非科学的一面，应当科学审慎地分析每一种人性假设，吸纳其科学合理的一面，并结合实际对人性做出科学的认识。

从关于“人”的假设的不断演进可见：管理过程中的各种客观因素及各个环节，都需要由人来控制，管理职能活动的有效发挥，管理目标的最终实现，都要由人来完成。离开了人的活动，管理活动就无从谈起。在管理过程中坚持人本原则是符合管理发展规律的。

3.人本原则对管理的要求

人本原则要求管理者将组织内人际关系的工作放在首位，将管理工作的重点放在激发被管理者的积极性与创造性上，努力为被管理者自我实现需要的满足创造各种条件和机会。首先，要确立组织成员的主体地位。重视组织内部人力资源的开发，以人为本。其次，要调动组织成员参与管理的积极性。管理者要适度分权，将组织成员视为管理的主体，给予其参与组织管理的一定权力，提高其主动参与组织管理的积极性。再次，要制订满足人的需求的目标。组织在目标设置方面需要满足组织成员的合理需求，将个人目标与组织目标的实现相结合，更有利于提高组织成员的工作绩效。最后，要设计为人服务的管理模式。以组织成员为中心，为组织成员创造良好的工作条件和环境，使之更好地为组织目标的实现而努力。

三、效益原则

在市场中，组织能否健康发展很大程度上取决于其在生产经营过程中能产生多大效益，效益是可持续发展的根本。企业的管理目标就是要争取效益最大化，其在战略管理、生产管理、营销管理等管理模块中的优化无一不以效益最大化为最终目的。效益最大化不仅仅是指经济效益的最大化，还包括社会效益的最大化。企业从社会环境中获取有助于发展的资源，利用资源产生效益，有了效益之后才有资本去改善环境，进而取得社会效益，社会效益的提升又反过来促进经济效益的提升，最终实现经济与社会效益的双重提升。

1.效益的含义

效益(Effectiveness)是指有效产出与投入之间的一种比例关系，是一种有益的效果。也可以说，效益是在人们对取得的效果进行理性评价中发现的人们与其活动之间的客观关系，它反映了投入与产出给人们带来的利益状况。由于每个管理系统及其活动都把取得某种效益作为目的，所以，也可以把效益看作一种合目的性的效果。

2.效益原则对管理的要求

效益原则要求管理者在管理过程中把追求效益作为一切组织和一切管理活动的准则。首先，确立以效益为中心的管理理念。现代社会中资源的有限性、竞争的激烈性以及人类利益的趋同性都要求管理者注重追求组织效益，方能在竞争中立于不败之地。其次，树立效益取向的意识。在管理中尤其需要关注：生产成果的有用性问题、资源消耗的合理性问题、资源占用的适用性问题、管理水平的科学性问题以及人员素质的高低问题。重视并妥善解决这几个问题对于提高组织效益至关重要。效益问题是贯穿整个管理过程的基本问题，作为管理者应时时牢记效益取向，提高组织管理效益。

四、能级原则

1.能级与能级管理

管理的能级原则是指在现代管理活动中，根据不同的能级，建立层次分明的组织机构，安排与职位能级相适应的人去担负管理职责与任务，并给予不同的权力与报偿，形成完整的、有层次的管理能级，从而以保证管理最大能量的发挥。能级管理实际上就是根据组织情况设计合理的组织结构，然后进行量才用人、层次用人的过程。

2.管理能级的分类

管理能级分为组织能级和个人能级两类，组织能级是指依据工作的性质、特点、涉及的范围以及对组织绩效的影响度等因素进行的组织分工，个人能级主要是指针对个人能力的合理开发和管理。

3.能级原则对管理的要求

能级原则要求管理者在管理活动中首先需要从组织结构上划分合理的层次结构。在划分组织层次结构时要注意科学合理地确定组织的能级结构，然后决定选择合适的组织结构与之匹配。其次，要运用多种方法对组织成员的能力进行科学评估并进行能级划分。最后，要通过组织建立完善的人力资源管理制度来选人用人，使有相应能力的人处于相应能级岗位上。

五、弹性原则

管理活动是动态管理和静态管理的统一。静态管理可以使各项工作制度化、规范化，做到有章可循、有规可依，从而达到提高管理效率之目的，使管理各项工作纳入正轨，准确无误，有条不紊、井然有序地开展。管理活动又是动态的，时时刻刻都在不断地运动着、变化着，由此要求管理方法必须随机应变。管理工作实质上就是针对管理对象运动变化的情况而实施动态管理的过程。

动态静态管理是对立统一的。动态管理要求革新、创造、变动，而静态管理则要求稳定，确定保持，两者不可偏废。如果只强调革新、变动，而忽视相对稳定、相对保持的静态管理，则革新的成果不容易巩固、普及与推广，同时也不利于其逐步完善与提高，反过来会影响今后的革新、创造；只强调静态管理，则会让陈规旧矩束缚前进的手脚，禁锢革新、创造的头脑。所以，管理者要贯彻弹性管理的原则，能以“变”应“变”，建立动静兼容的适应性工作程序和规章制度，打破原有的思维模式和框框，根据客观形势的变化，及时修正原来的规矩，形成新的常规。

第四节　管理原则的运用

管理原则是组织活动一般规律的抽象与概括，是管理实践经验的结晶，而管理原则的运用则是理论指导管理实践的过程。不同的管理原则在管理实践中的运用各不相同，所需关注的关键点及运用的方法技巧不尽相同，本节将着重讲解以下五种管理原则的运用问题。

一、系统原则的运用

1.树立全局观念

现代社会，组织管理的规模越来越大，关系也越来越复杂，整体联系也越来越密切。因此，管理工作往往会出现“牵一发而动全身”“一招不慎满盘皆输”的情况。管理工作中遵循系统原则的关键在于树立全局观念，它是充分发挥管理系统整体功能和实现整体效应的前提条件。因此，具有全局观念是充分发挥管理系统整体功能、系统原则的具体体现。管理实践中，局部利益必须服从整体利益，防止局部之间相互扯皮，避免损坏全局利益。

2.科学地组合资源

对组织系统中的诸要素进行整合的前提是要对组织要素有科学清晰的认识，因此首先要采用多种方法科学评估组织中的诸要素，分析其权重，找出影响组织系统有效运行的关键要素，为系统要素的有效整合提供前提条件。系统要素的合理、有效组合在管理系统整体功能发挥中起着重要作用。从事现代管理工作，必须根据面临的不同环境、任务、内部条件科学合理地对组织系统中的管理要素进行有效整合，最大限度地发挥组织整体的作用，使得整体功能大于局部功能之和。

二、人本原则的运用

在管理活动中坚持以人为本的管理原则，就是要求管理者满足人的需要来充分发挥人的积极性、主动性和创造性。尊重人的价值，重视并满足人的需要是管理行为成功的法宝。

1.重视人的需要，将物质激励和精神激励结合起来

人具有生理、安全、社交、尊重和自我实现等多种需要，管理者除了要想方设法来满足这些需要外，还要通过各种激励手段不断激发人的工作热情。人的需要多样化，激励方式也要多样化。

在国内的一些企业，经常可以看到这样的标语："今天工作不努力，明天努力找工作"。这是典型的压力式管理思维。与这种思维不同，惠普一直推崇用引导的方式去激发员工的工作热情，称之为"动力式管理"。

比如10多年前，在程天纵担任中国惠普总裁时，就曾经许愿说在他的任期内，希望中国惠普的每一个员工都能够实现"五子登科"，即都能拥有一套房子，一部车子，足够的票子过上小康生活，每个人都能有妻子，有孩子，建立美好家庭。并且激励大家说："只要你们努力，我尽量给大家创造一个好的平台和机会。"在担任中国惠普总裁期间，他确实花了很大力气来改善员工的薪酬，大家的薪资水平得到了成倍提高，公司的宿舍也进行了房改，大家都拥有了属于自己的房子。到了20世纪90年代中后期，中国惠普的很多员工都拥有了私家车，这在那个时期是非常难得的。当然员工的满意和热情换来了公司的高速成长，那几年也正是中国惠普辉煌的腾飞期。

当然，除了物质激励外，精神激励也尤为重要。比如对员工的赏识与感谢就是一种精神激励。在惠普，如果某个部门圆满完成了任务，经理都会认为员工有功，都会自己掏钱请客，向大家表示感激，因为业绩是大家努力的结果，功劳是大家的。这种做法看似简单，其实是对国内企业传统理念和做法的颠覆。在惠普，过年的时候通常是管理者破费的时候，因为要请部下到自己家里或外面吃饭，要感谢员工一年来对自己的帮助，为公司做出的贡献。这反映了现代化管理的理念。

公司管理层努力让员工满意的结果，是员工努力让客户满意，从而实现良性循环。对于惠普的各级管理者来说，一个很重要的工作就是激发员工的上进心，让员工为了自己的事业而努力工

作，为了大家共同的利益而努力工作。这样无形中就有了一种内在动力，所以称为动力式管理。

2.创造条件实现员工个人全面发展

要给员工创造自我实现和自我发展的机会，如做事的机会、学习的机会、赚钱的机会、晋升的机会。

做事的机会是指员工可以按照自己的意愿和方法去做，而不是上司叫员工怎么做，就怎么做；同时员工在做事的时候要允许其犯错误，只要员工能从错误中学习，不重复犯同样的错误就继续给机会。这样就使每个人都可以在错误中不断积累经验教训，逐步学习成长。员工的经验也正是组织珍贵的财富，这样组织才能真正成为学习型组织。

学习的机会一方面是指除了组织的正规培训外，还能通过组织各种活动给员工提供互相学习的机会和氛围；另一方面是在安排工作的时候，出色的管理人员除了强调这项工作的重要性外，还同时强调做这件事情员工能从中学到什么，能补充什么经验、什么知识、什么技能，这样就把完成工作任务变成员工成长的锻炼机会，从而启发员工的主人翁精神。因此，员工为了他们自己的事业，为了他们的未来而努力工作就变成非常自然简单的事。他们的成功也就是组织的成功，可为组织带来无穷的效益。

赚钱的机会，即任何一个人在单位里工作，其中的一个重要目的就是为了赚钱，能得到相对合理的报酬，使自己过上比较好的生活。一般来说只要在同行中属于中等偏上，人们就会有优越感，这种优越感往往来自对比，比如跟同学比、跟朋友比、跟周围的人比。因此对于员工来讲，只要有一个相对比较高的待遇就行了。

晋升的机会，也就是给员工提供发展的空间。如果管理人员都是靠实力晋升的，而不是靠人际关系，那么每个人都会觉得，只要自己有实力就有机会、有希望晋升。因此员工就会努力表现，一心一意做业绩，而不是费尽心思搞关系、找背景、走后门。因为他们明白，只要组织发展壮大了，自己就有机会。因此在晋升方面，创设一个公平、公正的竞争环境至关重要。

3.组织设计以人为中心，将个人目标和组织目标相统一

要使得员工的个人目标和组织目标相统一，必须学会如何用人，如除了了解下属的基本技能以外，还应了解下属有何特长，以便使用时扬长避短；随时搜集员工有价值的设想和建议，作为知识资源储存；在安排工作时，尽可能考虑个人的意愿，并努力为他们提供必要的工作环境和条件，促使他们进入最佳心理状态，这比靠行政命令强迫他去从事某项工作，会获得更好的人才效益和企业效益；善于捕捉人才的启用时机，人一生中才华最横溢、精力最充沛的时期也正是能够为组织做出巨大贡献的时期，此时应大胆地、及时地把人才提拔到重要的岗位上去，使人才的创造性得以充分发挥，将人才放在最能充分施展其才华的位置上，达到个人与企业共同发展的目标。

总之，以人为本的管理，就是把人视为重要的管理对象以及组织最重要的资源，人的重要性体现在他是提高知识生产力的重要条件，所谓知识生产力是指组织利用其知识资源（即所有员工的聪明才智）创造财富的能力。因此，以人为本的管理方式是适应国际化经营的基本管理

方式，是建立组织中人与其他要素良好关系的必要条件，是持续发展的基石。

三、效益原则的运用

1.依靠科技进步，转变组织经济增长方式

科学技术是第一生产力，特别是在科技发展日新月异、经济增长方式由粗放型向集约型转变的情况下，科技进步更成为经济增长的主要推动力和决定性因素。一方面，科技进步使生产技术不断更新，提高生产自动化、专业化程度，从而提高投入要素的利用率，降低产品成本，增加产品总量，提高产品性能，企业因此实现集约化经营；另一方面，由于科技进步，管理技术亦随之提高，从而实现经济资源的优化配置，提高经济资源的综合利用率，扩大“投入—产出”比例。因此，组织应采用先进技术提高组织成员的科学文化水平和劳动技能，促使组织的经济增长方式由粗放型向集约型转变。

2.采用现代管理方法，提高组织效益

管理是促进生产力发展的关键因素。科学技术是第一生产力，而在科学技术转化为生产力的过程中，则离不开管理对各要素的有效整合。美国人把自己经济社会发展的成功看作“三分靠技术，七分靠管理”，二战时期的日本也认为其经济腾飞是靠技术和管理两个车轮。由此可见，管理对组织经济效益的提高具有重要的促进作用。采用现代管理方法，提高经营管理水平，有助于提高劳动生产率，以最少的消耗，生产出最多的适应市场需求的产品，进而实现组织效益的大幅提高。

四、能级原则的运用

1.按层次进行管理，形成稳定的组织结构

稳定的组织结构，是管理系统正常运转的先决条件。稳定的管理能级结构应当是正三角形或正宝塔形。倒三角形、倒宝塔形或菱形都会形成多头领导，呈现出不稳定的状态。就管理系统而言，管理三角形可分为四个层次：最高层是决策层，决定管理系统的战略规划；第二层是管理层，是运用管理职能来实现决策目标；第三层是执行层，具体执行管理指令，直接组织人、财、物等方面的管理活动；最低层是操作层，直接从事操作和完成各项具体任务。四个层次不仅使命不同，而且反映了四大能级差异。

管理的组织结构应该体现能级原则，没有能级，就没有管理运动的“势”，组织结构就不稳定，那就极易导致管理的失败。但是，要形成一个稳定的组织结构，必须注意以下几个方面。

第一，严格地根据组织系统的社会整体功能需要以及组织与环境的关系情境对组织结构进行科学的总体设计；

第二，以职能划分为中心，对组织结构进行精心划分、设计，确定其层次、网络、结点和它们之间的相互联系方式；

第三，追求高效、简单、节约的目标，杜绝“闲差”“因人设机构、设事”等现象。

同时,要正确处理能级结构的稳定性与变革性的关系。组织的能级结构对于组织功能以及组织对环境的关系,具有一定的独立性。有效、有序的管理活动要求组织的能级结构具有相对稳定性。如果频繁变动,很容易造成对组织和员工的不利冲击。然而,随着环境的变化和组织功能的改变,也应当适时地对旧的、不合理的结构进行相应的调整,这需要在建立组织能级结构时要有预见性,为适应未来的变化留有余地。

2.不同的能级应该表现出不同的权力、责任和利益

权力、责任和利益是能量的一种外在体现,必须与能级相对应,这也是管理封闭原则的要求。在其位、谋其政、行其权,尽其责、取其酬、获其荣,失职者要惩其误。有效的管理不是拉平或消灭这种权力、责任和利益上的差别,恰恰是必须对应合理的能级给予相当的待遇。如城市规划是关系到城市系统全面的大事,必须由市长主持的市级机构来抓,才能做到统筹、协调,因而能级相称。

人们往往容易把管理能级与封建等级混为一谈。等级制度是封建社会的一个重要特征,把等级作为贵贱荣辱的界限,垄断世袭,其本质是不按劳力分等,只是按地位的差异做出区别,这与着眼于能级的现代管理有根本的区别。因为只要有管理,就应有能级,优化的管理就是建立合理的能级。真正的平等不是消灭管理能级,而是每个人达到相应能级的权利与机会均等,不能有垄断,不能有特权,更不能世袭。

3.各能级必须动态对应

人有各种不同的才能,现代管理必须知人善任。根据相对封闭原则,各类管理人员应具备怎样的才能呢?指挥人才,应具有高瞻远瞩的战略眼光,具有出众的组织才能,善于识人用人,善于判断决断,有永不衰竭的事业进取心。反馈人才,思想活跃敏锐,知识兴趣广泛,吸收新鲜事物快,综合分析能力强,敢于直言,必须具有追求和坚持真理的精神,没有权力欲望。现代科学管理必须善于区别不同才能和素质的人,不要用错。只有混乱的人才管理,没有无用的人才。

怎样才能实现各类管理能级的对应?绝对的对应是不可能的,靠主观愿望或刻板的计划也是无法实现的。应当允许人们在各个能级中不断地自由流动,通过各个能级的实践,施展、锻炼、检验人们的才能,发挥他们的才能,使他们各得其位。何况,岗位能级是随客观情况不断变化的。不同历史时期,不同任务岗位,能级不同。人的才能也是不断变化的,通过学习和实践,才能不断提高,人到老年体弱智衰,能量自然下降。因此必须动态地实行能级对应,才能发挥最佳的管理效能。

五、弹性原则的运用

1.坚持刚柔并济

管理需要刚性管理与柔性管理相结合。一方面,科学运用弹性管理原则,使其成为刚性管理的升华和润滑剂,对于避免和缓解管理中的矛盾具有十分重要的作用;另一方面,夸大弹性管理的作用会造成决策、管理上的随意性和盲目性,最终产生有害的结果。一定程度的刚性是

弹性管理的质量保证，能有效避免弹性管理偏离正确方向。

2.重视人才的作用

人才是管理的核心要素，具体的弹性管理工作都是围绕人这一最活跃的因素进行的。重视人才的作用包括两层意思：一是要有人本观念，把人的作用摆在突出位置；二是要正确任用人才，相应的职位对应相应的能力，建立周密的委托代理关系，防止"成也萧何，败也萧何"现象的发生。

3.创造良好的实施弹性管理的条件

实施弹性管理必须有良好的软硬环境的支撑。第一，人的素质是能否实施弹性工作制的重要因素；第二，要有良好的沟通和协调机制，避免员工们各自形成"知识孤岛"；第三，实施弹性工作制应有良好的物质基础设施支撑，计算机、网络、通信设备是员工交流知识、分享知识的重要工具；第四，实施弹性工作制也与工作性质相关，一般来讲应该是知识员工所从事的工作，可按照一定的分工使之有相对的独立性。

本章小结

1.管理理念即管理在理性方面的概念，是人们对管理活动基本规律和原理的科学反映和概括，是管理实践的基本指导思想，也是管理活动必须遵循的行为准则。

2.管理的基本理念包括公平理念、效率理念、合作理念、社会责任理念、创新理念。

3.管理原则是组织活动一般规律的体现，是人们在管理活动中为达到组织目标而在处理人、财、物、信息等管理基本要素及其相互关系时所遵循和依据的准绳。

4.管理的基本原则包括系统原则、人本原则、效益原则、能级原则、弹性原则。

关键术语

超Y理论　理念　管理理念　管理原则　公平正义　需要理论　激励理论　公平理论　效率　科学管理理论　合作　战略联盟　社会责任　社会契约理论　管理创新　效益

复习思考题

1.管理理念与管理原则的含义。

2.管理的基本理念有哪些？

3.管理的基本原则有哪些？

4.如何在管理活动中运用公平理念？

5.能级管理原则的运用方法。

6.人本原则的运用方法。

案例讨论

“卓越服务”理念的衡量标准

新京港物业管理公司是一家中外合资企业，其总经理由香港投资方担任。这位总经理在物业管理这个行业中可以说是专家中的专家，他秉承着“用卓越的服务不断提升顾客满意度”的理念，并以此作为公司的企业文化。经过两年的运作，他发现部门间在协调、协作上常常产生很多问题。由于各部门协作上的不良，一些顾客常常对他表达不满意。这些顾客都是在世界级的公司服务，他们对于顾客的服务也都以“世界级顾客服务”为方针，所以他们对物业管理的要求也自然用高标准来衡量。

一次，有位顾客打报修电话，电力系统工程部接到电话后，派相关人员到达现场，经过检查后，发现问题不是出在他们所负责的弱电部分，这位工程师给强电主管打电话，对方的口气颇不友善，并直接答复说，他已经派人检查过，问题应该由弱电负责，于是双方就开始理论，引起了争吵。由于双方之间的冲突，顾客没有得到及时服务，顾客特别向公司高管投诉。当公司把强电、弱电主管分别找去谈话了解实情时，双方互相推诿，认为应该对方负责。类似状况在这家物业管理公司司空见惯，如果没有上层主管确定该谁负责，事情要推动就格外的不容易。

当物业公司需要住户填写表格时，行政部门就把此项任务交给前台人员协助办理。而前台人员对此却抱怨连连，由于他们平日工作比较烦琐，工作常需要与他人互动，无法专心思考，对于填写表格这种事情他们认为其他部门也可以协助完成。他们婉拒这项任务并设法推给其他部门人员。前台人员碰到顾客反映某些意见时，他们通常会请顾客打电话直接去找相关人员。他们在发挥更多的热忱及主动为顾客服务上无法落实公司理念。此外，前台与保安部门也存在着一些矛盾，他们之间的沟通及协作有时很困难。

有一次，财务部的人员在大楼走道上，发现清扫过的水迹未擦干，他们应该通知行政部门注意此事。可是财务部觉得这不是他们的事情，没有及时反映，以致顾客在湿滑的大理石地板上摔倒，受伤的顾客要求物业赔偿，甚至扬言不再交物业费以示抗议。这也造成顾客对公司的声誉无法认同。还有一次，有顾客投诉，工程技术人员在处理顾客在办公室内加装空调一事时，坚持公司原则，态度强硬，没有体谅顾客的困难，事后顾客在填写服务反馈表时，表示对服务非常不满意。工程技术人员竟然将表格退还给顾客要求他重新填写，理由是，这种反馈会使他的绩效受到影响。

因此，“卓越服务”的理念成为一种形式，成为一种假象。这位来自香港物业公司的总经理感到压力重重。

（案例来源：赵卜成.如何避免各行其是[EB/OL].[2009-03-07].http://www.globrand.com/2009/179320.shtml.）

讨论：

1.新京港物业管理公司在案例中体现的管理实质是什么？管理作用如何体现？

2.用管理的科学性与艺术性说明这个案例。

3.如何解决新京港物业管理公司的管理问题？你有哪些建议？

第四章　管理环境

本章学习目标

1.了解组织与环境的关系、组织环境的分类。

2.了解不同文明下的管理模式以及现代管理的基本环境。

3.掌握组织内部环境和外部环境包含的要素和经济全球化对组织的影响。

4.理解组织与环境的关系和跨国管理文化冲突的表现。

5.熟练应用管理环境分析的方法。

知识结构图

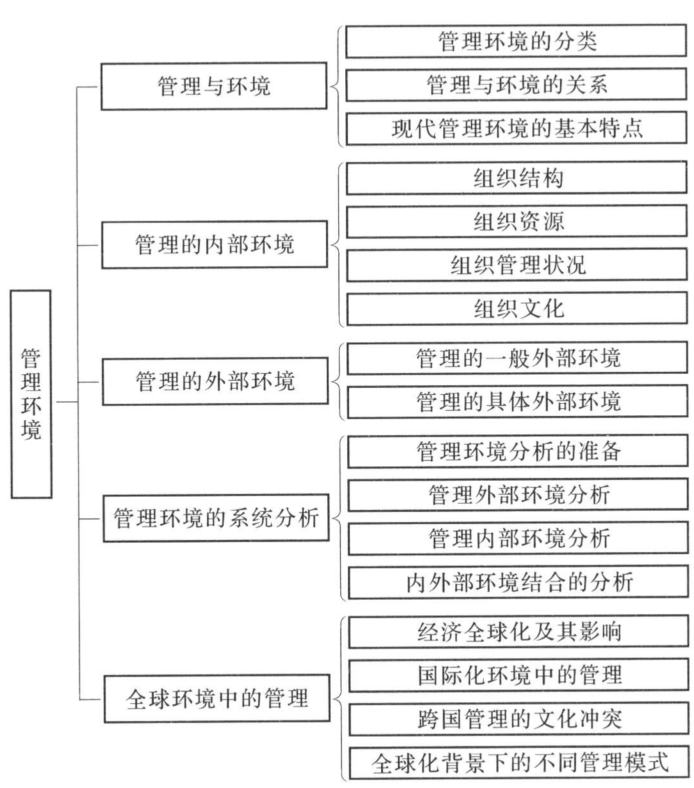

本章学习重、难点

重点

1.管理环境包含的要素。

2.管理环境系统分析的方法。

3.经济全球化对管理环境的影响。

4.经济全球化管理的文化冲突。

难点

1.管理与环境的关系。

2.管理环境系统分析的方法及其应用。

引　例

中点能源公司的改变[①]

20世纪70年代以来，美国公共事业领域发生了一系列变革，这使公共事业企业不得不做出相应的改变，以应付这种环境的变化。休斯敦中点能源公司是一家传统的电力企业，120年来一直是个一体化的公用企业，从事电力的生产、输送和零售业务。但是，近年来环境的变化迫使它必须做出改变。20世纪70年代出现的燃料价格震荡与短缺，使中点能源这种电力公司面临着日益严酷的竞争。1992年美国的《国家环境政策法》(NEPA)带来了更大的变革，这个法令把电力产业的放松管制与结构调整推到了前台。在放松管制的背景下，中点能源公司放弃了传统的垂直一体化的管理模式，把公司拆分为三个部分：电力输送、电力零售和电力生产。中点能源公司变成了一家输电公司，负责将电力从发电厂输送到其他服务区内的家庭与企业。公司将不再向其居民、商业或工业用户寄送账单。此后，计价、付款处理和赊购等零售业将由竞争性的零售公司来完成。客户可以选择他们希望的零售供货商，但中点能源公司仍负责监督，以确保电力送达用户处。中点能源公司现在无须再向每个客户收费，而只需向供货商结算它们的服务费用。

20世纪七八十年代以来，环境变化的历史加速度愈加明显，组织意识到不能故步自封，也不能只是简单地重复自己以前的经验，而应该重视提高自己对环境的应对能力。在环境变化的压迫下，现代的管理学抛弃了传统管理的封闭系统论，以开放系统的观点看待组织与环境之间的关系，通过加强对内外部环境的控制，提高组织的管理效率。

① 摘自：http://www.docin.com/p-817079559.html。

第一节　管理与环境

20世纪70年代,美国经济体系经受了一次较大冲击。导致冲击的关键事件是中东石油供应的中断,以及由此引起的原油价格四倍增长。这种国际环境的变化引起了美国经济体系的一系列连锁反应:联邦政府制定了应对能源危机的新公共政策,加强了在能源方面的管制,旨在减少国家对外国石油的依赖;石油价格的上升使私人企业的生产成本上涨,企业生产的产品失去了在国际上的竞争力,企业为了应对成本上升的压力和回应公共政策的要求,不得不努力地探索节能技术,或转向发展知识经济;大企业纷纷把生产基地转移至第三世界,加强对外资本输出,大的跨国企业逐渐产生,经济全球化的趋势也逐渐明朗。外部环境在某一方面甚至某一点上的变化,导致政治、经济、社会环境的一系列变化,这使管理者越来越认识到组织适应环境的重要性。

第三章所讲的系统原则不仅要求管理者重视组织与外部环境之间的关系,还要求管理者重视组织系统本身。因为系统涉及一组相互关联、相互依赖的要素组合,具体而言,一个组织系统包括了组织成员、组织结构、组织目标、物资、信息等各种要素,只有各个要素协调一致,相互配合,才能确保所有相互依存的部分能够实现一加一大于二的效果,从而保证组织目标的实现。这启示组织不仅要重视外部环境,还要重视组织的内部环境。管理者要做到人、物资、机器和其他资源等各要素之间的动态平衡和相对稳定,并保证组织内子系统之间的协调配合,才能使组织作为一个系统发挥最大功效,从而保证持续的投入和产出,在竞争中获得优势。

实际上,组织系统只有做到内部完善,并与外部相协调,才能实现有效的管理。如人体的系统一样,只有身体健康的人,才能充分与外界进行能量交换,抵御外部环境的侵袭,进而保持健康。

一、管理环境的分类

环境一般指存在于组织外部和内部的一切情况和条件的总和。从环境的一般定义来看,宽泛地说,管理主体行为之外的所有影响因素都可以作为管理的环境。我们可以依据不同的标准,对组织环境进行分类。

1.内部环境与外部环境

组织界限是维持组织相对独立的有形或无形的壁垒。有形的界线如工厂的围墙、学校的栅栏等,它提醒人们这里是与外界不同的一个地方。无形的界限指的是"那些从外部无法识别、能够影响组织成员行为的众多因素,包括行为规范、企业文化、管理风格、规章制度等等"。可以发现,如果以组织的界线来看影响管理行为的因素,这些因素分别来自组织内部和组织外部。相应地,管理环境可以分为内部环境和外部环境两个方面。

管理内部环境主要是指组织机构内部的各种关系和要素组合等。美国管理学者理查德·L.达夫特认为"管理者所面临的内部环境是由公司文化、生产技术、组织结构及其相应的硬件设施组织成”。生产技术、组织结构、人力资源等可以视作组织的经营条件，各个组织在这方面都有较大的差异，管理者必须分析研究本组织的内部经营条件，制订相应的组织目标和管理方法，而不能对成功者进行简单的模仿。组织文化是一个组织所具有的价值观、信念、伦理和习俗作风等，它是组织在长期的发展过程中形成的，对于组织管理具有深刻的影响。

管理外部环境主要是指组织之外的影响因素，如政治、经济、地理、人口、文化、民族、宗教等。理查德·L.达夫特认为，组织的外部环境包括竞争者、资源约束、科学技术状况等。英国管理学者大卫·鲍迪认为，构成管理外部环境的多种多样的因素存在于不同的层次上。一般环境或称之为宏观环境，包括经济、政治、社会、技术等因素；直接竞争环境又称为具体环境，由机构客户、供应方和竞争方组成。要注意的是，管理的外部环境是由对组织产生影响的那些因素构成的，而对于组织经营没有影响作用的因素不包括在内。对于大多数组织机构来说，外部环境是在频繁变化的。这些变化使得不确定因素上升并且对组织的发展带来更多威胁，但是变化的环境同样也可以给组织带来机遇。因此，管理者必须观察到潜在的挑战和机遇，预见变化和估计变化对组织带来的影响。

2.一般环境与具体环境

依据环境与组织管理的相关程度，可以把管理环境分为一般环境与具体环境，这种分类一般用于对管理的外部环境进行划分。一般环境也称为宏观环境，指对某一特定社会中所有组织者发生影响的环境要素，主要包括经济和技术因素、政治和法律因素、社会和文化因素、自然环境因素等方面。在大多数情况下，一般环境是特定组织的管理者所无法影响和控制的，因此需要管理者应对和利用一般环境。具体环境主要指对组织的日常运作产生影响的因素，它与组织的相关程度比较高。具体环境主要包括企业的竞争者、替代者、供应商、顾客等因素。

3.确定性环境与不确定性环境

依据环境因素是否确定，可以把管理环境分为确定性环境和不确定性环境。环境是否确定可以用两个参数来衡量，即变化程度和复杂程度。从变化程度来看，变化剧烈的组织环境称为动态环境，变化不大的则称为稳定环境；从复杂程度来看，复杂性高的组织环境称为复杂环境，复杂性较低的组织环境称为简单环境。依据这两个参数的不同，可以将组织环境划分为四种类型，如图 4-1。

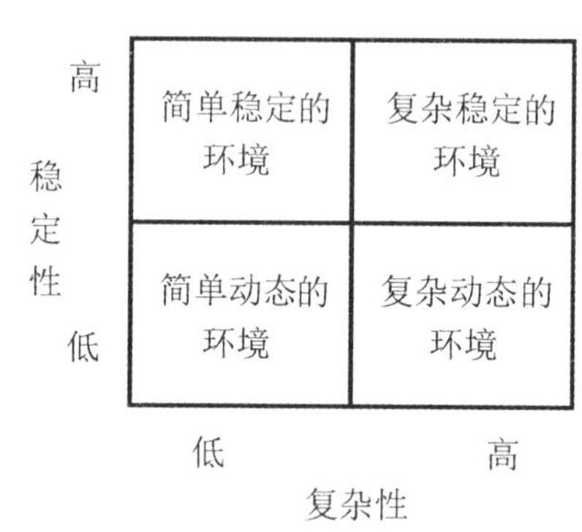

图 4-1　管理环境的确定性与不确定性

简单稳定的环境面临的影响因素比较少，且比较少发生变化，如牙科诊所、啤酒经销商等就处于这种不确定性很低的环境中；复杂稳定的环境其不确定性程度随着面临环境要素的增加而提高，如大学、汽车制造商就处于这种环境中；简单动态的环境中，某些要素发生动荡变化，从而使环境的不确定性明显增加，如唱片公司、时装加工企业就处于这种环境中；复杂动态的环境，不确定性程度最高，对组织管理者的挑战最大，如电子行业、计算机软件公司等就必须应对这种环境。

二、管理与环境的关系

管理环境与组织管理的基本关系，主要表现为两者之间的辩证关系：管理环境是组织管理赖以产生和发展的基本条件，一般来说，有什么样的管理环境，就必定有什么样的管理模式。组织管理在适应管理环境的同时，不仅仅是被动地适应，而是利用、改造和创造管理环境。这就要求组织在处理组织和环境的互动关系上，首先要了解、认识环境，在此基础上主动适应环境的变化，寻求和把握组织生存和发展的机会。

管理环境与组织管理的关系首先表现为管理环境的决定、制约作用。管理环境的特点及其变化必然会制约组织活动方式和内容的选择，而且某些管理环境的因素对管理者的行为也产生至关重要的影响。首先，一个组织的管理是否成功往往与其所在的社会环境密切相关，只有适应了社会环境的管理才能在竞争中胜出。如 20 世纪 90 年代中国网络经济刚刚兴起之时，一些国外知名 IT 企业纷纷进军中国市场，如国际著名的搜索引擎谷歌(Google)、雅虎(Yahoo)和电商平台易趣(eBay)等。这些国际知名企业有着先进的技术、丰富的资源和管理经验，但是，它们进入中国市场时却过于执着于自己的成功经验和模式，忽视了中国用户的文化与习惯。而一些在中国本土生长起来的企业，如同样是探索引擎的百度、电商平台的淘宝等企业，更加熟悉并重视本国的环境和用户体验，从而让中国用户迅速地接受，并在市场中击败了一些国际知名企业。其次，外部环境还会影响组织内部的管理。环境对组织中的各种管理活动都会产生不同程度的影响。如通用汽车为了应对福特汽车成本领先战略的竞争，创建了事业部的组织结构，通过充分授权，实施多元化战略以创新来求生存，从而使自己获得了与福特汽车竞争的地位。再次，组织环境也会影响组织管理的绩效水平。经营条件和组织文化等内部环境固然会直接关系到组织管理的成功，管理的外部环境也会影响到组织管理的水平。如 20 世纪初管理学作为一门独立的学科发展起来，管理学理论的出现和发展直接提高了企业的生产效率和组织的管理水平。

组织管理对管理环境也可以主动地适应、利用和改造，这反映的是管理对管理环境的反作用。一方面，组织管理的目标和具体运行方式要与一定的既成环境相适应，管理者要通过对既有环境的了解与把握来选择、制订组织的目标和管理方法；另一方面，在管理过程中也必须去创造有利环境来促进管理目标的实现，在这个意义上管理环境是管理的结果。从积极的方面看，这种反作用首先可以表现为：管理者可以针对所面临的问题，在充分考虑管理环境所提供的条件的基础上，制定相应的决策和实施方案，利用环境条件并积极创造条件迅速有效地实施方案，从而在解决问题的同时，也改造了管理环境。其次，这种反作用表现为管理者通过对管理环境不断深入的认识和思考，不断主动自觉地纠正调整自己的管理行为和管理方式，从而形成管理与环境之间的良性互动，提高管理效率。这说明组织可以主动适应环境，选择环境，甚至创造适合组织发展的新环境，这样才能在激烈的竞争中实现生存与发展。

专栏 4-1 管理故事：人事局密切干群关系的举措

某县人事局自 1988 年以来，在招工等群众关心的热点问题上实行公开办事人员、公开办事制度的办法，以此接受群众监督。这样做的结果：一方面，解除了以往在招工时困扰人事局机关及工作人员的人情网，为人事部门减轻了压力；另一方面，广大群众也非常满意，在一定程度上密切了干群关系。

三、现代管理环境的基本特点

20 世纪中叶以来，变革的历史加速度表现越来越明显，多数管理学者都认为，世界正进行着一场剧烈、影响深远的变革。70 年代以前的管理者普遍认为未来将会更美好，所以计划也是对过去的延伸。但 80 年代以来，环境变化加剧：能源危机、技术变化、不断升级的全球竞争，使以往长期计划的有效性大大降低，这迫使管理者重新认识和分析环境，以评估组织的优势与劣势，识别那些有助于组织获得竞争优势的机会。可以说，越来越快的变化和越来越大的不确定性是现代组织管理环境的基本特征。管理环境的快速变化至少可以表现在以下几个方面。

1.信息化推动时代的交替

著名学者阿尔文·托夫勒在其著作《第三次浪潮》中，论述了人类现代文明演化经历的三次“浪潮”。20 世纪 70 年代以来，人类社会进入了以“信息”为基础的新时代。在这个变化的新时代中，新技术使许多低技能的蓝领工人失去了工作，整个社会由制造业为主导转向服务业的比重加大，人们正大量地从生产性的工作转向了文字性、技术性和职业性的工作。相对于托夫勒所说的信息化浪潮，在过去十几年中，最具商业影响力的科技创新要算是互联网的兴起。斯蒂芬·P.罗宾斯在其出版的《管理学原理》中评论道：“通过互联网的使用，在过去一个世纪里，还没有哪一桩事情能像它一样产生如此巨大的影响。互联网就像铁路、汽车与个人电脑一样，创造了全新的市场与产业。它完全改变了‘商业规则’。”

2.技术变革速度不断加快

科学技术的迅速发展渗入社会的各个领域，改变着人类的生活。20 世纪末，手机、手提电脑在中国还是只能供富人享用的奢侈品，而目前几乎走入了每个普通人的家庭。以手机为例，从模拟信号的手持电话到数字信号的手机，再到智能手机的出现，以及智能手机的更新换代，每次变化的时间跨度越来越短，对人们的影响则越来越大。

3.自然环境的变化使管理者面临越来越多的约束

20 世纪以前，人类把自己当作自然的征服者，依靠丰富的自然资源创造了生产力飞速发展的神话。但是 20 世纪中叶以后，人们发现自然界对人类的馈赠并非是无限的，资源的匮乏和环境的不断恶化使人类不得不重新认识自己与自然的关系。当代的管理者面临着自然资源环境的一系列约束，同时也必须在尊重自然并秉持人与自然建立伙伴关系的理念下进行生产和管理。

4.经济全球化使管理者面对的环境更为复杂多变

当今世界的管理者们所面临的最大的环境变化之一是经济活动的全球化趋势。由于全球化的推进,企业所面对的环境更为复杂多变。环境的变化如此之快,以至于学习型组织理论的代表学者彼得·圣吉认为,管理者永远不要认为自己可以预测未来的变化,人能做的就是通过不断地加强学习能力,可以在迅速变化的环境中以最快的速度去适应它。

专栏 4-2　管理故事:技术变革挑战微软霸权

微软公司曾一直被视为现代科技的代表,其所研发的视窗系统也曾一直独霸市场,被认为具有无可替代的地位。1995 年,当 Windows 95 发布时,电脑发烧友彻夜排队,就是为率先买到盼望已久的正版新操作系统,那种狂热,一点不亚于今日"果粉"对苹果的追捧。Windows 系统的霸主地位不仅缔造了庞大的微软帝国,还创造了比尔·盖茨成为世界首富的神话。

5 年前,微软帝国在软件王国中的霸主地位还是看似不可撼动的,但是,2014 年微软却进行了大量的裁员。可以说,正是由于时代的迅速变革,新技术的出现,对微软的地位提出了挑战。手持智能终端设备的出现,使人们对 Windows 系统的依赖大大降低。现代的年轻人越来越多地拿起手机或平板电脑进行网络操作,而这些手机或手持电脑所搭载的系统更多是 Android 或 iOS,而非微软开发的系统。在以互联网为主导的后 PC 时代,信息技术与用户需求和体验已经发生了重要的变化,而一些优秀的企业家,如苹果的乔布斯则把握住了这种全新的机会,而微软却错过了。不到 20 年的时间,微软从信息行业的领跑者变成了追赶者,这也说明了现代社会变革的迅猛。

第二节　管理的内部环境

20 世纪 80 年代以来,组织战略管理兴起。战略管理的思想不仅要求组织要把握外部环境的变化,而且要求组织要分析内部环境,认清组织内部的优势和劣势,以制定针对性的战略,有效地利用自身资源,保证竞争优势。一般认为,管理的内部环境是指企业内部的物质、文化环境的总和。但是,在内部环境究竟包括哪些内容的方面,管理学界的讨论却比较复杂。达夫特认为,管理的内部环境包括公司文化、生产技术、组织结构及其相应的硬件设施。大卫·鲍迪认为内部环境的组成元素有组织结构、财政来源、文化等等。综合目前管理学界对于内部环境的研究,我们把管理的内部环境划分为组织结构、组织资源、组织管理状况、组织文化四部分。

一、组织结构

组织结构是帮助管理者实现其目标的手段。只有战略与组织结构紧密结合,才能充分利用组织资源,发挥组织优势,实现战略目标,即所谓的"战略决定结构,结构决定功能"。关于不同结构组合可以发挥出不同功能的最通俗解释就是田忌赛马的故事。田忌通过对不同等级的马进行组合,在赛马中胜出了整体水平高于自己的对手,即是对于结构功能的把握。

从管理学上讲,组织结构形式是管理者根据组织的战略需求和外部环境的要求,进行组织设计的结果。组织结构一旦确定,就确定了组织中各种分工与协作的方式,决定了组织内部各层次、各部门的权力和责任及其相互关系。在现代组织管理中,组织的结构形式极为重要,它构成了组织管理的环境条件,而且具有相互融入的特点,并影响组织文化,具有相对稳定性。

组织结构作为一种内部环境的重要性还表现为其与组织战略之间的关系。组织制定的战略只有结合与其相匹配的组织结构,才能发挥战略效果,从而实现战略目标。艾尔弗雷德·D.钱德勒曾通过对美国100家大公司的50年发展历程进行研究,以考查组织战略与结构之间的关系。钱德勒的结论是,组织的战略与结构之间有高度相关性,组织战略先行于组织结构并且导致了组织结构的变化。因此,管理者分析组织内部环境时,就应该认真考查组织的结构,尤其是分析其是否与组织战略相匹配,并推动组织战略的执行。

目前典型的组织结构形式有直线制、职能制、直线职能制、事业部制和分权制等。每一种组织结构形式都具有自身的优点及缺点,管理者要对其认真分析,以把握和改造内部环境。

二、组织资源

组织资源是组织所控制或拥有的要素的总和。这些要素既可以是组织内部拥有的,也可以是组织直接控制和运用的。组织资源是组织运行和发展所必需的,同时,组织又要通过管理活动对组织资源实行配置整合,以实现组织目标,并满足组织成员的利益需求。一般认为,组织资源包括物质资源、人力资源、财力资源、信息资源、技术资源、市场资源等。我们把这些资源分为三大类:有形资源、无形资源和人力资源。如表4-1组织资源构成要素。

1.有形资源

有形资源是指看得见、摸得着的,能被人们利用的自然的和社会的各种资源。管理学中所说的有形资源是指那些能够用价值指标或货币指标直接衡量的,具有实物形态,并可以说明其数量的资源。有形资源通常包括物质资源和财务资源。

物质资源包括企业的土地、厂房、生产设备、原材料等,是企业的实物资源。在传统工业中,固定资产是企业资源系统的重要组成部分,它是衡量一个组织实力大小的重要标志。组织物力资源环境的分析主要是研究物质资源的基本条件、利用和管理情况、物质资源的现状与组织的发展战略是否相符、需要改进的问题等等。

财务资源是企业可以用来投资或生产的资金,包括应收账款、有价证券等融资资源等。财力资源分析主要是组织根据自身事业的性质和规模,测算所需资金的数量、构成情况、筹资渠道、利用情况等,对组织资金进行统筹规划,以支撑组织战略的实施。

表 4-1　组织资源构成要素

资源类别		主要内容	关键指标
有形资源	固定资产	1.厂房设备 2.土地、建筑物 3.原材料储备	1.固定资产的变现价值 2.厂房、设备的使用寿命 3.厂房与设备的灵活性
	金融资产	1.现金 2.可运作资本	1.权益负债率 2.净现金流量与资本支出比例 3.贷款利率
无形资源	技术	1.技术储备和专业知识、方法 2.核心技术	1.专利数量与价值 2.来自专利许可的收益 3.研发人员占总人员的比例
	商誉	1.品牌 2.客户声誉 3.在供应商、金融机构、政府、合作伙伴、社区中的声誉	1.品牌识别 2.顾客重复购买率 3.与竞争品牌的差距 4.产品质量的检测能力
	能力	1.核心竞争力 2.潜在能力	1.与其他组织相比的独特性 2.组织能力开发和组合的效率
	信息	1.环境信息 2.内部信息	1.组织对于市场信息的了解 2.信息的覆盖率和传播速度
人力资源		1.员工培训和专业知识 2.员工对环境变化的适应性 3.员工的投入与忠诚	1.员工在教育、技术、职业方面取得的证书 2.员工的工作生活质量 3.员工流失率

2.无形资源

无形资源没有明显的物质载体因而具有无形的特点。可以把组织的无形资源分为技术、商誉、能力和信息。组织的无形资源与有形资源一样，都具有稀缺性，也代表了企业为创造一定的经济价值而必须付出的投入，是支撑组织发展的基础，能够为组织带来无可比拟的优势。

技术是决定组织发展成败的重要因素。一般来说，技术资源主要包括组织研究与开发能力、技术信息能力、产品质量能力等方面。广义上的技术资源还应包括市场活动的技能、信息收集和分析技术、市场营销方法、策划技能以及谈判推销技能等市场发展技术。组织技术资源的关键是掌握核心技术和技术创新能力。

商誉是企业整体价值的组成部分，它是能在未来期间为企业经营带来超额利润的潜在经济价值，或一家企业预期的获利能力超过可辨认资产正常获利能力的资本化价值。

能力是组织资源及其有机结合所具有的内在动力，它可以表现为组织在生产、技术、销售、管理和资金等方面的优势和能力。对于组织最重要的是核心竞争力和潜在能力，核心竞争力是 C.K.普拉哈拉德和加里·哈默尔在 20 世纪 90 年代提出的概念,是指"组织中的集体性学识,特别是如何协调多种生产技能和整合多种技术流"。核心竞争力是相对竞争对手来说稀缺性的资源,这种能力是其他组织难以模仿的,是组织建立竞争优势的源泉。潜在能力强调学习能力与创新能力,可以使组织在变革的时代中始终保持优势。

信息是科学管理能够实现的保证。信息资源能够系统和完善地反映一个组织的管理水平和决策水平。信息资源一般可以分为两类:一类是外部信息,如顾客、市场、信用、形象和外部环境宏观信息等;一类是内部信息,如组织基本状况、管理水平、组织文化、组织成员态度等。对于组织内部信息资源的分析将为有效决策提供依据。

3.人力资源

人力资源的状况是决定组织竞争力的重要因素。一个组织素质的高低在很大程度上取决于其所聘用雇员的素质。在知识经济的新时代中,人力资源越来越被视为人力资本,在组织的发展中发挥着重要作用。现代组织要求进行人力资源管理,即用合格的人力资源对组织结构中的职位进行填充,主要包括人员评估、招募、选拔、考核、激励和培训开发等一系列活动。

人力资源分析首先要分析组织人力资源的结构,如员工的数量、比例、年龄、学历、性别、气质等结构是否合理。其次要分析人力资源与组织中职位的配备是否合理。再次要分析组织人力资源的心理和精神方面,如对组织的基本态度、精神面貌和士气等。只有通过组织现有人力资源的调查和审核,充分了解组织现有人力资源的状况,才能充分发挥组织的人力资源优势,推动组织的持续发展。

三、组织管理状况

管理状况是组织内部管理环境的重要因素。相同的外部环境和组织资源,可能会因为不同的管理水平而表现出完全不同的状态。组织管理可以反映在组织的各个领域和部分中,因此,要了解组织的管理状况也要从组织活动的各个方面进行分析。主要包括:生产与服务分析、财务管理水平分析、市场营销状况分析、人力资源管理能力分析、研究与开发管理分析等。

生产与服务分析的目的是确保组织以低的成本、高的质量、充足的数量和优质的服务满足市场需求。分析的重点是如何选择生产制造或服务系统,并进行生产制造管理。如次品率、返修率、投诉率和满意率等都是分析生产与服务水平的依据。

财务管理水平分析的目的是确保组织资金的有效筹集、使用和流动。分析的重点是财务杠杆、资本预算、获利能力等方面,如资金的流动比例、负债比例、资产报酬率、成本费用利润率等都是分析组织财务管理的依据。

市场营销状况是营利型组织生存的基础。市场营销状况主要是考察企业的市场定位和市场营销组合问题。市场定位是指企业确定何种目标市场,通过何种营销方式、提供何种产品和服务,如何在目标市场与其他竞争者进行区别。市场营销组合分析要考察企业对市场需求的关键因素的控制和影响能力,如在产品、分销、定价等方面进行合理组合。

人力资源管理能力分析主要考察组织对组织内部人力资源的利用和开发程度,目标是提高员工与工作岗位之间的匹配度，提高员工的满意程度，调动员工的积极性，充分提高员工的绩效水平。

研究与开发管理分析主要考察组织是否可以迅速适应市场和技术发展要求，开展的项目是否具有可行性，开发过程的程序是否合理，项目的预期投资效果及开发的成功率等。

四、组织文化

文化这一概念最早由社会学家提出，意指包括知识、信仰、艺术、伦理道德、法律、文化或文明，以及社会成员通过学习而获得的任何其他能力和习惯的一个整体。达夫特认为，在组织的内部环境中，组织文化是最重要的，因为“企业文化决定了组织内部雇员的行为方式和组织对外部环境适应能力的高低”。

罗宾斯在谈到组织文化时说：“正如一个部落拥有支配每个成员对待同部落人和外部落人的象征物和戒律，组织也拥有支配其成员的文化。”在每个组织里，有关价值、象征物、仪式、传说和习惯的体系和模式，随时间的变化而不断发展。这些共同价值观在很大程度上决定员工的看法和对周围世界的反应。与社会学所提到的组织文化相联系，我们认为组织文化是由一个组织内部所有成员共同认可并遵循的价值观、信仰、共识及生活准则。与社会中的文化一样，组织中的文化也是一种价值理念和行为准则，它固化了组织内部成员的行为。

目前管理学界还没有对组织文化的外延有统一认识，但基本上都承认它包括有形的和无形的文化，如图 4-2 所示。有形的是文化的表层，主要包括标志、象征物、着装、行为模式、口号和活动风格等。无形的是文化的深层次，如经营哲学、理论、宗旨、价值观和信仰等。这些文化内容虽然是无形的，但组织成员常常会无意识地把这些价值观念表达出来，所以依然可以被人们所感知。如军队的文化与学校的文化非常不同，我们也可以通过对军人和教师行为的观察对其进行感知。

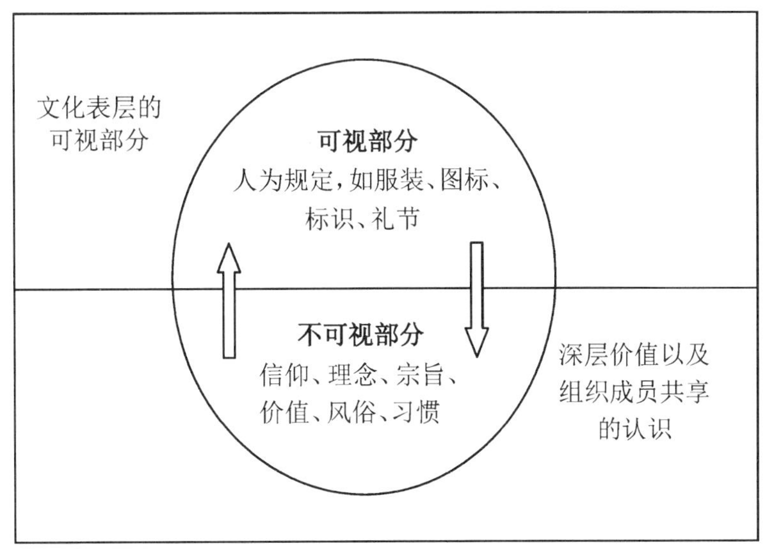

图 4-2　组织文化层次

组织文化的形成是一个持续的过程，它最初形成时常常反映了创始人的价值、理念和偏好。如IBM公司的创建者托马斯·沃森建立了“追求完美，为顾客提供最佳服务，尊重雇员”的文化，这样一种文化在IBM公司里一直被保持并提升。通常情况下，组织会以“传奇”的方式，保证组织的核心价值能够不断地流传。如海尔公司流传的关于张瑞敏砸不合格冰箱的故事，让员工懂得质量至上的道理。组织也常会通过对“英雄”人物的宣扬，表达自己的信仰和价值观念。英雄是理想信念和优良品德的化身，引导和激励员工的行为，组织则通过树立榜样达到弘扬组织文化的目的。此外，组织还会通过象征物、口号、仪式等方式建立自己的组织文化。从组织文化形成来看，更为重要的是组织成员之间的习得。在组织文化形成的过程中，会产生传导作用。组织成员之间会相互学习和模仿，老成员也会把组织文化传递给新成员，影响新成员的感觉、思考与行动。

组织文化虽然是无形的，但是对组织的影响却非常大，因为它无形地引导着组织成员的行为方式，影响着组织的绩效。研究表明，文化是决定组织成功与否的关键因素。如詹姆斯·C.柯林斯和杰里·I.波拉斯就曾分别选取了18家长期成功的企业和18家经营不好的企业进行文化分析，他们发现惠普、宝洁等成功的企业始终保持并发展自己的核心文化，并在剧烈变动的变革时代中始终保持了竞争优势。目前管理学界还没有规范性的方法来衡量组织文化，但仍可以通过对组织文化的10个特征进行评分来衡量。

第三节　管理的外部环境

外部环境对组织影响的程度与方式不同。一些环境对所有组织的影响是长期的、间接的、均等的，这部分环境称之为一般外部环境，它主要包括政治、经济、社会和技术等因素。例如，关于调整政府与市场之间关系的基本政策，虽然不会直接影响到企业的日常经营，但从长期来看，肯定会对企业产生渐进性的影响。另一部分外部环境与组织的日常经营管理相关程度较高，它对于组织绩效的影响直接而具体，这部分外部环境可称之为具体外部环境。如竞争对手在价格方面的调整会直接影响到组织的销售业绩。迈克尔·E.波特在其建构的“五力”模型中阐述了直接影响组织经营的五种外部力量的主体：顾客、供应商、现有竞争者、潜在进入者、替代品提供者，这有助于我们分析管理的直接外部环境。

一、管理的一般外部环境

管理的一般外部环境是指那些对组织短期经营活动影响不大，但对组织长期经营会产生深刻影响的外部环境因素，一般包括政治与法律、经济、社会与文化和科技四大类别。

1.政治与法律因素

政治与法律因素包括一个国家的政治制度、政治形势、国际关系、公共政策和法律法规等。如美国的政治制度鼓励自由市场经济，因此，政府对企业活动的干预也不多，而这种“不干预”也构成了私人企业活动的宏观环境。在相对宽松的市场中，企业更加注重自由竞争，并在竞争中保持了市场的活力。政治形势的变化对企业经营也会造成比较大的冲击,如果一个国家政局不稳、社会动荡,会把企业置于一个动荡不安的局面中,这将严重影响投资者的信心,对组织的长期计划和正常管理活动都会产生冲击。国际关系会关系到一个国家的国际安全环境和对外经济政策。如果国家处在战争状态下,那么更多的资金、人力和物力将被用于军事用途,这对各级各类组织的原料供应、资源配置、经营方向和管理素质都会产生重大影响。战争会使国内的大量资本外逃,市场失去投资能力,引起一系列的负面经济和社会后果。政府的公共政策和法律法规一方面在整个社会领域对资源配置产生影响,另一方面也决定了各类组织的游戏规则。

在当今相对稳定的国际环境下,大多数市场经济国家更加关注政府的公共政策和国家的法律法规,尤其是政府制定的产业政策、税收政策、补贴政策以及针对市场的各种法律、法规,如反垄断法、环境保护法、消费者保护法等。在管理的一般外部环境的各要素中,这些要素对企业经营的影响相对来说更为明显和直接。如 20 世纪末,东莞地区进行了一次大规模的产业结构调整和升级,当地政府以扶持企业做大做强为中心,带动产业链延伸,重点帮扶科技型、品牌型、成长型的优质中小企业和大型龙头企业发展,发展如新型液晶平板显示器、集成电路设计、宽带无线移动通信等具有较强优势和发展潜力的产业。政府的这种产业政策使原有的一些劳动密集型、低成本加工等低端制造业企业压力增大,纷纷进行了转移或向政府产业政策扶持的产业转型。

国家的一些法律、法规则使组织在规则的范围内经营和管理。美国 19 世纪末就制定了反垄断的相关法律,诸如洛克菲勒家族的“石油帝国”、微软公司等大企业都受到过美国反垄断法的调查和处罚。美国的反垄断法在一定程度上保证了公平的市场环境,为具有创新能力的中小企业提供了良好的生存土壤。我国近些年连续颁布的一系列法律,都对企业的行为和管理形成了相关的制约。如修订《中华人民共和国劳动合同法》来保障企业职工的安全与健康;《中华人民共和国环境保护法》公布施行后,有效地约束了企业的行为等,这些立法使得政府可以从法律角度对企业行为进行规范。

2.经济因素

经济环境反映了企业经营管理所在国或地区的总体经济状况,主要包括经济体制、社会经济结构、经济发展水平和市场条件等。经济体制是经济关系的制度化、规范化,它直接影响着组织的地位、职能及其行为准则。当代大多数国家都建立起了市场经济体制,或以此为目标。但应注意到的是,市场在资源配置中起决定性作用,并不是说政府毫无作用,以市场为主体并发挥政府调控作用的混合经济体制,是当代大多数国家的经济体制环境。社会经济结构主要反映国民经济的构成要素及其量的关系或比例,主要包括生产结构、分配结构、流通结构、技术结构等。从社会化生产的角度看,任何一个部门、行业的变动,都会导致具体行业相当数量的组织产生困难,甚至波及其他行业。经济发展水平高可以为组织发展提供更多的机会,例如较高的经济增长速度可以保证就业率,提高居民收入和购买能力,刺激消费,从而为组织的生产和服务提供一个良好的市场环境。

对于企业的经营和发展而言,一些经济因素的影响更为明显,如利率水平、通货膨胀指数、消费者收入水平、失业率等。例如,利率水平的变化可以直接影响企业投资、居民储蓄和信用消费的意愿，进而引起一系列连锁反应。近年来，为了对房地产市场进行调控，我国政府通过提高购房贷款利率的一般货币政策和提高首付比例的间接货币政策的方法，抑制了购房者信用消费的能力和欲望。而房地产相关企业都在此时感受到了“寒冬”，部分房企在这种经济环境下开始改变经营策略，停止了简单、野蛮的生长，转而更关注销售房屋的质量，对消费者的个性化需求做出更多回应。

当下对于许多企业来说，一个重要的经济环境是经济全球化的态势。经济全球化一是给企业带来了机遇，因为企业此时可以面对一个更大的市场，而且在全球化大的分工条件下，可以更专注于自己的优势领域。二是经济全球化的趋势增加了经济环境的复杂性和企业经营的不确定性。例如，国际原油价格的变动可能会对几乎所有的经济实体带来影响。三是经济全球化使企业间的竞争发生了急剧变化，企业不得不在全球化的平台上面对更多的竞争对手。关于全球化对于组织环境的影响，将在后文中单独阐述。

3.社会与文化因素

社会与文化因素是指组织所处社会的人文环境以及文化环境。社会人文环境包括人口的数量、年龄构成、人口的知识和文化程度、生理状况、社会科学等。相对于自然环境的稳定而言，社会人文环境在不断变化发展。文化环境主要包括社会意识形态层次的文化和社会心理层次的文化，即一定的社会思想、信念、习惯、风俗、心理等。它涵盖了组织置身于其中的所有社会思想意识、文化心态和观念形态的总和。社会文化是一定区域内社会成员在社会化过程中长期积淀而形成的，而且具有一定的稳定性。

当今社会中，对组织管理影响较大的社会人文因素是人口因素，因为，一个社会中人口的属性决定了将来劳动力和消费者的属性。在相当长一段时间内，过多的人口数量始终给我国社会带来了比较大的压力。由于现有的经济发展速度跟不上人口的增长速度，一方面，造成失业人口增加；另一方面，由于教育供给难以满足过大人口规模的需求，劳动力素质一直难以提高。而且，我国人口在地域分布上也比较有特点。由于地区发展的差异和城乡剪刀差的历史原因，造成了现代化过程中大量的劳动力迁移和流动，即劳动力从农村流向城市，从不发达地区流向发达地区，形成了20世纪80年代出现至今仍在继续的“民工潮”。这种人口分布的特点使企业不得不使用大量的“外乡人”，从而也带来一些管理问题。此外，当下中国人口因素的一个重要的变化趋势是人口老龄化在不断地加快，这种趋势将对未来一段时间内的企业经营造成深刻影响，如劳动力供给减少，成本上升，从而给企业的经营带来压力。

专栏4-3　管理故事：会议开支的控制

为了控制不断膨胀的会议开支，A省省委、省政府决定严格制订会议审批手续，严格控制庆功大会、表彰大会，并明确规定：会议要按标准的会期、规模和会议经费预算严格执行，厉行节约、反对铺张浪费，不准借机举办宴会或游山玩水，不准到旅游区和高级宾馆召开会议，不准提高会议伙食补贴和标准，不准向会议出席人员收取会务费，会议费自理，不准把超规定的开支转嫁给基层单位。省委、省政府的规定公布后，在短短几个月内，A省的会议开支大大压缩。

社会文化因素所包括的社会行为准则、价值观和社会习俗等也影响着组织的经营和管理。例如，随着日常生活的不断技术化，网络购物已经逐渐流行，尤其成为年轻人的购物习惯，因此，许多企业都纷纷建立起了电商平台，来满足人们的购物需求。此外还要注意跨文化的管理：一方面，在经济全球化的大背景下，要尊重不同国家和民族的风俗、习惯、宗教和禁忌；另一方面，还要分析亚文化对经营管理的影响。如既要看到我国作为一个国家和经济实体具有一个大的文化环境，又要看到不同地区有不同的亚文化。仅就饮食而言，不同地区的饮食偏好就有较大的差异，对于餐饮企业而言就需要分析这种不同地区饮食文化的差异，以实施针对性的管理。

4.技术因素

技术环境是指存在于组织之外，影响组织存在和发展的科技要素，它包括了一个产业乃至一个国家在科技方面所取得的重大进展。在科学技术高速发展的时代，任何一个组织从物资设备到工作手段与途径，无不与技术密切相关。当代科技的发展越来越迅速，新技术的发明、开发和传播以加速度的形式在发展。更多的构思在研究中，而且新构思与其成功实施之间的时差正在大大缩短，技术由引进到大批量生产的时间也在缩短，企业如果跟不上科技发展的步伐，将必定会被淘汰。

二、管理的具体外部环境

如前所述，管理的具体外部环境是指直接影响组织经营的那些要素，这里通过对“波特五力模型”中提到的五种力量主体作为要素进行介绍，即顾客、供应商、现有竞争者、潜在进入者、替代品提供者。

1.顾客

顾客一般指从私人部门购买产品或者服务的个人或组织。新公共管理理论强调以市场化为导向再造政府，它们把公共部门服务的对象也看作顾客。作为组织所提供的产品和服务的接受者，顾客决定了企业的成败，因此是影响组织生存的关键因素。许多知名的大企业都树立了“拥客为王”的理念，并推崇斯多·莱昂纳的经营哲学“在我的经营中有两条规则：‘规则1——用户永远是对的。规则2——如果用户错了，请看第一条’”。

组织要想“拥客为王”，就必须以顾客需求为导向，因此也就必须要了解顾客。对顾客的了解包括：顾客的类型，如是个人的还是团体的，是企业的还是家庭的；顾客的结构，如年龄结构、性别结构、文化结构、职业结构等；此外还包括顾客的购买能力、价格谈判能力等。

2.供应商

供应商是向企业供应生产或销售所需要的原材料或商品的组织。一般来讲，供应商是企业的销售者，而企业则是供应商的顾客。任何一个组织都会有供应商，而且对于大部分企业来说都具有多个供应商。如一个医院需要不同的药品、医疗器械、办公用品和所需的能源等，这可能就需要成百上千个供应商，更不用说像通用汽车和通用电气这样的多元化企业了。企业只有了解自己的供应商，并与之建立起良好的关系，才能获得物美价廉的原料和产品，从而节约资金、降低经营成本。

企业了解和分析供应商环境是为了通过各种方法提高自己讨价还价的能力，因此，要着重分析以下几个因素：供应商所属行业的集中度、供应商产品的替代性、供应商产品在本企业成本组成中的重要性、供应商实行前向一体化的能力等。

3.现有竞争者

现有竞争者是指与企业处于同一个行业，提供与企业相同或类似产品的企业。竞争一方面会使企业感到压力，另一方面也会使企业在压力之下主动地改进技术和管理。对于任何一个企业而言，都希望能保持在行业中的领先地位，在竞争中获得优势。但是，如果一个企业的竞争行动对对手有显著影响，就会招致报复或抵制，会引起价格战、广告战等激烈的竞争行为。如果竞争行动、反击行动逐步升级，则行业中所有的企业都可能遭受损失。

企业要想在竞争中获得优势，就必须做到知己知彼，了解和分析自己及对手的情况。主要应包括企业自身的固定成本和库存成本，产品差异化程度，产业的市场容量和市场增长速度，竞争对手的复杂程度，退出壁垒的高低等。

4.潜在进入者

潜在进入者是计划进入或正进入企业所处行业的新企业。新的进入者会增加行业内原料的需求，增加行业的产能，分散行业的市场占有率，这必然引起与现有企业的激烈竞争。潜在进入者威胁的状况取决于进入障碍和原有企业的反击程度。一般来说，如果进入壁垒高，在位企业激烈反击，潜在加入者进入该行业的难度就越大。分析潜在进入者进入行业壁垒应分析规模经济、资金需求、产品差异优势、转换成本、销售渠道等要素。

5.替代品提供者

替代品是指那些与本企业产品具有相同功能或类似功能的产品。替代品因为面对着大致相同的顾客市场，因此它可能替代原有产品与原产品争夺市场，形成新的威胁。因此，研究替代品制造商或经营商也是很重要的。

替代品的分析主要包括两个内容：一是判断哪些产品是替代品。如可口可乐的替代品就不是百事可乐，这两种产品是竞争产品。但是，如果以前年轻一代喝可乐这类软饮料，现在为了健康而更多地选择喝茶饮料，这里的茶饮料就是一个替代品，后来又出现塑料包装，它也构成了对原产品的一种威胁。原来做玻璃瓶的企业受到铝业和塑料业的威胁，包装材料的改变，促使价值发生了转移。也就是说，玻璃行业的价值转移到铝业和塑料业上了，所以替代品的出现对行业现有企业来讲，就构成了一种威胁。二是判断哪些替代品可能对本企业经营构成威胁。一些因素决定了顾客是否愿意购买替代产品的程度，如消费的转换成本、购买者的忠诚度等。

第四节　管理环境的系统分析

管理环境对组织的经营和管理具有重要作用，因此，管理者实施管理时必须对环境进行分析，尤其是现代战略管理更是要求把对环境的分析作为战略选择和战略实施的先导。对管理环境的系统分析既要分析外部环境对组织的影响，识别组织所面临的机遇与挑战，又要通过内部环境的分析识别组织的优势与劣势，还要把外部环境和内部环境结合起来分析，为组织管理提供依据。现代管理学已经发展出一套系统分析管理环境的方法和工具。

一、管理环境分析的准备

在准备对组织的管理环境进行分析之前，首先应该了解哪些人在做环境分析工作，或者组织的环境分析是哪些人的责任。组织中各部门承担的环境分析责任是不同的，如生产部门更多地关注部门内部的事务，特点是对于组织外部环境的关注相对较少，而计划部门、市场营销部门和战略商务部门则需要更频繁地进行环境分析。各部门在承担分析组织环境责任方面也有不同的分工，职能部门更倾向于分析他们面对的竞争环境，如销售部门更关注顾客、竞争者、替代品提供者等直接管理环境，而企业计划部门更可能集中在对一般宏观环境的问题的分析上。

进行管理环境分析还要考虑从哪里获得信息。环境的信息来源包括内部来源和外部来源，外部信息一般来自既有的统计资料和直接调查研究，内部信息更多来自对现有数据的分析和直接调查。一些宏观的环境信息如经济发展状况和人口统计等信息，可以从政府的统计数据中获得。而有一些信息需要通过直接的调查才能够获得，比如顾客对产品的态度、公司品牌的知名度、售后服务的质量和员工的士气等。直接调查通常会使用观察、访谈和问卷等方法。组织可以亲自做这些调查，也可以委托专业的市场调查机构进行调查。当请其他调查机构时最好可以选择相对固定的，以便在长期合作中形成相互信任的关系，这样既可以节约成本，又可以获得更准确和翔实的信息。只有信息来源渠道选择准确，才可以在复杂的环境中获得更多的信息，从而做出准确的分析。

管理环境的系统分析还要考虑频率的问题，即多久才要做一次系统分析。组织中的一些成员可能随时都在对环境进行分析，如一名销售人员可能会分析自己潜在的客户在哪里，一名公共关系经理在策划一场公共关系活动前，会对组织的知名度和影响力做出分析。但是，这样的分析更多依靠的是直觉、观察和经验，往往缺乏精确性和系统性。管理环境的分析要系统化就要具有规范性，一般中型和大型机构都是按照一定的规律运作的，比如年度、三年或五年进行一次全面而系统的环境分析。这些分析数据可以为组织中任何一个部门提供参考，成为组织中各种决策的依据。但是一些突发性事件的发生也会引发非规律性的分析，如肯德基在经历苏丹红事件后，就不得不重新评估自己的品牌在消费者心目中的地位。实际上，这种定期的系统性分析和日常做出的常规分析是相互结合的，这种结合使组织的环境分析具有了持续性的特点。尤其在变化和不确定的状况下,分析的持续性使组织不会简单地重复过去,而会在动态而复杂的环境中保持对未来的预测。

二、管理外部环境分析

外部环境分析包括一般环境分析和具体环境分析。一般环境分析简称 PEST 分析,具体环境分析采用五力模型进行分析。如图 4-3 组织外部管理环境分析模型。

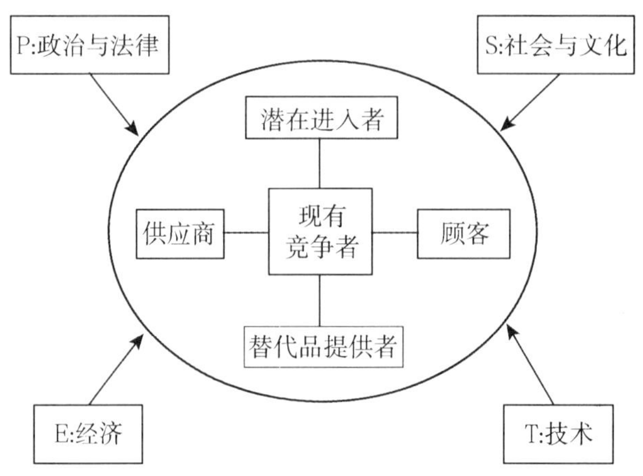

图 4-3 组织外部管理环境分析模型

1. PEST 分析

一般环境分析又简称为 PEST 分析,即政治与法律因素(Political and Legal factor)、经济因素(Economic factor)、社会与文化因素(Social and Cultural factor)和技术因素(Technological factor)分析。一般环境包含的内容极为广泛,但应注意的是,只有会对组织发生影响的因素,才构成组织的外部管理环境。但是,即使这样,外部环境要素依然十分广泛,进行监控时所需资源仍会非常巨大。囿于组织资源和管理者精力限制,不可能对组织外部的所有因素都进行分析,因此,管理者在做 PEST 分析时,首先就要识别哪些因素会对组织产生影响,并从这些要素中辨别出哪些是对组织最关键的因素。为了做到这一点,可以采用关键性和发生率这两个维度对外部环境因素进行分析,如表 4-2 要素优先序列矩阵。

表 4-2 要素优先序列矩阵

发生的可能性	对组织的影响力		
	高	中	低
高	高优先序	高优先序	中优先序
中	高优先序	中优先序	低优先序
低	中优先序	低优先序	低优先序

可以在影响力和发生概率两个维度上对外部管理环境各要素进行分析,然后把它们按照对组织影响力的大小以及可能发生的概率进行排列。有些要素可能对组织的影响十分大,例如政府针对房地产市场的"限购令",会使地产企业的销售遭受巨大冲击,因此,从影响力的维度评估应把其列入高优先序列。但是,管理者还应分析政府实施这种政策的可能性。可能出于经济发展或社会需求的考虑,政府在一定时期内会鼓励房地产业的快速发展,不会在短时期内实施限制的政策,因此,在可能发生的维度上,这种政治因素却排在低优先序列中。但是,由于这种因素对组织的影响是巨大的,因此还要是经常保持对其进行观测,所以在优先序列矩阵中仍属于中优先序列的因素。这样,管理者在做管理时,要对不同的外部要素给予不同程度的关注度,从而在节约管理成本的同时做到高效的管理。

2.五力模型分析

迈克尔·E.波特构建的五力模型是用于战略管理领域分析产业结构的工具,也就是对可以直接影响企业的那些因素的分析。五力模型分析的基本思想是认为一个组织会直接受到五种竞争作用力的影响,即进入威胁、替代威胁、客户价格谈判能力、供应商价格谈判能力和现有竞争对手之间的竞争。企业在行业中的地位以及利润率由这五种竞争力量共同决定。

现有竞争者分析。当出现下列情况时,现有竞争者之间竞争激烈:大量且力量均等的竞争者,可能会发生价格战等激烈的竞争行为;低的产业增长速度,会加剧竞争者对增长缓慢行业利润的争夺;高固定或库存成本,会对行业中所有企业造成压力,使他们进一步满足生产能力,导致价格下降,企业为了尽快销售积压产品,不得不采取更强烈的竞争行为;产品缺乏特色或无转移购买成本,会出现大量趋同的争夺市场的手段;生产能力仍在大幅度增加,企业会陷入生产能力过剩与价格削减的周期循环;高退出壁垒,即使一个行业的赢利性很低甚至亏损,企业仍会继续留在行业中相互竞争。

潜在进入者分析。是否有大量的新进入者主要取决于进入壁垒和在位者的报复。进入壁垒主要有以下几种:规模经济的存在,在位者形成的社会认可的特色,新进入者面临的高风险,客户采购额外的转换成本,在位者对于产品分销渠道控制的程度,新进入者在原材料来源、专有技术、地点优势、获得政府补贴、经营经验等方面的劣势,政府的准入政策等。如果一个企业处于较高壁垒的行业,往往不必为入侵者而担心。此外,如果潜在的进入者遇到在位者的激烈报复,也会降低进入者进入的可能。

替代品分析。企业生产的产品和提供的服务是否受到替代品的威胁受到以下几个因素的影响:一是消费替代的可能性。有些产品的消费比较容易被替代,如人们不喝咖啡的话可以选择喝可乐,而有些产品比较难被替代,如食盐就很难被其他商品所替代。二是转换成本。例如可乐的包装,把过去的玻璃瓶转换为塑料瓶的话,就要考虑加工技术、材料、劳动力等成本是否超过了使用玻璃瓶的成本。只有生产塑料的工艺提高并可以充分弥补转换的成本,这种替代才会发生。对于终端消费者来说依然会有购买的转换成本,如已经购买了一年有线电视的服务,如果想用网络盒子的话,就存在着转换成本。这种成本越高,替代品越不容易进入市场。三是顾客的忠诚度。购买者的忠诚度也决定了顾客是否愿意购买替代产品的程度,例如我们可以看到为了新发行的苹果(iPhone)手机而宁愿昼夜排队的“果粉”,如果让这部分人转而使用搭载了其他操作系统的手机是非常困难的。

顾客谈判能力分析。虽然市场经济的基本准则遵循平等、自愿原则,但实际上买卖双方的商谈能力是不同的,是一种非均衡博弈。购买者讨价还价能力较强的影响因素主要有:买方大批量或集中购买,产品或服务具有价格合理的替代品,买方面临的购买转移成本较低,本企业的产品和服务是买方在生产经营过程中的一项重要投入,买方行业获利较低,买方掌握了充分的产品信息等。

供应商谈判能力分析。当企业向供应商进行采购时,企业本身就成为买方,非均衡的博弈同样存在。供应商讨价还价能力较强的影响因素主要有:要素供应方行业的集中化程度较高,替代品不能与供应者所销售的产品相竞争,购买者不是供应者的重要主顾,供应者的产品是该企业的主要投入资源,供应者的产品存在差别化。

三、管理内部环境分析

组织内部环境分析是为掌握组织目前的状况,明确组织所具有的优势和劣势,以有效地利用自身资源,发挥组织的优势,同时避免组织的劣势,实现组织发展的目标。如前所述,管理内部环境包含的要素非常多,除管理者主体之外的因素都可以视之为管理的内部环境,因此,组织内部环境分析也包括很多方面,如组织结构、资源条件、核心能力、价值链等。识别企业既有的物资、财力和人力等资源是内部环境分析的基础,这些数据可以直接地告诉管理者自己的组织与竞争对手相比较时所处的地位。但是,仅有这样是不够的,因为这些有形的资源并不代表组织的能力,更不代表组织未来发展的趋势。相对于有形的资源,能力对组织未来的发展具有根本性,因此,管理者要认识现有资源是否被整合为组织的能力。而对于一个组织可能拥有的诸多能力而言,是否在现在和潜在的资源和能力基础上,形成了核心能力和核心竞争力才是最为根本的。

核心能力是使一个组织与其竞争者相区别的一整套知识、技能、文化和业务过程。根据麦肯锡公司的观点,核心能力是指某一组织内部一系列互补的技能和知识的结合,它具有一项或多项业务达到竞争领域一流水平的能力。核心能力可以表现为许多方面,如技术能力、资源整合能力、客户服务能力等等。大多数成功的大型企业都具有自己的核心能力。例如,世界最知名的物流企业 Fedex、DHL 都具有速度方面的核心能力,体现在以最快的速度为客户运递货物。Intel 公司则以科技创新能力著称,始终为世界上绝大多数的家庭计算机提供芯片。企业的核心能力虽然可以表现为许多方面,但都具有相同的特点,即不可模仿、持续而且领先于同行企业。

企业的核心能力与核心竞争力是既联系又区别的两个概念。一般来说,一个企业的核心能力必须是市场所接受的,只有这种核心能力才算是企业的核心竞争力。如果一个企业拥有强大的技术能力,但是这种能力没有被用以满足顾客需求,研发的产品不被客户所接受,那么这种技术能力就没有形成企业的核心竞争力,也不能算是核心能力。因此,企业要打造自己的核心竞争力，就要以顾客需求为导向塑造自己的核心能力。这样，管理者分析自己企业的核心能力时，就要看这种能力是否是以贴近顾客为导向的。

专栏 4-4　管理故事：小企业的大能力

在与沃尔玛这样的大量分销商竞争中，小零售企业必须拿出新招数，来赢得并保持住顾客。Baum 公司位于伊利诺伊州的莫里斯，始建于 1874 年。最初，这家公司的经营范围很广，从纺织品到粮食，什么都卖，但经营得却并不怎么样。公司创始人 Baum 的孙子 Jim Baum 接手这家公司后，以顾客需求为导向，将企业的经营定格在大号的妇女服装上，而且不遗余力地进行广告宣传和搞好售后服务。Jim Baum 经营创意的经典之作是在试衣间为顾客提供舒适的浴衣，这样，顾客就不必不停地穿上、脱下她们原来的衣服，以便到货架上挑选不同的服装。

企业并不是有能力就可以服务于客户。企业将各种资源转换成客户价值需求和愿意支付的产品和服务，是一个由不同参与者所从事的相关工作的巨大排列，这一过程包含了一整套价值链。价值链是组织工作活动的整个系列，从原材料加工开始，到完成产品送到终端用户手里结束，每一个步骤都增加价值。它包含了从供应商到客户的所有东西。只有通过价值链管理，企业的能力才能转化为现实。

“价值链”的概念源于迈克尔・E.波特的著作《竞争优势：创造和保持优异绩效》。在这部著作中，作者要求管理者去认识为顾客创造价值的组织活动的序列。如图 4-4 价值链模型，根据这个模型，企业内外价值增加的活动可以分为基本活动和支持性活动，基本活动包括企业生产、销售、售后服务。支持性活动涉及人事、账务、计划、研发、采购等。

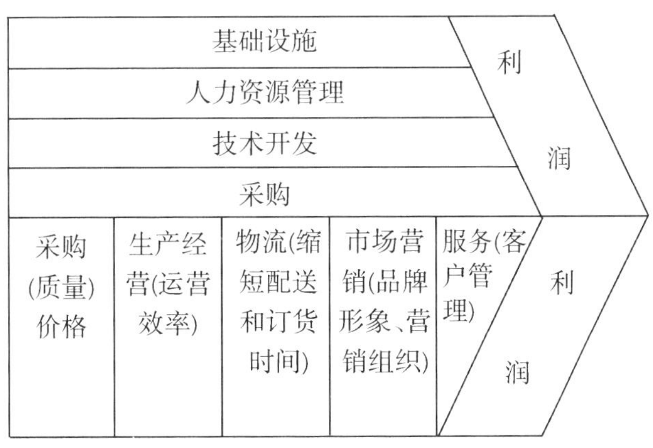

图 4-4　价值链模型

价值链管理要求价值链上的每个环节都要为创造价值服务。之所以有这样的要求，是因为组织的许多活动是与创造价值无关的。例如，往往有许多明星参加演出的电影质量并不好，这是因为大量的预算并没有花在人们看得见的屏幕上，而是花在明星们的饮食等奢侈消费和昂贵片酬上，这些对于观众来说并没有价值。尤其是当明星们的光环褪去后，人们就更会发现这样的作品没有价值。因此，管理者在对企业内部环境进行分析时，要研究组织的整个价值链是否被有效地整合了起来，共同创造了价值的最大化，或是有些环节在浪费着组织的资源。

四、内外部环境结合的分析

把组织内外部管理结合起来的分析工具通常是 SWOT 分析法。SWOT 分析法，又称为态势分析法或优劣势分析法，用来确定组织自身的竞争优势(Strength)、竞争劣势(Weakness)、机会(Opportunity)和威胁(Threat)，机会与威胁是针对外部环境而言的，优势与劣势是组织内部所具有的，这种分析方法将组织内部资源与外部环境有机地结合起来进行分析。如表 4-3 所示。

表 4-3　SWOT 分析法

外部环境	内部环境	
	优势(S)	劣势(W)
机会(O)	SO 战略 机会、优势组合 (可能采取的战略：最大限度地发展)	WO 战略 机会、劣势组合 (可能采取的战略：利用机会回避弱点)
威胁(T)	ST 战略 威胁、优势组合 (可能采取的战略：利用优势降低威胁)	WT 战略 威胁、劣势组合 (可能采取的战略：收缩、合并)

机会与威胁分析是针对外部环境而言的。依据外部环境对组织是否有利，把其分为机会和威胁两大类。机会可以使组织在此领域获得潜在的发展，把握机会可以使组织在这一领域中拥有竞争优势。威胁指的是环境中的不利发展趋势所形成的挑战，如果不采取果断的战略行为，这种不利趋势将导致组织的竞争地位受到削弱。优势是指一个组织超越其竞争对手的能力，这种能力有助于实现组织的主要目标。例如充足的财政来源、良好的企业形象、技术力量、规模经济、产品质量、市场份额、成本优势等都可以成为组织的优势。劣势也是组织机构的内部因素，指的是组织内部发展的不利情况或缺陷，如设备老化、管理混乱、缺少关键技术、研究开发落后、资金短缺、产品积压等都可能成为组织的劣势。

把机会与威胁和优势与劣势进行组合，就构造出了 SWOT 矩阵。通过对矩阵的观察，就可了解组织的基本情况，并进行针对性的管理活动，采取不同的战略组合。优势与机会的组合(SO 战略)要求采取最大限度地发展战略。机会和劣势组合(WO 战略)要求利用机会回避弱点。威胁和优势组合(ST 战略)要求利用优势降低威胁。威胁和劣势组合(WT 战略)要求对这部分业务进行收缩或合并。

第五节　全球环境中的管理

畅销书《世界是平的：一部二十一世纪简史》的作者托马斯·弗里德曼告诉了我们经济全球化给人类带来的影响。三十年前，美国人教育自己孩子时说："孩子，珍惜你现在的生活吧，你看印度的小朋友和中国的小朋友连饭都吃不饱！"而今天的美国人却会说："孩子，努力学习吧，你看印度和中国的小朋友正在等着和你争饭吃！"经济全球化抹平了这个世界，它让人们不得不在全球化这个平台上面对更为激烈的竞争。经济全球化带来了更多机遇，同时也带来了更多挑战，对于个人来说如此，对于组织来说也如此。

一、经济全球化及其影响

当今世界的管理者们所面临的变化最大的环境之一是经济全球化，国际环境已经成为企业外部环境极其重要的组成部分。国际货币基金组织(IMF)在1997年5月发表的一份报告中指出，"经济全球化是指跨国商品与服务贸易及资本流动规模和形式的增加，以及技术的广泛迅速传播使世界各国经济的相互依赖性增强"。简单地说，经济全球化是商品、技术、信息、服务、货币、人员等生产要素的跨国、跨地区的流动，这种流动把全世界连接成为一个统一的大市场。20世纪60年代，还只是一些大公司可以同时在两个或多个国家建立分支机构，而如今已经没有哪家公司能游离于经济全球化的进程之外了。即使是一个没有离开过家乡的企业，或许它正在使用的就是日本的车床，但车床使用的石油却是中东生产的，而控制程序是美国人研发的。

由于全球化的推进，组织所面对的环境更为复杂而多变。它们可能得到新的客户、供应商等，但也可能会遇到新的竞争对手。据统计，吉列、美孚石油、可口可乐等大型企业的总部虽然在美国，但它们的业务收入中，超过60%来自美国之外的分支机构。与此同时，企业面对的竞争也越来越激烈。一方面，发达国家的资本和技术大量进入发展中国家，使发展中国家的企业面临了更大的压力；另一方面，欠发达国家对发达国家的许多产业也提出了挑战。例如，中国制造业的产品大量进入欧洲和美国，印度已经成为全球重要的软件生产国，这些国家凭借其相对低廉的劳动力成本，对发达国家的一些行业造成了相当大的冲击。一项研究表明，在美国，包括汽车、会计服务、娱乐业、家电和出版业在内的136个行业必须参与国际化竞争。以汽车制造业为例，日本和韩国的汽车以其质优价廉的优势，对美国的汽车制造业造成了相当大的冲击。在2008年的金融危机中，有着近百年历史的通用汽车终于没有抵抗住压力，在2009年宣布破产保护。

与国内市场相比，国际市场要复杂得多，变动性也更大。有些时候，国际市场会因为一个国际事件而发生颠覆性的变化，进而影响到国内市场。2014年，因乌克兰克里米亚事件，俄罗斯与美国和欧盟展开了相互经济制裁。俄罗斯禁止了从美国、欧盟进口水果、蔬菜等产品。波兰的水果行业在这场制裁中受到了比较大的影响。波兰是世界上最大的苹果出口国,其中超过2/3出口至俄罗斯。据波兰官方统计,波兰2013年向俄罗斯出口的苹果价值2.73亿欧元。由于无法出口俄罗斯,波兰政府甚至呼吁民众多吃苹果增加内销,尽量抵消俄罗斯停止进口所造成的影响。不过,俄罗斯的反制裁计划是把双刃剑,让波兰的苹果滞销的同时,吃不到廉价欧洲苹果的普通俄罗斯民众也付出了代价。

经济全球化的另一个影响是组织对国际经济的依存度不断提高。国家经济的变动,尤其是世界主要经济体的危机会对其他经济体的企业产生影响。2008年爆发自美国的金融危机几乎使所有市场经济体系中的企业都经历了一场寒冬。中国政府为了降低这场经济危机的影响,使用了四万亿资金来调节宏观经济,帮助本国企业度过金融危机。

经济全球化使各国的比较优势都得以发挥,更多国家从事自己具有比较优势的产业,这导致了一场全球范围内的产业转移。经济欠发达国家大都具有相对较低的劳动力成本,从而更多地从事劳动密集型生产的任务。如中国就曾被冠以“世界工厂”的称谓。2014年9月苹果公司发售iPhone6的第一批名单中并不包含中国,但大批产品却从中国的工厂发出,被售到了世界各地。但是,目前中国的人口红利已经逐渐消失,许多国际性企业把加工的任务交给了越南、马来西亚等国家。中国目前正在进行一场产业结构的调整与升级,许多企业因此也必须面临转型的阵痛。

对比较优势的依赖和世界市场的不断扩大也催生了跨国公司的出现。跨国公司在世界范围内进行生产以降低成本,同时又在世界范围内进行销售以提高利润。为此,这些公司在世界许多地方都建立了自己的分支机构,这使这些公司面对着国际化的管理问题。国际化管理不仅使管理者面对着更大的管理幅度和更大的执行难度,而且当他们走出国门后,他们发现遇到的是完全不同于本国的社会文化环境,这对于管理者的环境分析能力提出了更高的要求,而且对于管理者来说更为重要的是找到一种合适的管理方式去应对这种国际化的趋势。总之,对于管理者来说必须从国际化的层面来思考问题,那些已经习惯于只关注国内经营环境的管理者们必须学习新的规则以应对已经国际化了的商品生产和经营思想。

二、国际化环境中的管理

国际化环境对管理者提出了更高的要求,许多优秀企业在国际化过程中都遇到了严峻的挑战。当这些企业走出国门时,他们发现对国外的环境和竞争者都了解得很少,文化的冲突使他们原来信奉的原则受到了质疑,执着于他们以往的成功经验只能导致失败。尽管如此,许多企业还是坚定地走出国门,因为一旦成功,就会获得巨大而广阔的市场,有的还会扭转在国内市场上的困境。

由于认识到走向国际化是不可避免的趋势,同时又充满了风险,企业都在尝试中逐渐改变经营管理策略，以适应国际化管理的需要。罗宾斯认为，一个组织步入全球化要经历三个阶段，如图 4-5 所示。

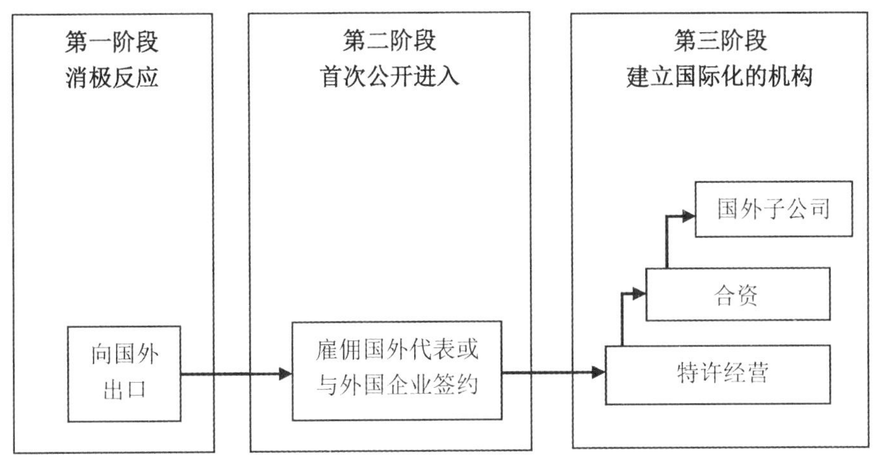

图 4-5　企业走向全球化的三个阶段

企业走入国际市场的第一阶段可能仅仅是向外国出口自己的产品。这种方式参与国际化的风险是最小的，因为管理者基本还处于原有的环境中进行管理，只要在接到国外的订单时，按照订单去生产就可以了。在第二阶段，企业在海外公开出售他们的产品，或者是把产品交给国外的工厂直接生产。在这个阶段，仍然没有太多的职员会离开母国到国外工作，他们只要派出商务代表，并通过合同委托国外公司生产就可以了。在第三阶段，管理层有强烈的愿望去主动开拓国际市场，他们采用不同的策略方式来达到这一目的。如必胜客(Pizza Hut)等快餐连锁店广泛使用的特许方式，让海外企业有权使用本企业的商标、技术或生产设备。更多企业采用了"战略联盟"的方式，和外国企业共同分担国外新产品的开发成本，或共同出资购置新生产设备。这种新型战略伙伴关系为企业进一步参与国际竞争提供了一个更快捷、成本更低的合作方式。为了适应海外的经营环境，许多跨国公司在海外分公司的决策方式上完全是本土化的。公司里的员工基本以分公司所在地国民为主，产品与营销战略也适合该国的传统文化。如肯德基在中国也卖油条，星巴克则在中秋节时为咖啡配上了月饼。

国际化不仅对走出国门的企业提出了管理要求，对国内企业也提出了新的问题。国内市场上的企业虽然没有直接走向海外，但是，由于国外产品和服务的涌入，逼迫国内企业的设计、生产和销售要和世界水平保持一致，否则就会成为竞争中的失败者。市场中大量海外竞争者的进入，迫使国内的管理者必须提高管理技能，以跟上经济全球化的潮流。

三、跨国管理的文化冲突

依据美国著名学者塞缪尔·亨廷顿的观点，不同民族之间最根本的冲突是文化冲突。当越来越多的企业走向海外谋求更大的市场时，管理者们遇到的最大问题之一是文化差异。

Coors Light(银子弹)啤酒在进入西班牙市场时,试图把其口号"Turn It Loose"(打开它)译成西班牙语,但这个口号在西班牙语中的意思却是"喝 Coors 啤酒拉肚子"(Drink Coors and Get Diarrhea)。百威啤酒在西班牙也闹出了乌龙广告的笑话,公司制作的广告在西班牙语中的意思竟是"斟满你的酒杯,一点儿也不好喝"(Filling, Less Delicious)。这些乌龙事件听起来滑稽,却说明了管理者在跨国文化冲突中遇到的困境。避免此类问题的出路只能是去充分了解、比较不同国家之间的经济、政治法律和社会文化特点,找出结合本土特点的有效管理方法。

第一批走向海外的美国企业家通常都是具有成功经历的优秀管理者,加之美国文化在世界范围内的强势扩张,因此相当一部分人都具有非常浓厚的本位主义色彩。这是一种民族优越感的体现,他们相信只有他们的企业才是世界上最好的,自己的管理经验和方法是普适的,可以解决在任何地方遇到的管理难题,但现在的管理者基本都承认,每个国家都有不同的价值观、道德观、社会习俗以及宗教信仰。

在文化差异研究方面,格尔特·霍夫斯蒂特有关文化评估的分析框架是被引用最为广泛的方法之一。他的研究结果来自对 40 多个国家的 116000 多名 IBM 员工的工作价值观的调查研究,总结了不同国家和地区的文化在 5 种价值维度上的不同。霍夫斯蒂特分析的结论是:高权力差距表明,在制度、人群中,人们能够接受权力的不平等,如马来西亚、菲律宾;而低权力差距则相反,人们期待权力更加平等,如丹麦、以色列。

个人主义与集体主义分析表明,崇尚个人主义的社会中,人们通常首先考虑个体,社会结构比较松散,如美国、加拿大;而在强调集体主义的社会中,人们强调集体观念,组织也会设法保护成员的利益。

生活质量高表明,社会成员更可以从金钱、物质产品和与他人的关系等方面获得认同,如中国的香港和德国。生活质量低则相反,如俄罗斯与荷兰。

高不确定性避免表明,社会成员对不明确性感到不安,更多地要求确定性和一致性,如希腊、葡萄牙;而低不确定性避免表明,人们对组织不确定性和不可预见性的容忍程度较高,如新加坡和牙买加。

男性化属于社会性别作用十分清楚明显的社会,它强调男人应该自信坚强并追求物质上的成功,而女性应该更谦虚温柔并关注家庭的生活质量。女性化属于社会性别作用彼此交叉的社会,它强调男人和女人都应该谦虚、温柔并且关注生活质量。男性化社会意味着自我价值的追求、英雄主义、坚毅果断、高压力下工作和追求物质上的成就,如日本、德国。而女性化社会则意味着更加重视人际关系,相互合作、集体决定和追求生活质量,如瑞典、挪威。

显然,经济全球化世界中的文化差异给管理者提出了许多新挑战。管理者要想在一个具有不同文化的国家里开展经营活动,那么,首先要克服和解决的就是"本位主义"和"外国人"的观念,识别不同文化中的差异,并从中寻求最有效的管理方法。

四、全球化背景下的不同管理模式

虽然经济全球化的进程一直在持续，但是，各个国家、各个地区之间的环境差异却会长时间存在。这种情况使管理者逐渐意识到并没有一套可以解决所有管理问题的普适方法，而是应该对不同的管理模式进行总结，找出最合适的管理方法。虽然我们并不能说每个国家都有定式的管理模式，但仍然可以从比较中发现不同管理模式的特点。

美国的管理学理论发展得相对较早，美国的管理实践接受了理论的指导，形成了一套相对成熟的管理体系。日本是具有独特文化的民族，他们发展出了一套不同于美国模式的有效管理方法。维尔德尼斯等人曾对美国和日本管理模式的特征进行了总结。

美国模式建立在以下几个重要的思想之上：使用系统方法可以改善任务的完成情况；须确定特定工作或任务的责任和权利；假设管理者们的性格特征有他们自己的个性和兴趣，以及利己主义思想；企业形成工作组之间的规范标准和关系，以便更好地实现组织目标；所有组织都需要建立与它们特定情况相关联的结构和政策；根据计划用系统方法来构建组织的机构和文化；组织应把基本商业战略限定在需要取得一个令人满意的市场位置上，然后使得设计的结构也要适合这一基本的商业战略。

日本管理模式有以下几点基本特征：强调集体的责任，一个组织的所有成员应对组织的成功负有责任；所有雇员为组织工作，并且具有多方面的才能，并通过工作轮换的方式以团队的形式工作；信任下属，并鼓励他们发挥自己的潜力；对所有员工进行保护；每个人需要把他们整个潜在的生活经历看成带给他们更多技能和知识的挑战；具有实用主义和理性主义的色彩，强调管理的灵活性，以适应新的环境；员工需要和组织的生活方式建立一致性，并且对自己的合作者表现出关爱和忠诚。可以看出，与美国的管理相比较，日本的管理强调了竞争和合作的同等重要性，更加重视忠诚、互助等积极的道德意识，否定了美国科学管理所强调的技术主义和实用理性。

在当代世界文明的版图中，伊斯兰文明的特色最为鲜明，在西方文明的冲击下始终保持自身的独立。管理学者总结了伊斯兰管理的一些特征：组织成员更易受到友谊和权利的鼓舞，更加重视社会礼节，管理者更依赖血缘关系处理事情，裙带关系被看作自然的、可以接受的，时间的约束很少，下属们的行动要尊重和服从在他们之上的管理者。

虽然不同文明之下的管理模式具有自己的特点，但对于管理模式的选择并不是固定的，各种文明在相互交融，各国的管理者也在不断地相互学习，并从中找出适合本组织的管理方式。

本章小结

1.管理者需要重视组织与环境之间的关系。依据组织的界线，可以分为内部环境与外部环境；依据环境与组织管理的相关程度，可以分为一般环境与具体环境；依据环境因素是否确定，可以分为确定性环境和不确定性环境。

2.管理与环境之间的关系是辩证的：首先表现为管理环境的决定、制约作用，组织管理对管理环境也可以主动地适应、利用和改造。

3.管理的内部环境划分为组织结构、组织资源、组织管理状况、组织文化四部分。

4.管理的一般外部环境，主要包括政治与法律、经济、社会与文化和技术等因素。具体外部环境，主要包括顾客、供应商、现有竞争者、潜在进入者、替代品提供者等因素。

5.外部环境分析主要使用PEST分析模型、优先序列矩阵和五力模型等工具。组织内部环境分析包括组织结构、资源条件、核心能力、价值链等。把组织内外部管理结合起来的分析工具通常是SWOT分析。

关键术语

管理环境　组织界线　管理内部环境　管理外部环境　宏观环境　微观环境　环境分析　组织文化　五力模型　价值链　核心竞争力　SWOT分析法　经济全球化　文化冲突

复习思考题

1.管理环境的分类。

2.组织管理与环境的基本关系。

3.现代管理环境的基本特征。

4.简述管理内部环境包含的要素。

5.简述管理外部环境包含的要素。

6.内部环境分析的基本方法。

7.外部环境分析的基本方法。

8.简述SWOT分析法的基本内容。

9.经济全球化对管理环境的影响。

10.霍夫斯蒂特对管理文化差异的分析。

案例讨论

大型国企乐凯胶片的重组之路

乐凯胶片集团公司是国务院国资委出资的大型国有企业。作为国内曾经的胶片巨头，乐凯胶片曾风光一时。乐凯胶卷是胶卷行业唯一可以与世界品牌柯达和富士进行竞争的本土品牌，被视为胶卷行业的民族骄傲。但是，社会变革和时代发展让乐凯集团的发展面临着巨大的挑战，乐凯胶片不断地进行尝试、转型和变革，其命运也折射了改革时期国有企业的变革之路。

乐凯曾与富士、柯达一直在中国胶卷市场上鏖战。在市场经济发展和国有企业改革的推动下，1998 年，乐凯胶片首发上市。截至 2004 年年底，乐凯胶片累计使用资金 4.16 亿元，但其投入的项目，主要在彩色扩印、图片社、彩色胶卷涂布等传统感光材料的生产和流通环节上。

然而，时局弄人。在数码影像技术的冲击下，2005 年整个胶片行业开始遭遇颠覆式危机。此时，一些公司开始做出业务调整，有的甚至考虑淡化乃至退出传统感光材料。中国三星经济研究院研究员张兰英认为，柯达、富士、乐凯这三个胶卷巨头的衰败，主因是颠覆性创新产品的出现。在数码影像技术革新的大背景下，转型是必由出路。

此时的乐凯管理团队情绪复杂，一方面，市场变革导致彩色胶卷等传统业务市场容量萎缩；另一方面，对手的淡化和撤出，又让乐凯管理团队觉得"应采取积极态度，抓住机会，增加业务量"。但可怕的是，此时萎缩的，已经是整个市场，并最终伤及乐凯胶片。尽管在"去胶片化"时代，乐凯胶片意识到了危机，曾经尝试过几次转型，但结果都不如意。

乐凯胶片披露的经营数据显示，2000 年时，其净利润为 2.1 亿元。到 2003 年时，这个数字下挫至 8000 万元。迫于现状，2003 年，乐凯与柯达联姻，柯达以 1 亿美元现金和其他资产换取乐凯 20%股份。双方合作的项目，包括汕头生产线改造提升和彩色胶卷涂布生产线改造，这仍限于传统感光材料领域。在双方合作的 3 年里，乐凯胶片的思路似乎一度陷于消化柯达技术，生产出与柯达同样高品质的胶卷产品。凭借这一结盟，两者的市场份额合计超过国内胶卷份额的 70%以上。但在数码洪流的冲击下，这一合作仅仅维系了 4 年，便以乐凯被柯达贱卖而告终。

2004 年，乐凯胶片把发展数码影像技术列为企业的发展计划之一。而这一年，数码影像技术的天下已定，核心技术基本上都掌握在日本、美国企业手上，乐凯胶片在数码影像领域几乎处于一片空白，因此不得不另谋出路。

2005 年，在尝试数码相机、MP3 等消费产品未果后，乐凯胶片下定决心转向光学薄膜等新材料领域。截至 2007 年底，乐凯胶片终于制定了中长期的转型规划，提出"在规避与控股股东同业竞争的前提下，专注于涂膜层技术项目的建设和运营，并在未来 3～5 年，实现非感光材料产品销售收入占 50%"。

到了 2012 年 9 月，乐凯胶片宣布停止胶卷业务。业内人士分析指出，在数码影像技术浪潮的冲击下，乐凯胶卷的停产并不是奇怪的事情。2011 年乐凯年报数据显示，其胶片实现营业收入 8.27 亿元，亏损 5592.55 万元。乐凯彩色感光材料及新材料的营业利润率只有 6.66%。

在 2012 年 9 月，乐凯胶片决定停止彩色胶卷的生产前，乐凯集团先后投资建设了 TAC 薄膜生产线（乐凯目前是世界上 5 家能够生产这种光学薄膜的厂家之一）、太阳能电池背板生产线、合肥乐凯工业园 2.5 万吨光学聚酯薄膜生产线和精密涂布生产线、华光工业园 CTP 数码板材生产线和柔性树脂板生产线等项目，多个项目填补国内空白。2011 年底光学薄膜已经占到乐凯集团营业收入的22%,同期利润的44%。印刷制版材料占有乐凯主营收入比重的38%。数码相纸占到集团营业收入比重的29%。

据了解,乐凯集团未来的业务架构将实现印刷板材、光膜产品和图像信息新能源三足鼎立的局面。目前在乐凯集团公司的营业收入中,印刷板材占48%,光膜产品占22%,图像信息新能源占29%。乐凯集团有关人士告诉记者,今年集团公司将完成改制,未来公司名称中将去掉"胶片"二字,并有可能将集团一些业务注入上市公司,从而为上市公司的转型助力。

(案例来源:赵峰.王亚伟再赌乐凯胶片重组[N].中国经营报,2013-8-24.)

讨论:

1.外部环境是如何影响乐凯集团发展的?

2.用SWOT模型分析乐凯集团的重组战略。

第五章　管理决策

本章学习目标

1.了解决策的相关理论，认识决策的地位与作用。

2.理解决策的含义与依据、基本模式。

3.掌握决策的类型、程序与标准、方法与技巧。

4.学会运用不同的决策方法解决不同类型的决策难题。

知识结构图

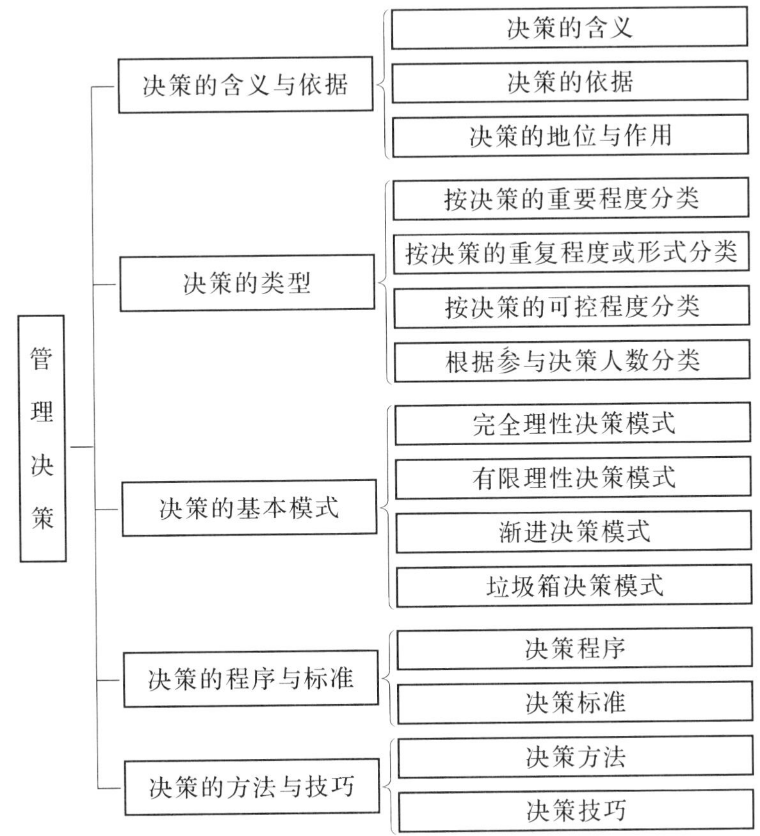

本章学习重、难点

重点

1.决策的类型。
2.决策的程序与标准。
3.决策的方法与技巧。

难点

1.决策的基本模式。
2.决策的方法与技巧。

引 例

爱奥库卡的“野马”决策①

很多20世纪五六十年代出生的美国人，在谈到童年的汽车梦想时，都会提到福特“野马”。因为那时能拥有一辆“野马”跑车，足以让他们兴奋得几天都睡不着觉。在2014年“野马”问世50周年之际，同样睡不着觉的还有众多已经开着“野马”的车主们。在他们看来，自己的梦想不能止于童年，“野马”的辉煌也将不止50年。

1960年，爱奥库卡晋升为美国福特公司副总裁兼总经理，他观察到20世纪60年代一股以青年人为代表的社会革新力量正式形成，并将对美国社会、经济产生难以估量的影响。爱奥库卡认为，设计新车型时，应该把青年人的需求放在首位。在他精心组织与安排下，经过多次改进，1962年底这种新车最终定型。它看起来像一部运动车，鼻子长、尾部短，满足了青年人喜欢运动和刺激的心理。更重要的是，这种车的售价相当便宜，只有2500美元左右，一般青年人都买得起。最后这种车还取了一个令青年人遐想的名字——“野马”。1964年4月纽约世界博览会期间，“野马”正式在市场上露面，在此之前，福特公司为此大造了一番舆论，掀起了一股“野马”热。在头一年的销售活动中，顾客买走了41.9万辆“野马”，创下全美汽车制造业的最高纪录。

“野马”的问世和巨大成功显示了爱奥库卡杰出的管理决策才能。从此，他便扬名美国企业界，并荣任福特汽车公司总裁。

第一节 决策的含义与依据

决策在管理过程中扮演着重要的角色，作为管理的一项职能，决策贯穿于管理的整个过

① 摘自：http://www.managershare.com/wiki/%E5%85%B3%E7%AD%96.

程，在一定程度上管理就是决策。那么，什么是决策？决策的依据是什么？这些都是值得思考的问题。

一、决策的含义

决策是与人类活动密切相关，是管理中经常发生的一种实践活动，它存在于各种管理场合，既包括企业管理，也包括政府等公共管理部门的管理，是现代管理的重要组成部分。决策有着悠久的历史，经历了漫长的社会演化过程。“决策”最先由美国管理学者切斯特·巴纳德和斯特恩在其著作中提出，美国管理学家和社会科学家赫伯特·西蒙进一步发展了决策理论，提出了“管理过程就是决策的过程”以及“管理就是决策”的现代决策理论，进一步强调了决策在现代管理中的重要地位。20 世纪 60 年代，决策学开始形成，从而使人们对决策的研究与探索有了真正的理论基础和规律可循，并渗透到社会经济、生活的各个领域，尤其是将它应用在企业经营活动中，从而也就出现了经营管理决策。20 世纪 70 年代，“决策”得到社会的普遍认识，也开始出现在汉语字典上，但没有给予解释。在我国，很早就开始使用决策的概念与方法，并广泛存在于社会的各个领域之中，如在军事上，有家喻户晓的诸葛亮借东风打败曹操进而三分天下的故事，这就是决策运用的典型事例。经过国内外管理学者多年的研究与探索，目前决策学理论已逐渐走向成熟，为认识、改造自然和社会提供了强大的理论支撑。

决策是决策分析的简称，俗话称为“拍板”。决策从字面意义上来理解，“决”就是决定，“策”就是方法、策略。因此，决策就是决定的策略或办法。决策含义的界定至今仍未形成统一的看法。有学者将决策定义为：将决策看作一个包括提出问题、确立目标、设计和选择方案的过程，为了按既定的目标去完成某项任务或解决某个问题，运用各种方法系统地分析自然状态与未来的状态，根据决策准则在两个或两个以上的备选行动方案中进行优选评比，选择最佳行动方案的过程。也有学者将决策看作从几种备选的行动方案中选定一个。前者属于广义的决策，后者属于狭义的决策。要科学、准确地理解决策的含义，有必要深刻理解国内外管理决策领域中的知名学者对决策含义的看法。纵观国内外学者的观点，结合管理实践的发展，将决策定义为决策者在一定管理目标的指引下，系统分析主客观条件（自然状态），依据决策准则，从两个以上的备选行动方案中选定一个最优方案，并付诸实施的一种分析过程。它包含了三层意思，一是要有明确的目标，二是要有两个以上的备选行动方案，三是选定的行动方案必须付诸实施。通过定义，也可以得出决策分析所具备的一些基本要素，如决策者、决策目标、自然状态、行动方案、决策准则以及最终形成的决策结果。

二、决策的依据

决策具有一定的风险性，错误的决策一旦付诸实施，将带来严重的后果。因此，在决策实施的整个过程中，将一定的决策信息与决策者自身所具备的智力结构、思维方式与内在素质素养结合起来将尤为必要，这决定了决策的准确性与科学性。

1.决策信息

信息是决策的前提与重要依据，它关系到决策质量的高低。《孙子兵法》中有这样一则著名论断："知彼知己，百战不殆；不知彼而知己，一胜一负；不知彼不知己，每战必殆。"这一论断在某种意义上说明了决策信息在决策过程中的突出地位与重要价值，甚至可能决定决策的成败。通常将决策信息分为内部信息与外部信息，内部信息来源于组织内部，反映了组织内部的状况；外部信息源于组织外部，具有一定的随机性与复杂性，获取的难度较高，是决策中最重要的信息来源。决策失败多数是由于决策者在信息搜集、信息加工、信息传递、信息储存、信息输出以及信息反馈的某一阶段或某几个阶段对决策信息的把握不够、处理不当所导致的。要真正做到决策的准确性与科学性，必须使决策信息具有真实性、系统性及适用性。此外，在决策过程中，决策者要考虑决策信息与决策成本之间的关系，在降低决策成本的条件下尽可能地获得更多的决策信息，从而使决策能带来巨大的收益。

在赫伯特·西蒙的决策过程中，信息的高效流动是科学决策的前提条件，如图 5-1 所示。其中，信息源是信息的出处。常见信息源包括各种类型的出版物、档案资料、会议记录、传媒工具以及重要人物的讲话等。信息载体包括人脑、语言、文献资料和实物等。信息附载在信息载体上，并通过信息载体发挥作用。在决策的各个阶段，信息在信息源和决策者之间交互，将知识、数据、方法等传递给决策者，影响决策的制订；同时，决策形成过程中产生的新知识、新数据、新方法又回流到信息源，经过信息载体的整理加工生成新的信息记录，同时完成信息载体中错误的、陈旧的信息的修改更新工作。信息对决策的影响还体现在决策实施过程中，信息流可以随时把出现的情况和问题反馈给信息载体，经过信息再生过程后记录下来，用以指导新的决策工作。

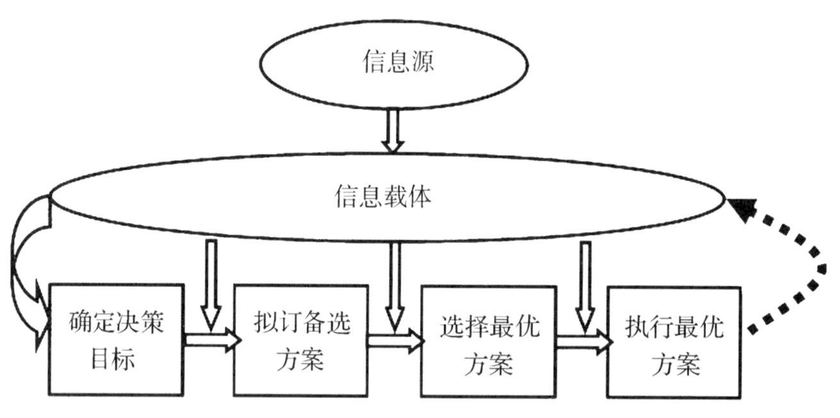

图 5-1 决策过程中的信息流动过程

2.决策者的智力结构、思维方式与内在素质素养

管理决策的主体就是社会中的人，即决策者，它是进行科学决策的核心要素之一，是决策成败与否的关键。决策者进行决策的客观条件必须具备相应的智力结构、思维方式与内在素质素养等。首先，决策者的智力结构至关重要。决策过程中，当决策者拥有科学合理、差异化的智力结构时，可以通过相互沟通、相互交流来辐射出巨大的力量。其次，思维方式是影响决策者决策的重要条件。不同的思维方式在不同的决策中发挥了不同的作用。如，创造性思维

方式所具备的认识事物的广阔性、深刻性、独特性、前瞻性等特点，有助于决策者在决策中开拓新的思路，提高决策的效率与水平。最后，决策者的内在素质素养是决策成功的基础与保障。决策者自身具备的内在素质素养通过一种无形的力量影响下属、群众等，使下属、广大群众参与到决策的过程之中，保证了决策的科学性、民主性，从而有助于决策的成功实施。

三、决策的地位与作用

决策作为管理的一项基本职能，在管理中起着非常重要的作用。具体来说，决策的地位与作用主要体现在以下三个方面。

1.决策贯穿于管理的全过程

管理实际上就是一个不断地做出决策并实施、执行决策的过程。它伴随着管理过程的始终，存在于管理的各个环节、各个层面之中。计划、组织、指挥、协调和控制都离不开决策，如计划的制订就是对未来所要开展的活动进行周密决策。因此，决策对于决策者而言，是必须承担的基本任务，掌握并运用决策职能是每个管理者必须具备的一项最基本、最重要的能力。

2.决策决定着管理活动的成败

决策是任何有目的性的管理活动发生之前必不可少的一个重要环节。不同层次的决策有大小不同的影响。决策中的任何备选方案都是在预测的基础上产生的，决策客观环境的变化、决策信息掌握的不充分与决策者个人水平、能力的有限等，都将导致决策存在不确定性与风险性，对管理活动产生重要的影响。科学的、正确的决策可以保证管理活动沿着正确的方向前进，盲目的、错误的决策将为管理活动带来不同程度的后果与损失。

3.决策在现代管理中的地位更为凸显

在不同时期，决策在管理活动中的地位与作用是不同的。在当今社会，由于经济发展突飞猛进，组织间的竞争日益激烈，决策活动频率加快，决策活动包含的信息量猛增等特征，大大凸显了决策的重要性，对决策的准确性、科学性的要求也越来越高，也对现代管理者能否进行科学决策提出了挑战。

第二节 决策的类型

决策的发展在历史上表现为不同的类型。奴隶制社会中决策者依据非理性的迷信决策，进入资本主义社会，决策者进行决策的方式有所转变，开始盛行理性的经验决策。随着社会的发展，理性决策逐渐被科学决策所取代并开始得到广泛运用。所谓科学决策是一种包含多种决策类型的统一体，运用决策的科学理论与实践，为决策问题提供科学的决策方式和方法。因此，对决策进行分类尤为必要，须有明显的价值参考标准，以识别、对比、分析不同决策的性能。决策分类按照不同标准，可分为多种类型，其中具有代表性的区分方式有以下四种。

一、按决策的重要程度分类

1.战略决策

泛指对于事关全局的重大问题所做出的决定和谋划，是包括从战略目标、战略规划、战略分析、战略选择、战略实施到战略评估的整个动态过程，具有全局性、长远性、稳定性和权变性的特征，属根本性决策，解决“干什么”的问题。战略决策一般由组织中的高层决策者做出，战略决策制定与实施的好坏影响到组织的效益和发展，关系到组织的兴衰成败。正确的战略决策可以使组织沿着正确的发展轨道不断前进，错误的战略决策会给组织带来巨大损失，甚至可能面临灭亡。

2.战术决策

指在组织战略目标的指引下，为了实现组织战略决策、解决某一问题所做出的决策，具有局部性、短期性及易变性等特征，属执行性决策，解决“如何干”的问题。战术决策一般由组织中的中层管理者做出，战术决策制定与实施的好坏影响了组织的效率与生存。战略决策与战术决策既有联系又有区别。战术决策服务于战略决策，是实现战略决策的重要手段。战术决策要以战略决策为指导，一个个战术决策的“串联”，将最终实现战略决策。

3.业务决策

又称日常管理决策，是日常工作中为提高生产效率、工作效率而做出的具体决策活动，是组织所有决策的基础，具有具体性、短期性与琐碎性等特征。它涉及范围较窄，大多是解决组织内及其运行过程中的具体问题而进行的决策，决策方案也大多是具体的操作性方法与措施。对于短期目标而言，业务决策比战略决策、战术决策具有更大的灵活性，一旦发生失误，可以马上采取补救措施，降低损失，对组织产生局部的影响。一般业务决策由基层管理者做出，部分较重要的业务决策由中层管理者做出。

在组织中，不同层次的管理者所承担的决策任务不同，基层管理者主要从事业务决策，中层管理者主要从事战术决策，高层管理者主要从事战略决策。其对应关系如图 5-2 所示。

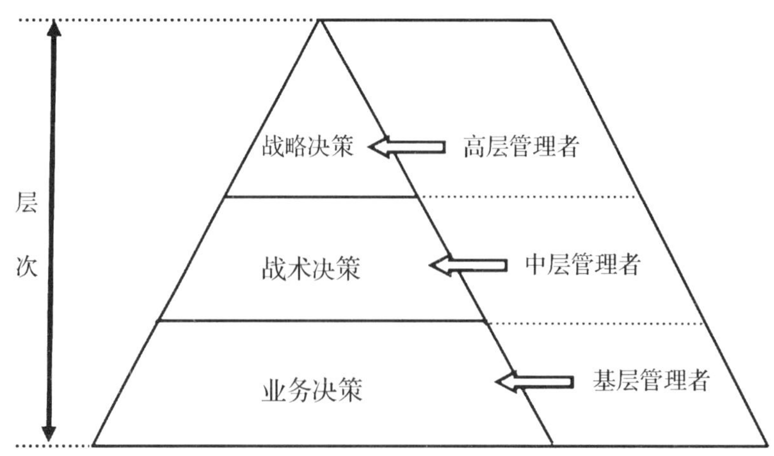

图 5-2 管理者与决策类型的对应关系

二、按决策的重复程度或形式分类

1.程序化决策

亦称重复性决策、例行性决策或规范化决策，是决策者针对决策过程中反复出现的问题而做出的决策，可以根据其规律，预先规定处理这类决策问题的程序或规则。简单地说，就是决策者根据一套规范化程序做出决策。它涉及的是经常出现的常规活动，可供选择的方案是现成的，只需要从中选定一个行动方案。这种决策主要是为当前某些具体的或具有某种重复性的行动而采取的。此类决策大都是对于组织下层和带有一般性问题的决策。

2.非程序化决策

又称非常规性决策或非规范化决策，是决策者对偶然发生的新问题，在风险未知或存在众多不确定因素的情况下所做的决策。非程序化决策经常涉及组织的发展战略问题，这类决策问题不曾出现或极少出现，也无法采用固定、常规的程序加以解决，需要耗费较多的人力、物力与财力。因此，需要决策者充分发挥主观能动性与创造性，凭借个人丰富的决策经验，借助智囊团的力量以及通过编制和运用计算机程序加以解决。

三、按决策的可控程度分类

1.确定型决策

亦称标准化决策或结构化决策，是指在一种确定的自然状态情况下，对所要决策问题的结果或所要达到的目标只有一种状态而进行的决策。这种在确定条件下制定的决策，实施环境和条件能够预先加以确定。因而，决策目标实现的可能性更大。它可采用最优化、动态规划等方法解决。

2.非确定型决策

与确定型决策相对，是指在一种不确定或未知的自然状态下进行的决策，使得自然状态发生的概率不能准确地列举出来，所设计的每一种备选方案有不止一种可能的后果。因此，决策结果具有不确定性，决策时难度更大。

3.风险型决策

亦称随机型决策，它实质上是非确定型决策的一种，是指在决策目标确定的情况下，面临多种可变的自然状态，选择不同的行动方案将发生不同的结果，并且这些结果发生的概率可以预先估计，是一种风险因素、可控程度较差的决策。

专栏 5-1　管理知识：决策类型举例

确定型决策：某人得到一小笔奖金 200 元，他可以用这些钱买一份礼物送给父母，以示孝心，或者可以给儿子买他向往已久的玩具汽车，或者可以一家三口出去吃一顿，或者还可以为自己买些资料。他做出一个决策，采用了以上的其中一条，比如买礼物送给父母，那么结果就是表示了孝心，这就是一个确定型决策。

非确定型决策：一家人要做出周末去公园游玩还是待在家里看电视的决策，但对此决策有重要影响的客观条件——天气，却是不受决策者控制的，这就是一个非确定型决策。

风险型决策：现代汽车工业，在面对"能源危机"的环境下，想要发展不用石油的汽车，那就需要投入较大的研究试验费用，根据判断如能有很广的销路，那么就可以在投入市场几年之后收回投资并获得较大利润，这是成功的估计。如果因这种汽车造价高，使用不便，没有市场需求，那就要失败。对这两种可能性如何判断，怎样做出选择，就属于风险型决策。

四、根据参与决策人数分类

1.集体决策

决策过程受到来自各个方面的影响。如果决策的整个过程由两个人以上的群体做出，就称为集体决策，亦称专家集体决策。它充分发挥了集体的智慧，共同参与决策分析并制定决策的整个过程，较好地保证了决策结果的合理性和正确性，从而使决策能够得到有效的执行。

2.个人决策

它是指决策主要由个人做出，其他人的意见只能参考但不起决定作用。在组织的活动过程中，每个成员都要制定一系列的决策。这类决策不仅影响个人在组织内的活动方式，而且会影响其他成员的活动效率以及组织任务的完成。集体决策与个人决策是有明显差异的，具有各自不同的特性，其特性比较见表5-1。

表5-1 集体决策与个人决策的特性比较

特 性	集体决策	个人决策
时效性	弱	强
质量性	强	弱
稳定性	强	弱
责任性	弱	强
执行性	强	弱
民主性	强	弱
效益性	弱	强
冒险性	强	弱

第三节 决策的基本模式

决策模式是决策系统中对决策过程客观规律的表述，是决策者进行决策必须遵循的最一般的活动规律。决策模式是为了获得科学的决策，应遵循的活动程序和行动原则，它指导决策者进行正确、科学的决策行动。由于决策活动本身的复杂性,因而决策活动不可能仅是一个单一的模式,而应该是多种模式的共存,并且互相补充。当然并不否认,在某一时期或对于某一特定类型的决策来说,总有一种基本的模式。探讨选择决策模式的基本原则,把握决策的主导模式,对于个人与组织正确地制定各项决策具有积极的指导作用。

通常情况下,决策包括个人决策与组织决策,二者的差异性决定着模式选择的差异。因此,可将决策的基本模式划分为个人决策模式与组织决策模式。个人决策模式是一种更加强调决策全过程"理性化"特征的决策模式。依据个人决策理性程度的不同,个人决策模式可细分为完全理性决策模式、有限理性决策模式及渐进决策模式这三种主要模式,并各自在决策过程中发挥了不同的作用。组织决策是指组织为了实现某一特定目标,对各种可能的解决问题的方案进行选择并付诸实施的过程。组织决策模式不仅包含了个人决策模式中的完全理性决策模式、有限理性决策模式与渐进决策模式等,还包含了垃圾箱决策这一主要模式。

一、完全理性决策模式

完全理性决策模式也称为科学决策模式。该模式认为决策者在决策中应始终保持理性,并依照一定的决策程序进行决策,以保证决策的科学性与正确性。该模式将决策过程详细分解为"寻找问题—制订目标—拟订方案—预测后果—分析比较—确定最优方案"这六个步骤,决策者在每一个步骤的活动中都是理性的,在整个决策过程中也是完全理性化的。该模式的优点与精髓在于以寻求问题解决的最佳方案为核心,寻找问题解决的全部可能方案,全面地预测和评估每个方案,然后根据实现目的的程度比较各个方案的活动。但是,该模式也存在着诸多不足之处,包括人理性认知的差异性的存在以及有关人们决策行为的前提假设不现实,导致了这一模式与人们现实生活中的实际决策行为常常相差甚远。

理性决策运用的范围很广,不仅在企业管理中运用,在公共管理领域,如政府管理中也有所运用。例如,以公共管理过程中的行政决策为例,其理性决策模式如图 5-3 所示。

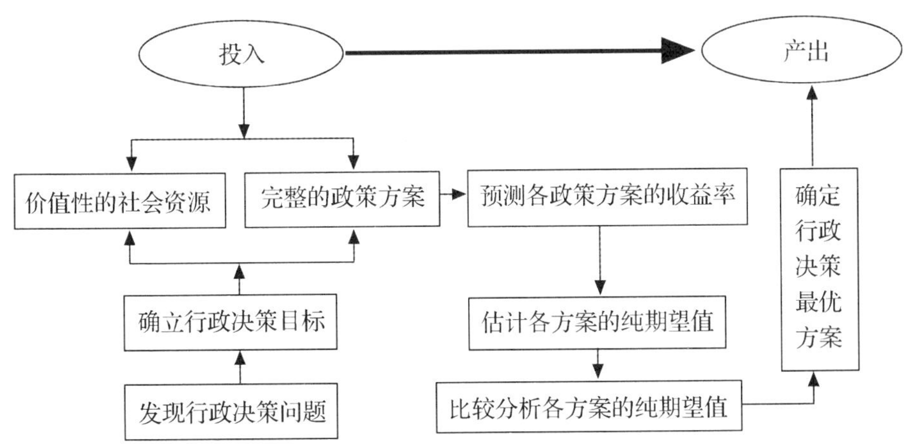

图 5-3 理性决策模式之行政决策

二、有限理性决策模式

20 世纪 50 年代之后，人们认识到建立在“经济人”假说之上的完全理性决策理论只是一种理想模式，不一定能指导实际决策。于是，西蒙在批判完全理性决策模式的基础上提出了“有限理性”的决策模式。他认为，现实生活中的人是介于完全理性与非理性之间的“有限理性”状态的“行政人”，“完全理性”状态的“经济人”是不存在的。该模式认为，人们并不需要追求一个最优的方案，而是一个可以满意的方案，以便于在有限的时间与能力范围之内解决问题。由于决策者做出决策时往往受到信息、时间、技术等外部因素及其自身的认知、人格、态度等内部因素的限制与影响，导致了决策者无法寻求最优决策，而只能转向寻求符合要求的或令人满意的决策措施，这种满意决策措施以“有限理性”为基础。

三、渐进决策模式

渐进决策模式由美国耶鲁大学教授查尔斯·林德布洛姆最先提出，其作为组织决策的一种重要模式，主要运用于政府部门的决策过程中。他认为，公共行政环境中的决策并非遵循“确定决策目标—制订备选方案—选择最优方案—最优方案实施”的程序，决策的实际状况大多是一个渐进的过程，并将这一过程称为“渐进决策”。渐进决策作为一种决策理论来讲，具有一定的合理性。首先，渐进决策模式将决策过程看成一个前后衔接并且不间断的过程；其次，渐进决策模式强调事物变化量的积累，主张通过不间断的修正，由量变而导致质变；再次，渐进决策模式主张决策者要制定并控制政策，将决策方案控制在自己的能力范围内；最后，渐进决策模式强调社会大环境对决策的影响，主张决策必须首先保持社会稳定，反对政策的大起大落。

渐进决策模式广泛适应于公共部门行政人员的有限能力和复杂客观环境下，因此是一种现实可行的决策模式。然而，渐进决策模式并非完美的决策模式，它本身也存在着一些明显的缺陷，如：没有系统的理论指导，没有现成的原则可以遵循，没有确切的目标引导实施等。所以渐进决策模式不适宜解决各种具有剧烈变动性质的问题，具有很大的局限性。

四、垃圾箱决策模式

垃圾箱决策模式由迈克尔·科恩、詹姆斯·马奇和约翰·奥尔森在 1972 年提出。他们认为，组织决策过程呈现出无序化状态，在这种状态下，组织决策具有偏好的不确定性、技术的不明确性、参与的流动性等特征。该决策模式认为，组织只是暂时存在，一旦环境有变，大部分组织都会被淘汰。组织决策过程只是一连串的问题与解决方案间意外相逢的组合。在组织化的无序状态下，需要特别考虑问题流程、答案过程、参与过程及决策机会这四个因素，而且这四个因素是多重的、互相独立的。垃圾箱决策模式的一个重要贡献是特别强调决策过程中一系列通常不为人注意的因素和机制。其中一个重要特点就是多重独立的过程同时运行,使得决策的动态难以把握。而且,还在决策中引入了"模糊性"的概念,包括经验模糊、权力和成功模糊、自身利益界定的模糊、最后期限的模糊、知识和意义的模糊等。但是,这一决策模式也遭到了许多批评,如本多、莫和肖特指责该模式偏离了有限理性的前提框架。他们认为,垃圾箱决策模式与经验现象不符,在经验现象中,问题流程、答案过程、参与过程这三个过程并不是相互独立的。因此,这一决策模式的结果是对决策过程漫无边际的自由讨论。

专栏 5-2 管理知识:行政决策模式

除了以上决策模式之外,行政决策过程中还经常使用以下决策模式。

精英决策模式:公共政策的制定是具有统治地位的精英们所做出的,反映了精英们的价值与偏好。

规范最佳决策模式:是一个对理性认同不断增强的过程,人们通过多方面的努力,可以提高政策的理性度。

团体决策模式:公共政策实际上是多种政治力量相互作用的结果。

组织体制决策模式:公共政策是政府机关的一项重要活动,由政府机关组织实施。

博弈论决策模式:判断一个决策是否为最佳决策要通过配合对方行动才能得知。

公共选择理论决策模式:该公共选择实际上就是政府选择,是公共选择理论在公共政策制定方面的运用。

第四节 决策的程序与标准

任何决策都是在一定的程序与标准下进行的。决策的程序与标准保证了决策沿着正确的方向前进,具有十分重要的意义。

一、决策程序

决策作为管理活动中的重要阶段,需要根据一定的程序或步骤实施。所谓决策程序是指一项决策活动所要经历的步骤或环节。管理者为提高决策的科学化、准确化水平,避免决策失误,必须了解决策程序。了解这些程序可以提高个人分析和决策能力。决策程序可分为发现问题、确定目标、搜集信息、拟订方案、分析评价方案、确定实施方案、评估决策效果这七个基本步骤(如图 5-4 所示)。

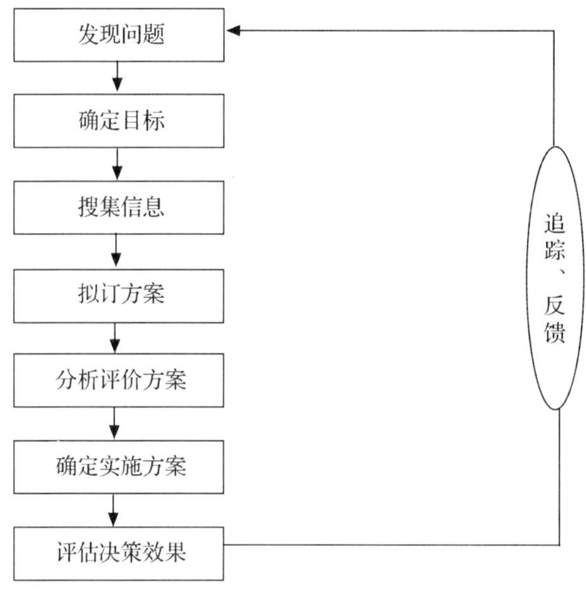

图 5-4 决策程序

1.发现问题

决策的首要任务就是发现问题。决策是围绕问题而展开的。没有问题就不需要决策;问题不明,则难以做出正确的决策。所谓问题,是指组织期望达到的状况同现实状况之间存在的差距,通常表现为需求、机会、挑战、竞争、愿望等。一般来说,确定问题不仅要弄清问题的性质、重要程度及价值影响等,同时要分析问题的各种表现及相互关系。如,这个问题是战略性的还是战术性的,是程序化的还是非程序化的,都需要认真考虑。其次,分析问题产生的原因。对问题产生的原因做详细、周密、深入的分析,不仅分析其存在的主观原因和客观原因,直接原因与间接原因,还应对问题产生的原因做横向与纵向的分析,并尽可能详尽一切可能存在的原因。只有这样,才能全面了解决策问题的实质,为接下来各步骤科学有效地实施夯实基础。

2.确定目标

在发现问题之后,接下来的任务是确定决策目标,它是由上一阶段需要解决的问题决定的。所谓决策目标,是指在一定条件下,决策者通过科学合理的决策行为,为解决特定的问题而提出的事物应达到的期望状态。决策目标既是决策活动的起点,也是决策活动的终点,同时也是评价决策效果的重要依据。只有在决策目标明确的前提下,才能保证决策的正确、可靠。决策者在确定决策目标时,必须做到目标具体化、明确化,在时间、地点、内容和数量上都要有明确的限制与规定。通常情况下,决策目标分为单一目标决策和多目标决策两种。其中,单一目标决策是针对简单问题的决策,决策相对简单;多目标决策涉及多个目标,往往针对复杂的决策问题,此时,应在不影响决策要求的前提下,采用削减、合并、调整、综合等方法减少目标数量。总的来说,决策目标的确定,要经过大量的调查和研究,掌握系统准确的统计数据和事实,然后进行一定的整理分析,平衡组织总目标与各分目标间的关系,结合组织的价值准则和决策者的付出意愿，最终经过专家与领导的集体论证进行确定。

3.搜集信息

科学的决策依赖于丰富可靠的信息。决策过程中所涉信息量的多少、正确与否，直接影响到决策的质量。决策的科学化需要有大量的、可靠的信息来源，迅速的信息传递、准确的信息研究。在信息搜集中，决策者不仅要搜集组织内部信息，还要搜集组织外部信息，通过尽可能大量占有数据和资料，建立决策信息数据库，为管理者进行科学决策提供依据。首先，搜集的信息必须要完整。凡与决策问题和目标有关的信息必须尽可能地搜集齐全，不要遗漏。其次，搜集的信息必须真实可靠。搜集的信息必须做到准确无误，来源要有依据。最后，搜集的信息一定要形成一个系统，以便于后期的整理分析。

4.拟订方案

在对信息系统提供的数据、资料进行充分的系统分析整理后，接下来的任务就是拟订行动方案。为解决问题，必须紧紧围绕问题和决策目标寻找切实可行的各种行动方案，它是有效决策的基础。通常情况下，行动方案的拟订一般交由第三方智囊机构承担，但也有决策者个人根据自身的决策本领与经验自己承担。但是，不论由谁承担，所拟订的方案都应注重科学性，还应注重创造性。不仅要注重定性分析，而且要突出定量分析，减少主观因素。此外，拟订的方案必须具有选择余地且具有差异性，以便于分析比较。各种方案的表达方式必须条理化和直观化。充分发挥集体的聪明才智，采取各种不同方法，如头脑风暴法、德尔菲法或建立数学模型的方式等，使制订出来的备选方案更具有针对性和创造性。

5.分析评价方案

要对拟订出来的各方案逐个进行优缺点的分析比较，通过考虑每种备选方案的风险与后果，权衡其得失，将各方案依优劣顺序排列，提出取舍意见，才能对不同的备选方案做出合理评价。实现有效评价的前提与基础是建立一套有助于指导和检验判断正确性的决策标准或决策准则，并依据决策标准的具体规定对各方案进行论证，包括价值论证、可行性论证和综合论证，然后根据组织战略和所掌握的资源比较出各方案的优劣高低。最后决策者需要平衡决策目标的大小与决策成本代价的高低进行综合评价，结合分析比较结果，筛选出几种相对满意的候选方案。在这一步骤中，涉及常见的评估方法与决策技术，如最常见的决策树法。

6.确定实施方案

在选定几种相对满意的候选方案后，决策者需要优选一种最满意的方案并付诸实施，整个决策过程才算基本结束。在确定方案时，决策者所追求的应是满意方案，而不是最佳方案。由于组织内外部环境的不断变化与决策者个人因素以及备选方案受到不充分信息的影响，使得决策者只能选择一种最满意的决策方案，这种满意的决策方案是决策者在理性分析基础上根据直觉做出的最终选择。最满意的方案一旦落实，就要立即组织广大成员进行认真具体的贯彻与实施。不付诸实施的决策，是毫无意义的决策。首先，决策者对决策方案的正确实施要制订一个科学的、具体的计划与措施；其次，决策者应通过各种渠道和形式将决策方案向组织成员通报，确保与方案有关的各种指令得到充分接受和彻底了解，从而调动成员的积极性与创造性，实现"全员决策"；最后，对决策目标实行层层分解，将工作任务落实到具体的部门或个人，通过建立重要的工作汇报制度，以便及时了解方案进展情况，并及时进行调整。

7.评估决策效果

评估决策效果是决策流程的最后一步。此阶段的主要任务就是准确、及时地把方案实施过程中出现的问题、执行情况的信息，输送到决策机构，以进行追踪检查。在决策实施过程中，决策者应及时了解、掌握决策实施的各种信息，及时发现各种新问题，并对原来的决策进行必要的修订、补充或完善，使之不断地适应已经发生变化的新形势和条件。追踪检查方案的效果也有助于提高决策者的决策技能与水平，提升决策质量。

二、决策标准

所谓决策标准是指在决策过程中，对多个决策方案进行选择的衡量标准或做出决策的判断依据。标准的合理程度直接关系到选择结果的合理程度。如果没有一个科学的决策标准体系，就无法对决策方案进行评价，进而将导致无法决策。决策标准的建立非常复杂，主要是因为决策标准牵涉到决策者的价值观，而不同的决策人员有不同的价值标准。常用的决策标准有以下四种。

1.目标标准

以决策目标为标准，依据各个可行性方案与决策目标的贴近程度进行方案的选择。在管理决策中，无论是战略决策，还是战术决策，其目的都是通过决策达到某种决策目标。决策目标就是决策者通过科学合理的决策行为对决策问题所期望达到的目的或实现的价值，它是进行决策的前提与基础。只有在决策目标明确的前提下，才能保证决策的正确、可靠。

决策目标可分为单一目标决策和多目标决策两种。其中，单一目标决策是指决策目标只有一个的决策，是为了达到同一目标而在多种备选方案中选定一个最佳方案。相反，如果决策不是为了实现同一个目标，而是在为实现的目标的若干方案中进行最佳方案的选择，称为多目标决策。在日常工作中，遇到较多的属于单一目标决策问题，而多目标决策问题相对较少。因此，掌握单一目标决策问题的方法与技巧尤为重要。单一目标决策主要包含三种类型：所要决策的条件比较明确，概率和效益也可以肯定的确定性决策；决策问题较为复杂，而且也是较为多见的风险型决策；以及决策面临着既不完全肯定，又不能完全否定的自然状态的非确定型决策。

2.利害标准

利害标准是指以效益高低、危害大小和风险程度为标准来衡量和选择决策方案。它要求决策者在决策过程中，对决策的各项指标和利害得失进行全面衡量、综合分析，不仅要分析决策对象，而且对决策对象和社会其他系统的相互作用和相互关系也要进行分析。通过分析，权衡利害得失，选出最佳决策方案，以求决策达到整体化、综合化、最优化。

决策者在做任何决策时都会自然而然地想到如何趋利避害，以减少决策失误所造成的损失。因此，决策者应在利害标准的指引下，考虑两个方面的内容：一是考虑哪个方案能够在同样的约束条件下，以最低代价、最短时间实现既定目标，给组织和社会带来更大效益；二是要考虑每一个决策方案可能给组织和社会带来的不良后果以及风险的大小，通过决策方案的比较与结果分析，选出最好的方案。

3.适应标准

适应标准是指以决策方案的敏感性大小作为决策标准来考虑组织一旦实施这项方案，是否能够适应环境的变化和意外事变的干扰。敏感性越大，则方案适应性越差；敏感性越小，则方案适应性越强。决策方案即使再好，如果不能适应各种情况变化，就不能取得好的效果。因此，决策方案应当随着形势的发展和客观要求的变化及时地进行调整与变更，做到稳定性与灵活性相统一。坚持决策的适应性标准，是完善决策体制，实现科学决策，促进社会各方面体制科学化、合理化的重要环节。

4.公共关系标准

将公共关系作为决策标准，适应了现代社会市场经济的发展趋势。公共关系标准是决策者在决策时既要考虑组织本身利益、形象、声誉及知名度，还要考虑社会效益。公共关系原则就是要求在决策方案的选择中要特别注意该方案是否有利于建立组织的良好形象和声誉，是否能提高组织的知名度和美誉度，是否能满足公众的要求以及维护公众的利益，从而与公众建立良好的关系等。例如，针对营利性的企业来说，如能设立服务于公众的目标，则在为社会公众提供良好服务的同时，也实现了利润的不断增长。

第五节　决策的方法与技巧

方法与技巧作为决策的重要工具与手段，在一定程度上对决策效果产生很大的影响。因此，正确选择决策方法与决策技巧，对于提高决策科学性与决策效率具有重要的作用。

一、决策方法

近几十年来，随着社会经济和科技的飞速发展，带来了决策科学的不断发展，同时也产生了多种决策方法。常用的决策方法有以下七种。

1.头脑风暴法

头脑风暴法也被称为思维共振法、专家意见法、畅谈法、集思法等，由美国亚历克斯·奥斯本博士提出。它是指针对需要解决的问题，作为决策参与者的相关专家或人员采用会议的形式，面对面地聚在一起，在宽松的氛围中，广开言路，激发灵感，在头脑中掀起风暴，进而寻求多种决策备选方案的一种创造性思考方法。它可以引导决策参与者创造性地思考，产生和澄清大量观点、问题和议题。头脑风暴法一般包含了三个阶段，即前期准备阶段、中期方案创造阶段及后期整理阶段，其中中期方案创造阶段最为关键。在前期准备阶段，包括了会场的布置与必要工具的准备、确定与会人员及会议时间地点、明确会议议题与目的等。在中期方案创造阶段，要求与会者都是平等的主体，无权力大小职位高低之分。与会者依次发表个人观点，其他成员可以补充观点，但不能评论，更不能批驳别人的观点。当参与者的所有观点都被提出之后，所有成员对每种观点的优点与缺点进行讨论，并形成一个最佳的排列。在后期整理阶段，是对各种观点进行综合论证、评价，删减重复无用的观点，根据决策问题进行整理归纳，形成最佳方案。

2.德尔菲法

德尔菲法亦称专家意见法，是1960年由美国兰德公司的海默等人发明的，用于听取专家对某一决策问题的多次建议与意见。它是依据一定的程序，采用匿名和背对背发表意见的方式，将所要预测的问题征询专家意见，通过多轮次调查专家对所提问题的看法，经过反复征询、归纳、统计、修改、反馈，最后汇总成稳定的看法作为预测结果的一种方法。其本质是一种反馈匿名函询法，具有广泛的代表性与可靠性，主要有以下五个实施步骤：一是确定调查目的，拟订要求专家回答问题的详细提纲及相关背景材料。二是选择并确定专家组成员。所选择的专家对本问题应有丰富的理论知识与实践经验，一般规定在20人左右。三是以通信方式向已确定专家发放问卷，征询意见。四是针对专家返回的意见进行归纳、综合，分析整理后再寄送给各专家，经过至少三四轮的循环往复，直到各位专家不再改变自己的意见为止。五是对各专家的意见进行综合处理，并形成最优的预测方案。简单地说，德尔菲法包括拟订调查表、选择专家、通信调查与预测结果的处理，如图5-5所示。相对于其他方法，它的优点主要体现在：各专家能够在不受外界的干扰下，独立、充分地表明自己的意见；决策方案是根据各位专家的意见综合而成的，能够发挥集体的智慧；应用面比较广，费用比较节省。但是它也有一定的局限性，如在进行综合预测或决策时，仅仅是根据各个专家的主观判断，缺乏客观标准，从而影响到评价结果的准确性。

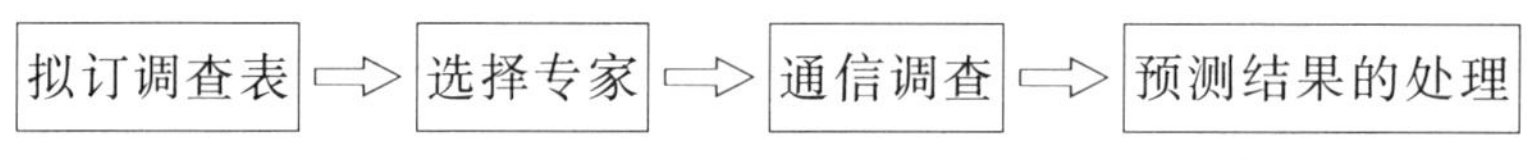

图5-5　德尔菲法预测的实施步骤

专栏5-3　管理知识：德尔菲法案例

A市为了能够为今后城市的发展提供决策参考，进行了一次小规模的决策咨询，调查对象为有关专家和政府机关领导，调查人数为45人，调查的内容是：预测未来几年内急需解决的十大问题，要求征询者按照轻重缓急的顺序进行填写。第一轮结果出来了，但问题提得很分散，归纳整理后有107个。于是调查小组从中选择了20个意见比较集中的问题进行了第二轮咨询，要求从这20个问题中选出10个。第二轮咨询为今后该市的发展提供了重要的参考价值。

3.电子会议法

电子会议法是一种群体法与复杂的计算机技术相结合的新型群体决策方法。在使用这种方法时,它要求人数众多的人(可多达 50 人)围坐在一张马蹄形的桌子旁,这张桌子摆放了一系列的计算机终端。根据所要解决的问题,群体成员将有关解决问题的方案输入计算机终端,然后再将它投影在大型屏幕上,实现方案共享。这种决策方案的最大好处就在于匿名、可靠、诚实与快速。但也存在一定的局限性,如沟通程度、激励程度、群体凝聚力低等。与头脑风暴法、德尔菲法相比,其差异性较多地主要体现在决策方案的数量、决策方案的质量、决策的速度等方面。具体情况如表 5-2 所示。目前,电子会议法正处于快速发展阶段,将会在以后群体决策过程中得到广泛采用。

表 5-2 头脑风暴法、德尔菲法与电子会议法的比较

决策标准	决策方法		
	头脑风暴法	德尔菲法	电子会议法
决策方案的数量	中	多	多
决策方案的质量	中	高	高
决策的速度	中	低	高
决策成本	低	低	高

4.鱼缸法

鱼缸法是一种通过领导者发挥宏观智能结构效应来进行决策的方法。运用这个方法时,所有决策人员围成一个圆圈,然后通过某个中心人物同其他成员之间的互动来进行决策,因其形似鱼缸,故得名“鱼缸法”。这里所说的中心人物是某个特定时间发布信息的人,他既可以是确定的,也可以是不确定的,并坐在圈子的中间。他可以提出自己对所讨论问题的看法,或者附议别人已经讲出的某项建议,并且提出问题的解决方案。这种做法不仅能够将所有会议参加者的注意力都集中到中心人物上,还可避免插话干扰和不切题的讨论。

5.模拟决策法

模拟决策法又称模型决策法,是指人们为取得对某一事物的准确认识,通过建立一个与所研究系统结构和功能相类似的微观模型,并对不同条件下的模型运行进行评价和选优,从而为决策提供依据的一种决策方法。在决策过程中,模拟决策法具有重大的意义,它有助于提高人们认识的准确性和可靠性,对于人们的实践活动也具有重大意义。其实施主要有三个步骤:一是构建模拟模型,二是模型的运行,三是对模型进行分析。它通常运用于大型、复杂系统的管理决策。其优点主要在于它可以进行多方案选择;可以弥补实际系统不能试验的不足;可以避免对实际系统进行破坏性和危险性的试验;所费的时间较短,可以加快决策的进程;原理较简单,比较容易为人们所掌握,而且模拟得到的结果也较直观,容易理解,从而有助于人们认识水平的提高。缺点在于其不能刻画客观事物的全貌,受分析人员和决策者的经验和洞察力制约,对实际系统功能与特性的估计不很精确,在实际决策的过程中,仍有许多无法预料的突发问题出现。

6.方案前提分析法

方案前提分析法是通过分析、评估决策方案赖以成立的前提,从而达到分析、评估决策方

案本身的方法。它并不直接研讨备选方案本身，而注重对方案的前提假设进行分析，从而对方案的正确性做出判断。其特点是“迂回探索”。其实施主要有三个步骤：一是分析方案，找出各种方案的前提假设；二是将前提假设提交会议全体参与人员讨论；三是决策中心对各种意见进行综合，做出比较科学的选择。方案前提分析法的优点在于：它能有效防止利害关系对参与人员意见表达的干扰和影响；避免因方案被否定而伤及提案专家的自尊心，使讨论过程中参与专家保持头脑冷静；保证专家自由发表意见，做到客观公正分析问题；能够保证对方案的论据了解得更深入、透彻，增强所选方案的准确性和科学性。

7.数学分析法

数学分析法是一种运用数学方法对可以定量化的决策问题进行研究，解决决策中数量关系的决策分析方法。其主要内容有三个方面，一是数学化。数学中发现了许多有实用价值的手段，对定量化的分析与决断起到了重大的推动作用。二是模型化。每一种数学手段都包括了解决决策问题的具体数学模型，人们可以借助于模型找出自己所需要了解的问题的答案。三是计算机化。借用电子计算机这种快速逻辑计算工具，可缩短解决问题的时间，增强预测的精确性。常用的数学分析方法有线性规划法、盈亏平衡分析法、好中求好决策方法及坏中求好决策方法。在决策实践中采用哪种数学分析方法，与决策问题的性质和特点有关，其中主要有问题本身包含的变量数目、决策环境的不确定程度及时间因素的影响三个方面的因素。采用数学分析方法可以使决策工作建立在科学的基础之上；可以使复杂的数学程序变得简单明了，提高决策效率；在有关的网络系统中可以帮助管理者解决复杂的问题；好的数学模型图解，有助于决策者对各种因果关系一目了然，并纠正决策者对某些问题的偏见。但是其也存在一定的缺陷，表现在数学模型本身不一定能很好地反映现实中的有关问题，因为许多数学模型都是建立在不一定正确的假设基础之上的。在现实生活中，并不是所有的问题都能用数学来表达。因此，数学分析法并不适用于所有决策问题或某一决策问题的所有方面。若过分依赖数学模型来进行决策活动，就要专门培养一批从事数学模型设计和应用的人才，而这些专门人才却难以在其他方面发挥作用，造成人力、物力和财力的浪费。关于数学分析法后文将以定量决策技巧的形式做具体说明。

二、决策技巧

当前，科学化决策要求组织从定性管理向定量管理转变，运用定量决策方法进行决策也是决策方法科学化的重要标志。对决策问题进行定量分析，可以提高常规决策的时效性和决策的准确性，可以使决策者从常规决策中解脱出来，把注意力集中在关键性、全局性的重大战略决策方面。但定量方法也存在一定的局限性，如有些变量难以定量、数学手段本身深奥难懂等。在管理决策进程中，决策者的定量决策技巧水平与发挥程度的高低将直接关系到组织的未来发展进程。

1.确定型决策的定量分析技巧

确定型决策是在稳定可控条件下进行的决策，决策者只需对各种方案提供的不同损益值直接进行比较，就可以选择出满意的决策方案。其特点是只有一种选择，决策没有风险，只要满足数学模型的前提条件，数学模型就会给出特定的结果。属于确定型决策方法的主要有线性规划法和盈亏平衡分析法等。下面以线性规划法为例进行具体说明。

运用线性规划建立数学模型的步骤：①确定影响目标的变量；②列出目标函数方程；③找出实现目标的约束条件；④找出使目标函数达到最优的可行解，即为该线性规划的最优解。

例题：某工厂在计划期内要安排生产Ⅰ、Ⅱ两种产品，已知生产单位产品所需的设备台时及A、B两种原材料的消耗，如下表所示。该工厂每生产一件产品Ⅰ可获利2元，每生产一件产品Ⅱ可获利3元，问应如何安排计划使该工厂获利最多？

资源产品	Ⅰ	Ⅱ	拥有量
设备	1	2	8台时
原材料 A	4	0	16kg
原材料 B	0	4	12kg

解：

(1)找出变量，建立目标函数

变量：x_1, x_2

目标函数：$\max_z = 2x_1 + 3x_2$

(2)找出约束条件

$$\begin{cases} x_1 + 2x_2 \leqslant 8 \\ 4x_1 \leqslant 16 \\ 4x_2 \leqslant 12 \\ x_1, x_2 \geqslant 0 \end{cases}$$

(3)找出使目标函数达到最优的可行解

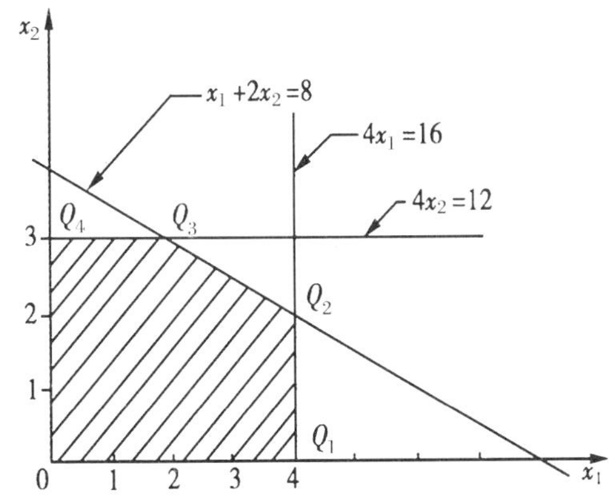

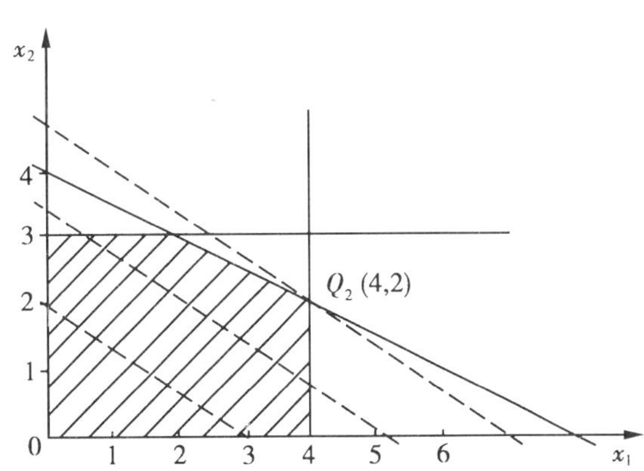

通过求解方程组，得 $x_1 \leqslant 4$ 或 $x_2 \leqslant 3$ 两种情况，代入 $x_1 + 2x_2 \leqslant 8$ 得两组解，(4，2)与(2，3)，根据上图分析，最优解为(4，2)。代入目标函数 $\max_z = 2x_1 + 3x_2$，得最大值为14。即生产Ⅰ产品4件，Ⅱ产品2件获利最大，为14元。

2.非确定型决策的定量分析技巧

非确定型决策是定量分析技巧在不能确定决策问题未来状态的情况下，通过对决策问题的变化因素分析，估计有几种可能发生的自然状态，计算其损益值，按照一定的原则进行选择的方法。这种决策方法具有一定的主观性，它取决于决策者的判断能力、实际经验以及对待风险的态度。由于决策者的差异性，便有了不同的评选标准，产生了多种具体的决策方法。下面结合实例来介绍非确定型决策的具体方法。

(1)乐观准则：大中取大法

它是指找出每个方案在各种自然状态下的最大收益，根据收益的大小，最大值对应的方案便是入选方案。这种决策方法的主要特点是决策者依据“乐观”原则，愿意争取一切机会获得最好结果。但是，这种方法如果使用得不当，也存在着一定的风险。因此，应该谨慎用之。

例题：某企业计划开发新产品，有三种设计方案可供选择。不同设计方案的制造成本、产品性能各不相同，在不同的自然状态下的收益也不同。有关资料如下表，请用大中取大法进行决策方案的选择。

方案	自然状态下的收益		
	销路好	销路一般	销路差
A.改进生产线	190 万元	110 万元	−50 万元
B.新建生产线	260 万元	100 万元	−70 万元
C.与其他企业协作	130 万元	80 万元	16 万元

从上表中可以发现，A 方案的最大收益是 190 万元，B 方案的最大收益是 260 万元，C 方案的最大收益是 130 万元，根据大中取大法，B 方案当选。

(2)悲观准则：小中取大法

与乐观的决策者相反，悲观的决策者总是小心谨慎，对未来持悲观的看法，从最坏的结果着想。认为未来会出现最差的自然状态，因此不论采取哪种方案，都只能获取该方案的最小收益。它把最小收益的自然状态视为必然状态，从“最不利”的情况出发，寻找最优的方案。这种分析方法虽然比较悲观、保守，却稳妥、可靠。采用小中取大法进行决策时，首先应找出各方案在不同自然状态下的收益，并找出各方案所带来的最小收益，再从这些最小收益值中选出一个最大收益值，其对应方案便是最优方案。然后进行比较，选择在最差自然状态下收益最大或损失最小的方案作为所要的方案。

例题：某企业计划开发新产品，有三种设计方案可供选择。不同设计方案的制造成本、产品性能各不相同，在不同的市场状态下的收益也不同。有关资料如下表，请用小中取大法进行决策方案的选择。

方案	市场状态下的收益		
	畅销	一般	滞销
A	700 万元	400 万元	100 万元
B	900 万元	300 万元	0 万元
C	1000 万元	300 万元	−100 万元

从上表中可以发现,A 方案的最小收益是 100 万元,B 方案的最小收益是 0 万元,C 方案的最小收益是 -100 万元,根据小中取大法,A 方案当选。

(3)后悔值准则:大中取小法

当某一种自然状态出现时,决策者应选择最大收益值的方案为最优方案。如果决策者当初并没有采取这一方案,而是采取其他方案,这时就会感到后悔、遗憾。为了避免将来遗憾,因此采用大中取小的方法。这种方法的基本思想就在于决策者在不知道各种自然状态发生的前提下,如何力求使每一种方案选择的最大后悔值达到尽量小的决策方法。其决策的主要目标是避免较大的后悔损失、机会损失。这种决策方法的步骤是:先从各种自然状态下找出各个方案的最大收益值,再将每种自然状态下各种方案的收益值与最大收益值相比较,求得后悔值,然后从最大后悔值中选择一个最小的,作为备选的最优方案。这种方法实际上是一种悲观准则的应用,只是它以损失值为基础,是一种既不保守又不冒险的决策方法。

例题:某企业准备投资一个新项目,拟订要比较分析的备选方案有三个,分别是 A、B、C 三种不同的项目,预计将来可能出现的经营形势有好、一般、差三种情况,现无法把握每种情况出现的概率,但可预测出计划期内各方案的利润总额,见下表。请用大中取小法进行决策方案的选择。

项目	经营状况		
	好	一般	差
A	90 万元	80 万元	30 万元
B	120 万元	60 万元	-10 万元
C	80 万元	50 万元	40 万元

方案	后悔值			最大后悔值
	好	一般	差	
A	30	0	10	30
B	0	20	50	50
C	40	30	0	40

从上表中可知,三个最大后悔值 30,40,50 中,30 最小,所对应的方案是 A,因此,选择 A 方案为决策方案。

(4)折中标准:平均法

平均法是一种对非确定型决策方案的比较和优选,既不乐观也不悲观,主张折中考虑的一种准则。这种方法决策的程序是:先将每一个方案在各种自然状态下的收益值相加,然后除以自然状态的个数,求得每个方案的平均收益值,再选择平均收益值最大的方案作为决策方案。这种决策方法依据平均原则,以平均收益值作为评价方案的标准,因此是一种折中的、平稳的决策方法。

例题:某企业准备生产一种新产品,该产品的市场需求量在不同情况下出现的概率无法预测。为了生产这种产品,企业考虑了三种方案:A 方案是自己动手,改造原有设备;B 方案是淘汰原有设备,购进新设备;C 方案是购进一部分关键设备,其余自己改造。该产品准备生产 5

年,据测算,各个方案在各种自然状态下5年内的损益值如下表所示。请用平均法进行决策方案的选择。

方案	市场状态下的损益值				
	需求量较高	需求量一般	需求量较低	需求量很低	平均收益值
A	95万元	60万元	−12万元	−15万元	32万元
B	70万元	45万元	10万元	−5万元	30万元
C	80万元	40万元	15万元	5万元	35万元

从上表中可知,A方案的平均收益值是32万元,B方案的平均收益值是30万元,C方案的平均收益值是35万元。根据平均法,C方案的平均收益值最大,该方案当选。

3.风险型决策的定量分析技巧

风险型决策中,决策者面对的是两种以上的自然状态,究竟出现哪种状态,决策者不能事先肯定,只知道各种状态出现的可能性大小。常用的风险型决策分析技术是决策树法。

决策树法是指用树形图的形式,找出可供选择的决策方案及其可能出现的结果,计算和比较各个方案的损益期望值,最后从中选择令人满意的方案。决策树法是风险型决策的常用方法,适用于未来可能有几种不同情况(自然状态),并且各种情况出现的概率可以根据资料来推断的情况。其中,决策结点、方案分枝、状态结点、概率分枝及结果点构成了决策树的五个要素。运用决策树法主要有四个步骤:第一步,画图。根据可替换方案的数目和未来可能的几种不同的自然状态,绘出决策树型图。第二步,标注每一状态结点分枝出现的概率值。计算各概率分枝的损益值,将其记在相应自然状态点上;然后以自然状态概率为权数进行加权平均。第三步,"剪枝处理"。剪去期望收益值较小的方案分枝,将保留下来的方案作为备选实施的方案。第四步,进行不同方案的比较,选出最佳方案。实施此方法的优点在于它可列出决策问题的全部可行方案和可能出现的各种自然状态,以及各可行方法在各种不同状态下的期望值,给决策者以更全面、更直观的信息,以便决策者做出最佳的选择;能直观显示决策问题在时间和顺序上不同阶段的决策过程,使整个决策过程更为理性;在用于复杂的多阶段决策时,阶段明显、层次清楚,便于决策机构集体研究,可以周密地思考各种因素,有利于做出正确的抉择。但它也存在着使用范围有限以及使用时主观因素较大等方面的局限性。

例题(中南财经大学2010硕士研究生入学考试题目):某企业为生产一种新产品,提出了两种方案。甲方案是投资290万元建大厂,乙方案是投资120万元建小厂。两种方案中大厂和小厂的使用期均为10年,所面临的概率、自然状态和条件如下表所示。

概率	自然状态	建大厂(万/年)	建小厂(万/年)
0.6	销路好	100	40
0.4	销路差	−20	30

①根据上述材料,采用决策树法计算各方案的期望值并做出抉择。

②现提出第三方案,即先建小厂,若销路好3年后再进行扩建,投资160万;扩建后有效期

为7年,所得收益与建大厂相同。此时,应从三种方案中选择哪一方案?

解:根据资料作决策树如下图所示。

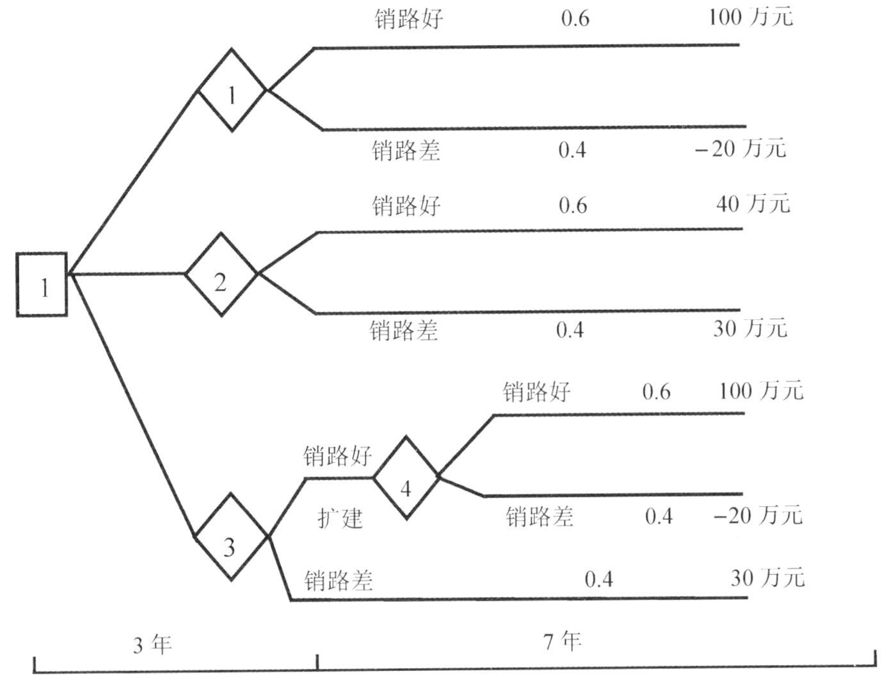

①甲方案(节点1)的期望值=100×0.6×10+(-20)×0.4×10-290=230(万元)

乙方案(节点2)的期望值=40×0.6×10+30×0.4×10-120=240(万元)

则乙方案的期望值大于甲方案的期望值,应选择乙方案。

②第三种方案的期望值=30×0.4×10+40×0.6×3+0.6×[(100×0.6-20×0.4)×7-160]-120=194.4(万元)

比较三种方案的期望值可知,乙方案的期望值最高,因此应选择乙方案。

除了以上所述的决策方法与技巧之外,择优决策也是决策中的一项原则与决策技巧,是决策的实质所在。没有择优,就不可能有科学正确的决策。传统的决策基本上都是凭借决策者的个人经验、智慧和胆略的经验决策,其"择优"过程是有局限的;而现代决策是科学决策,既需要决策者的经验、智慧和胆略,更强调吸收和综合运用现代科技、管理知识和现代计算手段,因而具有很高的科学性和准确性。

本章小结

1.决策是指决策者在一定管理目标的指引下,系统分析主客观条件(自然状态),依据决策准则,从两个以上的备选行动方案中选定一个最优方案,并付诸实施的一种分析过程。

2.管理决策分为多种类型。按决策的重要程度可分为战略决策、战术决策与业务决策;按决策的重复程度可分为程序化决策与非程序化决策;按决策的可控程度可分为确定型决策、非确定型决策与风险型决策;根据参与决策人数可分为集体决策与个人决策。

3.决策的基本模式包括建立在“经济学人”假设基础上的完全理性决策模式、建立在“社会人”假设基础上的有限理性决策模式、渐进决策模式及垃圾箱决策模式。

4.决策是按照一定的程序进行的。决策的程序可分为发现问题、确定目标、搜集信息、拟订方案、分析评价方案、确定实施方案、评估决策效果这七个基本步骤。

5.决策标准包括目标标准、利害标准、适应标准与公共关系标准。

6. 现代决策技术发展了大量的决策方法，比较常用的决策方法主要包含头脑风暴法、德尔菲法、电子会议法、鱼缸法、模拟决策法、方案前提分析法与数学分析法等。

关键术语

决策　决策者　战略决策　战术决策　程序化决策　非程序化决策　确定型决策　非确定型决策　风险型决策　理性决策　有限理性决策模式　头脑风暴法　德尔菲法

复习思考题

1.什么是决策？决策的依据是什么？

2.程序化决策与非程序化决策的区别是什么？分别具有哪些优点与缺点？

3.确定型决策、非确定型决策与风险型决策的区别是什么？

4.阐述完全理性与有限理性的决策观点的区别。

5.决策的基本过程有哪些？为什么要进行追踪决策？

6.决策有哪些方法与技巧？

案例讨论

该由谁骑这头驴

一位农夫和他的孙子到离村 6 千米的城镇去赶集。开始时农夫骑着驴，孙子跟在驴后面走。没走多远就碰到一位年轻的母亲，她指责农夫虐待他的孙子。农夫感到不好意思，把驴让给孙子骑。走了 1 千米，他们遇到一位老和尚，老和尚见年轻人骑着驴，而让老者走路，就骂年轻人不孝。孙子马上跳下驴，看着他爷爷，两人决定谁也不骑。两人又走了 2 千米，碰到一学者，学者见两人放着驴不骑，走得气喘吁吁的，就笑话他们放着驴不骑，自找苦吃。农夫听学者这么说，就把孙子托上驴，自己也翻身上驴。两人一起骑着驴又走了 1 千米，碰到了一位外国人，这位外国人见他们两人合骑一头驴，就指责他们虐待牲口！

（案例来源：http://www.docin.com/p-2654116.html.）

讨论：

1.这个案例体现了管理决策的哪些观点？

2.你若是那位农夫，你该怎么做？

第六章　管理计划

本章学习目标

1. 掌握计划的概念、功能以及重要性。
2. 掌握计划工作的基本内涵与基本原则。
3. 区分管理计划的类型。
4. 掌握计划的制订与实施过程。
5. 理解计划的调试及其过程。

知识结构

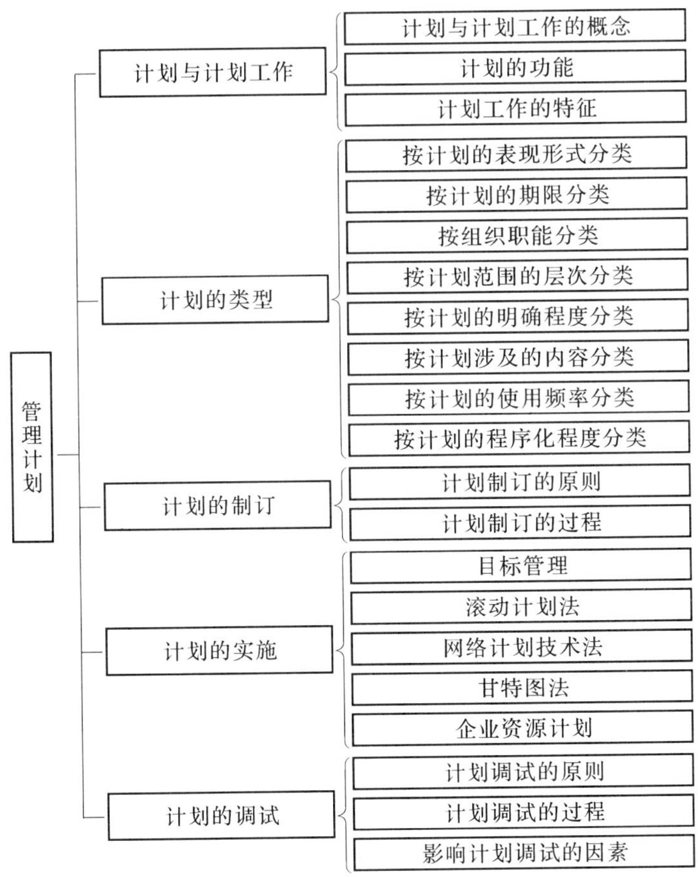

本章学习重、难点

重点

1.掌握计划、计划工作的基本内涵与基本原则。

2.掌握计划的制订与实施过程。

3.掌握计划的类型。

难点

1.理解计划的实施方法。

2.理解计划的调试及其过程。

引 例

上海虹桥商务区"十二五"规划①

2012年7月,上海市印发《上海虹桥商务区"十二五"规划》。开发建设虹桥商务区,是上海加快建设"四个中心"、加快实现"四个率先"的重要决策,是上海"创新驱动、转型发展"的重要抓手,也是落实《长江三角洲地区区域规划》中明确的"依托虹桥综合交通枢纽,构建面向长三角、服务全国的商务中心"要求的重要举措。为充分发挥虹桥商务区在促进上海经济发展方式转型、调整城市空间布局、助推上海国际贸易中心建设和促进长三角一体化发展等方面的作用。

规划从做好"三个服务"的高度,将虹桥商务区着力打造成贸易服务便利化改革的新高地、集聚高端贸易机构和组织的新中心、宜人宜商宜居的新社区、带动上海西部经济发展的新引擎、长三角通向亚太地区的新门户。通过"智慧虹桥"建设,全面提升区域综合服务功能,增强核心竞争能力,初步建成国际贸易中心的承载平台。

到2020年,依托虹桥综合交通枢纽,将虹桥商务区建成上海现代服务业的集聚区,上海国际贸易中心建设的新平台,面向国内外企业总部和贸易机构的汇集地,服务长三角、服务长江流域、服务全国的高端商务中心,基于新一代信息技术的"智慧虹桥",具有示范作用的低碳商务区。

请思考上海市政府将如何制定虹桥商务区"十二五"规划,将如何执行该规划?

---

① 上海市人民政府关于印发上海虹桥商务区"十二五规划"的通知[N].上海人民政府公报,2012-07-03,第15期.

第一节 计划与计划工作

计划工作是一座桥梁，它把我们所处的这岸和我们要去的对岸连接起来，以克服这一天堑。

——哈罗德·孔茨

管理始于目标，但是如果没有较好的计划，组织仍然难以有效地实现组织目标，这就是为什么我们很多时候觉得自己总是在拼命工作，可是一直不能取得预期成果的重要原因。组织只有在组织目标的指引下，制订切实可行的计划，组织的成功才有保障。

"人无远虑，必有近忧。"计划是对未来的管理，是对未来行动的预先安排，任何管理活动都需要计划。善于做好管理工作在一定程度上就是善于计划和执行。本章首先介绍计划的概念、功能与计划工作的内容、性质以及基础，在此基础上介绍计划的类型、计划的制订、计划的实施及其过程，最后介绍计划的调试及其过程。

一、计划与计划工作的概念

在汉语中，"计划"既可以是名词，也可以是动词。从名词意义上说，计划是指用文字和指标等形式所表述的组织以及组织内不同部门和不同成员在未来一定时期内关于行动方向、内容和方式安排的管理文件。[①] 从动词意义上说，计划是指为了实现组织所确定的目标而预先进行的安排统筹活动。计划是通过将组织在一定时期内的目标和任务进行分析，落实到具体工作部门或个人，从而保证组织工作有序进行，组织目标得以实现的过程。[②] 在管理学中，计划具有两重含义，即计划工作与计划形式，计划工作是指根据对组织外部环境与内部条件的分析，提出在未来一定时期内要达到的组织目标以及实现目标的方案途径。计划形式是指用文字和指标等形式所表述的组织以及组织内不同部门和不同成员，在未来一定时期内关于行动方向、内容和方式安排的管理事件。计划工作的概念有广义和狭义之分：广义的概念是指计划的制订、计划的执行、计划的调试等环节相互联系的过程；而狭义的概念仅仅指制订的计划。

管理学家斯蒂芬·P.罗宾斯认为，计划是一个确定目标和评估实现目标最佳方式的过程，包括确定目标、制定全局战略任务以及完成目标和任务的行动方案。[③] 计划工作给组织提供了通向成功的明确道路，是组织、领导和控制等一系列管理活动的基础。计划工作都是组织根据环境变化与需求，通过科学的预测确定组织目标，并有效配置与利用组织资源以便达到组织目标的方法。计划的内容可概括为"5W2H2E"，即必须清楚地确定和描述下述内容：

What(做什么)——计划的目的与内容。

Why(为什么做)——计划的原因和前景。

---

① 陈洪安.管理学原理(第2版)[M].上海：华东理工大学出版社，2013.

② 娄成武，魏淑艳.现代管理学原理(第三版)[M].北京：中国人民大学出版社，2011.

③ 雷金荣.管理学原理[M].北京：北京大学出版社，2012.

Who(谁去做)——计划的相关人员。

Where(在哪里做)——计划的实施场所。

When(何时做)——计划实施的时间范围。

How(如何做)——计划的方式与手段。

How much(花费多少)——计划的预算。

Effect(效果)——预测计划实施的结果。

Efficiency(效率)——预期的投入产出比。

专栏 6-1 管理定律:吉德林法则

提出者:美国通用汽车公司管理顾问查尔斯·吉德林

点　评:只有先认清问题,才能很好地解决问题。

谁都会遇到难题,人如此,企业也是如此。在瞬间万变的环境下,怎样才能最有效地解决难题,并没有一个固定的规律。但是,成功并不是没有程序可循的,遇到难题,不管你要怎样解决它,其前提都是看清难题的关键在哪里。找到了问题的关键,也就找到了解决问题的方法,剩下的就是如何来具体实行了。

二、计划的功能

计划工作是每个组织进行管理活动时不可缺少的工作过程与环节,不仅组织的结构在一定程度上需要根据计划的情况来做出调整和变革,而且管理者工作的每一个步骤,做出的每一项指示,下达的每一个指令,都需要以计划为基准。在复杂多变和充满不确定性的组织环境中,一个科学、准确的计划,会减少各种变化所带来的影响,能事半功倍地实现既定的组织目标。一般说来,计划具有以下几方面的重要功能。

1.指引方向

计划工作为组织、领导、控制等活动提供了依据,组织有了计划也就有了行动指南,计划可以促使组织管理人员聚焦目标。每个计划还有派生计划,所以组织的各个部门都有自己的目标,任务明确,行动更有利。计划工作使组织全体成员有了明确的努力方向,并且相互明确自己应该在什么时候、什么地点、采用什么方式做何事。同时,计划是一种协调过程,可使组织成员之间的关系更加密切。组织中没有计划工作也就没有组织目标,组织中各项活动的协调也就无法进行,当所有组织成员了解了组织的目标和为达到目标他们必须做什么事时,便开始协调其行为,互相交流合作。

2.提高效率

计划为组织开展生产经营活动的资源筹措提供了依据,由于计划工作同时又是生产要素的分配过程,又因为资源的稀缺性,为了更经济地达到目标,人力、物力、财力的合理分配必不可少。在计划过程中管理者知道什么资源短缺,什么资源富余,从而进行协调平衡,这样可减少浪费和冗余,克服工作瓶颈。也就是说使各种资源得到充分合理的分配和利用。计划工作还可以减少重复性和浪费性的活动，它用共同的目标和明确的方向来代替不协调的分散活动。

3.便于控制

没有计划，就没有控制。计划为组织活动的检查与控制提供了依据，有了计划，控制才有依据。管理者如果没有把计划规定的目标作为测定的标准，就无法检查组织成员完成工作的情况。计划要设立目标和标准以便于进行控制，而在控制职能中，将实际绩效与目标进行比较，发现可能发生的重大偏差，然后采取必要的矫正行动。计划工作不仅需要确定未来一定时期中应该达到的目标，同时要对达到的目标进行定量的描述与规定。这样管理者只要熟知自己工作的计划目标是什么，就可以随时对实际工作绩效结合工作目标进行检验，使各项控制得以实施，得出自己的工作是否富有成效的结论。

4.降低风险

计划能够弥补不确定性和组织环境变化带来的缺陷。计划是针对未来而进行的预测活动，而未来又是不确定的，所以计划工作的重要性就体现在它能促使管理者展望未来，预见变化，减少不确定性。首先，计划工作是经过周密预测的，它要接近客观实际。计划越接近实际，就越成功。其次，组织一般有备用计划，当环境发生变化的时候，可以启动备用计划。这些备用计划就是为应付不时之需的，它有相应的补救措施，并随时检查计划，尽量减少由于环境的变化带来的损失，并使之减少到最小的程度。当然也要认识到计划可以弥补环境的不确定性和变化而带来的动荡和损失，但是计划不可能消除变化。

5.激励人员

一份完整的计划通常包含有目标、任务、时间安排、行动方案等。由于计划中的目标具有激励人员的作用，所以包含目标在内的计划同样具有激励人员士气的作用。不管是长期、中期还是短期计划，也不管是年度、季度、月度计划，甚至每日、每时的计划都有这种激励作用。例如，有研究发现，当人们在接近完成任务的时候会出现一种“终末激发”效应[①]，即在人们已经出现疲劳的情况下，当人们看到计划将要完成时会受到一种激励，人们的工作效率又重新提高，并一直会坚持到完成计划，达到目标。

三、计划工作的特征

管理者运用其权限范围内的资源，动员组织成员完成任务所需要做的工作，从而达到组织预期的目标。作为管理活动的首要环节，计划工作是管理者合理利用资源、协调和组织各方面力量以实现组织目标的重要手段。计划职能是最为重要和关键的一项职能，相对于其他职能，具有以下几个特征。

1.目的性

计划是组织确定目标和评估实现目标最佳方式的过程，任何组织制订计划都是为了确定奋斗目标并力争有效地实现某种目标。因此，在计划工作的初始阶段，制订具体的目标是其首

① 陈洪安.管理学原理(第2版)[M].上海：华东理工大学出版社，2013.

要任务。目标一旦明确，计划工作就要使今后的行动均集中于这一目标，要分析判断哪些活动或行为有利于达成目标，哪些活动或行为不利于达成目标或者与目标无关，从而引导组织今后的行动方向。计划工作是为实现组织的目标而服务的。计划工作旨在促使组织目标的实现，每一个计划及其派生计划也都是为了实现组织一定时期的目标。在组织的派生目标中既有定性目标，也有很多定量目标。

2.首位性

计划是进行组织、人员配备、领导、控制等工作的基础。因此，计划工作相对于其他管理职能来讲处于首要地位。如图 6-1 所示，组织、领导和控制等管理活动，只能在确定目标之后才能进行，因此计划工作理应放在其他工作之前。计划决定了组织应该是采用何种组织结构，完成目标需要配备何种素质的人员，领导该如何有效管理以及为组织提供控制标准。同时，在领导与控制活动中出现的问题有助于组织计划的修正与完善。例如，一位管理者只有明确目标以后才能确定相应的组织结构或设立新的职能部门或改变原有的职权关系，使下级的职责和权力与计划所规定的目标任务相一致。控制同样要以目标为依据开展工作，同时又服务于计划工作。如果不清楚要达成的目标是什么，就无法判断所要进行的活动是否达到了目标，也就无从控制。

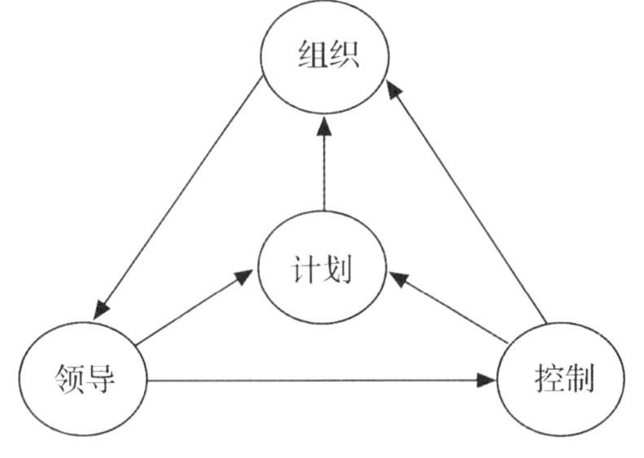

图 6-1 计划与其他管理职能的关系

3.普遍性

计划工作的普遍性主要体现在以下两方面。首先，计划工作涉及组织管理的每个层次。虽然计划工作的特点和范围随着管理者的层次、职权不同而不同，但计划工作是每位管理者无法回避的职能工作；不同的是，不同层次的管理者所从事的计划工作的侧重点和内容有所不同：高层管理者往往侧重于负责制订战略计划，较低层次的管理者偏重于作业计划。其次，计划工作涉及各个不同的管理部门，无论生产、财务、销售、供应、技术等部门或职能领域，都需要做计划。因此，计划工作是各个层次管理人员的一个基本职能，也是每个组织成员开展工作的前提与重心，具有普遍性。

4.效率性

计划工作不仅要有效地确保实现目标，还要从众多的方案中选择最优的资源配置方案，以求合理利用资源和提高配置效率，也就是说计划工作要追求效率，以更有效地实现目标为目的，并提供了衡量组织绩效的标准。计划的效率是以它对组织目标所做的贡献扣除为了制订和执行计划所需要的费用和其他预计不到的损失之后的总额来测定的。① 计划必须讲求效益，如果计划太过于理想化，不切合实际，那么计划实施成本代价过高，投入产出的比例过小，这样

① 陈阳，禹海慧.管理学原理[M].北京：北京大学出版社，2013.

不仅浪费了人力、物力、财力等组织资源，而且还会使个人、团体和社会的满意度这样一些无形的评价标准降低。

5.创新性

计划工作需要主动或被动地使管理者根据组织所面临的新环境来发现和解决新问题。面对出现的新环境、新变化和新机遇，管理者要敢于打破旧观念的束缚，及时提出适应组织特点的一些新思路、新观点和新方法，使计划更加符合客观实际。所以说计划工作是一项创新性的工作。

第二节 计划的类型

由于组织活动是多样而复杂的，使得组织的计划种类也很多，其重要程度也有差别。为便于研究和指导实际管理工作，依照不同的标准，可将计划分为不同的类型。通常可以依据计划的表现形式、计划期限、管理职能、计划范围等对计划进行分类。

一、按计划的表现形式分类

一个计划包括组织未来活动的目标和方式。计划与未来有关，是面向未来的，不是对过去的总结，也不是对现状的描述，因此未来的多样性与不确定性决定了计划是多种多样的。美国管理学家海因茨·韦里克从抽象到具体，按照不同的表现形式，将计划分为使命或宗旨、目标、战略、政策、规则、程序、规划和预算等几种类型。[①] 它们的关系可以描述为一个等级层次体系，如图 6-2 所示。

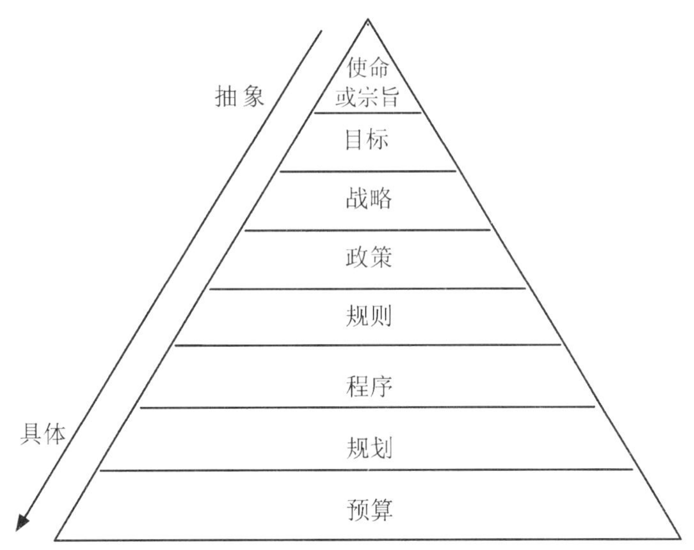

图 6-2 计划层次体系

① [美]海因茨·韦里克，哈罗德·孔茨.管理学——全球化视角(第十一版)[M].马春光，译.北京：经济科学出版社，2004.

1.使命或宗旨

使命或宗旨指组织在社会上应起的作用和所处的地位。它决定组织的性质,是组织继续生存的目的或原因,是一个组织区别于其他组织的标志。宗旨是反映组织价值观、经营理念和管理哲学等根本性的问题。使命是对组织目的,即在更大范围的环境中想要实现的目标所做的陈述。各种有组织的活动,如果要使它有意义,至少应该有自己的目的或使命。例如,大学的使命是教书育人和科学研究,医院的使命是治病救人,法院的使命是解释和执行法律,企业的宗旨是在满足社会需要的前提下生产、分配商品和提供服务。

2.目标

组织的使命需要转化为各管理层次的具体目标。目标是组织活动在一定条件下要达到的预期结果,是管理者和组织成员的行动指南,建立在充分理解组织使命的基础上。目标不仅是计划工作的终点,而且也是组织工作、人员配备、领导及控制等活动所要达到的结果。组织中各个管理层次都应该建立自己的目标,低层次目标必须与高层次目标相一致。

3.战略

战略最早用于军事,是指通过对交战双方进行分析判断而做出对战争全局的筹划和指导。对于组织来说,战略是为了实现组织长远目标所选择的发展方向与资源配置的基本行动指南,是组织为达到目标而选择的总体谋略或路径。它通常规定组织的长远发展方向、发展重点、组织的行为方式,以及资源分配的优先领域;是组织制订各类具体规划、计划的重要前提与依据,通过分目标和分战略来逐步实现总战略。

4.政策

政策是指组织在决策时或处理管理问题时,指导及沟通思想活动的方针和一般规定。政策是管理的指导思想,它为管理人员的行动指明了方向,并明确在一定范围内怎样进行管理。政策的种类有很多,一个组织的各个部门都要制定各部门相应的政策,制定政策要充分分析组织的目标,政策与目标要保持一贯性、完整性和稳定性。

5.规则

规则是一种最简单的计划,是指导或者禁止人们在某种场合采用特定行为的具体的规定,没有酌情处理的余地。程序由许多步骤组成,如果不考虑时间顺序,其中的某一步就是规则。在通常情况下,一系列规则的总和就构成了程序。但规则又不同于程序。首先,规则指导行动但不说明时间顺序;其次,可以把程序看作一系列的规则,但是规则可能不是程序的组成部分。规则也不同于政策。政策的目的是指导行动,并给执行人员留有酌情处理的余地;而规则虽然也起指导行动的作用,但是在运用规则时,执行人员没有自行处理权。

6.程序

程序也是一种计划,是行动的实际指导,规定了处理某些经常发生的问题的例行解决方法和步骤以及各个步骤的先后次序。如果说政策是人们思考问题的指南,那么程序则是行动的指南,它具体规定了某一件事情应该做什么、如何去做,其实质是对未来要进行的行动规定时间与内容顺序;对组织内大多数政策来说,都应该规定相应的程序来指导政策的执行。管理的程序化水平是管理水平的重要标志,制定和贯彻各项管理工作的程序是组织的一项基础工作。

7.规划

规划是为了实施某一既定政策而做出的综合性的计划。规划一般都是纲要性的计划,包括对组织目标、政策、程序、规则、任务分配、活动方案以及使用资源等各方面内容的描述。一般说来,规划有大小之分,大的规划都会派生出小的规划。

8.预算

预算也被称为数字化的计划,是用数字表示预期结果的一份报表。预算可以用财务术语或其他计量单位来表示,这种数字形式有助于人们更准确地执行计划。预算的主要作用就是帮助组织的各级管理人员从数字的角度出发,全面、细致地了解组织运营管理的具体情况以及组织目标的完成状况,通过预算可以考核管理工作的成效和对预算目标的偏离情况,从而实现控制的目的。

二、按计划的期限分类

时间是计划过程中的重要维度之一,按计划的期限可将计划分为长期计划、中期计划和短期计划。长期计划通常被称为远景计划或规划,长期计划的期限一般在五年以上。中期计划是根据长期计划提出的目标和内容并结合计划期内的具体条件变化进行编制的,它比长期计划更为详细和具体。中期计划具有衔接长期计划和短期计划的作用,期限一般在一至五年。短期计划是根据中、长期计划规定的目标和当前的实际情况,对计划年度的各项活动所做出的具体安排和落实。短期计划的期限一般在一年左右。

在这三种计划中,长期计划是方向性和长远性的计划,它主要回答的是组织的长远目标与发展方向问题。通常以工作纲领或规划的形式出现。规划是为了实现既定方针所必须具有的目标、政策、程序、规则、任务分配、执行步骤、使用资源及其他要素的综合表述。

中期计划是根据长期计划制订的,它比长期计划详细具体,是考虑了组织内部与外部的条件与环境变化情况后制订的可执行计划。

短期计划比中期计划更加详细具体,它是指导组织具体活动的行动计划,它一般是中期计划的分解与落实。

三、按组织职能分类

组织的类型和规模不同,具体职能部门的设置也不同。通常根据职能部门将计划划分为供应计划、生产计划、销售计划、财务计划、人力资源计划、新产品开发计划和安全计划等。组织生存和发展的依据是从事一定的生产经营活动,因此,生产计划、供应计划、销售计划是组织的主要计划。

我们通常用“人财物,供产销”六个字来描述一个企业所需的要素和企业的主要活动。因此,企业业务计划包括产品开发、生产作业及销售促进等内容。长期业务计划主要包括设计或调整业务发展的总体方向，是掌舵者；短期业务计划则主要指生产经营活动的具体安排。在组织中，财务计划、营销计划以及人力资源计划等都是围绕业务计划而开展的，为业务计划提供服务。

四、按计划范围的层次分类

按计划范围的层次可将计划划分为战略计划、策略计划和作业计划。

战略计划是指确定组织长远的、全局性的计划，适用于整个组织，是为组织设立总体目标，关涉组织在环境中的地位的计划，而不适用于组织中具体的分支或部门。战略计划一般由组织的高层管理人员来制订，在制订的过程中，高层管理者要立足于未来，强调组织对未来发展机会的把握以及对风险的预估。

策略计划，有时也称战术计划，是指确定组织当前的目标与行动方案的计划，是为实现战略计划而采取的手段，比战略计划具有更大的灵活性。策略计划一般由中层管理人员制订。设计策略计划是为了协助战略计划的执行，是组织完成战略计划目标的一个具体组成部分。

作业计划是指规定总体目标如何实现的细节计划，是组织计划的具体化，是根据战略计划和策略计划而制订的执行性计划。作业计划一般由基层管理人员制订。作业计划是对组织计划的详细说明，把组织计划的内容详细分解为具体的事和相关的人。

对组织而言，既要有战略计划，也要有策略计划与作业计划。战略计划的制订有利于提高组织对未来环境变化的应变能力，而策略计划和作业计划的制订是组织提高工作效率，实现组织目标的重要保证。

五、按计划的明确程度分类

按计划的明确程度分类，可把计划划分为指导性计划和具体性计划。指导性计划只规定一些重大方针，指出重点但不把管理者限定在具体的目标或特定的行动方案上。具体性计划则明确规定了目标，并提供了一整套明确的行动步骤和方案。例如，企业要求销售部的销售额在未来半年中增长 15%，销售部会制订明确的程序、预算方案及日程进度表，这便是具体性计划。对于同一问题，指导性计划可能只规定未来半年内销售额要增加 13%～17%。相对于指导性计划而言，具体性计划虽然更易于执行、考核及控制，但是缺少灵活性，它要求的明确性和可预见性的条件往往很难满足。

六、按计划涉及的内容分类

计划也可以按照其所涉及的活动内容分成综合计划、专业计划与项目计划。其中综合计划一般会涉及组织内部的许多部门和许多方面的活动，是一种总体性的计划。专业计划则是涉及组织内部某个方面或某些方面活动的计划。例如，组织的生产计划、销售计划、财务计划等等，它是一种单方面的职能性计划。项目计划通常是组织针对某个特定项目所制订的计划。例如，某种新产品的开发计划、某项具体活动的组织计划等，它是针对某项具体任务的事物性计划。在一个组织中，每个部门都需要制订计划，也都会有自身的计划目标。因此，在一个组织中可能同时存在很多个专业计划和项目计划。

七、按计划的使用频率分类

计划按照使用频率可以分为常用计划与应变计划。常用计划是指导日常管理工作和管理行为的基本依据。应变计划是公司针对一些可能出现的特殊情况（如突发事件）所做的计划。管理者必须重视和考虑不可控因素，如经济衰退、通货膨胀、技术进步、安全事故等。为使这些潜在的不可控因素的影响最小化，管理者必须对这些因素可能引起的最坏情况进行预测。制订应变计划有助于企业及其雇员在特殊情况发生时，知道该怎样做才能使组织迅速摆脱困境。

八、按计划的程序化程度分类

按计划的程序化程度分类，可把计划分为程序性计划和非程序性计划。程序性计划，指有关组织例行活动的计划。组织的例行活动是指一些重复出现的工作，他们具有一定的结构，因此可以建立与之相配套的计划程序。在组织中，处理一些非重复出现的工作，如新产品的开发、品种结构的调整、工资制度的改变等问题时，没有一成不变的方法和程序。因为这类问题在过去尚未发生过，或者因为其确切的性质和结构捉摸不定或极为复杂，或者因为其十分重要，需要用个别方法加以处理，解决这类问题的计划就是非程序性计划。

以上是划分计划类型最常见的几种方法，这些分类方法所划分出各种类型的计划不是相互独立、彼此割裂的，而是由分别适用于不同条件下的计划组成的一个计划体系。表 6-1 总结列出了按不同方法分类的计划。

表 6-1　计划的类型

分类标准	类　型
计划的表现形式	使命或宗旨、目标、战略、政策、规则、程序、规划、预算
计划的期限	长期计划、中期计划、短期计划
组织职能	供应计划、生产计划、销售计划、财务计划、人力资源计划、新产品开发计划、安全计划等
计划范围的层次	战略计划、策略计划;作业计划
计划的明确程度	指导性计划、具体性计划
计划涉及的内容	综合计划、专业计划、项目计划
计划的使用频率	常用计划、应变计划
计划的程序化程度	程序性计划、非程序性计划

第三节　计划的制订

计划的制订是一项复杂而系统的工作，在计划制订之前，必须做好一项准备工作即明确并遵循计划制订的几项基本原则。

一、计划制订的原则

1.全面原则

所谓全面原则是指在制订计划时要全面考虑组织的各个构成部分及其相互关系，考虑计划与组织系统的关系，按照它们之间的必然联系，对组织人力、财力、物力等各种资源进行统一筹划。计划的目的就是要通过系统整体最优化从而实现组织目标，而系统整体最优化的关键在于系统内部结构的有序性和合理性，在于对象的内部关系与外部关系的协调。[①] 计划内部的各个组成部分与外部环境系统发生联系，如果它们彼此之间的关系没有协调好，就会影响和制约组织目标的实现，影响和妨碍组织功能的正常发挥。因此，制订计划时首先要坚持全面的原则。

2.弹性原则

任何组织都处在一定的环境中，因此，组织的计划也离不开相关的客观环境。弹性原则是指在制订计划的过程中，要对未来的情况预测分析，预估风险，以确保计划能够根据客观环境的发展变化做出相应的调整和变动。在组织管理活动中，难免会出现一些人们事先预想不到或无法控制的突发事件。为此，计划的制订要具有弹性，使计划具有对客观环境发展变化的应变能力和适应性质。在制订计划时要留有充分的余地，使计划具有可做适度修改的伸缩性，预估计划执行过程中可能出现的各种情形和问题，保留一定的机动人力、物力和财力，以应付未来情况的变化，不至于到时措手不及，使计划难以实施。

3.可行性原则

可行性原则是指计划要具有可以实施并能取得科学有效的效果。这一原则是计划活动各种规律的综合要求，因为只有可操作性的计划才是可行的，才是有意义的，否则，只不过是纸上谈兵。计划必须是可实现的，具有可行性。它要求计划工作者自觉地认识到环境的客观性，努力了解和找到制订计划的一些关键性的限制条件，并据此提出和评价各种可行方案。特别是计划中的指标应当适中，过高的指标无法实现，而过低的指标则会失去激励作用。应当使短期计划与长期计划相结合。长期计划意味着风险与代价的增加，但没有长期计划又是缺乏远见的表现，又会使组织失去本来可以获得的更大的发展机会。所以，需要用长期计划统率和引导

---

① 张康之，李传军.一般管理学原理(第三版)[M].北京：中国人民大学出版社，2010.

短期计划，同时又用短期计划补充和丰富长期计划。同时，计划一经制订出来就应付诸执行，这也要求在制订计划的时候考虑到执行的问题，设定一些计划执行需要达到的标准和监控计划执行的途径。

4.连续性原则

连续性原则是指为完成组织目标而编制的各项计划，能够前后衔接、相互配套。计划是决策目标的进一步展开和具体化，是在分解整体目标的基础上为完成分支目标所规定的工作任务而制订的。为此，围绕着一个决策整体目标，通常要编制多项工作计划。这些计划承担的任务不同，完成任务的时间也不一样。因此，要求计划在时间上应具有连续性。计划的连续性表明各项计划的目标一致，并依次推进，依次深入，而不能使组织行动出现前后矛盾、相互掣肘的现象。同时，计划的连续性也能使组织成员齐心协力，为完成整体目标而奋斗。

二、计划制订的过程

计划职能是管理的基本职能。由于管理的环境是动态的，管理活动也在不断地变化和发展，计划是作为行动之前的安排。如图 6-3 所示，计划的制订是一种连续不断循环的过程。虽然可以用不同标准把计划分成不同类型，计划的形式也多种多样，但管理者在编制组织各项计划时，实质上都遵循相同的逻辑和步骤。计划工作的过程一般包括：估量机会、确定目标、确定前提条件、确定备选方案、评价备选方案、选择可行方案、拟订派生计划以及编制预算等。

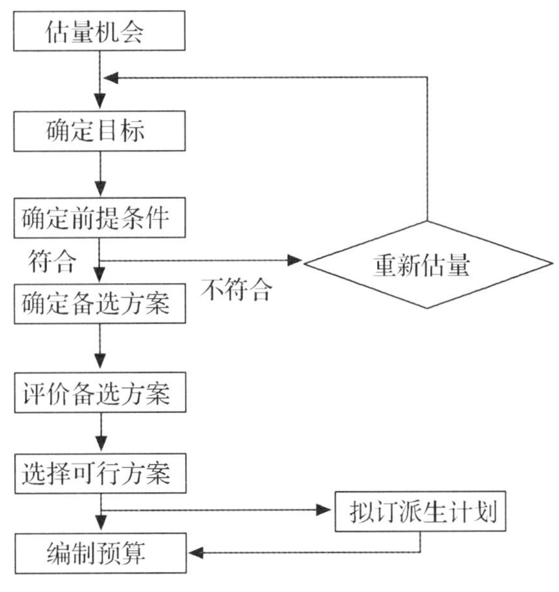

图 6-3　计划的制订过程

1.估量机会

估量机会是在实际的计划工作开始之前就着手进行的，是对将来可能出现的机会加以估计，并在清楚全面地了解这些机会的基础上，进行初步的探讨。组织的管理者要充分认识到自身的优势、劣势，分析面临的机会和威胁，要做到心中有数，知己知彼，才能真正摆正自己的位置，明确组织希望解决什么问题，为什么要解决这些问题以及组织期望实现的目标。估量机会要在实际编制计划之前进行，它是计划工作的真正起点。在估量机会的基础上，确定可行性目标。

2.确定目标

计划工作的目标是指组织在一定时期内所要达到的效果。目标是组织存在的依据，是组织的灵魂，是组织期望达到的最终结果。在确定目标的过程中，要说明基本方针和要达到的目标是什么，要告诉人们战略、政策、程序、规划和预算的任务，要指出工作的重点。

3.确定前提条件

计划工作的前提条件就是计划工作的假设条件，也就是执行计划时的预期环境。确定前提条件，就是要对组织未来的内外部环境和所具备的条件进行分析和预测，弄清计划执行过程中可能存在的有利条件和不利条件。确定计划的前提条件主要靠预测，但未来预期环境的内容多种多样，错综复杂，影响的因素很多。这些因素有的可以控制，如开发新产品、新市场、资源分配等；有的不能控制，如宏观环境、政府政策等。一般来说，不可控因素越多，预测工作的难度就越大，对管理者的素质要求就越高。

4.确定备选方案

在计划的前提条件明确以后，就要着手去寻找实现目标的方案和途径。完成某一项任务总会有很多方法，即每一项行动都有异途存在，这就是"异途原理"。方案不是越多越好，管理者要做的工作是将备选方案的数量逐步地减少，对一些最有希望的方案进行分析。通常，最显眼的方案不一定是最佳的方案，只有发掘了各种可行的方案，才有可能从中选出最优的方案。

5.评价备选方案

评价备选方案就是要根据计划目标和前提条件来权衡各种因素，比较各个方案的优点和缺点，对各个方案进行评价。各种备选方案一般都各有其优缺点，如有的方案利润大，但支出大，风险高；有的方案利润小，但收益稳定，风险低；有的方案对长远发展有益；有的方案对眼前形势有利。这就要求管理者根据组织的目标并结合自己的经验和直观判断能力，借助数学模型、计算机手段对方案做出评价。

6.选择可行方案

选择方案是计划工作关键的一步，也是抉择的实质性阶段。在做出抉择时，应当考虑把可行性、满意度和可能效益几个方面结合得最好的方案。有时在评选中会发现可能有两个或多个方案是合适的，在这种情况下，管理者应决定首先采用哪个方案，而将其余的方案也进行细化和完善，作为后备方案。

评价行动方案，要注意考虑以下几点：

①认真考察每一个计划的制约因素和隐患；

②要用总体的效益观点来衡量计划；

③既要考虑到每一个计划有形的可以用数量表示的因素，又要考虑到许多无形的不能用数量表示的因素，评价方法分为定性评价和定量评价两类；

④要动态地考察计划的效果。不仅要考虑计划执行所带来的利益，还要考虑计划执行所带来的损失，特别是注意那些潜在的、间接的损失。

7.拟订派生计划

在选定一个基本的计划方案后，还必须围绕基本计划制订一系列派生计划来辅助基本计划的实施。几乎所有的基本计划都需要派生计划的支持和保证，完成派生计划是实施基本计划的基础。在这一阶段要注意：

①务必使有关人员了解基本计划的目标、指导思想和内容、计划前提等；

②协调各派生计划，使其方向一致，以支持基本计划，防止仅追派生目标而妨碍基本目标的实现；

③协调各派生计划的工作时间顺序。

8.编制预算

计划工作的最后一步就是编制预算，使计划数字化。预算是用数字形式表示的组织在未来某一确定期间内的计划，是计划的数量说明，是用数字形式对预期结果的表示。这种结果可能是财务方面的，如收入、支出和资本预算等；也可能是非财务方面的，如材料、工时、产量等方面的预算。预算是汇总各类计划的工具，同时也是衡量计划执行情况的重要标准。由于实际情况总是在变化，所以预算在必要时也应有所变化，以便能更好地指导工作。任何一个完整的计划活动都要遵循这些步骤。

第四节　计划的实施

计划工作的技术和方法有很多种，实践中，计划工作效率的高低在很大程度上取决于计划实施的方法。实施计划行之有效的方法主要有：目标管理、滚动计划法、网络计划技术法、甘特图法、企业资源计划等。

一、目标管理

目标管理是以弗雷德里克·泰勒的科学管理和行为科学管理时期的理论为基础形成的一套管理制度，其概念是管理学家彼得·德鲁克于 1954 年在其名著《管理实践》一书中最先提出的，其后，他又提出“目标管理和自我控制”的主张。目标管理的基本思想是：有了目标，才能确定每个人的工作，所以，企业的使命和任务，必须转化为目标。如果一个领域没有目标，这个领域的工作必然被忽视。因此，管理者应该通过目标对下级进行管理，当组织高层管理者确定了组织目标后，必须对其进行有效分解，转变成各个部门以及各个人的分目标，管理者根据分目标的完成情况，对下级进行考核、评价和奖惩。

目标是有层次性的，组织目标涵盖组织战略性目标到特定的个人目标，形成一个有层次的体系。组织目标体系的最高层次是组织的远景和使命。第二层次是组织的任务。组织的远景和使命最终要转化为组织总目标和战略，总目标和战略为组织的未来提供行动框架。并逐步细化和分解为更多的、具体的行动目标和行动方案，表现为分公司目标、部门目标和个人目标等。各种目标是相互关联、相互协调和相互支持的，因此，从整体来看，不同层次的目标体系又呈现为网络状态。

组织中每个层次、每个部门和每个岗位的目标是多种多样的，为了有效保证目标的实现，必须同时考虑多个目标的要求，但是必须对各目标的相对重要程度进行区分，否则就会顾此失彼，影响主要目标的完成。在目标管理中，必须对目标的实施情况进行考核，否则目标就会流于形式。因此，在制订目标时，就要尽可能将目标量化，以便于考核工作的推进。还要注意目标设定的可接受度，只有被人们接受的目标，才具有激励作用。目标的达成还需要有一定难度，但难度又不能过高，要使难度保持在人们可以完成，但又不能很轻松地完成的程度。最后，有效开展目标管理，还需要重视信息反馈，就是要把目标的设置、目标的实施情况不断反馈给目标设置和实施的参考者，让他们知道组织对自己的要求和自己的贡献情况。

目标管理的具体做法分三个阶段：第一阶段为目标的设置；第二阶段为实现目标过程的管理，第三阶段为测定与评价所取得的成果。

1.目标的设置

这是目标管理的第一阶段，也是最重要的阶段，可以细分为四个步骤。

①高层管理预定目标，这是一个暂时的、可以改变的目标预案。既可以由上级提出，再同下级讨论；也可以由下级提出，上级批准。无论哪种方式，必须共同商量决定。其次，领导必须根据组织的使命和长远战略，估计客观环境带来的机会和挑战，对该组织的优劣有清醒的认识，对应该和能够完成的目标心中有数。

②重新审议组织结构和职责分工。目标管理要求每一个分目标都有确定的责任主体。因此预定目标之后，需要重新审查现有组织结构，根据新的目标分解要求进行调整，明确目标责任者和协调关系。

③确立下级的目标。首先应使下级明确组织的规划和目标，然后商定下级的分目标。在讨论中上级要尊重下级，平等待人，耐心倾听下级意见，帮助下级发展一致性和支持性目标。分目标要具体量化，便于考核；分清轻重缓急，以免顾此失彼；既要有挑战性，又要有实现可能。每个员工和部门的分目标要和其他的分目标协调一致，支持本单位和组织目标的实现。

④上级和下级就实现各项目标所需的条件以及实现目标后的奖惩事宜达成协议。分目标制订后，要授予下级相应的资源配置的权力，实现“权、责、利”的统一。由下级写成书面协议，

编制目标记录卡片，整个组织汇总所有资料后，绘制出目标图。

2.实现目标过程的管理

目标管理重视结果，强调自主、自治和自觉，但并不等于领导可以放手不管。相反，由于形成了目标体系，一环失误，就会牵动全局。因此，领导在目标实施过程中的管理是不可缺少的。首先，领导要进行定期检查，利用双方经常接触的机会和信息反馈渠道自然地进行；其次，要向下级通报进度，便于互相协调；再次，要帮助下级解决工作中出现的困难问题，当出现意外、不可测事件严重影响组织目标实现时，也可以通过一定的程序，修改原定的目标。

3.测定与评价所取得的成果

达到预定的期限后，下级首先要进行自我评估，提交书面报告，然后上下级一起考核目标完成情况，决定奖惩；同时讨论下一阶段目标，开始新循环。如果目标没有完成，应分析原因总结教训，切忌相互指责，以保持相互信任的气氛。

二、滚动计划法

滚动计划法（Rolling Plan），也称滑动计划，是一种定期修订未来计划的方法，是按照“近细远粗”的原则制订一定时期内的计划，然后按照计划的执行情况和环境变化，调整和修订未来的计划，并逐期向前移动，把短期计划和中期计划结合起来的一种计划方法。

滚动计划法是一种动态编制计划的方法。它不像静态分析那样，等一项计划全部执行完了之后再重新编制下一时期的计划，而是在每次编制或调整计划时，均将计划按时间顺序向前推进一个计划期，即向前滚动一次，按照制订的项目计划进行施工，对保证项目的顺利完成具有十分重要的意义。但是由于各种原因，在项目推进过程中经常出现偏离计划的情况，因此要跟踪计划的执行过程，以发现存在的问题。另外，跟踪计划还可以监督过程执行的费用支出情况，跟踪计划的结果通常还可以作为向承包商部分支付的依据。

滚动计划法的编制方法是：在已编制出的计划的基础上，每经过一段固定的时期（例如一年或一个季度，这段固定的时期被称为滚动期）便根据变化了的环境条件和计划的实际执行情况，从确保实现计划目标出发对原计划进行调整。每次调整时，保持原计划期限不变，而将计划期顺序向前推进一个滚动期。

在计划编制过程中，尤其是编制长期计划时，为了能准确地预测影响计划执行的各种因素，可以采取“近细远粗”的办法，近期计划订得较细、较具体，远期计划订得较粗、较概略。在一个计划期终结时，根据上期计划执行的结果和产生条件，市场需求的变化，对原定计划进行必要的调整和修订，并将计划期顺序向前推进一期，如此不断滚动、不断延伸。例如图 6-4，某企业在 2012 年底制订了 2013—2017 年的五年计划，如采用滚动计划法，到 2013 年底，根据当年计划完成的实际情况和客观条件的变化，对原订的五年计划进行必要的调整，在此基础上再编制 2014—2018 年的五年计划。

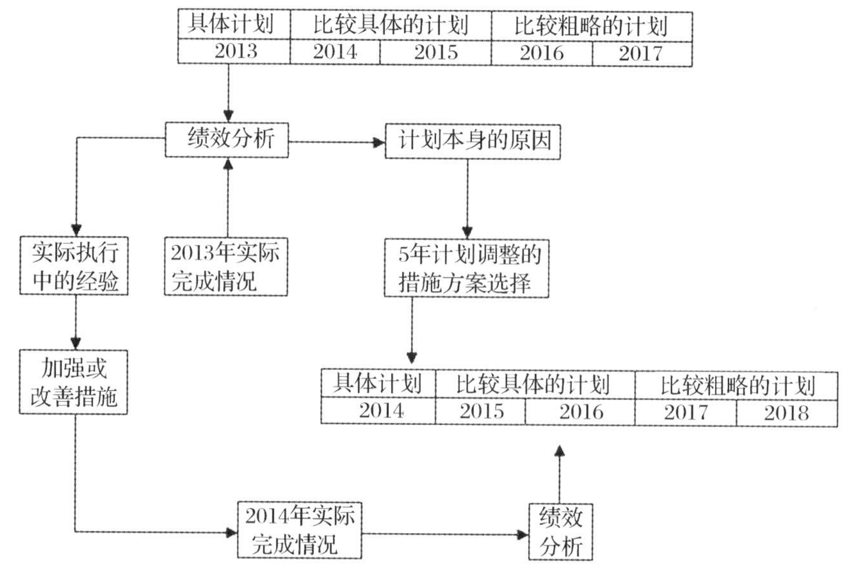

图 6-4 某企业 5 年滚动计划法

可见，滚动式计划法能够根据变化了的组织环境及时调整和修正组织计划，体现了计划的动态适应性。而且，它可使中长期计划与年度计划紧紧地衔接起来。滚动计划法，既可用于编制长期计划，也可用于编制年度、季度生产计划和月度生产作业计划。不同计划的滚动期不一样，一般长期计划按年滚动，年度计划按季滚动，月度计划按旬滚动等。

值得注意的是，滚动间隔期的选择要适应企业的具体情况，如果滚动间隔期偏短，则计划调整较频繁，好处是有利于计划符合实际，缺点是降低了计划的严肃性。一般情况是，大批量生产、比较稳定的企业宜采用较长的滚动间隔期，生产不太稳定的单件、小批量生产企业则可考虑采用较短的滚动间隔期。采用滚动计划法，可以根据环境条件变化和实际完成情况，定期地对计划进行修订，使组织始终有一个较为切合实际的长期计划作为指导，并使长期计划能够始终与短期计划紧密地衔接在一起。

三、网络计划技术法

网络计划技术法是 20 世纪 50 年代后期在美国产生和发展起来的。这种方法包括各种以网络为基础判定的方法，如关键路线法、计划评审法、组合网络法等。

网络计划技术法是一种科学的计划管理方法，它是随着现代科学技术和工业生产的发展而产生的。美国杜邦公司在制订企业不同业务部门的系统规划时，制订了第一套网络计划。这种计划借助于网络表示各项工作及其所需要的时间，以及各项工作的相互关系。通过网络分析研究工程费用与工期的相互关系，并找出在编制计划及计划执行过程中的关键路线，这种方法称为关键路线法(CPM)。1958 年美国海军武器部在制订研制“北极星”导弹计划时，同样地应用了网络分析方法与网络计划，但它注重于对各项工作安排的评价和审查，这种计划称为计划评审法(PERT)。鉴于这两种方法的差别,CPM 主要应用于以往在类似工程中已取得一定经验的承包工程,PERT 更多地应用于研究与开发项目。20 世纪 60 年代初期,网络计划技术法在美国得到了广泛应用,新建厂全面采用这种计划管理新方法,并开始将该方法引入西欧国家。目前,它已广泛应用于世界各国的工业、国防、建筑、运输和科研等领域,已成为发达国家盛行的一种现代生产管理的科学方法。

网络计划技术法的基本原理,是把一项工作分解成各种小作业,然后按照作业顺序进行排列,通过网络图对整个工作或项目进行统筹规划和控制,以便用最少的人力、财力、物资,用最快的速度完成工作或项目。其基本的工作步骤如图 6-5 所示。

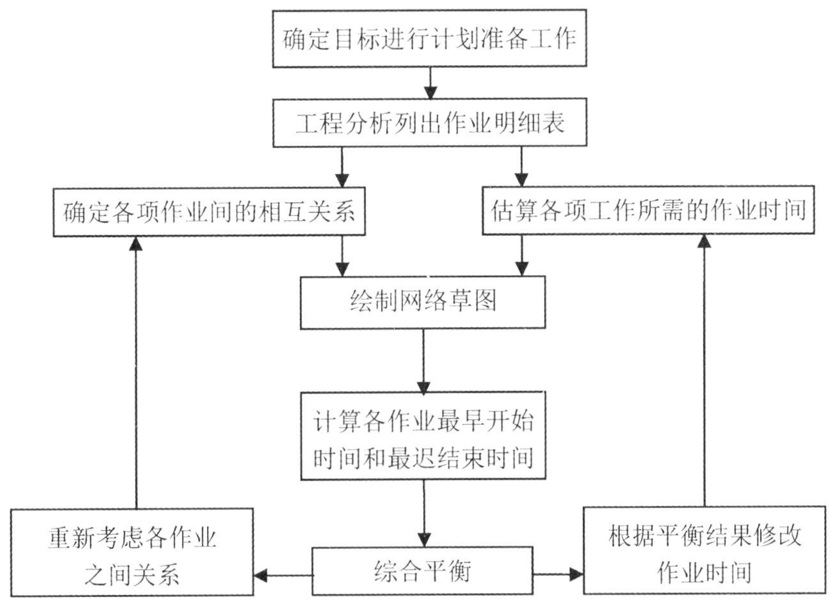

图 6-5 **网络计划技术的基本步骤**

1.确定目标

确定目标,是指决定将网络计划技术应用于哪一个工程项目,并提出对工程项目和有关技术经济指标的具体要求。如在工期方面、成本费用方面要达到什么要求。依据组织现有管理基础,掌握各方面的信息和情况,利用网络计划技术为实现工程项目寻求最合适的方案。

2.项目分解,列作业明细

一个工程项目是由许多作业项目组成的,在绘制网络图前要将工程项目分解成各项作业项目。作业项目划分的粗细程度视工程内容以及不同单位的要求而定,通常情况下,作业所包含的内容多、范围大,可分粗些;反之,可分细些。作业项目分得细,网络图的结点和箭线就多。对于上层领导机关,网络图可绘制得粗些,主要是通观全局、分析矛盾、掌握关键、协调工作、进行决策;对于基层单位,网络图就可绘制得细些,以便具体组织和指导工作。

在工程项目分解成作业的基础上,还要进行作业分析,以便明确先行作业(紧前作业)、平行作业和后续作业(紧后作业)。即在该作业开始前,哪些作业必须先期完成,哪些作业可以同时平行地进行,哪些作业必须后期完成,或者在该作业进行的过程中完成,哪些作业可以与之平行交叉地进行。

3.绘网络图,进行结点编号

根据作业时间明细表,可绘制网络图。网络图的绘制方法有顺推法和逆推法。

顺推法:即从始点时间开始根据每项作业的直接紧后作业,按顺序依次绘出各项作业的箭线,直至终点事件为止。

逆推法:即从终点事件开始,根据每项作业的紧前作业逆箭头前进方向逐一绘出各项作业的箭线,直至始点事件为止。

同一项任务,用上述两种方法画出的网络图是相同的。一般习惯于按反工艺顺序安排计划的企业,如机器制造企业,采用逆推法画图较方便;而建筑安装等企业,则大多采用顺推法画图。按照各项作业之间的关系绘制网络图后,要进行结点的编号。

4.计算网络时间,确定关键路线

根据网络图和各项活动的作业时间,就可以计算出全部网络时间和时差,并确定关键线路。具体计算网络时间并不太难,但比较烦琐。在实际工作中影响计划的因素很多,要耗费很多的人力和时间。因此,采用电子计算机能对计划进行局部或全部调整,这也为推广应用网络计划技术提出了新内容和新要求。

5.进行网络计划方案的优化

找出关键路径,也就初步确定了完成整个计划任务所需要的工期。这个总工期,是否符合合同或计划规定的时间要求,是否与计划期的劳动力、物资供应、成本费用等计划指标相适应,需要进一步综合平衡,通过优化,择取最优方案。然后正式绘制网络图,编制各种进度表,以及工程预算等各种计划文件。

6.网络计划的贯彻执行

编制网络计划仅仅是计划工作的开始。计划工作不仅要正确地编制计划,更重要的是组织计划的实施。网络计划的贯彻执行,要发动群众讨论计划,加强生产管理工作,采取切实有效的措施,保证计划任务的完成。在应用电子计算机的情况下,可以利用计算机对网络计划的执行进行监督、控制和调整,只要将网络计划及执行情况输入计算机,它就能自动运算、调整,并输出结果,以指导生产。

网络计划技术的基本原理是:利用网络图表达计划任务的进度安排及各项活动(或工作)间的相互关系;在此基础上进行网络分析,计算网络时间参数,找出关键活动和关键线路;并利用时差不断改善网络计划,求得工期、资源与费用的优化方案。在计划执行过程中,通过信息反馈进行监督与控制,以保证达到预定的计划目标。

网络计划的优化方法概述:根据资源限制条件的不同,可分为时间优化、时间—费用优化和时间—资源优化三种类型。

①时间优化：在人力、物理、财力等条件基本有保证的前提下，寻求缩短工程周期的措施，使工程周期符合目标工期的要求，主要包括压缩活动时间、进行活动分解和利用时间差三个途径。

②时间—费用优化：是指找出一个缩短项目工期的方案，使得项目完成所需总费用最低，并遵循关键线路上的活动优先、直接费用变化率小的活动优先、逐次压缩活动的作业时间以不超过赶工时间为限三个基本原则。

③时间—资源优化：分为两种情况。第一，资源一定的条件下，寻求最短工期；第二，工期一定的条件下，寻求工期与资源的最佳结合。

四、甘特图法

甘特图(Gantt Chart)又叫横道图、条状图(Bar Chart)，1917 年由亨利·甘特提出并以其名字命名。其内在思想可简单表达为：以图示的方式通过活动列表和时间刻度形象地表示出任何特定项目的活动顺序与持续时间。甘特图基本是一条线条图，横轴表示时间，纵轴表示活动或者项目，线条表示在整个期间上计划和实际的活动完成情况。它直观地表明任务计划在什么时候进行及实际进展与计划要求的对比。管理者由此可便利地弄清一项任务或项目还剩下哪些工作要做，并可评估工作进度。

甘特图的绘制以图形或表格的形式显示活动，同时显示进度时间，进度时间应包括实际日历天数和持续时间，并且不要将周末和节假日算在进度之内。

甘特图具有简单、醒目和便于编制等特点，在企事业单位的管理活动中被广泛应用。甘特图按所反映的内容不同，可分为计划图表、负荷图表、机器闲置图表、人员闲量图表和进度表等五种形式。

绘制甘特图的步骤如下：

①明确项目涉及的各项活动、项目。内容包括项目名称、开始时间、工期、任务类型以及项目依赖于哪一项任务等。

②创建甘特图草图。将所有的项目按照开始时间、工期标注到甘特图上。

③确定项目活动依赖关系及时序进度。使用草图，并且按照项目的类型将项目联系起来，并做出详细安排。

④计算单项活动任务的工时量。

⑤确定活动任务的执行人员并适时按需调整工时。

⑥计算整个项目时间。

甘特图具有图形化概要、通用技术、易于理解、有专业软件支持、无须担心复杂计算和分析等优点，因而经常被应用于概述项目活动、计划项目活动、设计关键路径、提供日程建议、配置项目资源、沟通项目活动、协调项目活动、监测项目进度等活动上。甘特图的局限也很明显：它仅仅关注项目的进程管理，缺少对成本和范围的管理；此外，它不适于内在关系过多、纷繁复杂的大型项目。

五、企业资源计划

企业资源计划即 ERP(Enterprise Resource Planning),是由美国 Gartner Group 公司于 1990 年提出的。企业资源计划是企业制造资源计划(MRPⅡ)下一代的制造业系统和资源计划软件。除了 MRPⅡ已有的生产资源计划、制造、财务、销售、采购等功能外,还有质量管理,实验室管理,业务流程管理,产品数据管理,存货、分销与运输管理,人力资源管理和定期报告系统。目前,在我国 ERP 所代表的含义已经被扩大,用于企业管理系统的各类软件,统统被纳入 ERP 的范畴。世界 500 强企业中,有 80%的企业都在用 ERP 软件作为其决策的工具,并管理日常工作流程。

ERP 是集企业管理理念、业务流程、基础数据、人力物力、计算机硬件和软件于一体的企业资源管理系统。ERP 是先进的企业管理模式,是提高企业经济效益的解决方案。其主要宗旨是对企业所拥有的人、财、物、信息、时间和空间等综合资源进行综合平衡和优化管理,协调企业各管理部门,围绕市场导向开展业务活动,提高企业的核心竞争力,从而取得最好的经济效益。所以,ERP 首先是一个软件,同时也是一个管理工具,它是 IT 技术与管理思想的融合体,也就是先进的管理思想借助电脑来达成企业的管理目标。

ERP 具有以下管理理念:

①体现了对整个政府链资料进行有效管理的思想,实现了对整个企业供应链上的人、财、物等所有资源及其流程的管理;

②体现了精益生产、同步工程和敏捷制造的思想,面对激烈的竞争,企业需要运用同步工程组织生产和敏捷制造,保持产品高质量、多样化、灵活性,实现精益生产;

③体现事先计划与事中控制的思想,ERP 系统中的计划体系主要包括生产计划、物料需求计划、能力需求计划等;

④体现业务流程管理的思想,为提高企业供应链的竞争优势,必然带来企业业务流程的改革,而系统应用程序的使用也必须随业务流程的变化而相应调整。

ERP 的优点有以下几点:

①即时性:在 ERP 状态下,资料是联动而且是可以随时更新的,每个有关人员都可以随时掌握即时资讯。

②集成性:在 ERP 状态下,各种信息的集成,将为决策科学化提供必要条件。ERP 把局部的、片面的信息集成起来,轻松地进行衔接,就使预测、规划更为精准,有利于控制,也使得实际发生的数字与预算之间的差异分析、管理控制更为容易与快速。

③远见性:ERP 系统的会计子系统,集财务会计、管理会计、成本会计于一体,又与其他子系统融合在一起,这种系统整合及其系统的信息供给,有利于财务部门做前瞻性分析与预测。

专栏 6-2 管理定律:蝴蝶效应

蝴蝶效应(The Butterfly Effect)是指在一个动力系统中,初始条件下微小的变化能带动整个系统长期、巨大的连锁反应。蝴蝶效应是气象学家洛伦兹于1963年提出来的。"蝴蝶效应"在社会学界用来说明:一个坏的微小的机制,如果不加以及时地引导、调节,会给社会带来非常大的危害,戏称为"龙卷风"或"风暴";一个好的微小的机制,只要正确指引,经过一段时间的努力,将会产生轰动效应,或称为"革命"。

第五节 计划的调试

管理者为能实现组织目标与个人目标往往依赖于比较周密的计划。组织在发展运行过程中会制订各种不同类型的计划,一项计划对组织的效用如何,只有通过实践才能做出最终的回答。因此,计划的调试非常有必要,也很重要。

一、计划调试的原则

计划调试的目的是保证组织计划制订、实施的合理性与有效性,检查计划是否与组织目标、组织文化等背道而驰。计划调试的最终目的是检查与纠正计划的制订、实施情况,以有效地实现预定目标。为此,计划的调试应遵循以下原则。

1.客观性原则

调试工作应该针对具体计划的实际状况,采取必要的纠偏措施,或促进组织活动沿着计划好的轨迹继续前进。因此,对计划的调试必须是客观的,符合计划制订实施的客观情况,符合组织现实。客观的调试源于对计划制订、实施状况及其变化的客观了解和评价。因此,调试过程中采用的检查、评估的技术与手段必须要正确地反映组织计划在时空上的发展程度与状况,进而做出准确的判断和评价。

此外,计划的调试就是要及时发现偏差,找到产生偏差的主要原因,并迅速采取措施纠正偏差。因此,在查找偏差与偏差发生的原因时,要根据客观的评价标准与准确的检测手段、工具,切勿凭借主观评定或臆断,否则,会影响计划的实施与组织目标的实现。因此,计划调试的客观性主要体现在两方面,即调试标准的客观性和计划评估。

2.关键点调试与例外调试相结合的原则

关键点调试是指管理者要选择计划的关键点作为计划调试的标准,可以使控制更为有效。因为人的精力是有限的,所以管理者没有必要考察计划工作中的每个细节,只需注意对计划的执行实施起到举足轻重作用的关键性问题或因素,并以此来掌握计划的制订实施是否有偏差。

例外调试是指管理者对计划的调试应当顾及例外情况的发生,不至于在面临重大的偏差时不知所措。也就是说,管理人员应把主要注意力集中在那些出现了特别好或特别坏的情况上。这一点常常同关键点调试混淆起来。其实,关键点调试是强调应当重视一些关键点,而例外调试则是强调必须留意在这些关键点上的偏差。如果把两者很好地结合起来就可以使调试工作既有好的效果,又有高的效率。

3.弹性原则

事物总是处于不断发展和变化之中,立足于未来的计划与实际工作之间总会存在一定的偏差,如果调试一点弹性都没有,则计划在执行时难免被动,造成不应有的损失。为了提高调试的有效性,就要使调试工作具有一定的弹性。调试的弹性要求计划的调试者具有随机应变的能力,制订多种应付环境变化的替代计划或者派生计划,防患于未然,并采用多种灵活的调试方式和方法来达到纠正计划调试的目的。弹性控制原则要求一切调试工作从实际出发,不能过分依赖一些正规的调试控制方式。正规的调试方法虽然都是比较有效的调试工具,当实际情况发生较大变化时,调试工具所调试的结果就有可能同实际情况相差较大,过分依赖它们可能会导致指挥调试无效。

二、计划调试的过程

计划调试是管理者运用一定的技术与工具来检验和控制计划制订、实施等活动,并发现计划偏差以及纠正偏差的过程。计划调试的过程主要包括确定标准、衡量计划的成效和纠正偏差。

1.确定标准

调试工作始于标准的建立。标准是所期望的成效水准,它构成了调试过程的基础。它是管理者用来评估计划的有效性的标准,没有标准,控制就成了无目的的行动,不会产生任何效果。组织目标的实现是制订、实施计划的最终目的,因此管理者要明确组织活动想要实现什么样的目标,并对影响组织目标实现的重点因素进行分析,对影响计划制订的各种因素进行分析,找出重点因素并把这些因素作为调试的标准。常用的标准有成本标准、资本标准、收益标准和目标标准。

①成本标准是货币形式的衡量标准,同实物标准一样普遍运用于操作层。成本是以货币价值来衡量作业造成的消耗,即作业消耗的货币价值形式。成本标准是广泛运用的衡量标准,比如生产成本、销售成本。②资本标准较多以货币形式来衡量实体计划。它们与组织投资于其中的资本有关而与经营成本无关,因此主要与资产负债表相关,最为广泛使用的标准就是投资收益率。有时会采用其他资本标准,比如流动比率、资产负债比率、固定投资与总投资比率等。③收益标准是以销售额为主要形式。④目标标准就是指在各层级管理中,建立一个计划考核的完整目标结构,可考核的计划的目标分为定量目标和定性目标两种。定量目标多半是可以准确考核的,而定性目标则难以准确考核。不过,定性目标可以用详细说明计划或其他具体目标的特征和完成日期的方法来提高可考核的程度。

一般来说,常用的制订标准的方法有三种:利用统计方法来确定计划的预期结果,根据经验和判断来估计计划的预期结果，在客观的定量基础上建立工作标准。

统计性标准，也叫历史性标准，是以分析反映组织在各个历史时期状况的数据为基础，为未来活动建立的标准。这些数据可能来自组织内部的统计数据，也可能来自其他组织的统计数据。利用组织的历史性统计资料为某项计划确定标准的优点是简便易行；缺点是据此制订的工作计划，可能落后于同行业组织。

根据专家经验和判断建立标准。实际上，并不是计划的质量和成果都能用统计数据来表示，也不是所有的组织计划活动都保存着历史统计数据。对于新从事的工作或是统计资料缺乏的工作，可以根据专业人员的经验、判断和评估来为之建立标准。这种方法要注意利用各方面人员如老职工、技术人员、管理人员的知识和经验，在充分了解情况、收集意见的基础上，科学地综合大家的判断，制订出一个相对合理的标准。

工作标准是通过对计划的制订、实施情况进行客观的定量分析来制订的。这就要求管理者及时掌握能够反映偏差是否产生并能判定偏差严重程度的信息，用预定标准对计划工作的成效和进度进行检查、衡量和比较。

2.衡量计划的成效

衡量计划成效的标准主要有：计划的统一性、计划的灵活性、计划的精确性以及计划的经济性。

第一，计划的统一性。计划的统一指的是一项复杂的活动除了一个总计划外，往往还有许多的子计划或者派生计划，分派给不同的部门去执行。因而计划的统一性强调对某一活动的所有计划的目标必须统一，步调必须一致，且它们之间的关系是相互促进、相互配合的。统一的计划有助于组织快而好地完成任务，达到目标。如果计划不统一，就会造成资源的浪费，机构的紊乱。

第二，计划的灵活性。计划是着眼于未来的，从而做出规划的管理工作。但是事情的发展总是受到各方面因素的影响，环境充满着未知，就应在制订计划的时候具有一定的灵活性，能够满足没有预见或者不能预见到的未来需要。计划的灵活性主要体现在计划本身具有改变方向的能力上。换言之，制订计划的时候依据未来可能发生的偶然事件，事先拟订出可供选择的替代方案。这样，不管环境如何变化，都能使计划有回旋的余地，甚至原有计划失误时，仍能使计划沿着既定的目标前进。

第三，计划的精确性。计划的精确性主要是指计划精细明确的程度，精确的计划能比较好地指导和控制未来的活动顺次开展，避免管理人员的猜测和随意决断，保证计划自身的准确执行。科学的预测方法和客观的分析推理是提高计划精确性的重要手段。

第四，计划的经济性。计划的经济性是指计划的经济效益，即所制订的计划能否保证组织的活动以最少的投入获取最大的收益。要实现计划的经济性，要求组织在制订计划的时候，一定要考虑各种费用支出，做好投入预算，选定那些投入产出比较高的计划方案。

常用的衡量方法有统计报告与抽样检查两种：统计报告就是根据衡量标准，采集相关的数据，并按一定的统计方法进行加工处理而形成的报告。采用统计报告时要注意两个问题：一是所采集的原始数据要真实、准确，二是所使用的统计方法要恰当。否则，统计报告就没有实际意义。统计报告要求全面，要涉及衡量工作的各个重要方面，特别是其关键点不能遗漏。随着计算机的运用越来越广泛，统计报告的地位越来越高，作用也越来越重要。在全面检查工作量比较大的情况下，抽样检查也是衡量计划成效的办法之一。

3.纠正偏差

调试过程的最后环节就是采取相应措施，纠正偏差。首先，要优化纠偏方案。一个可行的纠偏计划，其效益必须优于不采取任何措施使偏差任其发展可能带来的损失，将各类可行的纠偏计划进行对比，选择纠偏成本低、纠偏效果满意的方案来组织实施。其次，要充分考虑原计划实施带来的影响。当发现偏差时，可能只有一部分计划被执行。由于组织的环境的重大变化，或管理者主观认识能力的提高，可能会导致对部分原计划、甚至全部计划的否定，从而要对组织的活动方向和内容进行重大的调整。因此，在制订和选择纠偏计划时，要充分考虑原计划的实施所带来的影响。最后注意组织成员对纠偏计划的态度，协调好组织成员之间的关系。任何纠偏措施都会在不同程度上引起组织的结构、关系和活动的调整，从而会涉及某些组织成员的利益。因此，管理人员要充分考虑到组织成员对纠偏措施的不同态度，协调好组织成员之间的关系，争取更多人的理解和支持，以保证纠偏措施能更顺利地进行。

计划调试过程的三个基本步骤是相互联系、不可或缺的。确立标准是衡量计划成效时的依据，衡量计划成效是纠偏措施的基础。若不进行计划成效的衡量，就不会知道是否存在偏差以及产生偏差的原因。

三、影响计划调试的因素

计划是根据组织及其环境等方面来制订的，组织及其所处环境不同，计划工作的重点也不同。因而，影响计划调试的因素有以下几个方面。

1.组织层次

在大多数情况下，基层管理者的计划活动主要是制订作业计划，中层管理者主要制订战术计划，高层管理者主要负责战略计划，当管理者在组织中的层级上升时，他的计划角色就会发生变化。管理者所在的组织层次决定了制订计划的主要类型及其有效性。曾经的被管理者变为管理者，角色的转变在某种程度上会影响计划的制订实施过程；此外，不同管理层级的管理者所具备的素质与技能是不同的，对组织制订的计划的理解与认识的差异化会导致计划实施结果的不同。因此，组织的层级是影响计划调试的重要原因之一。

2.组织的产品生命周期

组织的产品都要经历一个生命周期，即形成期、成长期、成熟期和衰退期。在组织的产品生命周期的各个阶段，计划的类型并非都具有相同的性质，计划的时间长度和明确性应当在不同的阶段做出相应的调整。在组织产品的形成期，管理应当更多地以指导性计划为主，因为处于这一阶段，要求组织具有很高的灵活性；而指导性计划使管理者可以随时按需要进行调整。组织的产品进入成长期后，目标较为确定，计划更具有明确性、指向性，因此管理者应当制订短期的、更具体的计划。当组织的产品从成熟期进入衰退期时，计划也从具体性转入指导性，这时目标要被重新考虑，资源要被重新分析，管理者应制订短期的、更具指导性的计划。

3.环境的不确定性程度

环境的不确定性程度决定着计划类型与时限以及计划的制订、实施方法，也直接影响着计划的调试。在不断变化的世界里，计划必须是灵活的，因为环境变得更具有动态性和不确定性，所以不可能准确地预测未来。因此，组织为了制订非常详细的、定量化的、行之有效的计划，必须不断根据客观环境来调试计划，使之符合组织发展环境与既定目标。

4.组织文化

组织文化是组织成员所共有的价值体系，也会对计划内容的重点产生影响，在手段倾向型的组织文化中，组织的计划更侧重具体、操作性的内容；在结果倾向型的组织文化中，组织计划则会侧重于目标性、指导性的内容，不同的计划调试标准与工具适用于不同的组织文化。

本章小结

1.计划是对未来的管理和行动的预先安排。计划的根本目的是保证组织目标的实现，计划过程是组织目标得以落实的过程。

2.计划具有指引方向、提高效率、便于控制、降低风险、激励人员的功能。

3.计划按照其表现形式，可分为使命或宗旨、目标、战略、政策、规则、程序、规划和预算等；按照其范围的层次，可分为战略计划、策略计划和作业计划。

4.计划制订的过程一般包括：估量机会、确定目标、确定前提条件、确定备选方案、评价备选方案、选择可行方案、拟订派生计划以及编制预算等。

5.实施计划行之有效的方法主要有：目标管理、滚动计划法、网络计划技术法、甘特图法、企业资源计划等方法。

6.计划调试的过程主要包括：确定标准、衡量计划的成效和纠正偏差。

关键术语

计划　计划工作　宗旨　目标　战略　政策　规则　程序　规划　预算　目标管理　滚动计划法　网络计划技术法　甘特图法　企业资源计划

复习思考题

1.什么是计划？什么是计划工作？

2.计划有哪些功能与特征？

3.管理者为什么要事先制订计划？

4.论述计划的类型以及每种类型的适用范围。

5.简述计划制订的过程。

6.实施计划有哪些行之有效的方法？

7.论述计划调试的过程。

8.试论“计划跟不上变化”是指一种什么现象？应如何处理计划与变化的关系？

案例讨论

余额宝——鲇鱼还是吸血鬼？

2014年2月21日，央视证券资讯频道总编辑钮文新的一篇呼吁取缔余额宝的博文一经问世，便引发了全民激战。

钮文新认为，银行的利润被蚕食，企业也将支付更高的融资成本，最终整个社会将为此买单。表面上，钮总说的确是真理，这个逻辑也可以从1月份银行存款流失9400亿元的数据中看出。这些流失的存款绝大多数是进了类似余额宝这样的理财平台中，而为了让这些流失的银行存款再度回到银行的金库，银行支付的吸收存款的成本就从0.35%一下子升到了5%，增长了10多倍。

资深财经记者、《杭州日报》财评专栏主笔陈恩挚指出了钮文新的逻辑错误。他认为，贷款业务，相当于卖商品和服务，根据经济学的基本理论，决定商品或服务价格的，不是成本，而是供求关系。也正是这个原因，长期以来，银行吸储成本一直不高，但放贷利率始终居高不下。

有银行系统人士说，“余额宝们”增加了银行获得资金的成本，这部分必将会转嫁给企业和借贷消费者，最终是实体经济吃亏。但问题就在于，凭什么银行就可以转嫁成本？

从16家上市银行的净利差水平我们可以看出，近年银行的日子过得很不错。

2013年中报显示，所有银行的平均净利差是2.5233%；而2009年和2010年中期，却分别为2.3203%和2.1289%。从2013年第三季度报告来看，银行的净利差均值进一步上升到了2.5968%。

一边是喊着实体经济要扶持，一边却是银行的净利差水平逐步攀升，到底谁该为实体经济减负做出贡献？答案显而易见。

余额宝的出世，让银行业的日子开始难过，而让银行业掌门人感到更为难受的是，余额宝已经不再满足活期，开始把目光聚焦到银行赖以为生的定期存款上来。

2月14日,阿里发布了“元宵理财”一年期万能险理财产品,短短6分钟内就卖出了8.8亿元。如此一来,下一步阿里就该把手伸进银行业利润最为丰厚的领域,即向企业直接发放贷款,而这正是拥有淘宝、天猫两大电商平台的阿里所擅长的。

阿里可以通过互联网众筹模式筹集中小企业发展所需的资金,然后按照电商平台上的卖家信用评级,给有资金需求的卖家发放贷款。这样就可以解决目前余额宝收益完全依赖于银行的问题,从而向着真正民营金融、市场化金融的方向挺进。真到了那时候,国内金融的利率市场化才有可能落到实处。

互联网金融的发展,使存款利率市场化以一种自下而上的方式在推进。这种温和的推进存款利率市场化的方式,显然比直接放开存款利率管制更靠谱,因为若推进过快,则可能导致众多银行倒闭,引发经济危机。

有鉴于此,以行政手段推进利率市场化,可谓是一剂猛药,但余额宝等互联网金融的出现,为中国存款利率市场化提供了一种全新的温和方式,这可以说是一个契机。

(案例来源:新华网.是“吸血鬼”还是“鲶鱼”?一场因余额宝引发的口水战[EB/OL].[2014-02-25].http://news.xinhuanet.com./fortune/2014-02-25/c_119484302.htm.)

讨论:

1.结合案例说明计划的功能。

2.分析案例思考国家将会如何应对这场改革,将会如何计划改革?

3.结合案例分析说明不同的利益主体有什么计划?

第七章 组织

本章学习目标

1.了解组织的相关理论,认识组织在管理过程中的重要作用。

2.理解组织的含义,学会区分不同类型的组织结构。

3.掌握组织设计、组织运行、组织变革与组织文化等知识。

4.学会将组织的相关理论知识运用于具体的管理组织实践之中。

知识结构图

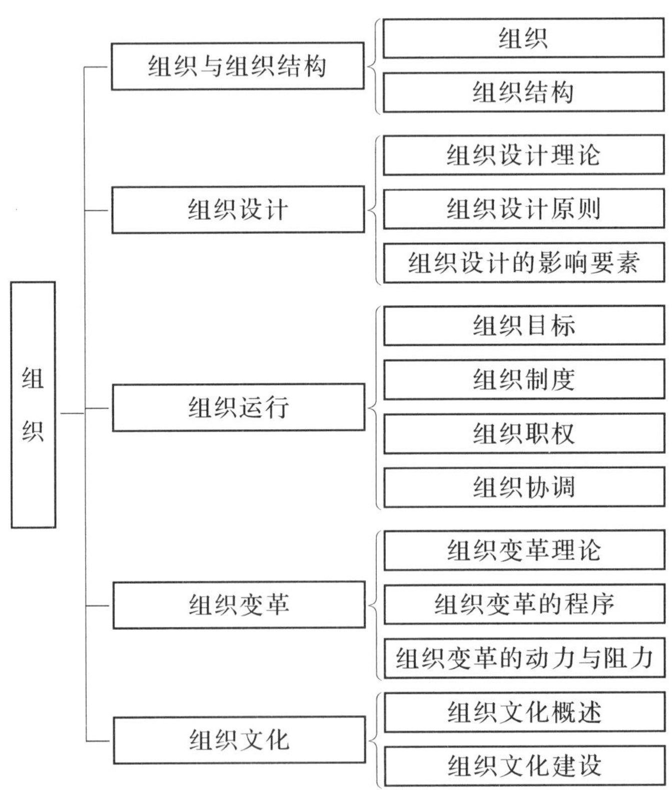

本章学习重、难点

重点

1.组织结构与设计。

2.组织运行与变革。

3.组织文化。

难点

1.组织设计。

2.组织变革。

引 例

比特丽公司的危机[①]

比特丽公司是美国一家大型联合公司,总部设在芝加哥,下面有450个分公司,经营着9000多种产品,如克拉克棒棒糖、乔氏中国食品等,都是名牌产品。公司每年的销售额达90多亿美元。

多年来,比特丽公司采用购买其他公司的战略,发展迅速。公司的传统做法是:每当购买一家公司或厂家以后,一般都保持其原来的产品,使其成为联合公司的新产品市场;另一方面对下属各分公司都采用分权的形式,允许新购买的分公司或工厂保持其原来的生产管理结构,这些都不受联合公司的限制和约束。由于实行了这种战略,公司变成了由许多没有统一目标,彼此又没有什么联系的分公司组成的联合公司。

1976年,负责这个发展战略的董事长退休以后,德姆被任命为董事长。他的意图是要使公司朝着新制定的战略方向发展。根据新制定的战略,卖掉下属56个分公司,但同时又收购了西北饮料工业公司。据他的说法,公司除了面临发展方向问题外,还面临着另外两个主要问题:一是下属各分公司都面临着向社会介绍并推销新产品的问题。为了刺激各分公司的工作,德姆决定采用奖金制,对干得出色的下属分公司经理每年奖励1万美元。但是,对于这些收入远远超过1万美元的分公司经理人员来说,奖金恐怕起不了多大的刺激作用。二是在维持原来的分权制度下,如何提高对增派参谋人员必要性的认识,如何发挥参谋人员的作用问题。他决定要给下属每个部门增派参谋人员,以更好地帮助各个小组开展工作。但是,有些管理人员则认为只增派参谋人员是不够的;有人认为,没有必要增派参谋人员,可以采用单一联络人联系几个单位的方法,即集权管理的方法。此外,公司专门设有一个财务部门,但是它根本就无法控制这么多分公司的财务活动,造成联合公司总部无法掌握下属部门支付支票的情况等。随着时间的推移,公司难以得到生存与发展,并迈向了破产的边缘。

---

① 摘自:http://www.docin.com/p-1510376951.html.

第一节 组织与组织结构

组织不仅是社会的细胞、社会的基本单元，而且可以说是社会的基础。在现实生活中，每个人总是在一定的组织中学习、工作和生活。例如，大多数人在一出生的时候遇到的第一个组织就是医院，此后，要和幼儿园、学校、工作单位、银行、政府机关等形形色色的组织进行密切的接触。那么该怎样理解组织的含义，组织又具有哪些结构？

一、组织

组织（Organization）一词最早来源于“器官（Organ）”，因为器官是构成系统的具有特定功能的细胞结构。在我国古代，“组织”一词指的是将丝麻编结起来而制成的布帛，也含有“编织”之意。随着生产活动的复杂化和语言文化的进步，组织一词便被人们借用来说社会现象。因此，从最一般意义讲，所谓组织就是上面提到的各种社会组织或事业单位。

由于不同学者研究视角的差异，对组织含义的认识和理解便存在很大的差异。古往今来，国内外学者对组织概念的理解众说纷纭。比较典型的有以下几种观点。

古典组织理论的研究者詹姆斯·穆尼认为，组织是每一种人群联合起来为达到某种共同目标的形式。美国管理学家切斯特·巴纳德则认为，组织就是有意识地协调两个或者两个以上的人的活动力量的协作系统，该定义强调了组织是由个体或者群体集合而成的系统。格罗斯与埃策尼的定义也受到西方学界的重视，他们认为“组织，是人类为了达到某种共同目标而特意建构的社会单元，企业公司、军队、学校、教会、监狱等都是组织”。

我国学者也给出了组织的定义，学者郑海航认为：“组织是由两个以上的群体组成的有机体，是一个围绕共同目标、内部成员形成一定关系结构和共同规范的力量协调系统。”刘巨钦给出的定义是：“所谓组织，是指为了实现一定的共同目标而按照一定的规则、程序所构成的一种权责结构安排和人事安排，其目的在于确保以最高效率使目标得以实现。”

“组织”这个词非常普遍，从现代意义上来看，广义上说的组织是指由诸多要素按照一定方式相互联系起来的系统。狭义上说的组织就是指人们为实现共同的目标，互相协作结合而成的集体或团体。具体来说，组织是指人们为了达到共同目标，按一定规则和程序而设置的多层次岗位及其有相应隶属关系的人员责权分配和层次结构所构成的一个完整的有机体。

专栏 7-1 管理知识：优秀组织的特征

国内外众多学者通过多年对组织的研究与调研总结得出，一些优秀的组织都具备以下 9 种共同特征：

1.领导者值得尊重和追随； 2.成长型；
3.兼顾工作和生活； 4.持续成长和发展的机会；
5.组织成员亲如一家； 6.人身安全和情感安全；
7.视组织成员为商业伙伴； 8.顺畅地、自由地沟通；
9.有明确的任务和期望。

二、组织结构

组织结构是表明组织各部分排列顺序、空间位置、聚散状态、联系方式以及各要素之间相互关系的一种模式，是组织内部分工协作的基本形式，是整个管理系统的“框架”。通常情况下，组织结构分为直线型组织结构、职能型组织结构、直线职能型组织结构、事业部制组织结构及矩阵型组织结构这五种主要结构。

1.直线型组织结构

直线型组织结构，又称单线型组织结构，这种组织结构模式最古老，也最简单。在这种组织结构下，组织系统中的职位、职权、职责直接从组织最高层开始向下“流动”、传递或分解，经过若干管理层次到达组织最基层。也就是说，这属于垂直领导的组织结构模式，如图7-1所示。组织上下级关系是直线关系，即命令与服从的关系，组织的一切权利都由最高层掌握。这种组织结构的最大特点是组织中各级主管对其直接下属拥有直接指挥权，在其管辖范围内，拥有绝对的职权或完全职权，组织中的每一个人都只有一个直接上属，对其负责并汇报工作，即“一个人，一个头”。

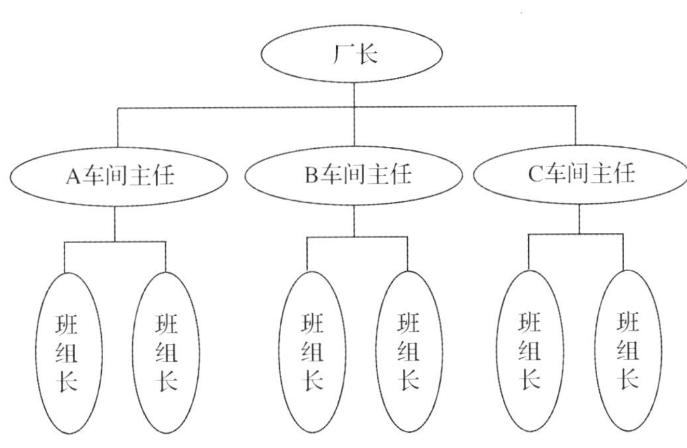

图7-1　直线型组织结构

直线型组织结构的主要优点是组织结构简单，指挥命令统一，权责关系分明、清晰，控制严密，信息沟通方便，对环境的适应性强，便于集中管理且管理成本低。这种组织结构的主要缺点是权力过分集中，易导致权力的滥用以及领导决策的失误现象出现；组织各部门间的协调性相对较差；有违专业化分工的原则，下级的一切问题都要向上级请示、汇报，使领导者无暇顾及组织的战略问题，而将大部分的时间花费在组织的日常事务之中，不利于下级主动性、积极性与创造性的发挥与组织的发展与成长。直线型组织模式适应于那些组织规模较小、人员较少，工作相对简单，如劳动密集、机械化程度比较高的组织系统。

2.职能型组织结构

职能型组织结构，又称多线型组织结构。它在组织内设置若干个职能部门，以部门职能分工为基础，对组织实行专业化管理，将相同的业务活动及其人员组合在一个职能部门内，并设置相应的职能部门和职位职权，从而提高工作效率，同时使整个组织系统较稳定，便于最高领导层对整个组织进行控制管理。各职能机构都有权在其业务范围内向下级下达命令和指示，具有指挥、协调、监督与控制等权利，并直接对上级领导负责，上级不直接参与基层问题的处理。这种组织结构模式的特点在于各级职能部门和人员实行高度的专业化分工，各自履行一定的管理职能，从而使组织管理权力得到高度集中。

职能型组织结构的优点在于实行专业化分工，各级管理者分工明确，权力集中，从而能够调动人员的积极性、主动性和创造性；有助于减轻上级领导者的负担，降低管理费用。但是这种组织结构也存在一定的缺点，如：各职能部门往往着眼于本部门的自身利益，与其他职能部门的沟通较少，从而导致协调性较差；各职能机构都下达命令或指示，容易形成多重领导，造成政出多门，使下级无所适从。该组织结构模式对内外部环境的适应性较差；过度强调专业性的知识与技能，不利于全面性、综合性领导及管理人才的培养。职能型组织结构适用于中小型的、产品类型单一或只有少数几种产品、外部环境相对稳定的组织系统（企业），如劳动密集、重复劳动的企业。

3.直线职能型组织结构

直线职能型组织结构又称为“U 型”组织或简单结构。它是将直线型与职能型组织结构结合起来所形成的一种组织结构模式。它以直线型组织结构为基础，通过设置横向的职能管理部门，并设立参谋机构，为该级领导者出谋划策，同时设置纵向垂直领导直线指挥部门，这些部门不具备一定的稳定性或是为了完成一定的任务临时设置的。因此，它与直线型、职能型组织结构相比，实行的是一种主管领导集中管理与职能部门参谋指导并重的组织结构模式，如图 7-2 所示。

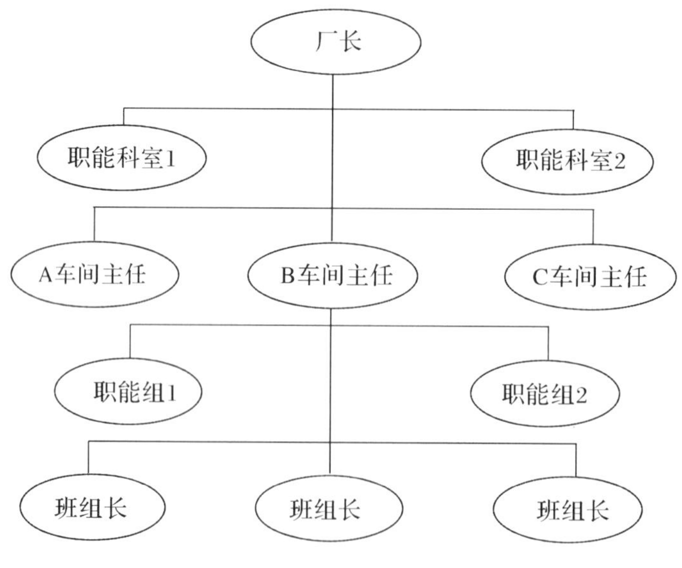

图 7-2 直线职能型组织结构

直线职能型组织结构实行各级行政领导逐级负责制与高度集权制，下级机构受双重管理，既受上级部门的管理，同时又受同级职能部门的管理。在这种模式中，直线人员与职能参谋人员共同服务于组织目标的实现，其中，直线人员服务的形式比较直接，而职能参谋人员则相对间接。职能参谋人员不能对直线人员行使职权，其所拟订的计划、方案以及有关指令也只能通过直线人员向下传递。

直线职能型组织结构的优点在于更好地融合了直线型与职能型组织结构的优点，抛弃了其缺点，如吸收了直线型组织结构集中管理、统一指挥、职责清晰、系统稳定等优点和职能型组织结构实行专业化分工、专业化管理的优点。

但是这种组织结构模式也存在一些不足之处：权力的高度集中，不利于下级主动性的发挥；职能部门间沟通不足，协调性较差；职能部门缺乏弹性，对环境变化反应迟钝；信息传播距离较长，容易导致信息的失真及管理费用的增加，将给组织的发展带来严重的后果。目前，这种组织结构模式被绝大多数企业所采用，尤其对产品类型单一且销量大、决策信息少的企业非常有效。

4.事业部制组织结构

事业部制组织结构也称 M 型结构、多部门结构或分公司制结构。它是国外大型企业广泛采用的典型组织结构形式，尤其是在欧美和日本等国家非常普遍。作为一种分权式的组织结构形式，其主要的特点是在高层管理者之下，按产品或地区建立若干个事业部，实行“集中决策，分散经营”的集中领导下的分权管理，如图 7-3 所示。即决策权并不完全集中于公司最高管理层，而是下放到各事业部，不仅调动了各事业部的积极性，也使公司最高管理层摆脱了日常事务，将更多的精力集中在战略决策的研究上。每个事业部都是一个利润中心，在总部领导下，实行独立核算，自负盈亏，每个事业部对总部负有完成利润计划的责任，同时，在经营管理上拥有相应的权力。这种组织结构形式按照“政策制定与行政管理分开”的原则，总公司只保留预算权、重要人事任免和方针战略等重大问题的决策权，其他权力尽量下放，使各事业部有充分的主动性和自主权。

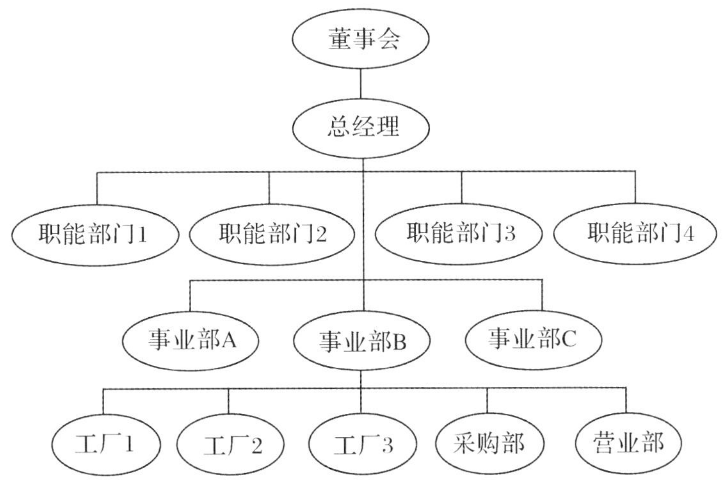

图 7-3　事业部制组织结构

事业部制组织结构的优点在于:责权划分比较明确;有利于最高领导层摆脱具体的日常行政事务,将更多的时间与精力花费在战略研究与长远规划上,提高决策的准确性;各事业部之间存在着的竞争,有助于增强发展活力以及对外部环境的回应与适应能力;各事业部在生产经营上有较大的自主权,因而能较好地调动各事业部经营管理人员的主动性与积极性,有利于培养和训练全面性、综合性的管理人才,为组织的可持续发展储备力量。这种组织结构的缺点在于:各事业部从各自的利益出发,忽视组织的整体性,容易滋生本位主义;事业部间激烈的竞争,可能发生内耗,协调也较困难;机构的重叠,管理层次的增加,导致了资源的浪费与管理成本的增加。事业部制组织结构主要适应于产业与产品多样化、各有独立的市场,而且市场环境变化较快的大型企业。

5.矩阵型组织结构

矩阵型组织结构又称"规划—目标"结构,它打破了传统的按照生产、销售、服务等设置的一维式组织结构模式。这种结构模式是在直线职能型组织结构的基础上通过增设横向管理系统,以改进直线职能型组织结构横向联系差与缺乏弹性的缺点而形成的一种新的多维式组织结构模式,如图 7-4 所示。

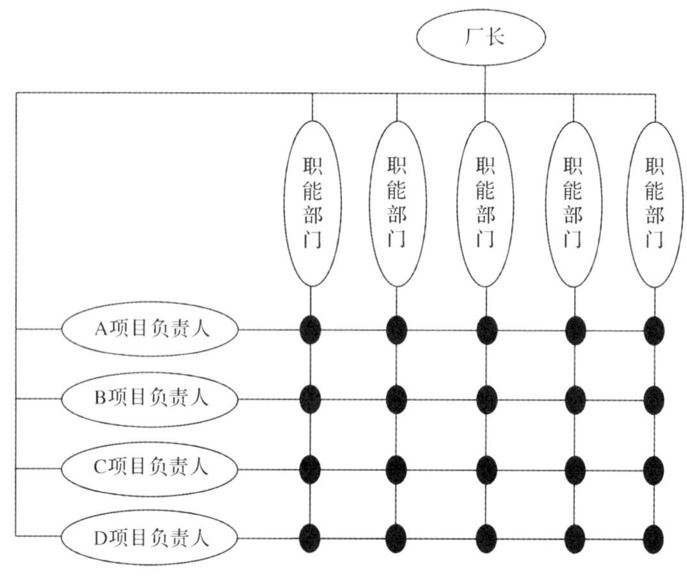

图 7-4 矩阵型组织结构

它由两套管理系统组成,即有按职能划分的纵向垂直领导系统,又有按项目划分的横向领导系统。其中纵向管理系统具有永久稳定的结构,横向管理系统是为了完成某种项目或任务临时增设的,不具有稳定的结构。其主要特点就是双重机构与双重领导。或者说,项目系统没有固定的工作人员,而是随着任务的进度,根据工作的需要,从各职能部门抽人参加,这些人员完成了相关工作后,回到原来的职能部门。项目小组的成员既服从于项目负责人的领导,又要受所属职能部门的领导。矩阵型组织的形式是固定的,但每个项目小组是临时的,在完成任务后立即撤销。

矩阵型组织结构的优势在于：通过横向联系与纵向联系的有机结合，加强了不同职能部门之间的沟通与协作；它可随项目的开发与结束进行组织或解散，从而具有相对的机动灵活性；将各种专业人才集聚在一起，有利于专业人才潜能的开发和知识的互补，加速问题的解决。其缺点主要体现在：实行双重领导，容易由于意见分歧造成指挥与协调的困难及权责不清所导致的管理次序混乱等现象；项目成员来自不同的职能部门，他们容易产生临时观念，使职工角色知觉模糊、产生不稳定感和迷茫感。这种组织结构适应于对环境变化做出迅速而一致反应的组织，常用于创新组织、咨询公司、广告代理商中。

第二节　组织设计

科学地进行组织设计，必须依据组织设计的相关理论，遵循组织设计内在基本原则与规律，有步骤地实施，才能发挥出整体大于部分之和的效果。

一、组织设计理论

组织设计是组织行为学的一个常见术语，是指组织为了有效地实现既定目标或达到一种理想的组织关系而对以组织结构为核心的组织系统进行整体设计的一个动态工作过程。通常情况下，组织设计主要针对组织结构与组织机构进行设计。组织结构设计是组织总体设计的组成部分，是组织设计的核心和关键。它根据组织业务活动及其内外部环境的特点，规定不同部门在开展各种业务活动过程中的相互关系。组织设计的最终目标就是设计具体的、合理的、适宜的组织结构。因此，它具有复杂性、规范性等特征。组织机构设计，简单地说，就是一个组织应该设置哪些岗位与职务，这些岗位与职务如何通过整合产生不同部门的一个过程。

从组织设计的发展过程看，它经历了一个由传统组织设计到行为分析组织设计再到现代权变组织设计的漫长过程，使组织设计理论日趋成熟。目前，普遍采用的现代权变组织设计是在传统组织设计和行为分析组织设计基础上产生和发展起来的一种新的组织设计。它要求管理者要以系统性、全面性、综合性以及动态性的思维来设计组织，要求设计的组织既要适应环境、战略、结构这些组织硬件，又要适应人员、价值观等这类组织软件等情况。通过采用不同的组织设计，组成不同的组织结构，以求能够成功地实现组织目标。

组织设计理论可分为静态组织设计理论和动态组织设计理论。静态组织设计理论主要探讨组织的体制机制、部门结构及规章制度与行为规范等。动态组织设计理论立足于静态组织设计理论，增添了在组织结构设计完成以后运行环节中的一些新的因素，如协调、控制、沟通、激励、绩效评价、人员的培训等因素。静态组织设计理论与动态组织设计理论是一种相互包容、互不排斥的关系。现代组织设计理论无疑是动态组织设计理论，但它离不开静态组织设计理论的推动作用。静态组织设计理论在组织设计研究中仍处于主导地位，而动态组织设计理论则是静态组织设计理论的进一步发展与完善。二者相互作用，共同为组织设计理论的发展发挥了重要作用。

二、组织设计原则

组织所处的环境、采用的技术、制定的战略、发展的规模不同，所需的部门和职务及其相互关系也不同，但任何组织在进行机构和结构设计时，都需遵循一些共同的原则。组织设计应该遵循的原则，可归纳为以下几点。

1.目标一致性原则

目标是一切管理活动的出发点和落脚点。目标一致性是指在进行组织设计时，要使目标明确化，并使组织各部门的分目标、员工的个人工作目标与组织总目标相一致。也就是说，每一个组织和这个组织的每一部分，都与特定的任务、目标有关，否则就没有存在的意义和价值。组织是实现组织目标的有机载体，组织的结构、体系、过程等均服务于组织目标的实现，进行组织设计的主要目的也是为实现组织目标。因此，应按组织目标要求进行组织设计、调整或建立组织结构，按各部门各岗位职务的职能要求确定管理人员的工作量及其应具备的能力素质，然后选符合前述要求的人员。这样就把组织目标与每一个员工联系起来，使组织设计做到以事为中心，因事设机构、设岗位、配人员，防止因人设事、人浮于事和不称职现象的发生，从而达到人与事的优化组合。

2.权责一致原则

权责一致原则也称权责对等原则，是组织管理中的一项重要原则。职权是指人们在一定职位上拥有的权力，主要指决定权。职责就是在一定职位上完成任务所承担的责任。有多大权力就必须承担多大责任，职权与职责必须相对应。权责一致虽然很难从数量上达到一致，但在逻辑上是必然的。为保证组织工作的有效进行，在组织设计过程中，职位的职权和职责要对等一致。通过科学的组织设计，深入研究组织管理体制和组织结构，结合环境、战略等组织硬件与组织人员、作风、文化等组织软件，建立起一套完整的符合岗位职务和相应的组织法规体系，将各种职务、权力和责任等形成规范，使担任各项工作的人员有所遵从。在实际的组织中，权责分离是一种极为常见的现象，有权无责、有责无权、权大责小、责大权小等现象大量存在，使组织发展失去了活力。因此，在组织设计过程中，遵循权责对等原则，要解决好授权与分权的问题。对上级来说，必须对下级进行正确的分工与授权，对下级来说，就不能要求超过职责范围以外的更多的职权，以防止责权分离而破坏组织系统的整体效能。

3.精简高效原则

精简、高效是组织设计的最重要原则。机构精简、人员精干，才能提高组织成员的积极性，实现管理效率，同时降低管理成本。组织应根据其业务活动的需要，力求减少管理层次，降低管理幅度，精简管理机构和管理人员。因此，对于一个组织而言，是否精简、高效就是管理层次和幅度是否有效最重要的标志。

管理层次亦称组织层次，它是描述组织纵向结构特征的一个概念，是组织纵向划分的管理层级的数目。管理幅度也称管理宽度，是指一个人或组织能直接高效地管理下属人数或机构的限度,体现了组织的横向结构。管理层次和管理幅度是决定组织结构的两个重要参数,而且,管理层次与管理幅度是密切相关的。二者呈反比关系,即管理幅度越宽,管理层次就越少;反之,管理幅度越窄,管理层次就越多。管理层次与管理幅度的反比关系决定了两种基本的管理组织结构形态,即管理层次少、幅度大的扁平结构形态和管理层次多、幅度小的锥型结构形态。此外,管理层次受组织规模影响。它与组织规模成正比:组织规模越大,包括的成员越多,则层次越多;反之,层次越少。在组织管理中,管理幅度不宜过宽,要根据具体情况而定。因为管理幅度与管理者的性格、能力、精力和时间以及被管理者的素质密切相关。管理幅度过宽,会导致领导者负担过重或出现管理混乱。管理幅度过窄,会增加管理层次,降低工作效率。因此,在组织设计的过程中,就应该对组织的管理层次与管理宽度进行一个合理的界定,以保证组织的精简与高效。

4.统一指挥原则

统一指挥原则,也称统一与垂直性原则,是组织设计中最经典、最基本的原则。它建立在明确的权力系统之上,以达到垂直性组织系统中命令的统一、指挥的统一。这个原则要求在指挥过程中,上下级之间形成一条清晰的指挥链,而且指挥链不能中断,否则将造成指令无法下达,信息无法传递与反馈,整个组织陷于瘫痪状态的严重后果。为了保证指挥链的完整,在通常情况下,上级对下级的指挥应逐级进行。越级指挥的后果不仅浪费了管理者的时间与精力,还会挫伤下属的积极性和主动性。此外,该原则还要求组织系统中的每个下级只接受一个上级的领导,避免了多头领导、政出多门的现象出现,以达到政令统一,高效率地贯彻执行各项决策。因而,统一指挥原则最大的特征在于它保证了权利的集中与责任的明确,提高了决策的效率,同时保证了组织的正常运转和执行效率。

5.分工协作原则

分工协作原则是指在进行组织设计时,按照不同专业和性质进行合理的分工,并规定各个部门之间或部门内部的协调关系和配合方法,从而提高组织运行效率。一个组织并不是孤立存在的,其内部既分工明确,又互相沟通协作,以达成共同的目标。近几年来,随着分工程度的提高,协调难度的增大,组织效率呈现逐渐降低的趋势。分工与协作关系紧密,二者相辅相成。协作离不开分工,是在分工基础上的协作;分工是在协作指导下的分工,是为了更好地协作。分工协作原则要求分工要符合精干的原则,以减少不必要的管理层次,从而提高资源的有效利用。协调要注重发挥纵向协调和横向协调的双向作用。对于不同类型的组织来说,一是要合理规范组织内部各职能部门的工作范围与工作类型,二是要明确专业化分工之间的相互协作关系,只有这样,才能加快组织目标的实现进程。

三、组织设计的影响要素

组织设计的对象既可以是新建的组织,也可以是现有的组织。因此,不同的变化因素所起的影响与作用也不尽相同。一般来说,新建组织的设计相对自由,现有组织的设计相对复杂,受影响的要素相对较多。不论是新建组织还是现有组织,在组织设计过程中,需要考虑和分析的主要因素包括组织外部环境、组织战略、组织技术、组织规模与组织资源状况等。

1.组织外部环境

任何组织都处在一定的环境之中,环境是组织不可分割的一部分,组织环境必然对组织的内部结构产生一定的影响。组织外部环境是指存在于组织边界之外,并对组织具有潜在直接影响的所有因素,如经济变化、产业状况、市场变化、文化环境、社会环境等。它一般分为任务环境与一般环境两种,并具有很大程度的不确定性,从而对管理者决策产生一定的影响。权变组织理论认为,组织设计的重要任务之一就是要使组织内部结构适应于组织外部环境。组织外部环境对组织设计的影响主要体现在三个方面:一是对组织结构总体特征的影响,二是对部门设计和职务设置的影响,三是部门间与部门内部关系的影响。因此,组织需要通过合理的组织设计,并通过组织创新或重组,使组织结构不断适应外部环境和条件的变化,以促进组织的良性发展。

2.组织战略

组织战略是组织设计的重要变量,决定了一个组织区别于其他组织,并在组织目标以及目标实现路径与方法上体现出最为显著的特征。组织战略与组织设计,尤其是组织结构设计的关系尤为密切。组织战略决定了组织结构,组织结构服务于组织战略,是实现组织战略目标的一种重要手段。

伟大的企业史学家、战略管理领域的奠基者之一的艾尔弗雷德·钱德勒对美国100家大公司进行了考察并进行了长达50年的跟踪研究,得出了“先行的组织战略变化导致了组织结构的变化”这一重要结论。组织通常起始于单一产品或产品线生产,这种简单的战略要求相对简单、松散的组织结构。随着组织不断发展壮大,战略逐渐由单一产品纵向一体化向多样化转变,对组织提出了更高的要求,要求组织重新设计组织结构,采用相对复杂、严格的结构形式,以适应变化了的组织战略。美国著名管理学家麦尔斯和斯诺在1978年出版的著作《组织的战略、结构和程序》中提出了根据不同的战略类型对组织结构设计的影响,总结了四种战略类型和相应的组织结构,如表7-1所示。

表7-1　不同战略类型对组织结构的影响

战略类型	外部环境	组织结构特征
防御者型	稳定	集权化程度高、层级控制严密及具有差异性的专业化分工
探险者型	动荡	劳动分工程度低、规范化程度低、柔性分权化的松散型组织结构
分析者型	动荡	规范化和灵活性并举,组织结构采取一部分有机式,一部分机械式
反映者型	不确定	因无法及时应对环境变化而被动反应,组织结构具有很大的不确定性

3.组织技术

任何组织都需要利用某种技术,将投入转换为产出。而无论采用什么样的技术,都会对组织结构产生一定的影响。它不仅影响了整个组织系统活动的效率,在组织设计过程中,还影响了组织职能部门的划分、职位的设置以及人员能力素质的提升。因此,组织结构必须与之相适应才能使组织更有效。技术对任何组织的组织设计都有影响,包括政府组织、非政府组织以及企业等，其中对企业的影响最为明显。现代企业在生产运作过程中广泛地采用各种先进技术和机械设备，促进了企业生产效率的提高。当今社会处在信息化高速发展的时代，信息技术的发展使社会发生了翻天覆地的变化，对社会重要组成部分的组织而言，也有一定的积极影响，如使组织的结构趋于扁平化、加强了组织间与内部的沟通与协作及提高了员工工作的积极性与主动性等。

例如，以生产运作型企业为例，按企业生产产量可将企业的生产划分为单件小批量生产、大批量生产以及流程生产这三种类型。从小批量生产过渡到批量生产的复杂程度越来越高，所需的组织结构也越来越烦琐。如单件生产阶段，组织呈现的是低度的横向、纵向分化及低度的正规化特征。因此，组织结构较为简单，管理层级较少，整体的复杂性、规范程度都较低，这种结构称为有机式的组织结构。然而，到了大批量生产阶段，组织呈现出中度的纵向分化、高度的横向分化以及高度的正规化特征。此时，组织结构较为复杂，属专业化分工比较明确，规范化程度较高，集权程度也较高的机械式组织结构。

4.组织规模

组织规模是影响组织设计又一个不容忽视、极为重要的要素。它是指一个组织所拥有的人员数量以及人员间的相互关系。人员的数量对组织设计的影响往往是决定性的，一般而言，组织规模越大，工作越专业化，标准操作化程序和条例制度越多，组织的复杂性和正规化程度也就越高，组织结构越倾向于机械式。但随着组织规模的扩大，规模对结构的影响强度在逐渐减弱。

组织规模不同，组织设计就会存在一定的差别，这种差别主要体现在组织的规模化程度、组织的集权化程度、组织的复杂化程度以及组织人员结构比例上。美国组织学家彼得·布劳在分析总结组织规模对组织结构的影响时，明确指出“规模是影响组织结构最重要的因素，但是，在组织初期，组织规模对组织结构的影响要大于当组织规模达到一定程度后再扩大时对组织结构的影响程度”。表7-2从管理层次、部门与职务数量、分权程度、技术与职能的专业化以及正规化程度这五个结构要素说明组织规模对组织结构的影响。

表7-2 组织规模对组织结构的影响

结构要素	小型企业	大型企业
管理层次	少	多
部门与职务数量	少	多
分权程度	低	高
技术与职能的专业化	低	高
正规化程度	低	高

5.组织资源状况

一个组织所拥有的资源主要包括人力资源、财力资源、物资资源、信息资源四大类。其中，人力资源是组织极为重要的资源，是指组织成员或为组织工作的各种人员的总称。进一步说，人力资源是指组织成员所蕴藏的知识、能力、技能以及他们的协作力和创造力。财力资源是指组织拥有的资金，它直接关系到组织的实力与影响力，其最大的特点在于能够方便地转化为其他资源。物资资源包括组织拥有的土地、建筑物、设施、机器、原材料、产成品、办公用品等资源，它在组织的所有资源中起基础性作用，对组织的存在和发展有着决定性的影响。信息资源作为组织的一种宝贵资源，确保了组织在信息资源投入方面能够以最佳的方式运作。通常情况下，按信息流向可将信息资源划分为"外部内向"信息资源和"内部外向"信息资源两种。其中，"外部内向"信息资源是指组织所了解、掌握的，对组织有用的各种外部环境信息。"内部外向"信息资源是指组织的历史、传统、社会贡献、核心竞争能力、信用等信息。这些信息一旦被外界所了解，就会转化为组织谋求发展的重要条件。

第三节　组织运行

组织运行是组织结构动态流程的一面，其最终目的是提高组织运行效率，促进组织发展。为使组织结构在实现组织目标的过程中做出贡献，必须使组织得到有序运行或运转。组织目标的确立、组织制度的建立、组织职权关系的平衡、组织冲突的协调、组织运行机制的健全等，为组织的有序运行提供了良好的保障。

一、组织目标

19 世纪美国哲学家、诗人爱默生说："一心向着自己目标前进的人，整个世界都为他让路!"这句话也充分肯定了组织目标的重要意义所在。所谓组织目标是指根据组织使命而提出的组织在一定的时间空间活动范围内所期望达到的预期成果或状态、境地。如中国人民解放军的目标就是建设一支具有中国特色的现代化、正规化的革命军队。组织目标是组织存在和发展的基础，它指明了组织的发展方向，勾画了组织未来发展的前景。实现组织目标是组织的最终目的，没有目标就不是组织，而仅是一个群体。同时，组织目标也是管理者和组织中全体成员的工作指南，是组织决策、效率评价、协调和考核的基本依据。一般情况下，组织成员都处于试图实现组织目标的努力与期待之中。为完成组织目标，组织成员需要付出一定的代价。

任何组织都是为一定的目标而建立起来的。组织目标是否明确，直接涉及整个管理活动、组织目标能否达成，事关组织的发展大计。组织运行就是以组织目标为指导，在组织结构设计的基础上依托组织运行体制及组织文化而对组织进行管理的过程。因此，组织目标是组织运行的前提与基础。

关于组织目标的分类与区分，存在多种不同的说法。如，可按重要度分为战略目标、策略目标、战术目标，也可按期限分为远期目标、中期目标、近期目标等，具有多种分类形式。具体分类见表 7-3 所示。

表 7-3 组织目标的分类

分类标准	内容
按期限分类	远期目标、中期目标、近期目标
按重要度分类	战略目标、策略目标、战术目标
按实施主体分类	系统目标、群体目标、个人目标
按层次分类	上层目标、中层目标、下层目标

此外，针对组织目标的分类，彼得·德鲁克、赫伯特·西蒙、托马斯·贝叶斯及查尔斯·佩罗等著名学者也纷纷提出了各自不同的观点。如西蒙根据组织目标的功能将组织目标区分为能够维持组织生存的目标与保证组织发展壮大的目标两种，即组织的生存目标与发展规律目标。佩罗详细分析了组织的多层次目标，将组织目标分为社会目标、产量目标、系统目标、产品特性目标以及其他目标。其特点主要体现在差异性、层次性与时间性上。其中，差异性表现为不同类型的组织具有不同的目标；层次性表现为组织有多个目标，且目标是分等级的；时间性表现为组织在未来一段时间内所要达到的目的。学者们的具体观点如表 7-4 所示。

表 7-4 不同学者关于组织目标分类的解说

学者	观点
彼得·德鲁克	组织目标包含市场、技术/研发、物质和财务资源、人力资源、利润、员工积极性、社会责任这七个方面
赫伯特·西蒙	组织目标区分为能够维持组织生存的目标与保证组织发展壮大的目标两种类型
托马斯·贝叶斯	组织目标要重点体现为盈利能力、受益者的服务、员工的需要和福利、社会责任四类
查尔斯·佩罗	在详细分析组织多层次目标的基础上，提出了社会目标、产量目标、系统目标、产品特性目标及其他派生的目标

随着社会的发展，组织目标也随之发生相应的变化，一般制订组织目标需要遵循以下四项原则。

①以满足社会、市场与顾客需求为前提。组织要以最快的速度、最优的质量将社会需求、市场需求与顾客需求转化为现实供给，并作为制订目标的基础。只有这样，组织才有可能得到社会的认可并取得进一步的发展。

②以提高组织的投入产出率为基础。由于任何组织所拥有的人力、物力与财力等组织资源都具有有限性，组织应在有限的资源情况下获取更多更大的效益，使投入产出率达到最优。

③组织目标应具有科学性与先进性。制订目标是为了更好地实现目标，所以组织要在具体分析主观与客观条件的情况下，制订科学先进、切实可行的组织目标。组织目标的制订既不能过高也不能过低，制订的目标过高容易使组织成员产生心理压力，丧失工作积极性与主动

性，制订的目标过低容易导致组织及员工失去活力，无法满足社会需求、市场需求与顾客需求。

④要考虑到组织的社会责任。每一个组织都是社会的一个基本单位，都要承担一定的社会责任和义务。组织应在不违背社会伦理道德的前提下开展活动，为社会提供更多更好的服务，以提高组织的使命感与社会责任感。

专栏 7-2 管理知识：行政组织目标

行政组织作为组织的重要组成部分，其组织目标是为公众提供更多更好的公共产品与公共服务，具有非盈利的性质。关于行政组织目标的一些具体情况可参照表 7-5。

表 7-5 行政组织目标概述

行政组织目标概述	
定义	行政组织目标是指行政组织期望在一定时间与空间内所要达到的最后结果
特征	强制性、服务性、复杂性、动态性、社会性
作用	导向作用、激励作用、整合作用、管理工具作用
结构	纵向与横向目标结构、内部与外部目标结构、战略与战术目标结构
类型	积极目标、消极目标、经济目标、文化目标、社会目标
实现途径	经济手段、法律手段、行政手段、信息传播手段

二、组织制度

组织制度是组织管理中借以约束全体组织成员行为的准则，它包括组织的各种规章、制度、条例、守则、办法等。组织制度有广义与狭义之分，广义的组织制度是指组织管理中所有具有稳定性、约束性及体系化的标准和规程；狭义的组织制度是指在组织结构、计划与控制规范基础上所形成的用来协调和约束组织全体成员行为、规定活动程序和方法的制度规范。建立科学合理的组织制度是实现组织健康运行的重要保证，保证了组织管理决策的制定和执行、组织权责关系的相互一致，保证了组织能有效地实现专业化分工和协作，保证了组织成员能够接受并执行管理者的决定等。组织制度的种类有以下五种。

1.组织基本制度

组织基本制度是组织制度规范中具有根本性质的，规定组织形式和组织方式，决定组织性质的基本制度，是组织中其他制度的依据与基础。它包含了组织章程、组织机构制度、组织领导与管理制度、组织经营运作制度、组织人事制度等，确立了组织的所有制形式以及利益分配方式，规定了组织内部人员的权利、义务及相互关系等相关内容。

2.组织管理制度

组织管理制度是对组织管理各基本方面规定活动框架，调节集体协作行为的制度，它是组织基本制度得以执行的具体保证。良好的组织管理制度应在科学设置组织机构的基础上，实行岗位负责制，明确组织各项工作的工作流程，并合理界定上下级关系。一般而言，一套完善的组织管理制度主要包括组织职能的设计规定、结构框架的设计规定、管理规范的设计规定、人员配备和培训规定、运作规定的设计规定以及反馈和修正制度等内容。此外，还包括了如员工出勤管理办法、车辆管理制度、工资发放制度、费用开支管理制度等。

3.组织技术规范

组织技术规范是关于组织使用设备、工具的工序，执行工艺过程以及产品、劳动、服务质量要求等方面的准则和标准，它规定了组织业务活动所涉及的某些技术标准、操作规范、技术规程。不同的组织由于其业务内容的差异，技术规范也存在很大差别，组织应对技术规范进行详细说明。

4.组织业务规范

组织业务规范是针对业务活动过程中那些大量存在、反复出现，又能摸索出科学处理方法的事务所规定的作业处理规定。它具有较强的经验性，以技术规范为前提。组织的业务规范有操作规程、服务规范、安全规范。

5.组织个人行为规范

组织个人行为规范是组织中层次最低、约束最宽，但也是最具基础性的制度规范，是对个人在执行组织任务时应有的个人行为的规定。如组织中个人的行为品德规范、语言规范、举止规范等。组织中的个人应严格按照个人行为规范的要求，严格规范自己的行为。

三、组织职权

组织职权，顾名思义就是组织中相应职位所拥有的权利。在组织中，组织职权的配备与履行要做到平衡、一致，才能使组织运行达到理想状态。因此，准确设计组织职权尤为重要。组织职权具有多种权力行使方式，其中最重要的是授权、集权与分权。

1.授权

授权是一种行使职权的管理技巧与艺术，是上级将自己的部分决策权或工作转授给下属，使下属在一定的监督之下，具有一定的自主性和行动权。上级对下级具有指挥权与监督权，下级对上级拥有汇报与完成任务的责任。授权存在于各个层级的领导者与管理者中，是组织运行的关键。授权的范围很广，有用人之权、用钱之权与做事之权等。为使在授权过程中达到理想的效果，需要遵循授权的一些原则。

(1)首要原则

授予下级的权利应使得下级觉得在其目标实现中具有重要作用，所授的权利属于重要的权利，能够解决实质性的问题，并能够调动下级工作的积极性与主动性。

(2)适度原则

适度原则要求上级在授权过程中只能授予下级一部分职权，而不是全部职权。如果上级授权过分，就等于放弃权力；如果上级授权不足，将会被杂乱事物所困扰，没有更多的时间与精力从事其他工作，同时，下级的积极性也会受到挫伤。

(3)明责原则

授权要以责任为前提，授权的同时要明确其职责，使下级明确自己的责任范围和权限范围。这样不仅有利于下级在规定的范围内完成任务，还有助于避免推诿责任现象的产生，从而增强了下级对工作的责任感。

(4)不可越级原则

在授权时，上级只能对直属下级授权。越级授权是指上级在授权的过程中，越过中层领导层直接将权力授予下级的现象。这种现象将导致中层领导层工作积极性的丧失与被动局面的产生，甚至导致组织混乱、争权夺利的不堪后果。

2.集权与分权

集权与分权一般是指领导方式，即领导者在进行领导活动时，对待下级和部属的态度和行为的表现，它其实是权力(主要是决策权)在领导和下属之间的分配格局，往往反映了某种类型的领导体制和组织体制。其中，集权是指将组织系统中的决策权集中到较高的管理层次；与此相对应，分权则是指将组织系统中的决策权分散到较低的管理层次。在组织中，集权与分权都是相对而言的，不存在绝对的集权与绝对的分权。绝对的集权意味着组织中的一切权力都集中在最高主管手中，组织活动的所有决策均由最高主管做出，最高主管面临着强大的工作压力，导致身心疲惫、工作效率低下的不良局面，这在现代社会组织中显然是不存在的。绝对的分权则意味着组织中的权力分散在各个部门，甚至分散到不同执行者手中，权力根本得不到集中与统一，显然这样的组织也是不存在的。所以，现实社会中的组织，可能是集权的成分多一点，也可能是分权的成分多一点。

区分集权与分权程度有以下几个衡量标准。

(1)决策的数量

组织中较低管理层次做出的决策数目越多，则分权的程度就越高；反之，组织中较高管理层次做出的决策数目越多，则集权程度越高。

(2)决策的范围

组织中较低管理层次决策的范围越广，涉及的职能越多，则分权程度越高；反之，组织中较高管理层次决策的范围越广，涉及的职能越多，则集权程度越高。

(3)决策的重要性

如果组织中较低层次做出的决策越重要，影响面越广，则分权程度越高；反之，如果组织中较高管理层次做出的决策越重要，影响面越广，则集权程度越高。

(4)决策的控制度

组织中较低层次做出的决策，上级要求审核的程度越低，分权程度越高；下级在做决策时需要请示或照会的人越少，其分权程度就越大。反之，集权程度就越大。

总之，影响集权与分权的程度，不是随意的，它是随条件的变化而发生变化的。对一个组织来说，其集权或分权的程度，应综合考虑各种因素，如决策的代价、组织规模、组织的动态特性以及组织中管理人员的数量与素质等多种因素的影响，并采取权变策略，宜集权则集权，宜分权则分权，准确把握集权与分权的黄金分割点。

四、组织协调

组织运行是否顺畅，在很大程度上取决于组织内外关系的协调程度。组织内部协调又称组织整合，它是组织协调的主要方面。组织整合是指将组织中各个成员、各个部门的活动综合并协调一致的过程，是伴随着组织的分化而出现的组织整合的需要。一般而言，组织整合的需要程度由工作的相互依赖关系、组织内部的分化程度以及组织合作带来的益处所决定。

1.工作的相互依赖关系

组织中的各项工作并不是独立存在的，都与其他工作产生联系，并相互依赖。没有依赖，组织将无法运作，也就无法实现组织目标。著名组织管理专家詹姆斯・汤普森通过对组织工作相互依赖关系的详细分析，提出了组织中工作相互依赖关系的三种情形：并列式相互依赖关系、顺序式相互依赖关系及交互式相互依赖关系（图 7-5）。

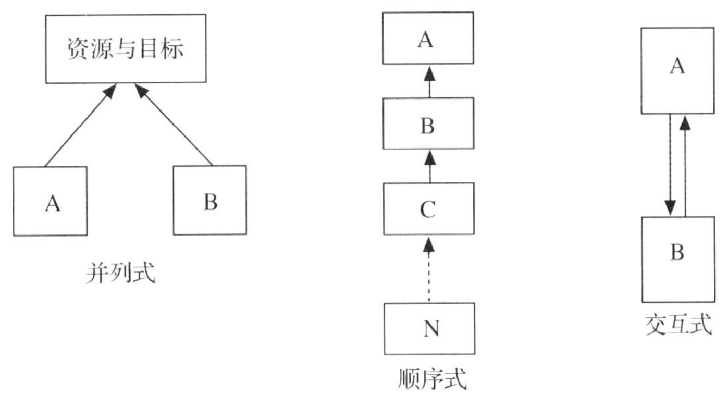

图 7-5　相互依赖关系的三种情形

(1)并列式相互依赖关系

并列式相互依赖关系是组织工作中相互依赖关系的最低形态，这种依赖关系中，工作不在各职能部门间流动，每个职能部门都是组织的一部分，都为组织的总目标服务。它们彼此独立地工作，很少需要协调，彼此间的联系较少。但是，这种并列式的相互依赖组织应该具有全局的意识与观念，不能只顾本部门的利益与发展，更要考虑整个组织的长远发展问题。

(2)顺序式相互依赖关系

在组织中，如果两个职能部门的作用相互独立，但他们的共同目标是为组织的总目标做出贡献，当一个职能部门的工作依赖于另一个职能部门的工作，且这种依赖关系是单向时，那么这两个职能部门间的互动关系属于顺序式相互依赖关系。顺序式相互依赖关系是一种序列联结的方式，其主要特征就在于前后工作的衔接不中断性。它的依赖程度高于并列式相互依赖关系，因为职能部门之间相互交换资源，并且依靠其他职能部门才能做好工作。例如，在电脑公司中，零件购买部与零件组装部之间的关系就是这种顺序式相互依赖关系。

(3)交互式相互依赖关系

交互式相互依赖关系是最高程度的组织工作相互依赖关系。它是指当A职能部门的产出成为B职能部门的投入,而B职能部门的产出又反过来成为A职能部门的投入时,它们之间就存在交互式相互依赖关系。这时,一个职能部门的产出会以交互作用的形式影响所有职能部门。这是一种往返双向式的关系,前后环节间的相互依赖程度非常高。

2.组织内部的分化程度

在管理学中,通常把组织的分化程度称为复杂度。它有三种不同的分化程度,即水平分化程度、垂直分化程度以及空间分化程度。其中,水平分化程度表现为职能之间的差异或工作专业化分工和职能部门数目;垂直分化程度表现为等级层次之间的深浅;空间分化程度表现为组织各部门在地理上的分散或集中程度。在这三种不同的分化程度中,任一种分化程度增加,都会增加组织的复杂度。

(1)水平分化程度

组织中每个员工之属性、工作性质、能力、素养、背景及训练不同,形成职能之间的差异与分化。当一个组织需要更多不同类型的员工,沟通管理就会更难,分化程度就会更加明显。此外,工作的组织方式或部门化方式的不同,以及部门设置的数量,也进一步地显示了组织分化的程度及综合协调的难度。因此,组织的水平分化一般有两种现象:一是专业化,是指将同一系列的工作活动交由某一人执行,从而创造出专业的员工;二是部门化,是指将不同专业员工组合成部门,主要解决水平分化所造成的沟通不畅等问题。二者共同决定了组织的分化程度,并对组织整合产生重要的影响。

(2)垂直分化程度

垂直分化程度反映了组织层级的多寡。我们通常以层级的多寡来判断一个组织是属于高塔式组织还是扁平式组织。组织层次越多,说明组织的垂直分化程度越高,组织结构就越复杂。当垂直分化很高时,组织会被分为很多层级,此时可通过提高水平分化程度来解决高垂直分化所引起的内部沟通不畅、意见传达扭曲、意见整合协调不易、高层主管监管不易等问题。解决组织高垂直分化问题的关键,是控制好管理幅度的问题。组织运行的最理想状态是应该以一种较小的管理幅度加强主管的监督、协调与控制功能。

(3)空间分化程度

组织空间分化是指一个组织在地理区域上的分布程度。组织中的人员在异地工作是常见现象,在经济全球化与经济一体化趋势不断增强的背景下,组织的业务范围呈现多样化的特征,不仅表现在组织内部,还有更多的一些营利性组织为了获取更多的利润,将更多的业务开展到其他国家,最突出的就是跨国公司。

3.组织合作带来的益处

美国企业界有一句经典名言:“如果你不能战胜对手就加入他们。”这句简短深刻的话诠释了组织合作带来的益处与效果。基于合作竞争理论、合作网络理论,强调组织通过合作,可以取得更大的创新,可以增加价值,提高生产效率。当前形势下,面对全球经济一体化、竞争多样化等众多压力，组织间有必要从传统的竞争关系转为新的合作伙伴关系。

新的合作伙伴关系在原有传统的竞争关系的基础上进行了进一步的改革与深化，显示出较大的差异性。这种差异性具体体现在以下几方面，参见表 7-6。

表 7-6 企业间竞争与合作关系的比较

序号	传统导向：竞争关系	新的导向：合作关系
1	怀疑；一次性交易	信任，高度的承诺；多次重复交易
2	关注自身的利润	关注双方的利润
3	存在不平等交易	公平、平等交易
4	有限的信息交流与反馈	分享、反馈关键的信息
5	依靠法律手段解决冲突	采用紧密协调的机制解决冲突
6	少量参与合作伙伴的产品设计和生产	大量参与合作伙伴的产品设计和生产
7	短期合同，以合同限定业务合作关系	长期合同，超出合同规定的业务合作关系

通过经济组织—企业间的竞争与合作关系的比较，可以得出合作给组织带来了很多益处。组织合作的基本要求就是整个组织协调一致地行动，增强组织内部协调与外部协调的能力，使组织形成一个充满生机、活力的整体，提高组织工作的效率，以加快组织目标顺利实现。

第四节 组织变革

根据系统理论，组织是一个由多种因素组成的相互联系、相互作用的有机体，经历着产生、成长、成熟和衰退的过程。组织为了能够得到长期的生存和发展，需要不断地与外部环境进行物质、能量、人员和信息的交流，需要不断地进行组织变革，以适应组织内外环境的变化。

一、组织变革理论

组织的生存离不开一定的内外部环境，当组织所处的外界环境及其内部因素发生变化时，实施组织变革迫在眉睫。此外，组织的发展、组织效能的提高、组织内部资源的整合与变动也离不开组织变革，这要求组织要时时关注组织变革。所谓组织变革是指组织为实现组织目标，根据其外部环境与内部因素的变化，对组织的规模、结构、制度、文化、行为等进行有目的的、系统的调整和革新过程，以提升组织效能。

在不同类型的组织中，组织的结构、技术、人员都是组织生存与发展环节中的关键性因素。因此，组织变革可分为组织结构变革、组织技术变革与组织人事变革这三种情况。其中，组织结构变革是组织根据环境的变化适时地对组织的整体布局、构成要素与运作方式所进行的变革，主要包括权力关系、协调机制、集权程度、工作设计、控制系统设计等。组织技术变革是指组织通过改变从投入到产出整个环节中所涉及的所有技术,以达到影响人的行为、提高工作效率。技术变革大量出现在生产运作型组织中,并通过采用新技术、新设备,改变工艺流程与工作顺序等手段,提高生产效益。但是,在进行技术变革的过程中,组织要事先做好成本估算工作,防止技术成本过高影响组织的整体发展进程等情况的出现。组织技术变革包括对作业流程与方法的重新设计、修正和组合,包括更换机器设备,采用新工艺、新技术和新方法等。组织人事变革是围绕组织人力资源所进行的变革,它以"人"为中心,通过对员工进行培训、教育等,促使员工转变工作观念与工作态度,完善自己的行为,改进组织成员间的相互关系,从而达到与组织发展目标相一致。

说到组织变革,必然会联想到组织发展。那么,二者的关系是怎样的呢?组织变革与组织发展是两个不同的概念,二者既相互区别,又相互作用。组织发展是一个动态的过程,它通过采取一系列组织变革的方式予以实现。对组织进行变革的最终目的与归宿也是为了实现组织又好又快地发展,即变革是方式,发展是目的。组织变革的影响因素包括组织的管理体系和组织结构,组织的技术水平和工作安排体系,组织成员的态度、行为、价值观等文化系统。组织发展调整的是一种相互间的关系,如领导与员工之间、员工与员工之间、部门与部门之间的关系,力图创造和谐的组织关系与信任、协作的工作环境,以推动组织的发展。

总之,组织变革的目的是为了促进组织发展,保证组织发展目标的顺利实现。因此,对组织而言,要不断加强其适应内外部环境的能力;提升组织的创新能力,提高组织的运作效率和效益,使组织不断发展壮大;树立强烈的社会责任感和良好的社会形象,承担更多的社会责任与社会使命,这些也成为现代组织实施变革的重要目标。

二、组织变革的程序

组织变革是一个系统的复杂工程,涉及方方面面的关系。因此,为了科学、有步骤地进行组织变革,需要遵循一定的变革步骤与程序。

关于组织变革的程序,一些国外著名学者提出了自己的看法。弗里蒙特·卡特斯提出了组织变革过程的六个步骤:一是审视状态,对组织内外环境的现状进行评价、研究;二是觉察问题,识别组织中存在的问题,确定组织变革需要;三是辨明差距,找出现状与所希望状态之间的差距,分析所存在的问题;四是设计方法,提出和评定多种备选方法,经过讨论和绩效测量,做出选择;五是实行变革,根据所选方法与行动方案,实施变革行动;六是反馈结果,评价效果,实行反馈。若有问题,再次循环此过程。此外,国外著名学者艾德加·施恩认为组织变革是一个适应循环的过程,一般分为六个步骤:一是洞察内部环境及外部环境中产生的变化;二是向组织中有关部门提供有关变革的确切信息;三是输入的情报资料改变组织内部的生产过程;四是减少或控制变革而产生的负面作用;五是输出变革形成的新产品与新成果等;六是经过反馈,进一步观察外部环境状态与内部环境的一致程度,评定变革的结果。上述步骤方法与卡特斯主张的步骤和方法比较相似,不同的是,施恩比较重视管理信息的传递过程,并指出解决每个过程出现困难的方法。

通过上述学者关于组织变革流程的观点,可总结出组织变革程序分为三个阶段,即诊断阶段、计划与执行阶段及评价阶段。评价的结果又反馈到下一阶段,对变革的计划做出必要的修正,且每个阶段都有不同的任务。各阶段的具体任务如表 7-7 所示。

表 7-7 组织变革的阶段与任务

阶段	任务
诊断阶段	1.提出组织变革的目标与问题 2.收集资料与情况,进行分析
计划与执行阶段	1.提出组织变革方案 2.制订组织变革方针 3.制订组织变革计划 4.实施组织变革计划
评价阶段	1.评价组织变革的效果和存在的问题 2.信息反馈,对原定改革方案与计划做修正

三、组织变革的动力与阻力

任何组织的变革都不具有随意性,而是由一定的原因造成的。在组织变革过程中,存在着两种不同的力,一种是促使组织变革的动力,另一种则是影响组织变革的阻力,二者在一定程度上影响了组织变革的进程。

1.组织变革的动力

从历年组织变革的实践来看,组织变革的动力来自各方面,不仅来自组织的外部环境,而且来自组织内部。此外,组织成员的期望与实际情况的差异也导致了组织变革的发生。

外部环境是一个动态的环境,时刻发生着变化,具有很大的不确定性。从外部环境的角度看,管理者对组织进行变革就是重新安排和组织各种资源,以充分利用外部机会,回避外部威胁或减轻外部威胁对组织的影响。组织外部环境包括经济、政治、法律政策、文化、人口、市场和竞争、技术、外部利益相关者、自然资源、自然环境等因素。这些因素的存在对组织变革产生了重要的影响。例如,在经济方面,萧条的经济一般会阻碍组织的发展,甚至会威胁到组织的生存,为了最大化降低萧条经济的不利影响,组织就需要做出相应的变革以更好地适应经济大环境;在技术发展方面,机械化、自动化,特别是计算机技术对于组织管理产生广泛的影响,成为组织变革的推动力。由于高新技术的日益采用,计算机数控、计算机辅助设计、计算机集成制造以及网络技术等的广泛应用,对组织的结构、体制、群体管理和社会心理系统等提出了变革的要求。

组织内部条件的变化要求组织改变自身现状，推动着组织变革的发生。其中，影响组织变革的内部因素主要有：组织结构、组织运行状况、组织战略、组织规模、组织人力资源变化、组织经营管理决策等等。例如，在组织变革的重要内部推动力的组织结构方面，由于外部的动力带来组织的兼并与重组，或者因为战略的调整，要求对组织结构加以改造，这往往还会影响到整个组织管理的程序和工作的流程。因此，组织再造工程也成为组织行为学与其他学科研究的新领域。在人力资源管理方面，由于劳动人事制度改革的不断深入，管理者、员工的来源和技能背景的构成更为多样化，组织需要更为有效的人力资源管理，无疑成为组织变革的推动力。为了保证组织战略的实现，需要对组织的任务做出有效的预测、计划和协调，对组织成员进行多层次的培训等，这些活动已成为组织变革的必要基础和条件。

2.组织变革的阻力

组织变革过程是一个破旧立新的过程，自然会面临推动力与制约力相互交错和混合的状态。实践表明，在不消除阻力的情况下增强驱动力，可能加剧组织中的紧张状态，从而无形中增强变革的阻力。在增强驱动力的同时采取措施消除阻力，会更有利于加快变革的进程。变革阻力的存在，意味着组织变革不可能一帆风顺，这就给变革管理者提出了更严峻的变革任务。总结组织变革失败的原因，常见的组织变革阻力主要来源于个人、群体与组织。

(1)个体阻力

任何一场变革都不可避免地要涉及个人。人的因素是组织变革的核心问题，甚至直接关系到组织变革的成败。个体对组织变革的阻力，是因为其固有的个人习惯与价值观难以改变、担心失去既得利益、对未知的恐惧以及对变革的认识存有心理偏差等引起的，其中，阻碍变革的员工个人的心理阻力尤为关键，具体体现在七个方面。

①职业心向对组织变革的阻碍；②保守心理对组织变革的阻碍；③习惯心理对组织变革的阻碍；④嫉妒心理对组织变革的阻碍；⑤求全责备心理对组织变革的阻碍；⑥中庸和中游思想对组织变革的阻碍；⑦心理承受能力对组织变革的阻碍。

(2)群体阻力

组织变革的阻力还会来自群体方面。群体对变革的阻力，可能来自群体规范的束缚，群体中原有的人际关系可能因变革而受到改变和破坏等。

(3)组织阻力

它包括现行组织结构的束缚、组织运行的惯性、变革对现有责权关系和资源分配格局所造成的破坏和威胁，以及追求稳定、安逸和确定性甚于革新和变化的保守型组织文化等，这些都是可能影响和制约组织变革的因素。

3.组织变革阻力的消除

变革阻力的存在严重影响了组织的发展进程，消除组织变革中的各种阻力对组织来说尤为重要。消除、克服组织变革阻力的方法很多，主要的措施与方式如表7-8所示。

表 7-8　组织变革阻力的消除方法

阻力类型	消除方法
个人阻力	加强与员工间的沟通
	适当地采用激励手段，培养员工顾全大局的意识
	加强宣传工作，让员工参与
	让员工明白变革的意义
	建立一支强有力的领导团队
群体阻力	实现变革的制度化
	建立学习型组织
	与基层主管和中层管理人员进行谈判
	加强横向沟通
组织阻力	制造危机，激发组织积极思考，提高组织的学习能力
	建立创新型的组织文化
	科学的组织结构设计

第五节　组织文化

组织文化包含着非常丰富的内容，它是组织的灵魂，是推动组织发展的不竭动力。

一、组织文化概述

就像部落和民族有图腾和禁忌以指导每一个成员如何与其同伴及外部人员交往一样，组织也有指导其成员如何行动的文化。例如，在一个对员工不信任的组织中，管理者很可能采用命令式领导方式而不是民主型领导方式，因为这种不信任的组织文化氛围决定了管理者的行为或行动方式。那么，什么是组织文化，该如何描述它呢？

对于组织文化概念的描述，到目前为止，尚未形成统一的观点，不同的学者对组织文化产生了不同的认识。比较典型的观点有以下几种。

美国学者约翰・科特和詹姆斯・赫斯克特将企业文化描述为一个企业中各个部门，至少是企业高层管理者们所共同拥有的那些企业价值观念和经营实践。美国学者泰伦斯・迪尔认为，每一个企业都有一种文化，而文化有力地影响整个组织，甚至是每一件事。企业文化对在该企业里工作的人们来说是一种含义深远的价值观。威廉・大内则认为企业文化是“进取、守势、灵活性”，即确定活动、意见和行为模式的价值观。

通过以上学者的观点，大致可以总结出组织文化的内涵。总的来说，组织文化是指处于一定经济社会文化背景下的组织在长期的发展实践过程中逐步形成的，组织成员普遍接受与认可的，符合组织特征的独特思维方式、价值观念以及行为准则的总和。它一般由组织硬文化与组织软文化两种因素构成，共分为四个层次。其中，硬文化因素称为有形因素，软文化因素称为无形因素，其四个层次包括组织的物质文化、精神文化、制度文化与行为文化。

1.精神文化

精神文化作为组织文化的核心层次与灵魂，是组织物质文化与行为文化的进一步提升，是维系组织生存与发展的重要精神支柱。它是组织在长期实践过程中经产生、积累、培育、提炼所形成的组织领导和成员共同信守的基本信念、价值取向、职业道德和精神风貌，是组织的道德观、价值观的高度概括与重要体现。它熔铸在组织的“血脉”里，是组织优良传统的结晶，反映了组织全体员工的共同追求和共同认识。

2.制度文化

制度文化在组织文化中位于中层，把组织物质文化和组织精神文化有机地结合成一个整体。它对组织及其成员的行为产生规范性、约束性的影响，是体现某个具体组织文化特色的各种规章制度、道德规范和员工行为准则的总和，是组织虚体文化（意识形态）向实体文化转化的中介与纽带。

3.行为文化

行为文化位于组织文化中的幔层，它是组织成员在组织运行发展过程中产生的文化，包括组织经营管理活动、公共关系活动、人际关系活动、文娱体育活动中产生的文化现象。组织行为文化是组织经营作风、精神风貌、人际关系的动态体现，也是组织精神、核心价值观的折射。

4.物质文化

组织物质文化是组织的表层部分，是一种以物质形态为主要研究对象的组织文化，是形成组织精神文化、制度文化与行为文化的条件。它以物质形态为载体，以能够直接感知的物质形态来反映组织的精神面貌，如组织生产的产品和提供的服务，组织环境与组织容貌等。优秀的组织文化是通过高度重视组织物质文化来体现的。

总之，组织文化包含了四个层次，即组织精神文化层、组织制度文化层、组织行为文化层、组织物质文化层，它们对组织的作用与影响各不相同。其结构图如图 7-6 所示。

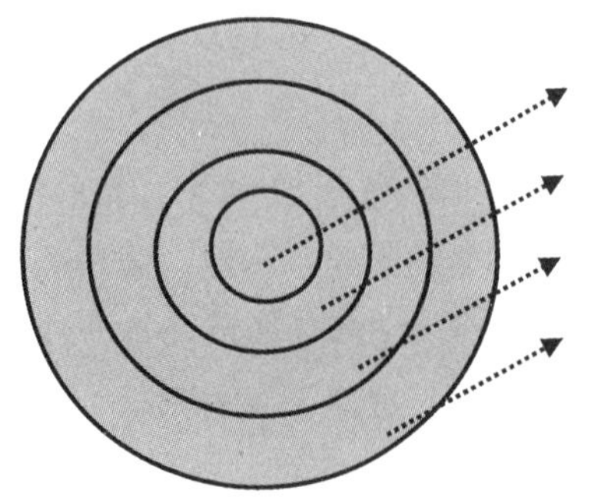

图 7-6　组织文化层次结构

二、组织文化建设

当今企业界流行这样一句话：三流的企业做产品，二流的企业做模式，一流的企业做文化。这句话凸显了企业文化建设的重要价值所在。组织文化建设是指组织有意识地发扬其积极的、优良的文化，克服其消极的、不良的文化的过程，亦即使组织文化不断优化的过程。组织文化建设是一项长期的系统工程，主要应做好以下几方面的工作。

1.选择价值标准

组织价值观是组织的核心和灵魂，影响着组织的行为和思想。选择组织价值观必须具备两个前提：一是要立足于本组织的具体特点，如组织的性质、规模、技术特点、人员构成等因素，选择适合自身发展的组织文化模式；二是要把握组织价值观与组织文化各要素间的相互协调关系，才能实现组织系统的整体优化目标。因此，选择正确的组织价值观对组织目标的实现尤为重要。那么，什么样的价值观属于正确的组织价值观呢？通过对大多数成功组织的实践研究发现，它们都牢固地树立了具有各自特色的、正确的组织价值观，在这种组织价值观的引导下实现组织发展目标。这种正确的组织价值观主要表现在它的正确性、科学性、明确性及差异性上，充分体现了组织的使命、宗旨、发展战略与目标，得到组织成员的广泛接受与认可，实行员工共同参与制订组织价值观的策略。

2.强化员工认同

员工认同的内容很多，包括对组织愿景和目标的认同，对组织价值观和使命的认同，对组织管理规范和行为准则的认同，对组织日常经营管理方式方法、风格模式等的认同等，其中，最关键、核心的是对组织价值观的认同。因为，对于任何一个组织而言，只有当组织内绝大部分成员的个人价值观趋同时，整个组织的价值观才能形成。因此，对于组织而言，要充分利用一切宣传工具与手段，大力宣传组织价值观，使组织员工在潜移默化中逐渐地对组织价值观有所认识。

强化组织员工认同组织价值观的方法很多，有反复法、翻译法、环境法、仪式法和英雄式领导法等，具体情况如表 7-9 所示，其共同目的都是为了将组织价值观转化为员工的共同心态。

表 7-9　员工对组织价值观的认同方法

方法	内容
反复法	通过反复唱和、朗读及利用音响、传播工具等方式将组织价值观传达给员工
翻译法	结合自身的工作实际与体验阐释组织价值观，并传播给组织其他员工
环境法	将组织价值观视觉化，从而使员工得以了解
仪式法	通过举行仪式、会议、活动，让员工从侧面了解组织价值观
英雄式领导法	通过组织领导的模范行为对员工产生强大的示范作用，体现并传递组织价值观

3.巩固落实、丰富发展

在组织价值观得到组织员工认可以后，需要认真贯彻并加以巩固落实。巩固落实组织价值观最重要的是有必要的制度对领导者和管理者的率先垂范予以保障。因为，在任何组织中，即使是组织文化建设极为优秀的组织，同样存在个别成员背离组织宗旨，影响组织发展进程的行为。以海尔公司为例，该公司制订并实施了“赛马机制”“动态转换”“在位要受控”“升迁靠竞争”等制度规范，使海尔的组织文化建设取得了突出的成就。组织的领导者在组织文化建设中起带头示范作用，是组织文化建设的创造者、组织者，能带动、影响组织成员树立正确的组织价值观，促进组织发展的同时，也有利于个人自身的发展。

任何组织文化都是一定历史条件下的产物，是稳定性与动态发展性的统一。当组织的内外部环境、条件发生深刻变化时，为适应组织的进一步发展，调整、更新、丰富发展组织文化已成为组织的重要任务。因此，丰富发展组织文化，对组织来说是一个永恒的话题。

本章小结

1.具体来说，组织是指人们为了达到共同目标，按一定规则和程序而设置的多层次岗位及其有相应隶属关系的人员责权分配和层次结构所构成的一个完整的有机体。

2.组织结构是组织内部分工协作的基本形式，是整个管理系统的“框架”。通常情况下，组织结构分为直线型组织结构、职能型组织结构、直线职能型组织结构、事业部制组织结构及矩阵型组织结构这五种主要结构。

3.组织设计的影响要素包括组织外部环境、组织战略、组织技术、组织规模与组织资源状况。

5.组织的有序运行需要组织目标的确立、组织制度的建立、组织职权关系的平衡、组织冲突的协调、组织运行机制的健全等。

6.科学完整的组织变革程序分为三个阶段，即诊断阶段、计划与执行阶段及评价阶段。

7.组织变革的动力来自各方面，不仅来自组织的外部环境，而且来自组织内部。组织变革阻力主要来源于个人、群体与组织。

8.组织文化建设是一项长期的系统工程，主要应做好选择价值标准、强化员工认同以及巩固落实、丰富发展这三方面的工作。

关键术语

组织　组织工作　直线型组织结构　职能型组织结构　直线职能型组织结构　事业部制组织结构　矩阵型组织结构　管理层次　管理幅度　组织目标　组织体制　物质文化　精神文化　制度文化　行为文化　组织设计　组织变革　组织文化

复习思考题

1.什么是组织？它有哪几种主要结构类型，各结构类型的优点与缺点是什么？

2.简述组织设计的原则。

3.组织设计的影响要素有哪些？

4.简述组织目标的定义及组织目标制订的原则。

5.什么叫授权？在授权过程中要注意哪些事项？

6.简要描述集权与分权的优点与缺点。

7.如何实现组织协调？

8.组织变革的动力与阻力有哪些？

9.什么是组织文化，它有哪几种层次？

10.组织文化建设需要做好哪些工作？

案例讨论

温特图书公司的组织改革

温特图书公司原是美国一家地方性的图书公司。近 10 年来，这家公司从一个中部小镇的书店发展成为一个跨越 6 个地区，拥有 47 家分店的图书公司。多年来，公司的经营管理基本上是成功的。下属各分店中除 7 个处于市镇的闹区外，其余分店都位于僻静的地区。除了少数分店也兼营一些其他商品外，绝大多数的分店都专营图书，每个分店的年销售量为 26 万美元，纯盈利达 2 万美元。但是近 3 年来，公司的利润开始下降。

2 个月前，公司新聘苏珊任该图书公司的总经理。经过一段时间对公司历史和现状的调查了解，苏珊与公司的 3 位副总经理和 6 位地区经理共同讨论公司的形势。苏珊认为，她首先要做的是对公司的组织进行改革。就目前来说，公司的 6 位地区经理都全权负责各自地区内的所有分店，并且掌握有关资金的借贷、各分店经理的任免、广告宣传和投资等权力。在阐述了自己的观点以后，苏珊便提出了改组组织的问题。

一位副总经理说道："我同意你改组的意见。但是，我认为我们需要的是分权而不是集权。就目前的情况来说，我们虽聘任了各分店的经理，但是我们却没有给他们进行控制指挥的权力，我们应该使他们成为有职有权，名副其实的经理，而不是有名无实，只有经理的虚名，实际上却做销售员的工作。"

另一位副总经理抢着发言："你们认为应该对组织结构进行改革，这是对的。但是，在如何改的问题上，我认为你的看法是错误的。我认为，我们不需要设什么分店的业务经理，所需要的是更多的集权。我们公司的规模这么大，应该建立管理资讯系统，可以透过资讯系统在总部进行统一的控制指挥，广告工作也应由公司统一规划，而不是让各分店自行处理。如果统一集中的话，就用不着花这么多工夫去聘请这么多的分店经理了。”“你们两位该不是忘记我们了吧？”一位地区经理插话说，“如果我们采用第一种计划，那么所有的工作都推到了分店经理的身上；如果采用第二种方案，那么总部就要包揽一切。我认为，如果不设立一些地区性的部门，要管理好这么多的分店是不可能的。”“我们并不是要让你们失业。”苏珊插话说，“我们只是想把公司的工作做得更好。我要对组织进行改革，并不是要增加人手或是裁员。我只是认为，如果公司某些部门的组织能安排得更好，工作的效率就会提高。”

（案例来源：张岩松，周宏波.组织行为学案例教程[M].北京：清华大学出版社，北京交通大学出版社，2011.）

讨论：

1.有哪些因素促使该图书公司进行组织改革？

2.你认为该图书公司现有的组织形态和讨论会中2位副总经理所提出的计划怎么样？

第八章　领导

本章学习目标

1.了解领导的概念与内涵。
2.理解领导与管理的区别与联系。
3.了解领导理论的发展演变历程。
4.理解组织中的权力与政治问题。
5.了解提高领导效果的途径。

知识结构图

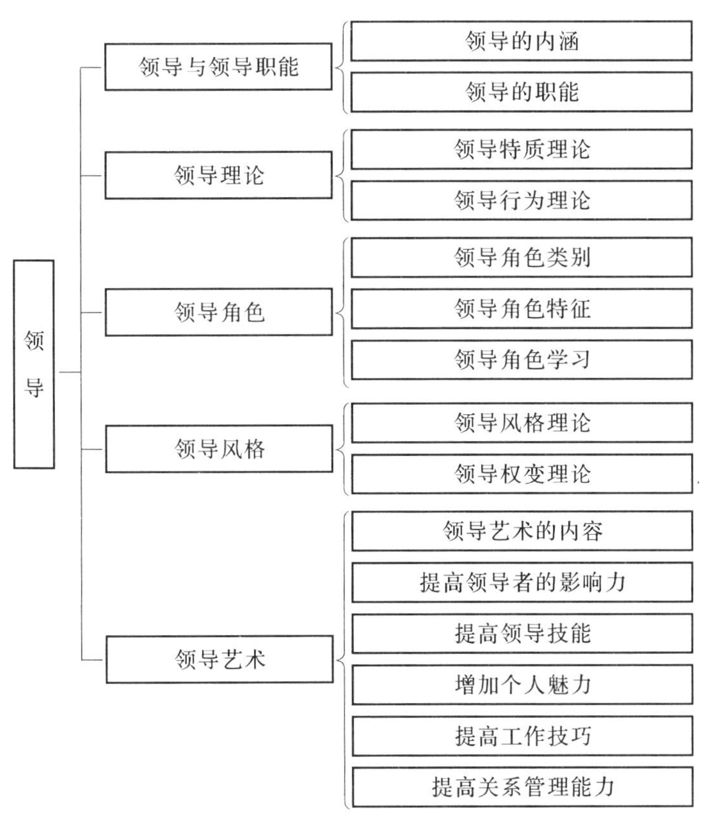

本章学习重、难点

重点

1.领导的内涵与职能。

2.领导特质理论。

3.领导行为四分图理论。

4.领导角色的主要类别。

5.领导生命周期理论。

6.路径—目标理论。

难点

1.领导系统模式。

2.领导权变理论。

3.提高领导技能。

引　例

某市领导的两难选择①

某城市繁华地段有一个食品厂,因经营不善长期亏损,该市市政府领导拟将其改造成一个副食品批发市场,这样既可以解决食品厂破产后下岗职工的安置问题,又方便了附近居民。为此,市政府领导进行了一系列前期准备,包括项目审批、征地拆迁、建筑规划设计等。不曾想,外地一开发商已在离此地不远的地方率先投资兴建了一个综合市场,而综合市场中就有一个相当规模的副食品批发场区,足以满足附近居民和零售商的需求。

面对这种情况,市政府领导陷入了两难境地:如果继续进行副食品批发市场建设,必然亏损;如果就此停建,则前期投入将全部泡汤。在这种情况下,该市政府领导盲目做出决定,将该食品厂厂房所在地建成一个居民小区,由开发商进行开发,但对原食品厂职工没能做出有效的赔偿,使该厂职工陷入困境,该厂职工长期向上反映也没能解决赔偿问题,对该市的稳定造成了隐患。

通过上述案例可知,该市市政府领导解决问题时是出于好心,既要解决食品厂生产不景气的问题,又要为城市居民解决购物问题,对食品厂职工也有一个比较好的安排(决策一:修建综合市场),但做出决策比较仓促,没能充分考虑清楚问题涉及的各种因素,并且又进一步决策失误(决策二:建居民小区),造成了非常被动的工作局面,也给食品厂职工造成了不可挽回的损

① 摘自:http://www.managershare.com/wiki/%E5%86%B3%E7%AD%96.

失(决策三:职工赔偿)。可见,领导在管理过程中发挥着重要作用,对决策绩效具有直接影响。

第一节 领导与领导职能

领导在正式与非正式组织中均发挥着重要作用,领导既可以理解为主体,也可以理解为过程。领导与管理存在着差异,并在具体工作中展现其具体职能。

一、领导的内涵

在组织行为学中,领导的概念很不统一,不同的管理学者对领导所下的定义都不一样。本书中采用领导的广义定义,它包含了目前有关这一主题的所有观点。领导(Leadership)广义定义为:影响一个群体实现其愿景或一系列目标的能力。这种影响的来源可能是正式的,如来自组织中的管理职位,由于管理职位总与一定的权威有关,因此领导有时来自组织所赋予的职位;也可能是非正式的,即影响力来自组织的正式结构之外,如从群体中自发产生出来,有时非正式领导的影响力与正式领导的影响力同等重要,甚至更为重要。

从领导的定义可看出,领导包括了四个方面的基本含义:第一,领导一定要与组织中的其他成员发生联系;第二,权力在领导和组织其他成员中不平等地分配;第三,领导者能够对组织成员产生各种影响;第四,领导的目的是影响被领导者为实现组织的目标做出努力,而不是更多地体现个人权威。

在通常意义上,"领导"是人类社会普遍存在的导向行为,"领导学"的学术源头最早可追溯到2400年前的亚里士多德时代,而"管理"及"管理学"作为一种典型的组织控制行为和专门的学术研究领域,则是工业化社会、特别是20世纪工业组织规模化的思想遗产。领导与管理是否有区别,管理学界很多专家有着不同的看法。

哈佛商学院的亚伯拉罕·扎莱兹尼克指出,管理者和领导者是两类完全不同的人,他们在动机、个人历史及想问题、做事情的方式上存在着差异。他认为,管理者就算不是以一种消极的态度,也是以一种非个人化的态度面对目标的;领导者则以一种个人的、积极的态度面对目标。管理者倾向于把工作视为可以达到的过程,这种过程包括人与观念,二者相互作用就会产生策略和决策;领导者的工作具有高度的冒险性,他们常常倾向于主动寻求冒险,当机遇和奖励很高时尤其如此。管理者喜欢与人打交道,他们根据自己在事件和决策过程中所扮演的角色与他人发生联系;而领导者则关心的是观点,以一种更为直觉和移情的方式与他人发生联系。

哈佛商学院的约翰·科特认为,管理者主要是处理复杂的问题。优秀的管理者通过制订正式计划、设计规范的组织结构以及监督计划的实施结果,从而达到有序和一致。而领导者主要处理变化的问题，领导者设置一个未来愿景，以确定前进的方向；接着领导者与大家一起讨论该愿景，并激励大家克服障碍，从而达成一致。①

一些国内学者认为，从更广泛的意义上讲，两者的区别表现在以下几方面。

①范围。从一般的意义上讲，管理行为的范围要大一些，而领导行为的范围相对要小一些。

②作用。管理行为的目标趋向是为组织活动选择方法、建立秩序、维持运转等活动，而领导行为在组织中的作用表现在为组织活动规定方向、设置目标、开拓局面等方面。

③层次。领导行为具有明显的战略性和较强的综合性，它贯穿于管理过程的各个阶段。从整个管理过程来看，领导行为在不同的管理过程中表现出独立的职能，即建立有效的组织运转机制，组织和配备人员并对各个过程结果进行监督检查以实现组织目标。

④功能。管理行为的主要功能是解决组织活动的方式和组织运行的效率，而领导行为的主要功能是解决组织活动的效果。

根据西方一些学者的论述，将领导与管理的差异整理如表 8-1 所示，作为理解两者差异的参考。

表 8-1 领导与管理的差异

内容	领导	管理
基本职能	激发学习、变革和创新	维持秩序和一致性
适应环境	变化的和挑战性的学习型环境	稳定的和惯例性的运作型环境
人性假设	麦格雷戈 Y 理论	麦格雷戈 X 理论
思维方式	归纳式、开放的和想象的	演绎式、封闭的和常规的
思想方法	注重做正确的事情	注重正确地做事情
理性特点	价值理性，长期效果和组织发展	工具理性，短期效果和财务效益
行为方式	战略导向，亲和激发，示范带动	战术指导，官僚控制，命令服从
信息传递	横向的、网络化的和直接的	纵向的、单向的和间接的
学习状态	主动的、灵活的和探索的	被动的、教条的和接受性的
个人风格	远见卓识，鼓舞士气，英勇奋斗，精神领袖	独断专行，精通专业，精明能干
人际作风	注重团队互动、集体力量、联系群众和民主精神	崇尚个人魅力、权威和居高临下的层级控制

一个组织要达到最佳效果，就需要强有力的领导与强有力的管理。当今世界变化不断，需要领导有能力挑战现状、构建未来愿景，而且能够激发成员实现愿景的意愿。领导和管理是两

① John.P. Kotter. *John P.Kotter on What Leaders Really Do*[M].Harvard: Harvard Business Review, 1990.

个不同的概念，但是两者相互联系，相互作用，不可将之绝对地区分开来。

二、领导的职能

作为一个现代领导者，清楚自身职责对于实施有效的领导，带领组织或群体实现其愿景或目标是非常重要的。从行政领导者角度来看，其职位是国家权力机关或国家人事部门根据法律法规，按规范化程序选择或任命行政领导者担任的职务并赋予其应履行的责任的统一体。

领导的职责包括以下方面。

1.确立目标

从科学领导的角度讲，没有明确的目标就没有正确的领导活动。现代领导最终的评价标准是其效能。领导的效能表现在目标方向和工作效率两方面。彼得·德鲁克的《卓有成效的管理者》和蓝斯登的《有效的经理》中讲的"有效"就是领导效能。德鲁克的解释是：有效是做正确的事情，效率是把事情做正确。一个有效的领导者，其追求的目标，一方面是决策目标正确，另一方面又能推动下属高效率地实现目标。前者通过决策科学化来达到，后者通过发动下属来实现。[①]

专栏 8-1 管理知识：什么是行政领导

行政领导是指在行政组织中，经选举或任命拥有法定权威的领导者依法行使权力，为实现行政管理目标所进行的组织、决策、指挥、控制等活动的总称。

行政领导的作用表现在以下两个方面。

1. 宏观作用

(1)行政管理协调、统一的保证；

(2)行政管理过程的战略核心；

(3)行政管理成败的关键。

2. 微观作用

(1)维持工作纪律；

(2)协调上下级关系；

(3)协调组织与外部关系；

(4)对下属激励、控制、评价；

(5)发现人才、培养人才、起用人才。

2.制定规范

制定规范，包括建立合理而有效的组织机构和制定各种全局性的管理法规，以保证确定的

---

① [美]彼得·德鲁克.卓有成效的管理者(珍藏版)[M].许是祥，译.北京：机械工业出版社，2009.

目标方向的实现。在任何一种领导活动中,为了确保领导过程有序有效地进行和领导目标的实现,必然要通过制定和实施法规来规范组织成员的行为。这种规范人们行为的法规在领导科学、管理科学中叫作管理法。它包括法律方法、政治方法、行政指令方法和经济方法。所以,管理法的制定对于领导活动的正常开展意义重大。

3.选人用人

人才是最为宝贵的财富,世界经济竞争和新技术革命的挑战,使各国对人才的争夺白热化,大到一个国家、地区,小到一个企业,人才都是决定事业成败的关键。一个成功的领导者,必须树立正确的人才观,并能够坚持公平公正、实事求是、人尽其才、才尽其用的原则,科学合理地使用人才。

4.科学决策

所谓决策,是指理智的个人或社会群体,对未来行动的方向、目标以及实现目标的途径、方法、步骤进行科学设计和选择的智力活动过程。决策是领导工作的核心,而其他工作都是围绕决策来开展,依靠和通过决策来完成的。

第二节　领导理论

领导理论(Leadership Theory),即关于有效领导特征、规律和方法的理论阐释。西方管理学界关于领导理论的研究,经历过几个明显的阶段:最早的“伟人论”(The Great Man Theory)主张“英雄造时势”,认为历史上的重大事件都是由占有领导地位的领袖人物所造成的,这些人物具有某些不凡的特质,使他们能够成就伟大的事业。其后,学者们又走到另一极端,他们发展出各种测量工具,试图测量不同类型组织中的领导行为,其后又研究了在什么样的外在环境条件下,采取什么样的领导方式,能够产生最大的效能。领导理论的研究成果概括起来大致可分为三个方面,即领导特质理论(Trait Theories of Leadership)、领导行为理论(Behavior Theories of Leadership)和领导权变理论(Contingency Theories of Leadership)。本节主要论述领导特质理论与领导行为理论。

一、领导特质理论

领导特质理论,又可译为领导品质理论、领导素质理论、领导性格理论等,领导特质理论是指根据人格特征区分领导者和非领导者。从20世纪20年代开始,西方学者对领导素质进行了大量卓有成效的研究,提出了各种理论与模式,力图找出某些特性用以鉴别和选拔领导者,这方面的研究形成了领导特质理论。

1.吉色利领导特质理论

美国心理学家爱德温·吉色利(1971)采用语义差别量表法来确定优秀领导者的基本素

质，并对结果进行因果分析，提出了领导者应当具备的八种个性特征和五种激励特征。

(1)个性特征

①才智：语言与文辞方面的才能；②首创精神：开拓新方向、创新的愿望；③督察能力：指导别人的能力；④自信心：自我评价较高；⑤适应性：为下属所亲近；⑥决断能力；⑦性别：男性或女性；⑧成熟程度。

(2)激励特征

①对工作稳定的需求；②对金钱奖励的需求；③对指挥别人的权力需求；④对自我实现的需求；⑤对事业成就的需求。

他的研究结果指出了这些不同的个性特征的相对重要性，如表 8-2 所示。

表 8-2　个性特征及其在管理才能中的重要性程度

特　　征	重要性程度
1.个性特征	
监督能力	100
才智	64
自信心	62
决断能力	61
适应性	47
首创精神	34
成熟程度	5
性别	0
2.激励特征	
对事业成就的需求	76
对自我实现的需求	63
对工作稳定的需求	54
对金钱奖励的需求	20
对指挥别人的权力的需求	10

2.六大特质论

在 20 世纪 50 年代之前，对领导行为进行的大多数研究主要是探讨领导人的品质。领导品质理论着重研究与领导行为相关的品行、素质、修养，目的是要说明好的领导者应具备怎样的品质和特性。这种理论比较典型的研究成果是柯克帕特里克和洛克于 1991 年研究得出的领导者具备的六种特质。

该理论是运用归纳分析法进行研究的。研究者先根据领导效果的好坏，挑选出优秀的领导者和差的领导者。然后分析这两类领导者在个人品质和特性方面的差异，并由此确定优秀的领导者应具备的特点。

研究者认为，只要能找出优秀的领导者应具备的特点，那么根据考察，如果某个组织中的领导者具备这些特点，就能断定他是一个优秀的领导者，会有有效的领导行为出现。反之，如果他不具备这些特点，就不可能出现有效的领导行为，也就不可能是一个优秀的领导者。

研究领导行为品质的学者将优秀的领导者的品质做了一些归纳，如表 8-3 所示。

表 8-3 影响领导者行为的六大特质

特质内容	特质表现
进取心	领导者表现出高努力水平，拥有较高的成就渴望；他们进取心强，精力充沛，对自己所从事的活动坚持不懈，并有高度的主动精神
领导愿望	领导者有强烈的愿望去影响和领导别人，他们表现为乐于承担责任
诚实与正直	领导者通过真诚与无欺以及言行高度一致而在他们与下属之间建立相互信赖的关系
自信	下属觉得领导者从没缺乏过自信。领导者为了使下属相信他的目标和决策的正确性，必须表现出高度的自信
智慧	领导者需要具备足够的智慧来收集、整理和解释大量信息，并能够确立目标、解决问题和做出正确的决策
工作相关知识	有效的领导者对于公司、行业和技术事项拥有较高的知识水平，广博的知识能够使他们做出富有远见的决策，并能理解这种决策的意义

领导特质理论研究表明，领导行为的有效性与领导者的才智、自信心、广泛的社会兴趣、强烈的成就欲、对员工的关心和尊重的确有很大的关系。此外，领导特质理论还从不同的角度，系统地分析了领导者应具备的行为品质，对领导者提出了一个高标准，这对于激励、培养、选拔和考核领导者都是有帮助的。

3.魅力型领导理论

魅力型领导理论的关键是其包括领导者和追随者之间的关系和交互，接受领导的人必须将魅力型的品质归因于领导者。罗伯特·豪斯(1977)发展了魅力型领导理论，他从魅力型领导者的影响来定义魅力。豪斯认为，魅力型领导者就是那些能够带来高标准结果的人，而且这些结果往往超乎寻常。一般而言，会有以下几个方面的魅力型结果：相信领导价值观的正确性；和领导的价值观相类似；不加怀疑地接受领导者；拥护领导者；愿意服从领导者的指挥；认同并效仿领导者；对团队成员投入情感；提升团队成员的目标；感觉自己是团队成员的一部分。其中前六个方面是对团队成员的影响，后三个方面是对领导本人的影响。

海波特认为，豪斯提出的魅力型领导结果可以分成三大维度，分别是参考权、专家权和工作投入，它们都是一种影响他人的能力。其中，参考权源于领导者的品质和特征；专家权源于个人专业的知识、技能或能力；工作投入是指领导者能鼓励团队成员更加投入工作的程度。海波特的研究对那些想成为魅力型领导的人非常有用。为了更有魅力，个人必须体现出参考权和专家权，而且必须使人们更加投入地工作。

魅力型领导者对下属有什么影响呢？有关这方面的研究表明，魅力型领导者与下属的高绩效和高满意感之间有着显著的相关性。为魅力型领导者工作的员工受到激励而愿意付出更多的努力，而且由于他们喜欢自己的领导者，也表现出更高的满意感。

二、领导行为理论

具备恰当的特质只能使个体更有可能成为有效的领导者，但仍无法对领导者进行成功、准确的预测。这时，人们开始注意把研究重点从界定领导者的特质转为研究领导者的行为，希望了解有效领导者的行为以及他们的领导风格是否有什么独特之处。

特质理论与行为理论在实践意义方面的差异，在于二者深层的理论假设不同。如果特质理论有效，说明领导从根本上说是天生造就的；如果行为理论有效，则说明领导是可以培养的，即可把有效的领导者所具备的行为模式，植入那些愿意成为有效领导者的个体身上。

领导行为理论关心两个基本问题：第一，领导者是怎么做的，即领导的行为表现是什么；第二，领导是怎样或以什么方式来领导下属的。

领导行为理论主要有斯托格第和沙特尔的领导行为四分图理论、布莱克和莫顿的管理方格理论、PM 型领导模式、巴斯的交易型领导和变革型领导理论、利克特的领导系统模式等。

1.领导行为四分图理论

俄亥俄州立大学在 20 世纪 40 年代末对领导行为进行了研究。他们收集了大量下属对领导行为的描述，列出了 1000 多个因素，并最终归纳和定义了领导的两个关键方面：任务维度和关怀维度。

(1)任务维度指的是领导者更愿意界定和建构自己与下属的角色，以达成组织目标。这种类型的领导者强调通过计划、信息交流、日程安排、工作分配以及确定期限和给予指导等指明群体的方向。他们对行为给出明确的标准，要求下属服从。高任务维度的领导者对任务能否完成的关心程度远高于对组织中人际关系和谐的关心，希望通过指明方向和期望别人服从来使自己完成任务，要求员工保持一定的绩效标准，并强调工作的最后期限。

(2)关怀维度指的是领导者尊重和关心下属的感情与看法，更愿意与之建立相互信任、双向交流的工作关系。这种类型的领导者强调下属的需求，乐于抽出时间倾听下属的意见和感受，对他们的生活、健康、地位和满意程度十分关心。一个具有高度关怀度的领导者特别重视群体关系的和谐和与下属心理上的亲近。

研究发现，任务和关怀维度方面均高的领导者(高任务—高关怀的领导者)，常常比其他三种类型的领导者(低任务、低关怀或二者均低)，更能使下属取得工作绩效和高满意度。但是，双高风格并非总能产生积极效果，如当工人从事常规任务时，高任务度的领导行为会导致投诉率高、缺勤率和流动率高，员工的工作满意度也很低。此外还发现，领导者的直接主管对领导者进行绩效评估时，绩效评估等级常常与高关怀度成负相关。总之，通常来说，“高任务一高关心”的领导风格能够产生积极效果，但同时也有足够的特例表明这一理论还需要考虑情境因素，如图 8-1 所示。

图 8-1 领导行为四分图

密歇根大学调查研究中心通过确定领导者的行为特点及其与工作绩效的关系来研究领导者的行为。他们也将领导者划分为两个维度，称为员工导向和生产导向。员工导向的领导者重视人际关系，他们总会考虑到下属的需求，并承认个体间的差异。相反，生产导向型的领导者更强调工作的技术或任务事项，主要关心群体任务的完成情况，并把群体成员视为达到目标的手段。密歇根大学的研究表明，员工导向的领导者与群体高生产效率和高工作满意度呈正相关；而生产导向的领导者则与群体低生产效率和低工作满意度联系在一起。但如果生产导向的领导者所带来的高绩效对员工的长远利益更有利时，员工也会有较高的满意度。

2.管理方格理论

在对领导（管理）风格的研究中，影响最大的是美国管理学家罗伯特·布莱克和简·莫顿（1964）。① 他们设计了一个巧妙的管理方格图，清楚地表达了领导者对人的关心程度和对生产的关心程度（如图 8-2 所示）。图中横坐标表示领导者对生产的关心程度，纵坐标表示领导者对人的关心程度。每个坐标都划分为从 1～9 的 9 个小方格，它采取二维构面来说明领导方式，并以坐标方式表现上述二维构面的各种组合方式，纵、横轴各有九种程度，因此有 81 种组合，这就是所谓的“管理方格”。其中有五种典型的组合，表示典型的领导方式。根据领导者对人和对生产关心的态度和方式的衡量与评价，便可确定某个领导者在 81 个方格中的位置。

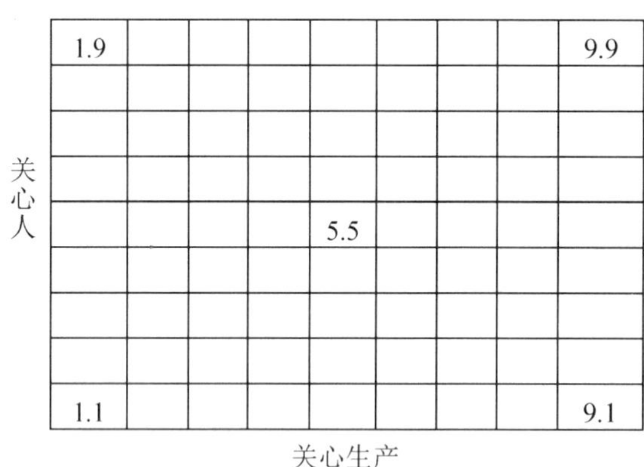

图 8-2 管理方格图

1.1 型为贫乏型管理，为保持组织成员地位而以最少的努力去完成应做的工作。

9.1 型为任务型管理，安排工作条件采用使人的因素干扰最小的方法来达到工作效率。

5.5 型为中庸之道型管理，兼顾必须完成的工作和人们有较高的士气来使适当的组织成绩成为可能。

① ［美］罗伯特·R.布莱克，简·S.莫顿.新管理方格［M］.北京：中国社会科学院出版社，1986.

1.9 型为乡村俱乐部型管理，注意人们建立和谐关系的需要，产生愉快友好的组织气氛和工作速度。

9.9 型为协作型管理，工作成就来自献身精神，在组织目的上利益一致，互相依存，从而产生信任和尊敬的关系。

其单一的因果关系如下：管理风格→态度→行为→组织绩效。布莱克和莫顿根据自己的研究得出结论，9.9 型领导方式最为有效。

管理方格理论重视领导和管理风格，并且以此表达管理者对社会、工作、下属和同事的认识，以及他们在工作中以实际行动来表达这种认识的方式。管理风格中的“生产导向”和“人际关系导向”的二维分法并不是布莱克等最先提出的，但他们的管理方格图以及两个维度的使用和五种管理风格的讨论，简明直观，极大地增加了该理论的易沟通性。管理方格理论为领导者风格的概念化提供了较好的框架，但未能提供新的实质信息，同时，上述五种典型的领导方式仅仅是理论上的概括，都是一些极端的情况。在实际生活中，很难出现单一纯粹的领导方式。

3.PM 型领导模式

美国学者卡特赖特和阿尔文·赞特在他们合著的《团体动力学》一书中提出三种领导类型：目标达成型，即以执行任务为主的领导方式，简称 P 型；团体维持型，即以维持团体关系为主的领导方式，简称 M 型；两者兼备型，简称 PM 型。

日本大阪大学的心理学教授三隅二不二根据同一原理，按领导者的两种主要职能进行分类，即：P 因素（Performance），指领导者为完成生产目标而做的努力和工作绩效；M 因素（Maintenance），指领导者为维持团体而做的努力。根据这两个因素，他将领导方式分成四种类型（如图 8-3 所示）。

①P 型——目标达成型。

②M 型——团体维持型。

③PM 型——两者兼备型。

④pm 型——两者均弱型。

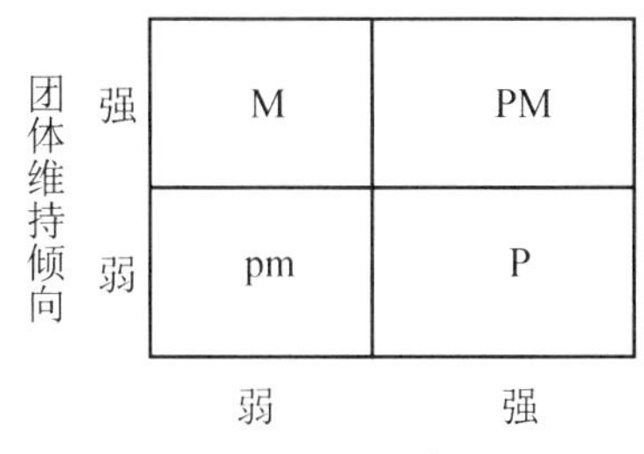

图 8-3 三隅二不二的 PM 领导类型图

三隅二不二还设计了一套调查量表作为评价领导类型的测量工具。以这套量表对许多任务型企业的领导行为进行测定，结果发现，领导类型与生产量、职工的反应存在如下的关系，如表 8-4 所示。

表 8-4 领导类型与生产量、职工的反应关系

领导类型	生产量	对公司、工会的依赖度	团结力
PM 型	最高	最高	最高
P 型	中间	第二位	第三位
M 型	中间	第三位	第二位
pm 型	最低	最低	最低

目前在许多国家和地区,如日本、美国、英国、中国香港等都有人利用PM量表进行领导行为的研究,这成为一种跨文化比较管理研究的方法。

通过以上三种具有代表性的理论可以看出,领导行为理论的研究方法之一是通过任务导向和关系导向两个维度,通过两者不同的组合,对实践当中的领导行为进行深入研究,指明了不同方式领导行为的效果,从而回答领导行为有效性的问题。

4.交易型领导和变革型领导理论

从20世纪80年代开始,学者们开始对领导者在情绪上以及象征意义上对其追随者所产生的影响产生了兴趣。为什么有些追随者会把组织的任务或目标置于个人利益之上呢?这与领导者的类型有关。巴斯(1985)将这些领导分为交易型领导和变革型领导两种类型。交易型领导通过澄清工作角色或工作需求,为下属建立实现目标的激励机制。而变革型领导是指领导者通过个人魅力对其追随者进行个人关怀与智力上的开发,以达到更高层次的目标。巴斯将交易型领导和变革型领导的特征总结如下。①

(1)交易型领导的特征

①权变奖赏。奉行努力与奖赏相互交换原则,对良好的绩效予以奖励。

②例外管理(积极的)。监督和发现不符合规则和标准的活动,并对其采取修正措施。

③例外管理(消极的)。只在不符合标准时才进行干预。

④自由放任。放弃责任,回避做决策。

(2)变革型领导的特征

①领袖魅力。提供愿景和具有使命感,赢得尊重与信任。

②感召力。传达高期望,使用各种方式强调努力,以简单的方式表达重要的目标。

③智力上的激励。鼓励智力、理性活动和提高谨慎解决问题的能力。

④个体化关怀。关注每个人,针对每个人的不同情况给予培训、指导和建议。

面对社会、科技、经济等的改变,组织的高层主管需要运用管理、领导和关系技能去进行组织变革。而变革型领导不仅具有分析思考的能力,而且能引导组织中各个阶层的人们达到最佳的境界。因此,变革型领导已经成为领导形态的主流。

微软公司的比尔·盖茨、通用公司的前领导人杰克·韦尔奇均被视为成功的变革型领导者。杰克·韦尔奇在通用公司内设计了一种管理矩阵,该矩阵的两个维度分别为"组织文化"和"执行"。杰克·韦尔奇成功地利用这两个维度来转化下属的心态,使其认同组织文化,从内心改变工作行为,努力达到公司的愿景。由此,通用公司得以成功转型。

5.领导系统模式

美国密歇根大学的伦西斯·利克特教授于1967年在《人群组织:它的管理及价值》一书中提出一种对领导风格进行分类的模型,即利克特的领导系统模式。

利克特将领导方式归结为四种模式,并对此做了进一步阐述。

---

① Bernard M.Bass.*Leadership and performance beyond expectations*[M].New York:Free Press,1985.

(1)专制—权威式

采用这种领导方式的领导者非常专制,决策权集中于最高层,所有决定都由领导者做出,下属没有参与权,只有执行的义务。上下级很少交流,也缺少信任,激励也主要是采取惩罚的方法,沟通主要采取自上而下的方式。

(2)开明—权威式

采用这种方式的领导者对下属有一定的信任和信心,采取奖赏与惩罚并用的激励方法,有一定程度的自下而上的沟通,也向下属授予一定的决策权,但自己仍牢牢掌握最后控制权。

(3)协商式

采用这种方式的领导者对下属抱有相当大但并不是完全的信任,主要采用奖赏的方式来进行激励,沟通方式是上下双向的,在制定总体决策和主要政策时,下属有一定程度的参与权,并允许下属部门在一些具体问题上做决策。

(4)参与民主式

采用这种方式的领导者对下属在一切事务上都抱有充分的信心与信任,积极采纳下属的意见,上下级之间以及同事间有广泛的沟通交流,乐于授权,鼓励下属参与管理,有问题互相协调讨论,最高领导最后做出决策。

利克特认为,一个组织的领导类型可以用八项特征来描述:领导过程、激励过程、交流沟通过程、相互作用过程、决策过程、目标设置过程、控制过程和绩效目标。鉴别和区分不同领导类型与方式的关键,是看下属参与决策的程度。利克特通过广泛调查,发现应用第四种管理方式的主管人员都是取得最大成就的领导者,这种领导方式在设置和实现目标方面是最有效率的,通常也是最富有成果的。他还发现,实行参与民主式领导体制的企业,其生产效率要比一般企业高出10%～40%,他把这些主要归因于员工参与管理的程度,以及在实践中坚持相互支持的程度。据此,利克特大力提倡专制—权威式、开明—权威式的企业向协商式和参与民主式的企业转变。

他认为,单纯依靠奖惩来调动职工积极性因素的管理方式已经过时了,只有依靠民主管理,从内心来调动积极性,才能充分发挥人们的潜力。他建议领导者真诚地而不是假心假意地让职工参与管理。要看到职工的智慧,相信他们愿意并能够做好工作。独裁式管理永远也不能达到民主管理体制所能达到的生产水平和对工作产生满意的感受。他认为,有效的领导者是注重面向下属的,他们依靠信息沟通使所有部门像一个整体那样行事。群体的所有成员,包括主管人员在内都形成一种相互支持的关系。在这种关系中,他们感到在需求、愿望、目标与期望方面有真正的、共同的利益。由于这种领导方式是采取激励人的办法,所以利克特认为它是领导一个群体的最为有效的方式。

第三节　领导角色

在组织或群体中,领导处于显著位置,人们总是期望领导者能明晰自己的权力与责任,善于根据角色要求行动,起到楷模作用。领导角色则是指符合领导者个人的社会地位及其义务要求的行为模式。这个概念包括以下几类。

①领导角色规范——社会对领导角色行为的规定。

②领导角色期待——社会对领导角色行为表现的要求。

③领导角色知觉——领导个人对社会角色的认识，对角色规范的认同。

④领导角色实践——领导角色行为。

通过培训应使领导者意识到，当他进入一个新的角色时，无论是从心理还是行为上，都必须尽快完成角色转换，用新的角色规范要求自己，否则就会违背社会和人们的角色期待，遭遇挫折和失败。这种角色认知虽然是由多方面因素造成的，如社会环境、历史文化底蕴、政治经济等因素，但它可以通过培训增强这方面的意识与能力。

一、领导角色类别

1.领导角色的学科分类

(1)政治学范畴的领导角色

从政治的本质和领导的基本职能出发，领导者是利益的分配者，按制度经济学的说法，是"分蛋糕的人"：

①领导的权力从政治本质而言，即主管利益和各种资源；

②各层级领导处于各个利益分配的环节，按其职权范围分配给下属利益；

③下属对领导的服从实质上是对利益的追求，这种利益主要是指生活资料、发展资料及其他物质利益，也包括出于追随楷模而获得的心理满足。

从利益分配的角度来看，领导者扮演着裁判的角色，协调利益分配的不公平情况，调解利益纷争。

(2)社会学范畴的领导角色

从马克斯·韦伯的科层制来看，领导者是控制者和施令者：

①对下属提出各项要求和希望；

②不断鼓励下属向要求前进。

从社会角色理论出发，领导是导演：

①按政策和实际需要从事"三定"工作，即定职能、定机构、定人员，构思组织发展脚本；

②物色所需演员，使其不断适合表演要求。

从社会互动理论出发，领导是信息中转站的信息员：

①领导掌握更高层次的信息资源；

②以领导为中心形成信息的传播网络。

(3)心理学范畴的领导角色

从伯尔赫斯·弗雷德里克·斯金纳的强化理论出发，领导是"双面人"：

①正强化时，如表扬、奖励等，能让下属感激不尽；

②负强化时，如批评、惩罚等，能让下属痛哭流涕。

从卡尔·罗杰斯的人文主义现象角度出发，领导是心理医生：

①领导需要尽可能多地了解下属的心理动态；

②根据下属的心态进行治疗和调节。

2.领导角色的主要类别

(1)人际关系方面的角色

①名誉领袖。领导者扮演的所有角色中,最基本且最简单的便是名誉领袖的角色。名誉领袖是树立、宣传企业形象,提高企业知名度的需要。要演好名誉领袖这一角色,就得参加各种典礼性质的仪式。例如,刘永好作为希望集团的法人代表,能主动扮演好名誉领袖的角色。1994 年,中央政府提出了“八七扶贫攻坚计划”,即要用七年的时间解决 8000 万人的温饱问题。刘永好响应政府号召,联合北京市 10 位民营企业家倡导发起了扶贫光彩事业。这项活动得到社会各界和各级政府的认同,几千位民营企业家参与了这项活动。

对于真正的企业家而言,扮演名誉领袖这一角色往往是痛苦的。他们习惯于务实,而不热衷于务虚。参加名目繁多的仪式、会议、宴会,似乎不是企业家的特长。然而,企业家必须意识到,名誉领袖的许多活动事关企业发展的良好环境,所以必须不得已而为之。

②领导人。对于企业领导者而言,充当企业领导人的角色可以说是最直接、最主要的工作。企业领导者必须对员工进行引导和激励,这对于确定组织工作的气氛至关重要。组织工作通常是由其决策层来确定的,而企业是否成功则取决于领导者是向整个企业注入力量、富有远见,还是由于其无能或疏忽而使组织处于停滞。领导人这种角色在功能上可分为“直接的”与“间接的”两种。“直接的领导”指雇佣、训练并控制在自己之下的那些人;“间接的领导”则是激励他们,并为他们设定应遵守的组织纪律。

在充当领导人这一角色时,必须集中力量,把下属的需要与企业的需要调和起来。这样,员工才愿意为企业勤奋工作,意识到企业的未来就是自己的明天。领导者是企业的最高统帅,正式的权威赋予他巨大的潜在权力。领导的过程也就是这些潜在权力转化为实在权力的过程。企业领导者在行使权力时要把个人需要与企业目标结合起来。这样,领导活动越充分,领导者的权力就实现得越充分,企业的经营也就越好。

③联络人。领导者在人际关系角色中扮演联络人,其任务包括系统内的联络和系统外的联络。对于高层领导者而言,必须做到与本公司所有部门的关键人物保持良好的私人关系,并且经常跟他们互通信息,避免失去联系;广泛交流,不要闭门自居。

领导者不仅要进行纵向的联络,更要进行横向的联络。联络者角色主要应付的是领导者同他所领导的企业以外的无数个人和团体维持关系。一个人的社会地位越高,则同他所在团体以外的人相互交往得越频繁。

(2)信息方面的角色

在领导者的活动中,信息占有特别重要的地位。领导者平日阅读的堆积如山的各类信件中,很大一部分就其性质而言是属于情报类的,领导者与他人的许多口头联系也是情报类的。领导者在组织内部的信息传递中居于中心地位。可以说,领导者是企业的“神经中枢”,企业各种正式非正式的信息流都会集中到领导者身上。领导者掌握着最丰富的信息,在信息传递方面起着核心作用。

领导者作为“神经中枢”的特点表现在三种角色中。在监听者角色中,他们掌握自己的组织和环境的情况；在传播者角色中，他们把自己获得的信息在企业内部传递给别人；在发言人角色中，他们则是代表企业对外发布信息。

①监听者。为了企业发展需要，领导者经常需要收集大量信息，这是领导者作为监听者必须做的工作，因为这使他能够了解组织及外部环境中发生的事情。他寻求信息，为的是察觉各种变化，找出解决各种问题的办法，得到有关外部环境的消息，以便恰当地传播信息和做出决策。领导者要收集各种信息，这些信息的来源大致分为五类，即内部业务、外部事件、分析报告、各种意见的倾向和压力。

②传播者。一般而言，领导者在扮演此角色时必须决定：谁？何事？何时？也就是：让什么人知道什么事和什么时间让他们知道。执行时必须衡量把某情报通告下属时会产生什么后果；毫不吝惜地与下属共享非特权类的情报；记录下属由于得不到本来应得到的情报，而造成犯错误或判断错误的次数，以了解下属对于情报需要的迫切性；告诉下属们发生的有关事情时，必须把事实和对事实的解释分开；必须核对自己的见解与命令，了解其往下传递到什么阶层时已经被歪曲了。

③发言人。领导者是组织的权威，他有权力也有责任代表组织来讲话；领导者又是组织的神经中枢，他有充分的信息来这样做。领导者作为组织的发言人，可能是为组织进行疏通活动，也可能是作为公众而活动，还可能是作为其所在行业的专家来活动。总之，领导者扮演“发言人”角色，可能以各种各样的面目出现。如同名誉领袖，发言人也是形式上的角色，不过，它是与工作直接相关的。领导者充当联络人角色，当其代表公司向外宣讲时，就信息方面而言，就是发言人角色。为演好发言人角色，领导者必须确立明确的方针，指出何时代表公司，何时仅代表个人；保证所说的话正确代表公司政策；充分准备以确保演说成功，并敏捷妥善地回答新闻界的提问。

(3)决策方面的角色

信息本身并不意味着事情的完结，相反，它只是决策制定的基本前提条件。毫无疑问，领导者在一个企业的决策系统中居于核心地位。因为作为正当的权威，只有领导者能够带领组织从事一项新的重要活动；作为神经中枢，只有领导者拥有全面且最新的有助于组织制定战略的信息。所有这些使领导者拥有最有利的条件来扮演决策角色。企业处于复杂多变的环境中，需要根据情况随时做出各种决策。这些决策涉及经营管理的各个方面，如新产品开发、新程序设计、公关策略、现金流量的改进、不良部门重组、国外分部道德问题的解决等。就重要性而言，领导者的决策行为中，既有事关企业命运的战略决策，也有日常小型决策，如人事任命、奖金发放等。

①变革发动者。这是领导者的核心角色，该角色使领导者成为企业家，而不是单纯的管理者。企业家的工作开始于视察活动，作为监听者角色的一部分，领导者要对组织各处进行视察，寻找各种机会，发现可能被认为是问题的各种情况。领导者会随意向下属提出各种问题，参加各种职能检查会议，进行未经宣布的巡视，或者从他人的评论意见中寻找可能的问题。一旦发现问题或机会，领导者就会决定采取行动，以改进组织状况。

②障碍排除者。这是很主动的角色，当企业陷入困境，人们沮丧无奈时，领导者排除障碍自然可赢得人心，这一角色使领导者获得最大程度的满足感。与变革发动者不同，障碍排除者是对环境比较被动的反应，比如一种新产品遭遇不曾预料的开发困难，供货商突然投向竞争者，政府实行限价措施等。

③资源分配者。此角色涉及“谁应该得到什么，得到多少”的决策问题。组织资源包括金钱、时间、材料设备、人力以及信誉，资源不仅决定着人们的生存，也决定着人们的事业发展。可以说，此角色拥有最核心最根本的权力。同时，资源分配者也是组织的战略制定系统的核心。因为战略是由重要的组织资源的选择决定的，企业的生机活力来自战略目标，战略目标的实现又要组织资源来保证。所以，领导者必须监督对组织资源进行分配的系统。

④谈判者。谈判就是讨价还价，不同利益的当事人为了维护各自利益而力图说服对方就是谈判过程。企业各层管理人员都要担当谈判者的角色，并为了公司利益而主动学习谈判技巧。

二、领导角色特征

角色的特征主要表现在两个方面，一是社会属性和个人选择的统一；二是权利和义务的统一。领导角色的特征有以下几个。

1.导向性

领导角色的主要特征是率领和引导下属朝着一定目标前进，即发挥导向性作用。它在领导活动中具体体现为领导活动目标的科学制订、领导方法的把握、领导决策的追踪修正、领导过程中的变化调整等。

2.服务性

领导角色的服务性特征，不仅要求领导者全心全意为本群体成员服务，而且要求领导者通过为下属完成任务创造有利条件来实施领导。

3.感染性

领导角色的感染性特征，一方面要求领导者必须敏于行、慎于行和善于行；另一方面也要求领导者时时努力提高自己的素质，借以形成自己的人格凝聚力、渗透力、组合力和向心力。

4.非我性

领导者要想胜任领导角色，首先必须完成对自我的超越。领导角色要求领导者在才能、气质、作风等方面，都必须超越自我，不断进行自我完善和提高，对领导过程中的各种情况做出科学的处理。

5.多重性

领导角色本身，是一个“角色丛”；当他与下属成员发生联系时，他的角色是“领导”；当他与其他社会成员发生联系时，他的角色是“公民”；当他与上级发生联系时，他又成为“被领导者”。即便在与本单位群体组织成员发生联系的过程中，也是一个“角色丛”，同时充当多种角色，每种角色都对领导者有为社会心理所接受的独特规范要求。

三、领导角色学习

1.领导角色学习的内涵

角色学习是指组织成员掌握社会理想角色的行为准则、技能，提高角色认知水平，缩短与理想角色差距的过程。

(1)角色义务、角色权利和角色规范

领导者的角色义务内容广泛，可以简要地概括为下面几大类型：一是决策方面的角色，包括变革发动者、故障排除者、资源分配者、谈判者；二是信息方面的角色，包括信息接受者、信息传播者、发言人等。

领导者的角色权利则是以领导权力为基础建立的，在领导活动中体现出来的权利的总称，如决策权等。

领导者的角色规范是组织内部的分工情况、组织制度、组织目标以及领导者的领导层级等多种因素的一种综合体现。

(2)角色情感和角色态度

社会期望角色扮演过程具有应有的情感和态度，角色情感集中反映在个体对于所扮演角色的角色义务的责任感上。领导者不但自身要培养和强化角色情感，而且要营造良好的环境氛围引导组织中的其他成员建立和增强角色情感。

角色态度是角色扮演者在角色行为中的心理准备。人们在社会生活中要与他人交往，在交往活动中会有一种心理上的准备。当人们在以一种角色和他人交往时，必然会产生一种角色交往所需要的心理准备状态，形成角色态度。所以，调整和改善自身的角色态度，是包括领导角色在内的角色扮演者在实施角色行为之前必须进行的准备工作。

2.通过角色学习建立角色知觉

所谓领导角色知觉，就是在取得领导地位以后，领导者对领导角色在权利、义务、职责和社会期望等方面的自我意识和自我认识。

角色行为的效果，很大程度上取决于角色承担者对角色内涵意义的自我意识和认识，也就是说，角色知觉在一定程度上影响甚至决定了领导者的角色行为选择。不同的角色行为选择引起不同的行为后果，也必然形成不同形态的领导关系。因此，领导角色知觉的建立是维系和优化领导关系的前提和基础。同时，友好和谐、积极进取的领导关系也有利于领导角色知觉的发展和提升。

在新时代，领导者应扮演以下三类角色。

①领导者应是知识、经验和智慧的传播者，这种新角色被称为“教师”“师傅”“教练”和“导师”等。

②领导者应该联合群众，设计组织，成为变革的控制者，这类角色常被称为“设计师”“社会建筑师”和“组织缔造者”等。

③领导者应该传播领导技能，做未来潜在领导者的培养者，这类角色被称为“领导铸造者”“栽培者”和“超级领导者”等。

专栏 8-2　管理艺术：领导者最不该说的十句话

1.不关我事。

2.为什么你们……

3.上面怎样骂我，我就怎样骂你们。

4.我也没办法。

5.我说不行就不行。

6.你说怎样就怎样。

7.我随时可以……

8.你真的很笨。

9.我能力有限，谁行谁来做。

10.都很好，蛮不错。

第四节　领导风格

领导者对被领导者的习惯化影响方式，称为领导风格。在管理领域中，对有效领导的研究最初着眼于领导者个人品质的研究。但其后的管理实践表明，良好的领导者素质并不能确保良好的领导效果。于是，一些心理学家开始研究不同领导风格对被领导者的作用，以便找到改善领导效果的新途径。

一、领导风格理论

美国管理学家丹尼尔·戈尔曼对全球 3871 名高级经理人的领导风格及领导成效进行分析，发现存在着六种截然不同的领导风格，每一种风格都由不同的情商（emotional intelligence）要素组成。如果分开来看，每一种领导风格都会对企业、部门或团队的工作气氛产生直接的、独特的影响，并最终影响其财务业绩。这六种领导风格是：

①专制型领导，要求立即服从。

②权威型领导，强调远景目标，号召员工为之奋斗。

③关系型领导，通过建立情感纽带，创造和谐的关系。

④民主型领导，通过鼓励下属参与来达成共识。

⑤领跑型领导，强调卓越，自我指导。

⑥教练型领导，强调未来发展培养员工。

戈尔曼发现，最有成效的领导者并不仅仅依靠一种风格，他们会因时制宜，在一周内采取多种领导风格，其领导方式的切换自然妥帖，不着痕迹。[①]

① Daniel Goleman. *Emotional Intelligence: Why it can matter more than IQ*[M]. New York: Bantam Books, 1997.

戈尔曼指出，领导风格对一个组织的工作氛围有明显的影响。他运用六个影响工作环境的主要因素，即员工不受条条框框束缚和锐意创新的灵活性、员工对组织的责任感、员工设计标准的高低、绩效反馈的准确性和奖励的恰当性、员工对企业使命和价值观的明确性以及他们对共同目标的投入程度，来测量领导风格对组织工作氛围的影响。经过对数据的分析统计，得出的结论是：权威型领导风格对工作氛围的正面影响最大，其次是关系型、民主型和教练型等；而专制型和领跑型的领导风格对组织的工作氛围则会产生消极的影响，如表 8-5 所示。

表 8-5　领导风格对工作氛围的影响

项目	专制型	权威型	关系型	民主型	领跑型	教练型
灵活性	−0.28	0.32	0.27	0.28	−0.07	0.17
责任感	−0.37	0.21	0.16	0.23	0.04	0.08
标准	0.02	0.38	0.31	0.22	−0.27	0.39
奖励	−0.18	0.54	0.48	0.42	−0.29	0.43
明确性	−0.11	0.44	0.37	0.35	−0.28	0.38
投入程度	−0.13	0.35	0.34	0.26	−0.20	0.27
对工作氛围总的影响	−0.26	0.54	0.46	0.43	−0.25	0.42

戈尔曼认为，六种领导风格都有最适合运用的时机，对组织的工作氛围也会产生不同的影响。高明的领导者不是仅采用一种风格，而是针对不同的情况采取不同的领导方式。领导者展示的领导风格越丰富多彩，其领导越有成效。掌握更多的领导方式，尤其是掌握权威型、民主型、关系型和教练型四种领导方式，并能根据实际需要在不同风格之间灵活切换的领导者，能创造最好的工作氛围和经营业绩。

利克特的领导系统模式和戈尔曼的领导风格理论，主要通过下属在领导行为中的参与程度以及与领导之间的互动来研究领导行为的有效性，强调领导者、被领导者、环境三者之间的互动和动态变化，可视作从领导行为理论向领导权变理论的过渡。

二、领导权变理论

对领导特质的研究也好，对领导风格的研究也好，有时都无法说明其与领导有效性之间的关系。为什么同样是成功的领导者却性格迥异？为什么 X 风格在 A 条件下行之有效，在 B 情形下却屡屡碰壁，而 Y 风格则切实可行。显然，环境条件变了，领导风格也应做出相应变化。领导行为的有效性不单纯取决于领导者的个人行为，某种领导方式在实际工作中是否有效还取决于具体的情境和场合。领导是一种动态的过程，其有效性将随着被领导者的特点和环境的变化而异。对此，西方学者在理论研究过程中提出了相应的领导权变模型，其中影响较大的有领导行为连续带模型、领导参与模型、费德勒模型、领导生命周期理论和路径一目标理论；同时，中国在领导权变方面也有较为丰富的知识积累，认为领导应因时、因地、因人而采用不同的领导风格。需要说明的是，这些理论所考虑的权变因素是综合性的，既包括了领导或下属等与人相关的因素，也包括了地点、时间、任务等因素，只是侧重点不同而已。

1.领导行为连续带模型

美国加利福尼亚大学的罗伯特·坦南鲍姆教授认为，在独裁和民主两个极端之间存在一系列领导风格，构成一个连续分布的连续带。领导的行为方式并不是一成不变的，而是随着环境的变化而变化，领导风格不是机械地只在独裁和民主之间选择，而是根据客观需要把二者结合起来运用。有效的领导方式就是在特定的时间、地点和条件下选择适当的领导风格。

领导行为连续带模型如图 8-4 所示，它以领导者（经理）运用职权的程度和下属享有自主权的程度为基本特征变量，以高度专权来严密控制、以管理者为中心的领导模式为左端，以高度放权、间接控制、以下属为中心的领导模式为右端，划分了七种具有代表性的典型领导方式。坦南鲍姆认为，领导者应根据领导者、下属、环境三方面的因素，有针对性地在一系列备选的领导风格中选出最恰当的一种。

在实际生活中，大多数领导采取的风格是根据需要在斜轴上移动。即使是民主的领导，也不是在所有的问题上都民主，独裁的领导也不是所有的方面都独裁。影响领导者个人放权及允许下属参与决策的程度的主要因素是：领导者的价值观，对下属的信任程度，对专制和民主的基本倾向以及与下级共同决策可能带来的不确定性及对个人或工作的影响等。影响下属参与决策的程度的主要因素是：下属追求自主的意愿强度，对解决问题的兴趣、能力及重要性的认识，是否愿意承担责任，他们自己的目标与组织目标的一致性以及上级的授权等。要考虑的情境因素包括：组织的类型、规模，各下属部门距离的远近，员工参与的信念，工作群体作为一个能顺利发挥其功能的集体成熟程度以及决策时限是否紧迫等。

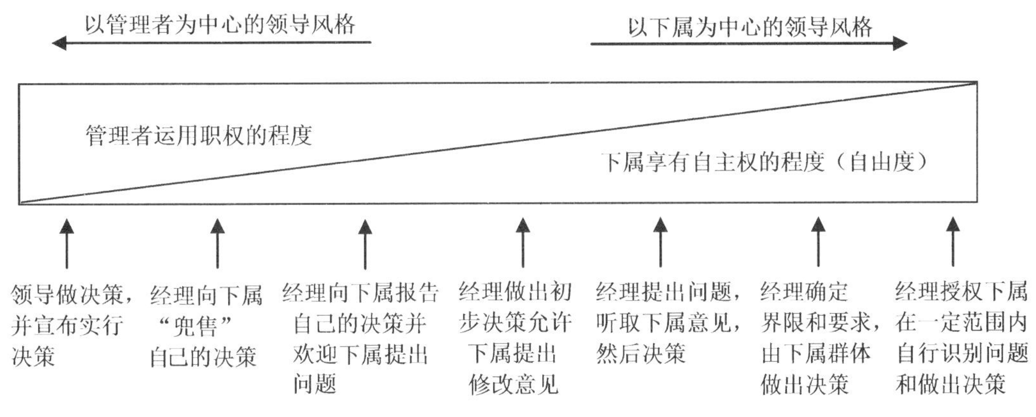

图 8-4　领导行为连续带模型

由于坦南鲍姆等在领导风格的研究上摆脱了两极分化的倾向，反映出领导模式的多样化特征，因此比较符合实际。该理论首次提出考虑多种因素对采用领导风格的影响，开创了权变论的先河。

2.领导参与模型

领导参与模型是维克多·维鲁姆和菲利普·耶顿于 1973 年提出来的。他们认为领导效率的高低取决于各种权变因素，领导风格应该适应环境的需要而随时变动，领导者应该根据情况的变化来选择最为合适的领导风格。

该模型试图确定出适合特定环境和情况的领导风格，这些不同的领导风格是依照下属参与决策程度来决定的，他们提出了五种典型的领导风格，参与程度由低逐渐向高为：

参与程度1(独裁1)：领导者运用手头现有的资料，自己解决问题，做出决策。

参与程度2(独裁2)：领导者从下属那里获得必要的信息，然后自己做出决策。向下属索要信息时，可能向下属说明问题，也可能不说明。下属只是提供必要的资料，并不提供或者评价问题的方案。

参与程度3(协商1)：以个别接触方式，让下属知道问题，取得下属的意见或建议，然后由领导自己做出决策。决策可以反映下属的意见，也可以不反映。

参与程度4(协商2)：与下属集体讨论有关问题，收集他们的意见和建议，然后由领导自己做出决策。决策可以反映下属的意见，也可以不反映。

参与程度5(群众决策)：与下属集体讨论有关问题，共同提出和评估备选方案，争取获得解决问题的一致意见。

领导参与模型提出了确定适宜的领导方式需要考虑的七个权变因素，这七个因素是用七个问题来表达的，这些问题是：

①是否存在能使某一解决办法更合理的质量要求？

②是否有足够的信息做出高质量的决策？

③决策问题是否结构清楚？

④下属对解决办法的接受程度是否会严重影响决策的有效实施？

⑤如果领导者独自做出决策，下属肯定会接受吗？

⑥下属是否赞同这种解决办法所要达到的组织目标？

⑦准备选用的解决办法是否会在下属中引起冲突？

其中，前三个问题是与决策质量有关的，后四个问题是与下属有关的，只有决策质量高且下属也接受从而有效地实施，决策才能够取得很好的效果。

领导参与模型对培训领导者与管理人员如何选择使他们能及时做出决策，并做出高质量决策所应采取的领导风格而言，是个重大突破。

3.费德勒模型

美国华盛顿大学著名管理专家弗莱德·费德勒于1965年提出了领导权变理论。他认为，不存在一种适用于一切情境的唯一的最佳领导风格，各种领导风格只有在对应的情境下才最有效。有效的群体绩效取决于以下两个因素的合理匹配：与下属相互作用的领导者风格、情境对领导者的控制和影响程度。领导者应首先摸清自己及所辖下属的领导风格，并争取将自己或下属委派到最适合各自风格的情境中，以实现最佳领导绩效，即让工作适应管理者。

为解决如何判断领导者领导风格取向的问题，费德勒发明了一种工具，叫作“最难与之共事者”(Leaser-Preferred Co-Worker，LPC)的问卷，用以测量领导者的领导行为是任务取向型还是关系取向型。另外，他还分离出三项情境因素：领导者与下属的关系、任务结构和职位权力。他相信通过这三项因素能与领导者的行为取向进行恰当匹配。费德勒试图用这一方法解决以往特质理论和行为理论忽视情境因素的不足,又通过 LPC 这一指标解决了传统的"任务导向""关系导向"难以度量的问题。他将个性评估与情境分类结合在一起,并将领导有效性作为二者的函数进行预测。

费德勒首先用 LPC 问卷对个人最基本的领导风格进行测试。费德勒认为一个人的领导风格是固定不变的,是关系取向型或任务取向型的。当情境要求任务取向型的领导者,而此职位上却是关系取向型的领导者,要想达到最佳效果是非常困难的,要么改变情境,要么替换领导者。

在对个体的基础领导风格进行评估之后,需要再对情境进行评估,并将领导者与情境进行匹配。费德勒评估情境因素的三项权变变量,具体定义如下:

①领导者与下属的关系。领导者对下属信任、信赖和尊重的程度。

②任务结构。分配给下属的任务的结构化程度(结构化或非结构化)。

③职位权力。领导者拥有的权力变量(如聘用、解雇、训导、晋升、加薪的影响程度)。

然后根据这三项变量来评估情境:领导者与下属的关系或好或差,任务结构化或高或低,职位权力或强或弱。三项权变变量总和起来,便得到八种不同情境或类型,每个领导者都可以从中找到自己的位置,如表 8-6 所示。

表 8-6 费德勒领导权变模式

组织环境类型	非常有利			中间状态			非常不利	
上下级关系	好	好	好	好	差	差	差	差
任务结构	高	高	低	低	高	高	低	低
职位权力	强	弱	强	弱	强	弱	强	弱
有效领导方式	任务导向型			关系导向型			任务导向型	

在实际操作中,可用于评估现有领导风格与权变模型指引的高效率模式是否相匹配。如果恰好匹配,就可以按现行状态继续前行;如果不匹配,就要考虑改变领导风格即 LPC 值,或调整领导情境变量,以提高领导效率。

费德勒模型是领导权变理论中影响最大和应用范围最广的理论之一。大量研究对费德勒模型的总体效度进行了考察,得出了十分积极的结论,也就是说,有相当多的证据支持这一模型。但是,该模型目前也还存在着一些缺陷,也许还需要增加一些变量进行改进和弥补,另外,在 LPC 问卷以及该模型的实际应用方面也存在一些问题。例如,LPC 问卷的逻辑实质尚未被很好地认识,领导者被假定不能调整自己的领导风格,而是去调整所面对的情境,这和领导行为连续带模型相冲突,实际情况中领导情境在很大程度上是一个组织层面的变革问题,而不是个人可以随意调整的,这些都是具有局限性的。

4.领导生命周期理论

以往的领导理论通常重视研究领导者本身,而忽略对领导对象——下属的研究。保罗·赫西和肯尼斯·布兰查德提出的领导生命周期理论(Life Cycle Theory of Leadership)则是一个重视下属的权变理论。他们认为:下属接纳或拒绝领导者,直接影响到领导的有效性。因为无论领导者做什么，其效果都取决于下属的活动。因此，领导者的风格，应当适应其下属的“成熟度”。成熟度主要是指个体完成某一具体任务的能力和意愿。领导者的行为应当随着下属成熟度的不同而做相应调整，这样才能进行有效的领导。

工作行为、关系行为与成熟度之间并非是一种直接关系，而是一种曲线关系，如图 8-5 所示。

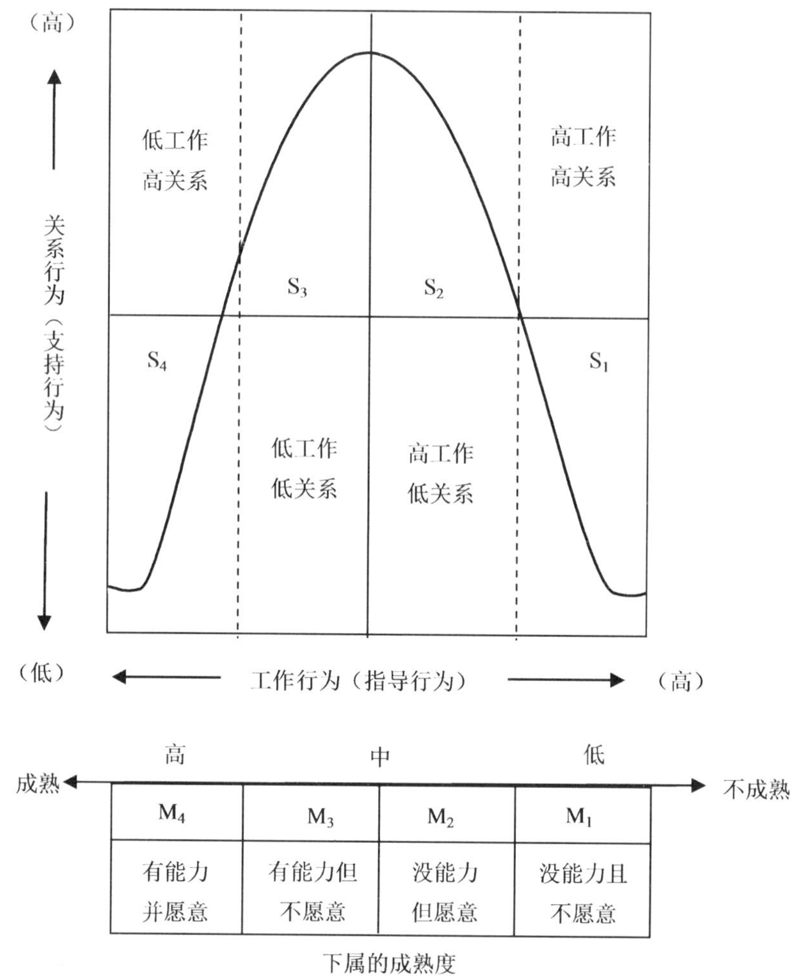

	高		中	低	
成熟	M_4	M_3	M_2	M_1	不成熟
	有能力并愿意	有能力但不愿意	没能力但愿意	没能力且不愿意	

下属的成熟度

图 8-5　领导生命周期理论曲线

图 8-5 中横坐标表示以关心工作为主的工作行为，纵坐标表示以关心人为主的关系行为，第三个坐标是下属的成熟度。根据下属的成熟度有四种不同的情况（从 M_1 到 M_4），这样成熟度、工作行为及关系行为间有一种曲线关系。

图中的四个象限代表四种领导方式：

第Ⅳ象限（S_1，高工作低关系），命令型。这个象限是高工作低关系，适用于低成熟度的情况。下属既不愿意也不能够负担工作责任，对这种成熟度低的下属，领导者可以采取单向沟通形式，明确地向下属规定任务和工作规程。

第Ⅰ象限（S_2，高工作高关系），说服型。这个象限是高工作高关系，适用于下属较不成熟的情况。下属愿意担负起工作责任，但他们缺乏工作的技巧而不能胜任。这时领导者应以双向沟通的方式直接进行指导，同时从心理上增加他们的工作意愿和热情。

第Ⅱ象限（S_3，低工作高关系），参与型。这个象限是低工作高关系，适用于下属比较成熟的情况。下属能够胜任工作，但却不满意领导者有过多的指示和约束。这时，领导者应该通过双向沟通和悉心倾听的方式和下属进行信息交流，支持下属发挥他们的能力。

第Ⅲ象限（S_4，低工作低关系），授权型。这个象限是低工作低关系，适用于下属高度成熟的情况。下属具有较高的自信心、能力和很强烈的愿望来承担工作责任。这时，领导者可充分赋予下属权力，让下属“自行其是”，领导者只起监督作用。

随着下属由不成熟逐渐向成熟过渡，领导行为应当按高工作低关系（S_1）—高工作高关系（S_2）—低工作高关系（S_3）—低工作低关系（S_4）逐步推移。“高工作高关系”类型的领导并不是经常有效的，“低工作低关系”也并不一定经常无效，关键是要看下属的成熟度。

领导生命周期理论促使领导者把重点放在具体的工作任务和下属完成该任务的成熟度上，这有利于领导者从客观的角度看待每一种情形。

5.路径—目标理论

加拿大多伦多大学教授罗伯特·豪斯把激发动机的期望理论和领导行为的四分图结合在一起，提出了路径—目标理论[①]，如图 8-6 所示。这种理论认为：领导者的效率是以能激励下级达成组织目标并在其工作中使下级得到满足的能力来衡量的。当组织根据成员的需要设置某些报酬以激励组织成员时，组织成员就萌发了获得这些报酬的愿望，并开始做出努力。但是，要实现这一愿望，就必须在工作上做出成绩，为组织目标的实现做出贡献。

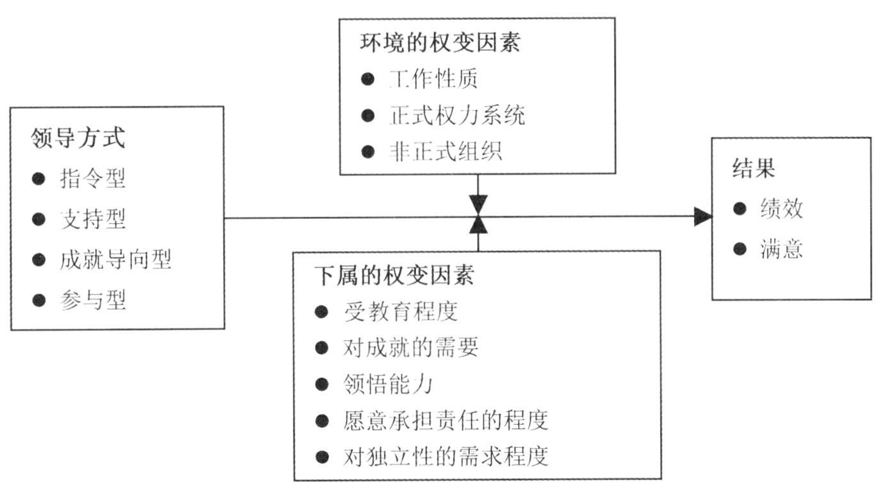

图 8-6　路径—目标理论图

这就要求领导者要让组织成员确切知道怎样才能达成组织目标，只有这样，激励才能起到预期的作用。

豪斯认为，一个领导者的职责有如下几个方面：

① 路径—目标理论是领导权变理论的一种，由多伦多大学的组织行为学教授罗伯特·豪斯最先提出，后由华盛顿大学的管理学教授特伦斯·米切尔完善与补充。目前已成为当今最受人们关注的领导观点之一。

①职工达成工作目标后,增加报酬的种类和数量,增加吸引力。

②明确下级的工作目标,指明职工达成工作目标的道路,协助职工克服道路中的障碍。

③在完成工作的过程中,增加下级满足其他需要的机会。

豪斯考虑的领导方式有四种类型:

①指令型。领导发布指令,下属不参加决策。

②支持型。领导者对下属很友善,更多地考虑职工的要求。

③成就导向型。领导者为职工树立挑战性的目标,并表示相信职工能达到这些目标。

④参与型。职工参与决策和管理。

豪斯认为,高工作就是指引人们排除通往目标道路上的障碍,使他们达成组织目标并获得报酬;高关系就是在工作中增加人们需要的满足程度。他指出,高工作和高关系的组合,不一定是最有效的领导方式,这是因为没有考虑到达成目标时客观上存在着什么障碍。领导方式的选用没有固定不变的公式,要根据领导方式同权变因素的恰当配合来考虑。豪斯提出的权变因素主要有两个:

①职工的个人特点,如职工的受教育程度、对成就的需要、领悟能力、愿意承担责任的程度、对独立性的需求程度等。

②环境因素,包括工作性质、正式权力系统、非正式组织等。

路径—目标理论在实际运用和实证研究中都取得了积极效果。它比较好地解答了领导者在目标、任务、情境以及下属不同的情况下,选择何种领导方式以提高领导有效性的问题,因而也成为当今最受人们关注的领导理论之一。

第五节　领导艺术

领导艺术是领导者个人素质的综合反映,是因人而异的。世界上没有完全相同的两片叶子,同样也没有完全相同的两个人,没有完全相同的领导者和领导模式。领导艺术(Art of Leadership)是指在领导的方式方法上表现出的创造性和有效性。一方面是创造,是真善美在领导活动中的自由创造性。“真”是把握规律,在规律中创造升华,升华到艺术境界;“善”就是要符合政治理念;“美”是指领导使人愉悦、舒畅。另一方面是有效性,领导实践活动是检验领导艺术的唯一标准。主要包括:决策的艺术、创新的艺术、应变的艺术、指挥的艺术、抓总的艺术、统筹的艺术、协调的艺术、授权的艺术、用人的艺术、激励的艺术等。

一、领导艺术的内容

1.用人艺术、用权艺术和授权艺术

①用人艺术。用人的方法和艺术在领导工作中占有特别重要的位置。1938 年毛泽东把领导者的职责归为“出主意,用干部”,将领导的决策与用人放在同等重要的位置。领导者用人的艺术主要有:合理选择,知人善任;扬长避短,宽容待人;合理使用,积极培养;用人要正、激励人才。

②用权艺术。规范化用权;实效化用权;体制外用权。

③授权艺术。包括合理选择授权方式;授权留责(领导者将权力授予下级后,下级在工作中出现问题及负责任,领导也应负领导责任,士卒犯罪,过及主帅);视能授权(领导者向下级授权,授什么权,授多少权,应根据下级能力的高低而定);明确责权(领导者向被授权者授权时,应明确所授工作任务的目标、责任和权力,不能含糊不清、模棱两可);适度授权(领导者授权时应分清哪些权力可以下授,哪些权力应该保留);监督控制(领导者授权后,对下属的工作要进行合理适度的监督控制,防止放任自流和过细的工作检查两种极端现象);逐级授权(领导者只能对自己的直接下级授权,不能越级授权);防止反向授权。

2.决策艺术

①决策艺术的特点:科学与经验的结合;综合性知识与创造性发挥。

②决策艺术的发挥主要做到以下四个方面:一是运筹艺术,即统筹兼顾,把握关键;二是决断艺术,即指令明确、决断及时,具有判断力、想象力、洞察力、应变力;三是善于调动他人的积极性;四是借用外脑。

3.人际关系艺术

①人际沟通艺术:态度和蔼、平等待人;尊重别人、注意方法;简化语言;积极倾听;控制情绪;把握主动;创造互信环境。

②处理人际纠纷艺术:严己宽人;分寸得当;审时度势;讲究策略;把握主动。

二、提高领导者的影响力

领导者的影响力是领导活动的基础。影响力指个人在与他人的交往中,影响和改变他人思想、行为的力量。领导者的影响力由权力性影响力和非权力性影响力两部分组成。

1.权力性影响力

权力性影响力,也称强制性影响力,它指领导者借助其作为权力的拥有者这一特殊地位而对他人所产生的一种带有强制性的影响力。权力性影响力带有强迫性、不可抗拒性,并以外部压力的形式起作用,而被影响者在思想和行为上则主要表现为被动和服从。

权力性影响力在领导活动中是必要的,是领导者履行其职责、完成其使命所不可或缺的条件。然而,这种影响力的激励作用极其有限,它并不是一种最有效的、更不是唯一的影响力。要正确使用权力性影响力,领导者必须对其持审慎态度。权力性影响力的最大限度发挥,并不在具体行使时,而往往在权力行使前,要善于启发、诱导和控制。此外,领导者要有无私精神,不要炫耀权力、滥用权力、以势压人,更不能以权谋私,追求个人特权。

2.非权力性影响力

非权力性影响力,也称自然性影响力,它是以领导者自身的素养,即品格和专长,而赢得他人尊重与接受的一种带有自然性质的影响力。非权力性影响力虽非“合法”的约束力,但其远比权力性影响力更为广泛、持久。它包括品格、才能、知识、感情等因素。

非权力性影响力在整个领导影响力中占有主导地位,起着决定性的作用,它使被影响者形成一种内驱力。要正确使用非权力性影响力,领导者必须注意其各因素的主次关系。一般来说,应以品格、能力因素为主,知识、感情因素次之。

三、提高领导技能

弗雷德・鲁森斯对高效管理者的常见技能进行了归纳总结，如表 8-7 所示。

表 8-7 高效管理者的 10 项常见技能①

高效管理者的 10 项常见技能	
1.言语沟通	6.代表性
2.管理时间和压力	7.设定目标和规划远景
3.管理个人决策	8.自我意识
4.对于问题的认识、定义以及解决	9.团队构建
5.激励和影响他人	10.管理冲突

对于有效领导技能的研究发现了和上述 10 条相类似的技巧。通过统计，各类研究结果被结合到了以下四个范畴之内，如表 8-8 所示。

表 8-8 有效领导技能的四个范畴

有效领导技能的四个范畴
1.参与性和人际关系(如支持性沟通和人际建设)
2.竞争性和控制能力(如决断性、权力以及影响)
3.创新性和企业家精神(如创造性地解决问题)
4.维持秩序和理性(如管理时间以及做出理性决策)

通过研究，大卫・A.威坦和金・S.卡梅伦对上述各种领导技能进行了评价，指出以下三种特征：

①这些技能都是行为上的。它们并不是特质，或者更重要的地方在于，它们不是风格。它们是一组可以指明的行为，它们可以实施，可以产生一定的结果。

②这些技能在不同的例子中，似乎是相对的或者矛盾的。譬如说，它们既不以团队工作和人际关系为指向，也不唯一地指向个人主义和企业家精神。

③这些技能是相互关联的而且是重叠的。有效的领导者并不只表现出其中一种技能或一类技能，而别的技能什么也不会。换句话说，有效的领导者具备多种技能。

四、增加个人魅力

魅力既非领导者身上单独存在的心理现象，也绝非全然由环境决定。与此相反，魅力存在于领导者与下属的相互作用之中。领导者的魅力在于领导者的高度自信、对目标的坚定信念、令人折服的远见和目标意识、清楚表达目标的能力、高度的投入与奉献、勇于创新和变革等。领导者可通过以下三个方面来提高个人魅力。

---

① [美]弗雷德・鲁森斯.组织行为学(第 11 版)[M].王垒，等译.北京：人民邮电出版社，2009.

①培养高尚的品格修养。高尚的品格修养是领导者个人魅力的基石，是吸引下属追随的首要因素。

②具有敏锐的聪明才智。领导的聪明才智和远见卓识能够使人心服口服，增强团队的凝聚力。

③具有坚忍的意志和过人的魄力。遇到困难能迎难而上，碰到问题敢于拍板，敢于承担责任。

五、提高工作技巧

1.与组织群体的目标相一致

领导者要及时为组织成员指明目标，并使个人目标与组织目标协调一致。

2.帮助下属解决问题

帮助解决下属在完成团体或个人的目标时遇到的问题和困难。从压力结构理论来说，就是解除员工的"机体系统"(思想或生理)存在的压力，使他们达到目标，感到轻松。

3.善于激励下属完成工作任务

从压力结构理论来说，就是使员工首先在思想上产生压力、增加压力(如激起欲望，感到重要，自愿去承担重任)，然后又帮助他们逐步消除压力(如给条件，给办法)，使团体目标和个人愿望都能实现。

4.做到"知己知彼"，"对症下药"

5.有效的时间管理

做任何事情都需要占用时间，对个人来讲，时间是有限的。因此，领导者要明确认识到时间对于完成工作的重要性，重视科学地管理时间，做时间的主人。有效的时间管理包括以下内容。

(1)合理授权。通过授权，领导者可以有较多时间去考虑和处理关系组织全局的重大问题，发挥领导者应有的作用，可以提高决策的速度和质量水平。授权显示了对下属的信任，能激发下属的工作热情及创造性，增强其工作的责任心，充分发挥下属的专长，使下属在工作中不断得到锻炼和提高。

(2)合理地使用时间。养成记录时间消耗的习惯，不断回顾、总结和分析，找到在时间利用上的不合理之处，同时采取措施合理利用时间，提高时间利用效率，使自己的努力产生必要的成果，不是为了工作而工作，而是为了成果而工作，将精力集中在少数重要的领域，要事优先。

(3)提高开会效率。开会是交流信息、解决问题的一种有效方式，但开会也要讲究经济效益。会议占用的时间也是劳动耗费的一种，会议的成本应纳入组织经济核算体系之内进行考核，因此领导者要提高开会的效率，节约领导者和与会者的宝贵时间。

六、提高关系管理能力

21 世纪是以知识经济和信息网络化为基本特征的时代，合作是这个时代的基本特征。组织边界日益扩大和模糊化，各种新的组织形式不断涌现，如战略联盟、虚拟企业、外包、模块化组织、产业集群等，组织间的协作与沟通呈现出前所未有的紧密。

领导者的首要任务是帮助组织群体确定目标和远景。组织群体的外部环境是时刻变化着的，组织群体与环境中其他组织间的关系也在时刻发生着变化，这些外部要素时时刻刻影响着组织群体的生存和发展。作为领导者，在关注组织群体内部的协调、沟通、管理、决策等过程的同时，要保持与外部紧密的沟通与联系，通过建立与其他组织间有利于本组织发展的各种关系，以有利于自身能力最大化，加强竞争优势，从而顺利实现组织的目标。

驾驭组织间关系的能力是在新的形势下组织群体的领导者所必须具备的能力。很难想象一个故步自封、不与外部交流、不审时度势的领导者会取得成功。驾驭组织间关系，对领导者的对外交往、公共关系、视野、知识、战略协作等各方面能力提出了新的要求。

本章小结

1.领导定义为影响一个群体实现其愿景或一系列目标的能力。

2.领导包括了四个方面的基本含义：第一，领导一定要与组织中的其他成员发生联系；第二，权力在领导和组织其他成员中不平等地分配；第三，领导者能够对组织成员产生各种影响；第四，领导的目的是影响被领导者为实现组织的目标做出努力，而不是更多地体现个人权威。

3.领导的职责包括确立目标、制定规范、选人用人、科学决策。

4.领导的主要理论包括领导特质理论、领导行为理论、领导权变理论。

5.领导艺术是指在领导的方式方法上表现出的创造性和有效性。

关键术语

领导　领导者　领导力　领导理论　领导特质理论　领导行为理论　领导权变理论

复习思考题

1.领导的概念是什么？领导与管理有哪些区别？

2.比较领导特质理论与领导行为理论。

3.怎样扮演领导角色？

4.如何做好一个领导者？

案例讨论

行政领导者的素质

某日上午10时许，H县某食品厂的5辆汽车载着12000公斤鲜牛奶陆续返厂，临近厂门口时，被当地村干部设路障拦住，索要过路钱。厂领导迅速赶到现场，向村干部陈说利害，言明未经消毒处理的鲜牛奶在高温下只能保鲜6个小时，从农民家中收购到现在，已经过了三四个小时，如再拖延就会变质。但任其磨破嘴皮，村干部一口咬定没钱不准过。迫不得已，11时20分，厂领导用电话向县政府告急。期间，两名县级领导和随员都在现场附近，并闻知此事。13时30分，县政府办公室主任以没有小车来不了为由，回电话要求镇领导到现场解决。15时过后，镇政府关于通车问题的谈判会开始，此时，5车牛奶已变质发臭；另有5000公斤鲜奶也因无车去拉，坏在农民手中。食品厂的职工再也无法克制了，他们把臭牛奶倒在了县政府大院。记者采访时，记录了县长这样一句话："你们把这么多白花花的牛奶倒在了县政府大院，我是喝不完的呀！"

（案例来源：http://www.docin.com/p-282597780.html.）

讨论：

1.行政领导者需要具备哪些基本素质？

2.本案例中的行政领导者最欠缺的素质是什么？

第九章　管理控制

本章学习目标

1.了解控制的含义与作用。

2.理解管理控制的几种基本类型。

3.理解并掌握管理控制的基本原则和过程。

4.了解和初步掌握控制的基本技术和方法。

知识结构图

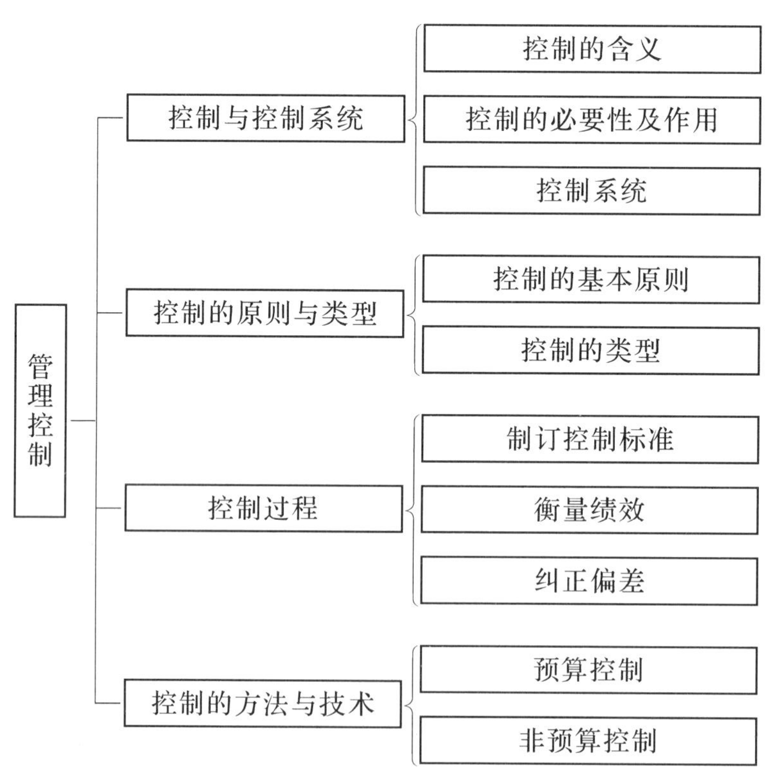

本章学习重、难点

重点

1.控制的含义。

2.控制的过程和类型。

3.有效控制的主要原则。

4.控制的常用技术和方法。

难点

1.控制点选择。

2.控制技术的运用。

引　例

中央巡视组的工作[①]

2003年,"中央纪律检查委员会、中央组织部"巡视组正式成立,2009年更名为中央巡视组。现在的中央巡视组共设12个巡视组,其中6个地方巡视组,4个企业金融巡视组,2个中央国家机关巡视组。按照惯例,6个地方巡视组中,每个巡视组负责相对固定的省(市、区),以便巡视组可以持续关注、深入了解被巡视地的情况。

党的中央委员会设立巡视组,承担巡视任务,向巡视工作领导小组负责并报告工作。中央巡视组的巡视对象主要是省部级领导干部,工作内容是负责对下列党组织领导班子及其成员进行巡视:一是省、自治区、直辖市党委和同级政府党组织领导班子及其成员;二是省、自治区、直辖市人大常委会、政协委员会党组织领导班子及其成员;三是中央要求巡视的其他单位的党组织领导班子及其成员。中央巡视组按照《中国共产党巡视工作条例(试行)》执行相应的权限,巡视组对反映被巡视党组织领导班子及其成员的重要问题,可以进行深入了解。中央巡视组的工作程序包括:巡视准备、巡视了解、巡视汇报、巡视反馈、移交督办等。

2013年5月,中央巡视工作正式启动。2014年4月1日上午,第三轮巡视(2014年首轮巡视)工作12个中央巡视组已进驻14个地方和单位。巡视涉及党、政、军等党政机关、国企(石油、钢铁、电力、通信等多个行业)和事业单位。前两轮巡视11个省份,已有10个省份"大老虎"落马,不少"老虎"均在巡视过程中被发现。巡视也被视为发现"苍蝇"的重要途径。据不完全统计,从各地开始被巡视起,在中纪委监察部网站的"案件查处"栏目发布的消息中,有13个被巡视地的82人被查处,其中9人为省部级官员。据《北京青年报》记者不完全统计,截至2014年7月26日,涉及全国31个省、自治区、直辖市的521名官员被先后点名通报,其中包括2名副国家级官员和37名省部级官员。

---

① 中国共产党新闻.2003年8月中央纪委、中央组织部正式组建专门的巡视工作机构[EB/OL].[2009-08-19].http://fanfu.people.cn/GB/143349/165096/165117/9889408.html.

控制(Control)是管理的基本职能之一,是管理者的一项重要工作内容,是实现组织目标的重要保障。

第一节 控制与控制系统

控制是对管理的其他职能和管理活动的效果进行检测与校正,以确保组织的活动不偏离组织目标,使组织目标得以圆满实现,其核心是提供有关偏差的信息并确保与计划相符的纠偏措施。

一、控制的含义

关于管理控制的内涵,存在着不同的研究角度和观点。虽然对控制的概念存在着多种理解,但它们还是存在着共同之处,比如控制的目的是达成组织目标、控制工作的核心是"纠偏"等。在对各种具有代表性的控制的定义进行比较和总结的基础上,同时结合管理实践,我们将控制定义为:所谓控制,是指组织在发展变化的环境中,为使组织实际运行状况与组织计划要求保持动态适应、保证既定目标的实现,而对组织的各项活动进行的监控、衡量、纠正重要偏差等的管理活动或过程。因此,控制既可以理解为一系列管理活动,也可以理解为实施检查、监督和纠偏的管理活动过程,即控制过程。控制的含义包括以下五个要点。

第一,控制有很强的目的性。控制是为了保证组织的各项活动按计划进行,以实现组织期望的目标。

第二,控制是通过"监督"和"纠偏"来实现的,也就是说确定控制标准、衡量绩效、纠正偏差等是实施控制的方式和途径,相应的管理制度和规范是实施控制的保障。

第三,控制的依据是组织的计划和预期目标,控制活动贯穿于管理活动的全过程,但重点是在计划形成之后,又以计划作为控制的衡量标准。

第四,控制的对象是组织的所有活动,要保证组织目标的实现就需要对影响计划和目标的所有方面进行监控,并对超出可接受范围的重大偏差进行纠正。

第五,控制是一个过程,是一个发现问题、分析问题和解决问题的过程,需要具体分析这一过程。

在理解控制的含义时,还需要补充说明的是:首先,控制的核心含义在于"纠偏""调适",这种"纠偏"包括计划不变条件下的纠偏和计划变动条件下的纠偏两种情形,前者叫"维持现状",后者叫"改变现状"。其次,并不是所有偏差都需要纠正。通常,因为各种原因,偏差的存在是不可避免的,当"偏差"被发现和确认后,往往要根据偏差对计划、目标的影响程度和纠正偏差需要付出的成本、代价的大小以及纠偏的时机是否恰当等因素,决定是否采取实际的"纠偏"措施。因此,可以说"纠偏"并不是"逢偏必纠",而是要选择合适的时机,纠正重要的、不妥当的、必纠的偏差。最后,"纠偏"是控制的根本含义,但控制不仅仅局限于纠偏。"无偏可究"时,控制工作依然必要。一方面是没有需要纠正偏差的情况,往往就是有效控制的结果;另一方面是即使没有纠偏的实际行为,但还是会存在以识别偏差、纠正偏差为目的的监督、衡量和比较等活动,这也是控制工作的内容。

从以上对控制的含义的阐释可以看出，控制是与计划紧密相连的一项管理职能，计划用于确定目标及其实现方法，而控制则关系到计划能否实现。因此，计划是控制的前提，控制是计划的保障，计划与控制构成了一个闭环和连续的过程。控制与其他管理职能的关系，如图 9-1 所示。可见，控制贯穿于管理的各个方面和全过程。控制与其他管理职能之间存在着密切的关系。

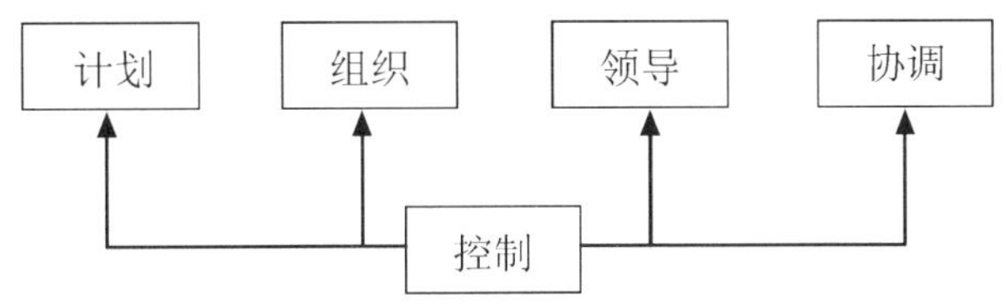

图 9-1　控制与其他管理职能的关系

二、控制的必要性及作用

亨利·西斯克指出："如果计划从来不需要修改，而且是在一个全能的领导人的指导之下，由一个完全均衡的组织完美无缺地执行的，那就没有控制的必要了。"然而，这种理想状态不可能成为组织管理的现实。斯蒂芬·罗宾斯曾这样描述控制的作用："尽管计划可以制订出来，组织结构可以调整得非常有效，员工的积极性也可以调动起来，但是这仍然不能保证所有的行动都按计划执行，不能保证管理者追求的目标一定能达到。"虽然计划是在对未来组织和外部环境预测的基础上制订的，但未来的不确定性会影响计划的执行，因此无论计划制订得如何周密，由于各种各样的不可预知的因素及变化，在执行计划的过程中或多或少地会出现与计划不一致的现象。现实情况是，既无十全十美的计划，也很难做到行动毫无偏差。因此，控制对组织来说是完全必要的。

1.环境与组织的复杂多变的需要

随着社会的发展，一方面，组织面临的外部环境在不断地变化，呈现出多变性、不稳定性和复杂性；另一方面，组织自身也在不断地变化，导致组织内部复杂化，包括组织成员思想、组织的规模、组织的目标等变化。内外环境的复杂化和变化，可能导致计划执行过程中发生偏差，需要采取一系列的控制手段与措施，对活动及时进行调整，保证目标的实现。

2.管理权力分散的需要

组织达到一定规模后必然采取分权管理的方法，管理权限会分散在各个管理部门和层次。下级掌握着较多的管理与决策的权力，如果缺乏有效的监督和控制，可能会出现权力的滥用或活动不符合计划要求的现象，会给组织带来重大损失，严重的会危及组织的存亡。具有 232 年历史的英国巴林银行破产倒闭案就是例子。

3.组织成员素质与工作能力差异的需要

即使组织的计划全面而完善，经营环境也相对稳定，但由于不同组织成员的认知能力与工作能力存在差异，计划执行过程中的偏差仍然会出现，其实际工作结果可能与计划要求不符，在某个环节可能产生偏离计划的现象，会对整个组织及其活动造成冲击。因此，加强对组织成员的工作控制是非常必要的。

由上述控制的必要性可以看出,控制对于保证计划的实现发挥着重要的作用。就整个组织而言,控制的作用主要有:①适应环境变化,保证组织目标、计划顺利实现。②有助于组织防止偏差、发现偏差和纠正偏差。③协调组织内部关系,保证具体工作顺利进行,提高工作效率。因此,控制的作用主要是适应环境的变化和限制偏差的累积两个方面。

三、控制系统

控制系统是指为完成组织目标,管理者用来控制组织行为和活动的系统,表现为控制的构成要素及要素间的相互作用机制。从控制过程来看,有效的控制活动必须满足以下条件。

1.具有明确的控制目的和标准

控制的目的或者是使实际成绩与计划标准、目标相吻合,或者是使计划标准、目标获得适时的调整。

2.具有及时、可靠、必要的信息

信息是控制的基础,只有掌握了有关执行偏差或环境变化的必要信息,控制者才可能做出有针对性的控制决策。

3.具有行之有效的行动措施

管理者应能够找到并切实执行所拟订的纠偏措施,使偏差尽快得到纠正,或形成新的控制标准和目标。

概括来讲,控制系统是由控制的标准和目标、偏差或变化的信息以及纠正偏差或调整标准和目标的行动措施三个要素构成的,它们也是有效控制的基本条件。

如果更具体地分析,从前述控制的定义来看,控制主要由控制对象(控制客体/受控对象)、控制标准、绩效信息、控制主体(控制人员/施控系统)和纠偏措施五个要素构成,五个要素相互联系、相互作用,构成管理过程中的控制机制。

①控制对象。指组织中需要接受控制的对象,如人员、活动或项目等。

②控制标准。指组织进行控制的目标、标准、依据和准则。

③绩效信息。指活动过程中,控制对象在某个时间内产生的实际活动数据。

④控制主体。指实施控制的机构或人员。

⑤纠偏措施。指为了保证达到控制标准、实现组织目标而对偏差采取的纠正行动和手段。

控制构成要素之间的关系,如图 9-2 所示。

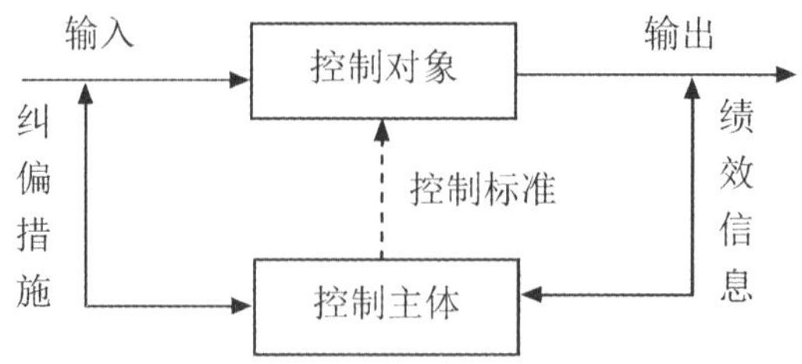

图 9-2 控制系统示意图

第二节 控制的原则与类型

一、控制的基本原则

控制有多种类型和不同方法,但控制工作的基本运行过程和原理具有普遍性,要实现有效控制需要遵循这些共同的原则。

1.反映计划要求原则

控制的最终目标是实现计划,控制是实现计划的保证。在进行控制工作时,每一项控制活动都必须紧紧围绕计划进行,控制的标准、内容和方法,应该与计划保持一致性。控制的关键点和主要参数、控制信息的收集、绩效评估的方法、控制人员的选择、纠正措施的制订等,都必须按计划的特殊要求和具体情况来设计。

2.控制关键点原则

控制的过程是由众多的控制点所构成的,在这些控制点中,总有一些起着决定作用的、对组织成果产生重大影响的关键点。为了进行有效控制,要着力发现哪些环节和事件是关键控制点并对其特别关注。控制住了关键点,也就等于控制住了全局。项目管理中的关键路线法、运筹分析中的关键约束条件、组织发展的瓶颈等都是帮助管理者选择工作中关键点的有效方法。

3.适时控制原则

也被称为及时性原则,就是指一旦管理过程中出现偏差或将要发生偏差时,管理者不仅能够及时掌握反映偏差产生及其严重程度的信息,迅速查明原因并采取纠正措施,而且还应该使控制措施与将来预计的情况相适应,避免时滞问题。组织活动中产生的偏差只有及时采取措施加以纠正,才能避免偏差的扩大,或防止偏差对组织不利影响的扩散。

4.适度控制原则

适度控制是指控制的范围、程度和频度要恰到好处,要防止控制过多或控制不足。适度的控制应该既能满足对组织活动监督和检查的需要,又可以防止与组织成员发生强烈的冲突,对组织成员造成伤害,扼杀他们的积极性、主动性和创造性。如在教学管理过程中,对教师控制过多、过严和控制过少、过松这两种极端情况,都不会产生良好的教学效果。

5.经济性原则

讲求经济效益既是实施控制的基本要求,也是进行控制活动的目的之一。任何控制都需要一定费用;同时,任何控制,由于纠正了组织活动中存在的偏差,都会带来一定的收益。一项控制,只有当其带来的收益超出其成本时,才是值得的。要把实施控制所获得的成果同实施的费用进行比较,选择投入少、效果好的经济合理的控制方案。

另外,有效控制的原则还有控制趋势原则、客观控制原则、弹性控制原则、控制例外原则、组织适宜性原则、直接控制原则等。

二、控制的类型

1.根据控制信息获取的时点、控制点的位置，分为前馈控制、过程控制和反馈控制

(1)前馈控制

也可以叫预先控制、事前控制，是在组织计划开始实施之前进行的事先识别和预防偏差的控制，其目的是在活动开始之前就将问题的隐患排除掉，防止问题发生，做到“防患于未然”，而不是当问题出现时再补救。通常，前馈控制要求控制人员掌握及时和准确的信息，根据过去的经验或科学的分析，对各种可能出现的偏差进行预测，并在此基础上采取一定的防范措施，它是一种面向未来的控制。如考试之前向学生宣读考场规则，对员工进行上岗前培训，组织制定一系列规章制度和行为规范让员工遵守以保证工作的顺利进行等都属于前馈控制。前馈控制的内容包括检查资源的筹备情况和预测其利用效果两个方面，控制的中心问题是防止组织所使用的资源在数量与质量上可能产生的偏差，基本形式是合理配置资源。

前馈控制具有防患于未然、适用范围广、易于被职工接受并付诸实施等诸多优点。当然，实施前馈控制的前提条件也较多，难度也较大，它要求管理者拥有大量准确可靠的信息，对计划行动过程有清楚的了解，懂得计划行动本身的客观规律性，并要随着行动的进展及时了解新情况和新问题。

(2)过程控制

亦称现场控制、同期控制、事中控制、同步控制或实时控制等，是指在计划执行过程中的控制。为保证实际工作与计划目标一致，在组织活动过程开始以后，控制人员对活动中的人和事进行指导和监督，对计划的执行情况进行现场检查，并在发现偏差后及时纠正。在计划的实施过程中，大量的管理控制，尤其是基层的管理控制都属于这种类型。过程控制所控制的中心问题是执行计划的实际状况与计划目标之间的偏差。其基本形式是管理人员的指导、监督、测量和评价。过程控制是基层主管人员的主要控制工作方法，因此也是控制工作的基础。

专栏 9-1　管理故事:扁鹊论医术

魏文王问名医扁鹊说:“你们家兄弟三人，都精于医术，到底哪一位最好呢?”扁鹊答:“长兄最好，中兄次之，我最差。”文王又问:“那为什么你最出名呢?”扁鹊答:“长兄治病，是治病于病情发作之前。由于一般人不知道他事先能铲除病因，所以他的名气无法传出去，只有我们家的人才知道。中兄治病，是治病于病情初起之时。一般人以为他只能治轻微的小病，所以他的名气只及于本乡里。而我是治病于病情严重之时。一般人都看到我在经脉上穿针管放血、在皮肤上敷药等大手术，所以以为我的医术高明，名气因此响遍全国。”文王说:“你说得好极了。”

启示:事后控制不如事中控制，事中控制不如事前控制，可惜大多数的企业经营者均未能体会到这一点，等到错误的决策造成了重大的损失才寻求弥补，往往是为时已晚。

结合故事，讨论事前控制、事中控制和事后控制三者的含义及各自的优缺点。

过程控制的优点在于具有指导的作用，有助于提高工作人员的工作能力和自我控制能力。但是，过程控制也有很多弊端。首先，过程控制的运用容易受管理者的时间、精力、业务水平的制约。管理者不能时时事事都进行现场控制，只能偶尔使用或在关键项目上使用。其次，过程控制的应用范围较窄。对生产工作和便于计量的工作较易进行现场控制，而对那些问题难以辨别、成果难以衡量的工作，如科学研究、行政管理工作等，基本无能为力。最后，过程控制容易在控制者与被控制者之间形成对立情绪，损害被控制者的工作积极性和主动精神。

(3)反馈控制

亦称成果控制、事后控制，是一种针对结果的控制。它是在一个时期的工作活动已经结束以后，对本期的资源利用状况及工作结果进行分析，并与控制标准和预期目标相对照，发现偏差以及造成偏差的原因，及时拟订和实施纠正措施，以防止偏差继续发展和以后再度发生，为即将开始的下一过程提供控制的依据。反馈控制是一种“亡羊补牢”式的控制。如学校对违纪学生进行处罚，政府对违法违纪的人员进行处理等都属于反馈控制。反馈控制的中心问题是执行计划的最终结果与计划目标的偏差。其控制的基本形式是通过对最终结果的分析，吸取经验教训，调整与改进下一阶段的资源配置与过程指导、监督。反馈控制主要包括财务分析、成本分析、质量分析以及职工成绩评定等内容。

与前馈控制和过程控制相比，反馈控制在两个方面要优于它们。一方面，反馈控制为管理者提供了关于计划的效果究竟如何的真实信息；另一方面，反馈控制可以增强员工的积极性。因为人们希望获得评价他们绩效的信息，而反馈正好提供了这样的信息，反馈控制还是对员工进行奖惩的依据。反馈控制是各类组织最容易采用的控制形式。反馈控制的最大弊端是在实施矫正措施之前，偏差就已经产生。

三种控制类型的比较：①前馈控制，是建立在能测量资源的属性与特征的信息基础上的，其纠正行动的核心是调整与配置即将投入的资源，以求影响未来的行动；②过程控制，其信息来源于执行计划的过程，其纠正的对象也是执行计划的过程；③反馈控制，是建立在表明计划执行最终结果信息的基础之上的，其所要纠正的不是测定出的各种结果，而是执行计划的下一个过程的资源配置与活动过程。前馈控制、过程控制和反馈控制这三种控制方式互为前提、互相补充，在管理过程中，往往需要配合使用。见图 9-3。

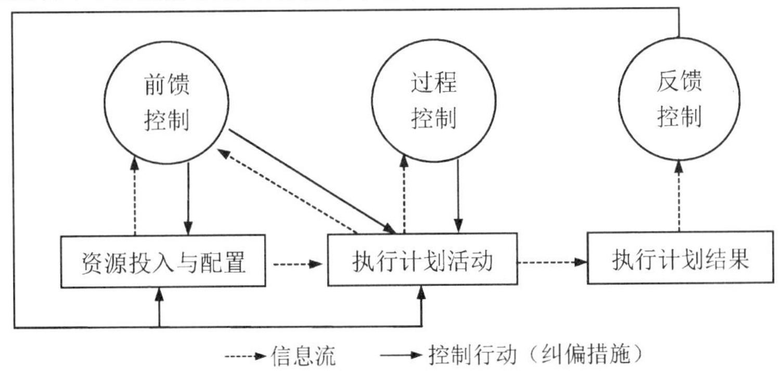

图 9-3 三种控制类型的比较

2.按控制手段可以把控制划分为直接控制和间接控制

(1)直接控制

直接控制是指控制者与被控制对象直接接触进行控制的形式。一般来说,对组织最终成果具有重大影响的事件、对具有很大不确定性并后果较严重的事件,管理者都应该亲自监督、亲自控制。通常,直接控制是通过提高主管人员的素质和责任感,使他们改善管理工作,从而防止出现因管理不善而造成不良后果的一种控制方式。

(2)间接控制

间接控制是控制者与被控制对象之间并不直接接触,而是通过中间媒介或间接方法进行控制的形式。它是根据计划和控制标准考核工作的实际结果,发现出现的偏差,分析其原因并追究责任者的个人责任,以使其改进未来工作的一种控制方法,多见于上级管理者对下级人员工作过程的控制。

3.按控制源可把控制分为正式组织控制、群体控制和自我控制

(1)正式组织控制

是指根据组织制定的有关规章制度并由正式的组织机构实施的控制,如规划、预算、质检和审计等都是正式组织控制的典型。正式组织控制是组织工作正常进行的重要保障。

(2)群体控制

是指由非正式组织基于群体成员的价值观念和行为准则所自发进行的控制。梅奥的霍桑试验说明了非正式组织中群体控制的重要作用。

(3)自我控制

是指个人有意识地去按某一行为规范进行活动。如身居要职的政府官员要做到廉洁奉公、为人民服务,除了国家规章制度的约束外,还需要官员的自我控制意识和能力。

还有其他一些控制分类方式及控制类型,比如按问题的重要性和影响程度可以把控制分为任务控制、管理控制和战略控制,从领导的角度出发可将控制分为制度控制和文化控制等,在此不再介绍。需要说明以下几个问题:①各种控制类型并不是相互独立、相互排斥的,事实上,很多控制类型之间是相互联系、相互交织的。要实现有效控制,必须根据实际情况选择合适的控制类型,综合运用各种控制方式。②不同性质的组织在运用控制的过程中,既具有共性的一面,也具有个性的一面,比如企业组织比较重视经济性控制,而公共组织比较看重社会性控制。③一个组织在不同的发展阶段,其控制的重点和方法也可能不同,如改革开放以后强调"以经济建设为中心",以经济控制为主;现阶段则强调"以科学发展观为指导""建设和谐社会",经济控制和社会控制并重。④一个组织中处于不同层次的管理部门的控制也有所不同。一般情况下,高级管理层往往更需要重视前馈控制、战略控制、外部控制和内部控制,而低级管理层更需要强调现场控制、过程控制和任务控制。

第三节 控制过程

不论采用什么控制类型和方法,也无论控制的对象是什么,控制的基本过程都包括制订控制标准、衡量绩效、纠正运行偏差三个环节。控制工作的过程如图 9-4 所示。

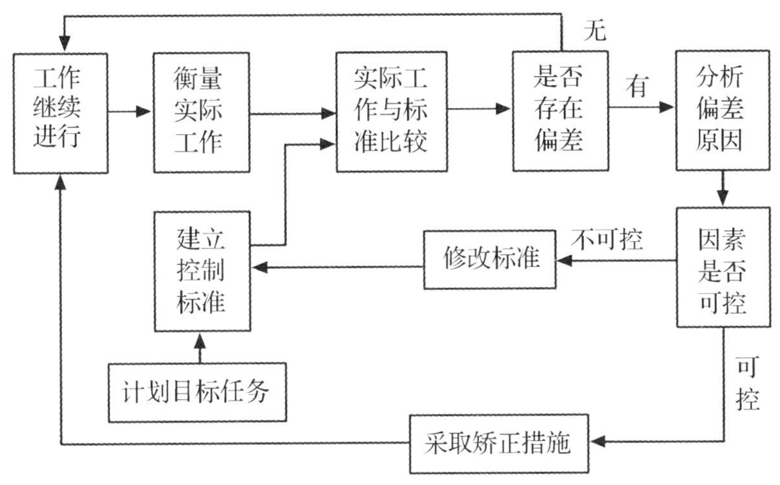

图 9-4 控制工作过程示意图

一、制订控制标准

控制标准是用来检查和衡量实际或预期工作及其结果的规范或尺度,是根据一系列计划目标制订出来的,是控制工作的起点。

1.确定控制对象

标准的具体内容需要根据控制的对象而定,不同的控制对象需要不同的控制标准。在建立标准之前,首先要明确组织运行与管理中哪些事或物需要加以控制。

一般情况下,组织的活动都有最终的成果,而组织成果往往又是计划目标的体现。因此,组织活动的成果是首要的、需要控制的重点对象。控制工作的初始动机和最终目标就是要保证组织取得预期的活动成果。因此,要分析组织需要什么样的成果,这种分析可以从多个角度来进行,如工作效率、人员队伍建设、利润率等。确定了组织活动需要的成果类型后,要尽可能对它们进行明确的、定量的描述。通常影响组织活动成果的主要因素有以下几种。

(1)环境因素

包括环境特点及其发展趋势。组织的计划和目标的确定必须考虑那些对组织有重要影响的环境因素,这些因素往往是控制工作的重点。组织在特定时期的活动是根据决策者对环境的认识和预测来计划和安排的。因此,制订计划时所依据的对活动环境的认识应作为控制对象,要列出"正常环境"的具体标志或标准。

(2)资源投入

组织成果是通过对一定的资源进行加工转换而得到的,投入的资源数量、质量如何,不仅会影响组织活动能否按时、按量、按质和按要求进行，而且获取资源的费用也会影响组织的生产成本。

(3)组织的活动

组织活动的成果是通过所有员工的加工劳动才最终得到的。员工的工作质量和数量是决定经营成果的重要因素，因此，必须使员工的活动符合计划和预期成果的要求。为此，必须建立员工的工作规范、各部门和各员工在各个时期的阶段成果的标准，以便对他们的活动进行控制。

2.选择关键控制点

关键控制点是指对计划目标实现具有决定作用的关键点，它们是业务活动中的一些限定性不利因素，或是能使计划更好地发挥作用的有利因素。组织无力、也无必要对所有成员的所有活动进行控制，在实践中，应该结合组织的具体情况选择一些关键环节作为控制的重点，而对其他因素则可以进行一般性的控制。控制住了关键点，也就控制住了全局。一般来讲，关键控制点主要有：影响整个工作运行过程的重要操作与事项；能在重大损失出现之前显示出差异的事项；若干能反映组织主要绩效水平的时间与空间分布均衡情况的控制点。不同组织和不同活动的关键点有着很大的不同，比如，政府控制的关键点一般是经济发展、政治稳定等，而企业控制的关键点往往是获利能力、市场地位等。

3.制订控制标准

控制对象和控制重点确定以后，就需要根据它们的具体情况制订适当的控制标准。

标准的类型很多，一般可分为定量标准(即数量标准)和定性标准(即质量标准)两种。前者是可以用数字量化的标准，主要包括实物标准(如产品数量、废品数量)、货币标准(如单位产品成本、销售收入、利润)、时间标准(如工时定额、交货期)等，具有明确、可证实、可度量等特点，在管理中被广泛采用，是各种控制标准的主要构成部分；而后者一般难以定量化，管理者往往只能借助经验和判断来形成衡量的标准，如有关产品和服务质量、组织形象等，具有较大的主观性，限制了它的应用。但无论是作为独立的控制标准，还是作为数量标准的补充成分，质量标准在实践中的作用都是不可忽视的，这在公共部门中特别明显。

专栏 9-2 管理情景：麦当劳公司

奉行“质量优良、服务周到、清洁卫生、价格合理”宗旨的美国著名的麦当劳公司，为确保其经营宗旨得到贯彻，制订了可度量的如下几条工作标准：

1. 95%以上的顾客进餐馆后三分钟内，服务员必须迎上前去接待顾客；
2. 事先准备好的汉堡包必须在五分钟内热好供应顾客；
3. 服务员必须在顾客离开后五分钟内把餐桌打扫干净。

4.确定控制标准的水平

选择好控制标准的类型以后，还要对其水平进行确定。合理、恰当的标准水平有利于保证控制系统的有效性;反之,则可能使控制系统流于形式,收不到预想的效果。一般而言,控制标准的水平的确定应该遵循计划目标导向原则、先进合理性原则、适度柔性原则。除此之外所制订的控制标准还应该满足以下几方面的要求。

第一,使标准便于对各部门的工作进行衡量,当出现偏差时,能找到相应的责任单位。如成本控制,不仅要规定总生产费用,而且要按成本项目规定标准,为每个部门规定费用标准等。

第二,建立的标准都应该有利于组织目标的实现。对每一项工作的衡量都必须有具体的时间幅度、具体的衡量内容和要求。

第三,建立的标准应尽可能地体现出一致性。控制标准应是公平的,如果某项控制标准适用于每个组织成员,那么就应该一视同仁,不允许个别人搞特殊化。

第四,标准应该是具体的,可以测量的。如果一个目标是"将部门的产量提高 10%",那么,就应该具体化为一项工作标准:每个职工每班生产 110 个部件。

二、衡量绩效

衡量绩效就是按照标准衡量工作实际达到标准的程度,也是控制当中信息反馈的过程。在确定了标准以后,为了确定实际工作的绩效究竟如何,管理者首先需要收集工作的必要、实际信息,考虑衡量什么和如何衡量。前一个问题就是控制标准的确定,在前面已经讨论过,此处讨论如何衡量的问题。

1.衡量绩效的基本要求

为了使绩效衡量工作准确有效,组织的绩效衡量工作必须满足实用性、可靠性、实时性和经济性四个要求。衡量绩效实质上就是信息的收集与处理的过程,管理者收集信息的主要途径主要有:亲自观察、分析报表资料、召开会议和抽样调查等。不管采用什么样的方法,都要力争达到以下三个基本要求:

(1)信息的及时性

一方面,信息的收集要及时。组织内部要建立健全统计、原始记录等基础管理工作,应促使组织成员树立重视信息收集的意识,培养他们掌握信息收集的方法。另一方面,信息的加工、检索和传递工作要及时。如果信息不能及时提供给各级主管人员及相关人员,信息的使用价值就会丧失,而且会给组织带来巨大的损失。

(2)信息的可靠性

决策人员只有依靠可靠的信息方能做出正确的决策。信息的可靠性来源于准确地收集信息、完整地传递信息等各个环节。

(3)信息的适用性

组织中的不同部门乃至同一部门在不同时期对信息的种类、范围、内容、详细程度、准确性、使用频率的要求都可能是不同的,工作人员要对所获得的信息进行整理分析,提供尽量精练而又能满足控制要求的全部信息。

2.衡量绩效的有效性

在实践中,绩效衡量不仅仅是收集信息进行比较这么简单,还必须使绩效的衡量更有效,以便能够更好地为管理者服务。但如何提高衡量工作的有效性呢？提供以下几点建议。

(1)利用预警指标

预警指标是指能够预示可能出现较大问题的一些因素，例如车间较多的事故可能预示着工作条件的恶化或者工人出现不满情绪；产品返工数量的增加可能预示着质量控制的欠缺或者生产组织的不合理；等等。显然，充分利用预警指标可以及时发现在实际工作中潜藏的一些问题，如果能够及早解决就可以避免发生较重大的问题。

(2)确定合适的衡量频度

衡量频度是指一段时间内衡量对象的数量和对同一控制对象衡量的次数。衡量频度过大或者过小都会影响衡量的有效性，衡量过多不仅会增加相关费用，而且可能会引起有关人员的不满；衡量过少，则可能使许多重大的偏差不能及时发现，从而不能及时采取纠正措施。

一般而言，以什么样的频度、在什么时候对某种活动进行绩效衡量，这取决于被控制活动的性质和控制的要求。如果控制对象处于不稳定状态，或者控制要求较高，则衡量频度就应该大一些；反之就应该小一些。例如，对产品的质量控制常常需要以小时或以日为单位进行，而对新产品开发的控制则可能只需以月为单位进行。

(3)及时处置衡量结果

对衡量结果及时地处置也是有效性的重要保证。一般情况下，衡量结果应该立即送达有权对偏差做出纠正决策的负责人手中，以便及时采取措施；同时，还应该及时通知被控制对象的直接负责人以及相关的服务或配套部门，以便纠正措施能够很好地执行。

(4)建立信息管理系统

建立有效的信息管理网络，通过分类、比较、判断、加工，可以提高信息的真实性和清晰度，同时也可以将杂乱的信息变成有序的、系统的、彼此紧密联系的信息，并能在正确的时间、以正确的数量提供给管理者，极大地方便管理者的工作，提高他们的工作效率。

(5)通过衡量成绩，检验标准的客观性和有效性

衡量工作成效是以预定的标准为依据的。现实中产生偏差既可能是由于工作不当造成的，也有可能是标准本身存在问题。如果是后者，就要修正和更新预定的标准。这样利用预定标准去检查各部门、各阶段和每个人工作的过程同时也是对标准的客观性和有效性进行检验的过程。

衡量过程中的检验就是要辨别并剔除那些不能为有效控制提供信息及容易产生误导作用的不适宜标准，以便根据控制对象的本质特征制订出科学合理的控制标准。比如，衡量职工出勤率是否达到了正常水平，不足以评价劳动者的工作热情、劳动效率或劳动贡献等。在衡量过程中对标准本身进行检验，就是指出能够反映被控制对象的本质特征，从而制订出最适宜的标准。

三、纠正偏差

管理控制，是在找出偏差和分析产生偏差的原因的基础上，最终通过采取措施纠正偏差来实现控制的目标。纠正偏差是管理控制中最关键的一个环节。为了保证纠偏措施的针对性和有效性，在制订和实施纠偏措施的过程中需要注意下列问题。

1.找出导致偏差的主要原因

在实际的控制过程中，并非所有的偏差都会影响组织的计划目标和活动成果，都需要纠正。换句话说，不采取任何措施也是纠正偏差的一种方式。偏差的性质决定纠正偏差工作的形式和内容。因此，在采取纠正措施之前，首先要分析偏差的严重程度，即偏差的大小，看其是否足以威胁到组织活动的效率和效果，从而去分析原因，采取纠正措施；其次要深入分析造成偏差的原因、条件，同一偏差可能是由不同的原因造成的，不同的原因要求采取不同的纠正措施。同时，要寻找出众多因素中的主要原因，以便有针对性地采取纠正措施。

2.确定纠偏措施的实施对象

一般来说，导致偏差的主要原因可以分为两类：一类是实际工作与计划要求产生了偏差，即计划执行不力、绩效不足产生的偏差；另外一类则是控制标准的问题，由于计划目标或标准制订得不科学，或者计划执行过程中客观环境发生了预料不到的变化使标准失效，导致实际绩效无法达到计划要求，如重大的自然灾害、政治动乱、国家政策法规变化等。因此，这两类原因引起的偏差就应该是纠正措施实施的对象。

3.选择恰当的纠偏措施

在找出了产生偏差的主要原因、确定矫正对象后，应根据不同情况制订出改进工作或调整计划与标准的纠偏方案。产生偏差的原因不同，纠正偏差的措施也不同。

对于因绩效不足所产生的偏差，控制的办法主要是“纠偏”，即通过加强管理和监督，确保工作与计划和标准的一致。管理者可以通过调整管理策略、改革组织结构、完善选拔和培训计划、更改领导方式等措施来消除偏差，也可以重新分配员工的工作，或做出人事上的调整，以满足实际工作的需要。

对于由于标准本身的问题导致的偏差，就需要按实际情况修改标准或计划目标。预定计划或标准的调整是由两种原因决定的：一是原先的计划或标准制订得不合理，也就是标准过高或过低，在执行中出现了问题，这时应考虑修改标准。例如，大部分员工没有完成劳动定额，可能不是由于全体员工的抵制，而是定额水平太高，这就需要适当降低标准。二是原来正确的标准和计划，由于客观环境发生了预料外的变化，不再适应新形势的需要，这时相应的控制措施就是修正原来的计划或在必要时重新制订新计划。

事实上，纠偏行动还存在既调整计划又调整行动的情况。当组织处在一种较为复杂的环境下，上述两类因素相互交织时，则应对计划与行动均进行调整，以实现计划与行动的一致。

为保证计划目标的顺利实现，纠正偏差的工作应该满足及时性、综合性、适合性、适度性。另外，在纠正偏差的过程中，还要注意消除人们对纠偏措施的疑虑，争取更多人的理解、赞同和支持，以避免在纠偏方案的实施过程中可能出现的人为障碍。这一点在公共部门尤为重要，因为公共部门涉及的利益群体众多，人们对公共事务、公共利益和目标的认知和理解都存在诸多差异，如果他们对纠偏措施持怀疑甚至反对的态度，势必会严重阻碍纠偏活动的进行，导致纠偏的目的难以实现。

第四节　控制的方法与技术

在管理实践中可以利用各种技术和方法来进行控制活动。管理控制的方法可以分为预算控制和非预算控制两大类。在此主要介绍这两种较常用且适用范围较广的控制方法。

一、预算控制

预算是各类管理者最基本的一种控制工具，无论是工商企业还是政府、社会组织，都需要借助预算对管理系统的运行进行控制。

1.预算控制的含义

预算(Budgeting)，也可以叫预算编制，是对未来一个时期内组织的计划目标及其实施方案(包括资源使用规划)以及相应行动的预期结果用数字的形式来描述的管理活动或过程。简单地说，是某一个时期具体的、数字化的计划。它是一种预测，它预估了组织在未来时期的经营收入或现金流量，也限定了各部门以及各项活动的资金、人员、材料、设施、能源等方面的支出额度，从而使计划的实施与控制建立在更可靠的基础之上。统计方法、经验方法和工程方法皆可用来确定预算数字。

2.预算的内容

不同的组织、同一组织的不同时期，由于其经营活动的不同，预算表中的项目会有所差异，但一般来说预算内容主要包括收支预算、实物量预算(时间、地点、原材料和产品预算)、投资预算(资金支出预算)、现金预算、资产负债预算、总预算(综合预算)等几个方面。

专栏 9-3　管理案例:电子监控

某大学在教室安装了电子监控系统，目的是管理者可以更好地进行直接管理和监控。安装电子监控系统之后，有一定的成效，但是并没有激发教师和学生更多的热情，有些教师、学生认为，系统固有的电子报告只是不必要的例行公事。因为负责的教师花费了很多时间了解学科知识和学生，对这种被称为“电子警察”的系统感到很不高兴，管理者可以对他们所有的行动进行监视并通过“遥控”来威胁他们。管理得力的管理者通常是那些在被管理者和他们自己之间创造信任的人，但是电子监控系统破坏了信任关系。

问:(1)电子监控系统有什么优缺点?

(2)管理者是否有权监管教师的工作细节?

3.预算的步骤

编制预算是一个有科学程序的系统性工作，一般经过自上而下和自下而上的循环过程，主要有以下步骤。

①由组织的高层管理人员提出组织在一定时期内的发展战略、计划与目标，并将可能列入

预算或影响预算的计划提交预算管理机构，这是制订预算计划的基本依据。

②主管预算编制的部门根据组织发展战略、计划与目标，向组织各部门的主管人员提出有关编制预算的建议和要求，并提供必要的资料和帮助。

③各部门的主管人员依据组织计划与目标的要求，结合本部门的实际情况，并与其他部门相互协调，在此基础上，编制本部门的预算并上报主管部门。

④主管预算编制的部门将各部门上报的预算进行汇总，在认真协调的基础上，编制出组织的各类预算和总预算草案。

⑤将组织的各类预算和总预算草案上报高层管理层进行审核批准，然后颁布实施。

4.预算控制中应注意的问题

①预算控制不能过于全面和详细。过于详细和全面的预算容易导致控制过细，从而束缚主管人员的手脚，导致组织成员丧失创造力、产生不满甚至放弃工作，同时还导致预算费用过大。

②尽量使预算目标与组织目标协调一致，防止预算目标取代组织目标和本位主义。如果预算目标取代组织目标，将会使主管人员只把注意力集中于尽量不使本部门的经营费用超过预算，而忘记自己的基本职责是千方百计地去实现组织的目标。

③加强对预算的审批力度，防止主管人员根据过去的费用来编制预算从而使预算费用的申请数大于实际需要的情况发生。

④提高预算控制的灵活性和弹性，防止在计划执行过程中因一些因素的变化使前期的预算快速过时、失效等问题。

为了克服预算存在的不足，防止预算过程中的危险倾向，使预算在控制过程中更加有效，有必要采用可变的或灵活的预算方案，如弹性预算法、零基预算法、项目预算法等。

5.预算的作用及其局限性

预算的作用主要是：有助于改进计划工作，更有效地确定目标和拟订标准；可以帮助管理者了解组织经营状况的变化方向和组织中的优势部门与问题部门，从而为调整组织活动指明方向；为组织的各项活动确立财务标准；为协调组织活动提供依据。总之，预算可以产生更好的计划和协调，并为控制提供基础。

由于具有这些积极作用，预算在组织管理中得到了广泛运用。但在预算的编制和执行中，也暴露了一些缺点。其局限性表现在预算只能反映具有数量性质的组织活动，而对于取得成效但不宜采取计量方式的组织活动，如组织文化、组织研究计划等无法予以足够重视；当组织战略实施状况与预算发生偏差时，预算控制很难准确反映偏差的真实原因。

二、非预算控制

预算主要体现为一种预先控制的手段，在系统运行中，还需要采用其他非预算手段来加强控制。非预算控制是指采用非预算方式进行的控制方法。主要有人员行为控制、经济分析、财务分析、报告与视察、审计法、网络分析技术、市场控制、目标管理和价值工程等方法。

1.传统非预算控制方法

(1)统计法

指利用组织经营管理的各方面工作收集的统计数据以及据此做出的统计分析来进行控制的方法。统计数据资料经过分析处理后一般以图表和曲线的形式表现出来,可以直观地表明事件发展的趋势及各种复杂的关系,为主管人员及时发现问题,采取措施提供依据。统计数据资料在控制中的作用大小,受到主管人员的理解能力、分析能力的影响。此外,许多原始统计数据必须经过适当的处理才能够反映出发展趋势和各种有用的关系。

(2)报告

报告是用来向负责实施计划的主管人员全面地、系统地阐述计划的进展情况、存在的问题及原因、已经采取的措施、收到的效果、预计可能出现的问题等情况的一种重要方式。报告所提供的信息,是管理者决定是否采取纠正措施及采取什么纠正措施的依据。对控制报告的基本要求是必须做到适时、突出重点、指出例外情况、尽量简明扼要。通常,负责实施计划的上层主管人员需掌握的情况(也是报告人员需要报告的内容)包括投入程度、进展情况、重点情况和全面情况等几个方面。

(3)视察

即亲自观察,是指管理人员亲自到工作现场进行实地观察,获得第一手信息。这一方法使管理人员能够获得第一线的真实信息,是一种最简单也常常是最有效的控制方法。

2.现代非预算控制方法

(1)比率分析法

反映系统某方面数量特征的绝对数,有时不能提供所需的信息,这时就需要利用相对数,比率分析就是具有相对数性质的一种控制方法。如与利润额相比,资金利润率能更好地反映组织相对本行业的经济效益的大小。比率分析就是将组织资产负债表和收益表上的相关项目进行对比,形成一个比率,从中分析和评价组织的经营成果和财务状况。利用财务报表提供的数据,可以列出许多比率,常用的有财务比率和经营比率两种类型。

①财务比率分析。财务比率及其分析可以帮助我们了解组织的财务结构、偿债能力和盈利能力等财务状况,因此它主要用来分析财务结构,控制财务状况,并通过这种资金形式来集中对整个系统进行控制。

A.流动比率——组织流动资产与流动负债之比。它反映了组织偿还需要付现的流动负债的能力。

这一比率普遍被用来衡量组织短期偿债能力,一般来说,组织资产的流动性越大,流动比率越高,短期偿债能力就越强。组织资产应有足够的流动性来保证企业的偿债能力和信誉,但也要防止追求过高的流动性导致财务资源的闲置而使收益受损。

B.速动比率——流动资产和存货之差与流动负债之比。该比率和流动比率一样,是衡量组织资产流动性的一个指标。当组织有大量存货且这些存货周转率低时,速动比率比流动比率更能精确地反映客观情况。

C.负债比率——组织负债总额与资产总额之比。反映了组织所有者提供的资金与外部债权人提供的资金的比率关系。

该比率用来衡量组织利用债权人提供的资金进行经营活动的能力，也反映了债权人借出资金的安全程度，低负债比率虽然表明了组织的长期偿债能力强，但会影响组织利用外部资金发展并获取额外利润，因此确定合理的负债比率是组织成功举债经营的关键。

D.盈利比率——组织利润与销售额或全部资金等相关因素的比例关系。它反映了组织在一定时期从事某种经营活动的盈利程度及其变化情况。常用的有销售利润率和资金利润率。

销售利润率是销售净利润与销售总额之间的比例关系，它反映组织在一定时期的产品销售中是否获得了足够利润，可为组织控制经营活动提供信息。

资金利润率是指组织在某个经营时期的净利润与该期占用的全部资金之比，它是衡量企业资金利用效果的一个重要指标，反映了组织是否从全部投入资金的利用中实现了足够的净利润。组织可以利用这一比率来考虑如何调控资金的投入分配，以获得最大的利润。

②经营比率分析。经营比率，也称活力比率，是与资源利用有关的几种比例关系。它们反映了组织经营效率的高低和各种资源是否得到了充分利用，为组织管理控制工作提供依据。常用的经营比率有以下三种。

A.库存周转率——销售总额与库存平均价值的比例关系。它反映了与销售收入相比库存数量是否合理，表明了投入库存的流动资金的使用情况。

B.固定资产周转率——销售总额与固定资产之比。它反映了单位固定资产能够提供的销售收入，表明了组织固定资产的利用程度。

C.投入与产出比率——投入总额与产出总额之比。它是对投入利用效能的直接测量标准。

(2)程序控制

程序控制就是指借助于程序的设定、执行来进行管理控制的一种控制方法。具体来说，就是对活动过程包含哪些工作、涉及哪些部门和人员、行进的路线、各部门及相关人员的责任以及所需的核对、审批、记录、存储、报告等方面予以明确规定并要求人们严格遵守。对例行性或反复出现的问题设计一定的程序，可使问题发生时自动进入相应程序并得到解决。

(3)审计控制

审计控制是对反映组织资金流动过程及其结果的会计记录及财务报表进行审核、鉴定，以判断组织有关活动的真实性、可靠性、合法性和效益，从而为控制和管理组织活动提供依据。根据审查主体和内容的不同，可将审计计划分为三种主要类型：由外部审计机构进行的外部审计；由内部专职人员对组织财务控制系统进行全面评估的内部审计；由外部或内部审计人员对管理政策及其绩效进行评估的管理审计。

(4)人员行为控制

人是组织中最关键的资源，因此，管理控制中最主要的方面应该是对人员行为的控制。如何选人、如何使职工的行为更有效地趋向组织目标，这些都离不开人员行为控制。常用来对人员的绩效进行评价的方法有鉴定式评价法、强选择列等方法、成对列等比较法、偶然事件评价法等几种方法，这些方法在人力资源管理的有关课程中有详细介绍，故此处不再赘述。

3.非预算控制的现代化综合方法

虽然前述的预算控制和管理审核都是比较综合的控制方式，但总体说来，前面介绍的控制方式多属于以权威为核心，以程序化、规范化为特征的较为传统的控制，它们大多都是根据特定的控制对象而具体设计的，一般只针对组织某一方面的工作，控制的重点是管理过程本身或是其中的某个环节，而不是管理工作的整体绩效。随着时代的发展、管理的日趋复杂，这些传统的控制方式在应用上受到了一定程度的限制。顺应社会发展的要求，借助一些新的技术，一些现代新型综合控制方法应运而生。

(1)市场控制与社群控制

①市场控制。市场控制是指在组织(企业)内部管理的过程中，借用市场机制与市场价值体系进行评估与控制的方式。在企业内部，建立从公司最高层到事业单位(部门)层次，再到管理者与员工个人层次的分级控制体系。

公司层的市场控制。现代大公司大多进行多角化经营，设置独立面向不同市场的事业部，公司高层通常采用盈利率、市场占有率等市场指标进行控制与评价。这既有利于激励事业部的独立经营，又保证了公司高层的有效控制。

事业单位层次上的市场控制。为了有效控制事业单位内部各部门与职能的高效运行，可以模拟市场交易机制的运行，为内部各部门之间提供产品或服务，参照市场价格制定内部转移价格(内部结算价格)。

个人层次上的市场控制。通过人才市场的价格与同绩效挂钩的奖酬体系衡量员工价值来加以控制的方式。具体来说，可采用招聘薪金、建立与绩效挂钩的奖酬体系、股东与董事会对经营管理者的控制三种方法实现衡量员工的价值与控制。

可以将上述市场控制的层次结构概括为一个理论模型。如图 9-5 所示。

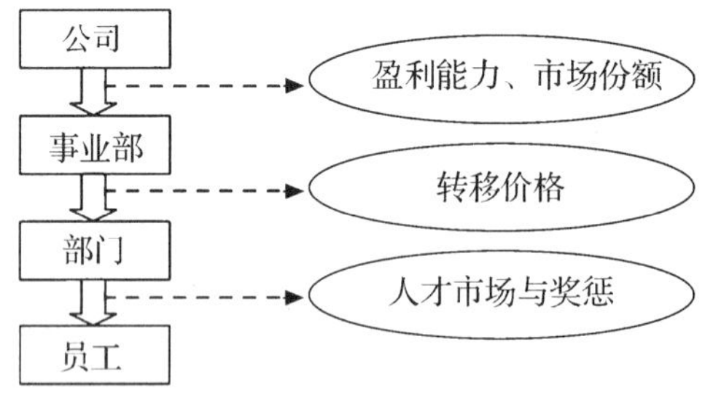

图 9-5 市场控制的层次与模型

②社群控制。社群控制是指以一定文化为基础，一定的群体依靠共同价值和群体规范导向、规范与约束其成员的一种社会控制力。而组织文化是社群控制的基础。组织文化是组织全体成员共同创造并共同信奉的信念与价值观。组织文化对组织及其成员具有巨大的导向与规范作用，而且这种导向与规范作用是内在的，远比传统控制的外在作用的力度要大得多，且持续的时间要长得多。

授权赋能是社群控制的必要条件。实行社群控制，就必须充分信任员工，对员工进行授权赋能，给予员工必要的决策权，相信他们会从组织的利益出发处理问题。在价值指导的框架中，激励员工培养和运用判断能力，自主地、负责地、灵活地处理工作。

建立自我指导型团队。在社群控制的体系下，监督、检查、干预等传统控制手段不再重要，倚重的是自我指导型的团队。即在组织内，重建激励机制，强化责任感和团队精神，实行建立在相互尊重、高度自觉基础上的自我控制。

实行实时控制。由于社群控制是一种充分授权与高度自觉的控制，每个成员都能独立自主地、随时处理各类问题，因此，完全可以实行真正的实时控制，保证在任何时候、任何情况下都处于有效控制之中。社群控制对于解决紧急而复杂的经营管理问题，具有得天独厚的优势。

(2)平衡计分卡控制

在非预算控制的方法中，目前比较有代表性和影响的是平衡计分卡法，它代表了新一代的管理控制方法。传统的控制方法偏重于财务性衡量指标，而忽视组织创造长远的经济价值与利益，平衡计分卡控制在这个方面做出了重大改变和贡献。

平衡计分卡是20世纪90年代初由哈佛商学院的罗伯特·卡普兰和美国复兴全球战略集团创始人兼总裁戴维·诺顿发展出的一种全新的组织绩效管理方法。

①平衡计分卡控制的内涵。平衡计分卡(Balanced Score Card，BSC)，是由财务、客户、内部运营过程(业务流程)、学习与成长四个方面指标和目标值构成的衡量组织、部门和人员的卡片。由于它包含了组织财务和非财务指标、长期目标与短期目标、外部和内部绩效、结果与动因指标、管理业绩和经营业绩、滞后和先行指标、战略与战术等多个方面的平衡，使业绩评价趋于平衡和完善，有利于组织长期发展，所以叫“平衡计分卡”。

②平衡计分卡的控制指标。平衡记分卡的设计包括了四个方面：财务(Financial)、客户(Customer)、内部业务流程(Internal Business Processes)、学习与成长(Learning and Growth)。

财务方面。财务业绩指标可以显示组织的战略及其实施和执行是否对最终经营结果(如利润)的改善做出贡献。财务目标通常与获利能力有关，其衡量指标有收入的增长、收入的结构、降低成本、提高生产率、资本报酬率、资产的利用和投资战略等，也可能是销售额的迅速提高或创造现金流量。

客户方面。客户层面指标通常包括客户满意度、客户保持率、客户获得率、从客户处获得的利润率(客户盈利率)以及在目标市场中所占的份额(市场份额)。客户层面使业务单位的管理者能够阐明客户和市场战略，从而创造出出色的财务回报。

内部业务流程方面。管理者要确认组织擅长的关键的内部流程，这些流程帮助业务单位提供价值主张，以吸引和留住目标细分市场的客户，并满足股东对卓越财务回报的期望。这个方面的指标既包括短期的现有业务的改善，又涉及长远的产品和服务的革新，涉及组织的改良、创新过程、经营过程和售后服务过程。

学习与成长方面。学习与成长目标为其他三个方面的宏大目标提供了基础框架，确立了未来成功的关键因素，是驱使上述三个方面获得卓越成果的动力。这方面的衡量指标主要包括：培训支出、培训周期、员工满意度、员工保持率、员工换留率、信息技术和信息系统、信息覆盖比率、员工提出建议数量、被采纳建议的比例、组织文化氛围、团队成员彼此满意度等。

③平衡计分卡控制的基本原理和流程。平衡记分卡特别强调描述策略背后的因果关系，客户层面、内部业务流程层面、学习与成长层面评估指标的完成而达到最终的财务目标。其基本原理和流程如下。

以组织的共同愿景与战略为内核，运用综合与平衡的思想，依据组织结构，将组织的愿景与战略转化为下属各责任部门(如各事业部)在财务、客户、内部业务流程、学习与成长等四个方面的系列具体目标(即成功的因素)，并设置相应的四张计分卡，其基本框架见图 9-6。

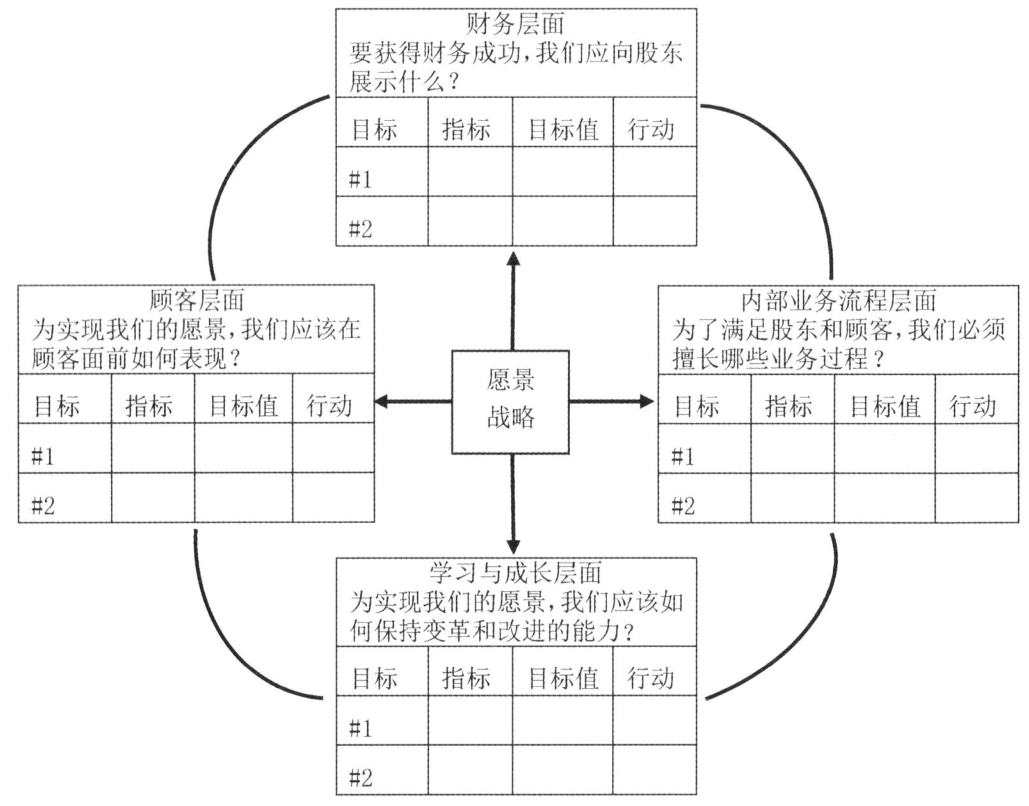

图 9-6 BSC 的结构——四维绩效(指标)空间

依据各责任部门分别在财务、客户、内部业务流程、学习与成长四个层面计量可具体操作的目标，设置一一对应的绩效评价指标体系，这些指标不仅与组织战略目标高度相关，而且是以先行(Leading)与滞后(Lagging)两种形式，同时兼顾和平衡公司长期和短期目标、内部与外部利益，综合反映战略管理绩效的财务与非财务信息，见图 9-6。

由各主管部门与责任部门共同商定各项指标的具体评分规则。一般是将各项指标的预算值与实际值进行比较，对应不同范围的差异率，设定不同的评分值。以综合评分的形式，定期(通常是一个季度)考核各责任部门在财务、顾客、内部业务流程、学习与成长四个方面的目标执行情况，及时反馈，适时调整战略偏差，或修正原定目标和评价指标，确保组织战略得以顺利与正确地实行。BSC 管理循环过程的框架，见图 9-7。

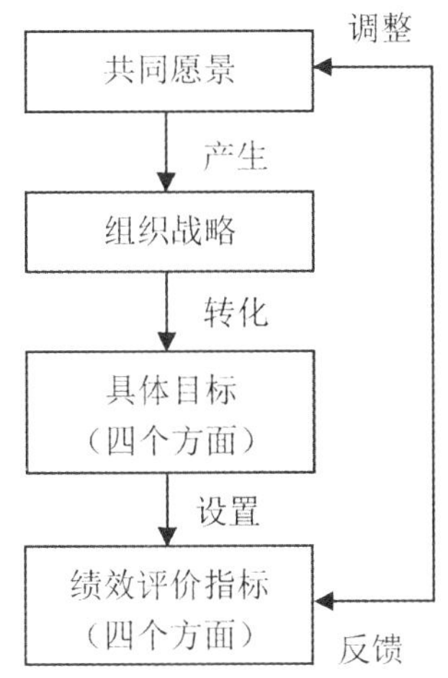

图 9-7 BSC 管理循环过程

平衡计分卡如今已经成为一种流行的管理控制方法，被广泛应用于各种场合，从制造业到服务业、从营利组织到非营利组织。

控制的方法还有很多，比如盈亏平衡分析法、损益控制法、目标管理、网络技术、全面质量管理等等，这些大多都在前面相关章节介绍过，此处不再介绍。

本章小结

1. 控制是依据计划的要求，确立工作标准，衡量工作绩效并将它与工作标准进行比较，在发现偏差并分析偏差的基础上采取必要的纠正措施以保证组织目标实现的过程。

2. 控制活动有多种类型，最常使用的是前馈控制、过程控制和反馈控制。

3. 控制工作的过程主要包括建立控制标准、衡量绩效、纠正偏差三个基本环节。

4. 要实现有效控制，在管理控制中需要遵循一些基本原则，包括反映计划要求原则、控制关键点原则、适时控制原则、适度控制原则、经济性原则、弹性控制原则、控制趋势原则等。

5. 控制技术和方法包括预算控制和非预算控制两大类。

关键术语

控制　标准　偏差　纠偏　控制类型　控制过程　控制方法

复习思考题

1.控制的含义是什么？控制的重要性有哪些？

2.控制的工作过程有哪些？

3.简述三种基本控制的类型。

4.控制方法与技术有哪些?

5.有效的控制应遵循哪些原则?

案例讨论

中国的食品安全问题

中国古谚道"民以食为天",足见"吃"对中国人的重要性和中国人对"吃"的讲究。在今天,对大多数中国人来说,"吃得饱"已不再是问题,人们需要追求"吃得安心""吃得放心""吃得开心"。但现实却是国人吃得并不放心也并不安心,因为食品安全问题已经在国人心中形成了挥之不去的阴影。

当前,食品安全问题已经成为食品行业的"老虎",很多人已经到了谈"食"色变的地步,这与我国长期以来屡次曝光、屡禁不止的食品安全问题有密切的关系,如苏丹红、红心鸭蛋、毒大米、毒奶粉、瘦肉精、地沟油、三聚氰胺、富有争议的转基因食品等等。其实,有些食品安全事故屡次发生,要么在同一个城市连续发生不同的食品安全事故,要么是同一种食品安全事故在不同时期反复发生,比如猪肉安全问题就先后曝光过注水肉、美容猪、瘦肉精等事件,引起过"十八个部门管不好一头猪"的热议。

我们不断地看到某食品安全问题被曝光的消息,不断地听到其被处理的报道,如此重复循环,好像永无灭绝之日,这才是更令人忧心的。到底是我们缺乏根治问题的决心;缺乏重视人民生命健康权利和民生的责任心和良心;缺乏壮士断腕、严厉整治的狠心;缺乏抓住关键点以及采取有针对性举措的决心;还是缺乏对食品安全问题常抓不懈的恒心?我国的食品标准存在着"标准打架"、标准退步、标准落后、标准不足或者没有标准等诸多问题。出现问题的有私企、民企,也有国企和外企(有些外企在国外是高标准、严要求,基本上没发生过大的安全问题,但在进驻中国以后慢慢降低标准,甚至违反标准进行生产与销售),这就说明此类问题不仅仅出现在个别企业,而是整个行业都出现了问题。要改变这一状况,要求从国家、行业、地方政府、企业等不同层面加强监督、检查和控制,构建一个完善的、合理的、有效的控制系统。

(案例来源:http://opinion.e23.cn/a/2014-05-15/34886.html.)

讨论:

1. 控制的作用。

2. 从控制角度分析导致中国食品安全问题的原因。

3. 根据有关的控制理论和方法,你认为我国应该如何构建有效的食品安全控制系统?

第十章　战略管理

本章学习目标

1.掌握战略分析的内容与方法。
2.了解影响战略选择的因素。
3.理解战略实施影响因素的作用。
4.掌握战略评估的流程。
5.了解战略创新的趋势。

知识结构图

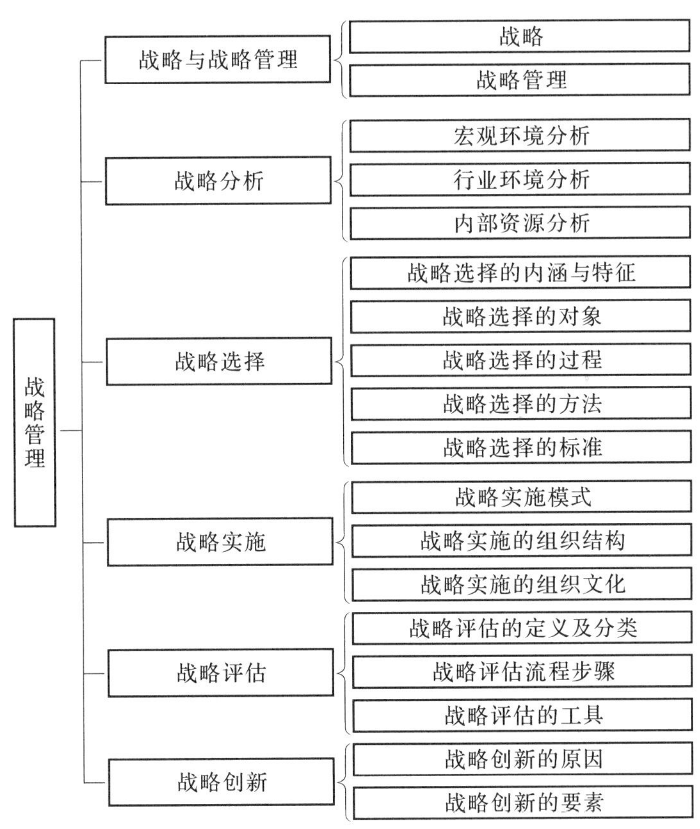

本章学习重、难点

重点

1.环境分析的内容与方法。

2.战略选择的过程与方法。

3.战略实施的影响因素。

难点

1.战略评估工具。

2.战略创新的要素。

引　例

三顾茅庐的故事[①]

刘备三顾茅庐拜访诸葛亮，问道："汉朝的统治崩溃，董卓、曹操先后专权，皇室遭难出奔。我想要为天下人伸张正义，却智谋浅短、办法很少，弄到今天这个局面。然而，我的志向仍存于心，先生认为该如何是好呢？"诸葛亮回答道："自董卓叛乱以来，各地豪杰同时兴起，占据各州。曹操与袁绍相比，名声低微，兵力又少，然而曹操最终能够打败袁绍，不仅是因为时机好，而且也是人的谋划得当。现在曹操已拥有百万大军，挟持皇帝来号令诸侯，确实不能与他争强。孙权占据江东，已经历三世了，地势险要，民众归附，贤良有才能的人被他所用，因而孙权可以被作为外援，却不可谋取他。荆州北边凭借汉水、沔水，可以将从这里直到南海一带的物资全部取得，东面和吴郡、会稽郡相连，西边和巴郡、蜀郡相通，这是兵家必争之地，但是它的主人刘表却没有能力守住它，这大概是上天拿来资助将军的，将军是否有意夺取它呢？益州地势险要，有广阔肥沃的土地，是个富饶的地方，高祖凭借它建立了帝业。刘璋昏庸懦弱，张鲁又在北面威胁着他，那里人口众多，物产丰富，刘璋却不知道爱惜。有才能的人都渴望得到贤明的君主。将军既是皇室的后代，威信和义气广布于天下，广泛罗致英雄，思慕贤才，如饥似渴，如果能占据荆、益两州，守住险要的地方，和西边的各个民族和好，又安抚南边的少数民族，对外联合孙权，对内革新政治；一旦天下形势发生了变化，就派一员上将率领荆州的军队向宛、洛方向进军，将军亲自率领益州的军队出兵到秦川，百姓谁不用箪盛饭，用壶盛浆来欢迎您呢？如果真能这样做，那么称霸的事业就可以成功，汉室的天下就可以复兴了。"刘备说："好！"从此同诸葛亮的感情一天天深厚起来。

诸葛亮身在茅庐之中，却能纵论天下，为刘备精辟地分析天下形势，提出先取荆州为家，再取益州成鼎足之势，继而图取中原的战略构想。三顾茅庐之后，诸葛亮出山成为刘备的军师，刘备集团之后的种种攻略皆基于此。可见，从战略的高度考虑分析问题，是迈向成功的基础和关键。

---

① 摘自：百度百科"三顾茅庐"词条。

第一节 战略与战略管理

一、战略

战略这个词是从希腊词汇“Strategos”中衍生出来的，由“军队”和“领导”两个词合成，意指指挥军队的科学和艺术。“战略”在我国也是一个古老的词汇，意为战争的策略。在军事领域，战略是指为了获得有利的军事地位而调度兵力的总体计划和部署，考虑的是如何赢得战争的胜利。在企业经营领域，战略特指对未来5年或10年内企业发展方向、经营方针、经营策略等的谋划。

最早明确把战略的思想内容引进企业经营管理领域的是美国的管理学家切斯特・巴纳德。然而，从不同的角度分析，各个学者又给出了各不相同的定义。阿尔弗雷德・钱德勒指出，战略是长期目标或企业目标的决策，行动过程中的选择，实现目标所需资源的分析。[①] 詹姆斯・布莱恩・奎因则认为，战略就是将一个组织的主要目标、政策和行动过程整合为一个整体的方式或计划。按照亨利・明茨伯格的观点，战略还是模式、定位、观念和策略。[②]

由此可见，战略是指组织为了实现其使命或长期目标，在与环境的互动中所展开的决策行为、采用的行动模式或遵循的基本观念。战略的内涵决定了其本身的特点，并且这些特点是战略优势的重要表现。

1.方向性

战略的方向性体现在两个层面上，一是战略目标的明确性，二是战略行动的方向性。战略目标代表了长期性的前进方向，即未来3～5年或者更长时间内，组织应该朝什么方向走，应该在规模、资源、竞争力等方面达到什么状况。战略行动则是指战略管理中的具体行为。

2.全局性

对于一家企业来说，不能“只见树木不见森林”。高层管理者，尤其是决策者切忌整天埋头于具体的经营性事务，而忽略了对企业大政方针和长远方向的考虑。此外，战略的全局性还意味着要妥善处理局部利益与整体利益的关系，在两者出现矛盾时要“丢卒保车”。

3.个体差异性

不同的公司会采取不同的战略，并且这些战略往往与公司的文化、组织观念、愿景与使命息息相关，通过战略识别即可以理解不同组织的行事方式。然而，过分清晰的战略描述也就意味着过于简单，往往使企业不能够提高组织体系的丰富性。

4.一致性

战略犹如高度概括性的理论，能够简化整个世界的认识结构，并催生更加快捷的组织行动

---

① [美]阿尔弗雷德・钱德勒.战略和结构[M].盛洪，译.云南：云南人民出版社，2002.

② [加拿大]亨利・明茨伯格.战略历程：纵览战略管理学派[M].刘瑞红，译.北京：机械工业出版社，2002.

模式。一方面，战略往往通过简洁明了的语言来表达企业行动的目的、方向以及相应的策略，使组织各方都统一于这一战略陈述；另一方面，战略提供了有关组织存在意义的理念和认识，具有高度的凝聚力。

5.适应性

战略目标既要简单明确，同时又不过分僵化和具体，保持适当的张力。这样当外部环境或内部因素发生变化时，就可以通过战略调整来适应这种变化，而不致做大的战略变更，保持整个组织的协调和行为的一致性。

二、战略管理

战略管理一词最早由伊戈尔·安索夫在其 1976 年出版的《战略计划走向战略管理》一书中提出，他将战略管理定义为：将企业的日常业务决策同长期计划决策相结合而形成的一系列经营管理业务。作为战略管理的第一个定义，其不足主要表现在对战略管理形成的理解不足、缩小了战略管理的内涵、忽略了使命的作用等。与安索夫相比，斯坦纳对战略管理的界定则更加明确而具体，他在 1982 年出版的《企业政策与战略》一书中指出，企业战略管理是确立企业使命，根据企业外部环境和内部经营要素设定企业目标，保证目标的正确落实并使企业使命最终得以实现的一个动态过程。除此之外，其他战略学家也从不同角度对战略管理进行了界定。

总的来说，目前有关战略管理的定义涵盖了以下几个方面：战略管理的核心是企业战略；战略管理的目的是实现长期目标、完成企业使命；战略管理是一个企业与环境互动的动态过程；战略管理包括战略分析、战略计划、战略设计、战略选择与战略评估等活动；战略创新成为战略管理中的新内容。因此，战略管理是指组织为了实现长期目标和使命而开展的、在组织自身能力与环境互动中所进行的战略分析、战略选择、战略实施、战略评估与战略创新等一系列的活动及其过程。战略管理具有以下特征。

1.长期目的性

长期目的性说明了战略管理两个方面的特征，一是整个管理过程跨越了较长的时期，二是具有明确的目的。企业战略管理活动的周期较长，企业必须充分考虑到环境的变化以及企业自身资源条件的变化，适时对战略进行调整。并且，只有在明确的目的和长期目标的指引下，才能确保组织始终朝着同一个方向不断前进。

2.高度全局性

战略管理是一个高度全局性的企业管理活动，这主要体现在：一是战略管理涉及的是组织整体的长远发展；二是战略管理注重的是整体利益最大化；三是战略管理需要对不同部门与个人、不同利益群体进行协调。

3.经营风险性

一般说来，战略管理的风险性来源于三个方面：一是前期投入，即已投入了一定数量的资金；二是对投入成果的较大期望；三是未来的不确定性。企业战略管理实务中，经营风险性及其结果主要表现在战略管理初期、战略分析、战略制定与实施不久、战略管理者短视以及收入无法弥补支出等情况下。

4.实物期权性

简单地说,实物期权性是指企业战略管理活动所具有的、能够在未来期间内创造价值的性质。这一性质来源于战略管理的不确定性,基于这一特性,企业可以通过将战略管理权力的获取与行使区分开来,将战略风险有效转移。实物期权特性强调战略管理中权力的价值性,企业战略价值的创造来源于这种价值权力的有效运用。

第二节 战略分析

战略分析主要是对企业的外部战略环境和自身资源条件所进行的分析,其直接目的是寻找外部机会与内部资源的契合点,即企业战略的突破口,并为下一步战略管理活动提供素材和支撑。一般来说,战略分析主要从宏观环境、行业环境、内部资源三个方面展开。

一、宏观环境分析

任何一个组织的生产经营活动都不是孤立进行的,而是与周围环境发生着各种各样的联系,离开了与宏观环境的交流与转换,组织将无法生存和发展。因此,组织应该认识宏观环境的状况、特点及变化趋势,并在此基础上去适应它。

1.宏观环境的特点

宏观环境作为一种客观制约力量,在与组织的相互作用和影响中形成了自己的特点。

(1)独特性

虽然组织的经营活动都处于宏观环境的动态作用之中,但是对每个组织来说,它都面对着自己独特的宏观条件。环境这种独特性的特点,要求组织对宏观环境必须具体情况具体分析。要求组织在战略选择中不能套用现成的战略模式,而要突出自己的特点,形成独特的战略风格。

(2)变化性

宏观环境总是处于不断变化之中的。而这些变化不一定会被预测到,战略的选择也应依据宏观环境的变化做出修正或调整。组织要不断分析与预测未来环境的变化趋势,当环境发生变化时,组织必须改变战略并制定出适应环境的新战略,达成组织战略与环境间的新的平衡和配合。

2.宏观环境分析工具

宏观环境分析的目的或任务主要有两点:一是通过分析,考察、预测与某一行业和组织有重大关系的宏观环境因素将发生怎样的变化;二是评价这些变化将会给行业及组织带来什么样的影响,以便为制定战略奠定基础和提供依据。分析宏观环境的一个重要工具是 PEST 分析模型,这些环境因素往往间接或直接作用于组织,同时这些环境因素之间又相互影响。

(1)政治与法律环境

政治环境因素是指国家政治形势,政府更迭以及政府制定的方针政策、法令、法规,政府机构的组成、办事程序和办事效率等。具体来说,政治与法律环境因素分析包括:组织所在地区和国家的政局稳定状况;执政党所要推行的基本政策以及这些政策的连续性和稳定性;政府行为对组织的影响;有关法律法规对组织的影响;各种政治利益集团对组织活动产生的影响。此外,国际政治形势及其变化,以及和平与战争情况也属于政治环境因素。

(2)经济环境

经济环境因素主要指国民经济发展的总概况、国际和国内经济形势及经济发展趋势等。经济环境主要包括以下几个方面:一是宏观经济周期,考察目前国家经济发展处于萧条、停滞、复苏还是增长阶段,国内生产总值(GDP)是最常用的指标之一;二是市场规模,指一个国家或地区的市场总容量,或者说是商品的总需求水平;三是货币和物价总水平,会影响人们的基本生活支出和购买力水平,从而对生产产生影响;四是要素市场,要素市场的完善程度取决于是否具有健全的市场体系和市场运行机制;五是基础设施,它在一定程度上决定着组织运营的成本与效率。

(3)社会文化环境

社会文化环境因素是指一定时期内整个社会发展的一般状况,主要包括有关的社会结构、社会风俗和习惯、人的价值观念、宗教信仰、文化传统、人口变动趋势、生活方式、行为规范等。影响经营战略的社会文化因素主要有以下几方面:一是人口因素,主要包括人口总数、年龄构成、人口分布、人口密度、教育水平、家庭状况、居住条件、死亡率、结婚率、离婚率、民族结构以及年龄发展趋势、家庭结构变化等等;二是教育水平,它直接决定着人口素质;三是文化传统,即一个国家或地区长期形成的道德、习惯、思维方式的总和;四是价值观,是社会公众评价各种行为观念的标准。

(4)技术环境

技术环境是指社会科学技术的总概况。一般来说,对组织经营战略产生直接影响的是技术,其影响具体包括以下几个方面:一是技术进步可以提高生产技术水平,提高生产效率,降低生产耗费;二是技术进步可以产出大量新型的和改进的产品,从而更好地满足消费者不断提高的需求,创造新的市场,提高市场占有率;三是技术进步可以向组织提供新型的原材料和能源,而且新型能源能导致生产的变革,对组织经营会产生很大的影响;四是技术进步对员工、管理者的素质提出了更高的要求,工作人员要不断提高技术水平才能符合时代的要求。

专栏 10-2 管理知识:我国公共部门战略管理存在的问题

1.政府官员任期的短期性和行动取向,难在短期内形成长期的战略管理模式;

2.受到预算约束,不能证明战略规划是否合理有效;

3.目标的无形性,一些分析方法不能完全衡量与解决问题的传统性程序;

4.缺乏完全的自主性与控制力,常受干扰;

5.自身特点导致工作人员将就政治力量和外部利益集团,随意放弃目标。

二、行业环境分析

对行业环境进行分析，首先应该明确行业的主要特征，这些特征显然是企业选择行业以及在行业中如何经营要考虑的重要因素；其次，要对行业的竞争力量进行分析，从而推断出行业吸引力；再次，要分析行业中各个企业或公司的市场竞争地位，从而为接下来的竞争对手情况分析提供线索；最后，对本企业主要的竞争对手进行分析。所谓"知己知彼，百战不殆"，只有认清竞争对手的情况及其未来的行动和目标，才能在竞争中赢得先机。

总之，通过以上四个方面的分析，使企业明确其在行业环境中面临怎样的机会与威胁，在此基础上，再结合自身条件制订和实施适当的战略。

1.行业经济特征

每一个企业总是归属于一个行业或几个行业，这里的行业是指同类企业的集合。一般来说，同类行业使用着基本相同或相似的原材料、生产工艺技术，提供着功能相同的产品，为争夺某一需求的消费者而竞争。一个行业与另一个行业的区别通常表现在经济特征上，换句话说，经济特征是行业之间相区别的标志。因此，认识行业首先应从其经济特征入手。

(1)行业生命周期

行业的生命周期是指行业从产生直至完全退出经济活动所经历的时间。在公司战略中，只有了解行业目前所处的生命周期阶段，才能决定企业在某一行业中是进入、维持还是退出，以及进入某一行业是采取并购的方式还是采取新建的方式；在业务层战略中，只有把握了行业的生命周期阶段，才能决定企业的竞争战略是定位于差异化还是定位于成本领先。此外，一个企业可能跨越多个行业领域，只有在对其所处的每个行业的性质都有深入了解的情况下，才能做好业务组合，避免过大的风险，提高整体盈利水平。①

行业生命周期主要包括四个发展阶段：开发期、成长期、成熟期、衰退期。识别行业所处生命周期阶段的主要指标有市场发展、市场结构、产品系列、财务状况、资金使用、产品含义、研究和开发等。

(2)市场结构

市场结构问题本质上反映了一个市场中各个企业之间的竞争关系。通常我们可以根据以下标准来划分市场结构：一是市场上厂商的数目。即该产品是由一家厂商提供还是由多家厂商提供。一般来说，厂商数目越多，竞争程度越高；反之，竞争程度越低。二是厂商所生产产品的差别程度，即产品是否具有同质感。如果产品之间存在差异，消费者在选择的时候就会有所偏好，从而引起企业之间的激烈竞争。三是单个厂商对市场价格的控制程度。如果控制程度较强，就会给其他厂商带来较大的进入障碍或生存压力，则该市场的垄断程度高。四是厂商进入或退出一个行业的难易程度，即市场壁垒的高低。如果进入或退出壁垒低，则该市场的竞争程度高；反之，该市场的垄断程度高。根据上述划分标准，可以将市场结构划分为四种：完全竞争市场、垄断竞争市场、寡头垄断市场、完全垄断市场。

---

① 刘英骥.企业战略管理教程[M].北京：经济管理出版社，2006.

现实生活中，完全竞争市场是不存在的，通常只是将某些农产品市场看成比较接近完全竞争市场的类型。在垄断竞争的市场结构中，企业数目很多，生产的产品有差别，而且企业进入或退出市场的限制少，因此便构成了垄断因素和竞争因素并存的基本特征，例如理发、餐饮、食品零售业等。在寡头垄断市场中，每个厂商的销量在市场总销量中都占有较大的份额，从而企业之间存在着很强的相互依存性或激烈对抗的竞争，每个寡头厂商的利润都要受到行业中所有厂商决策的相互作用的影响。通过对专利和资源的控制，以及政府赋予的特许权等，企业可以处于垄断地位，因此，这些企业还需要对政府的行为予以关注。①

2.行业吸引力②

按照迈克尔·波特的观点，一个行业中的竞争，远不止在原有竞争对手中进行，而是存在着五种基本的竞争力量(Competitive Force)，它们是潜在进入者的威胁、现有竞争者之间的竞争、替代品的威胁、买方讨价还价的能力以及供方讨价还价的能力，如图10-1所示。这五种要素共同作用，决定了行业竞争的性质和程度，它们是形成企业在某一竞争领域内竞争战略的基础。

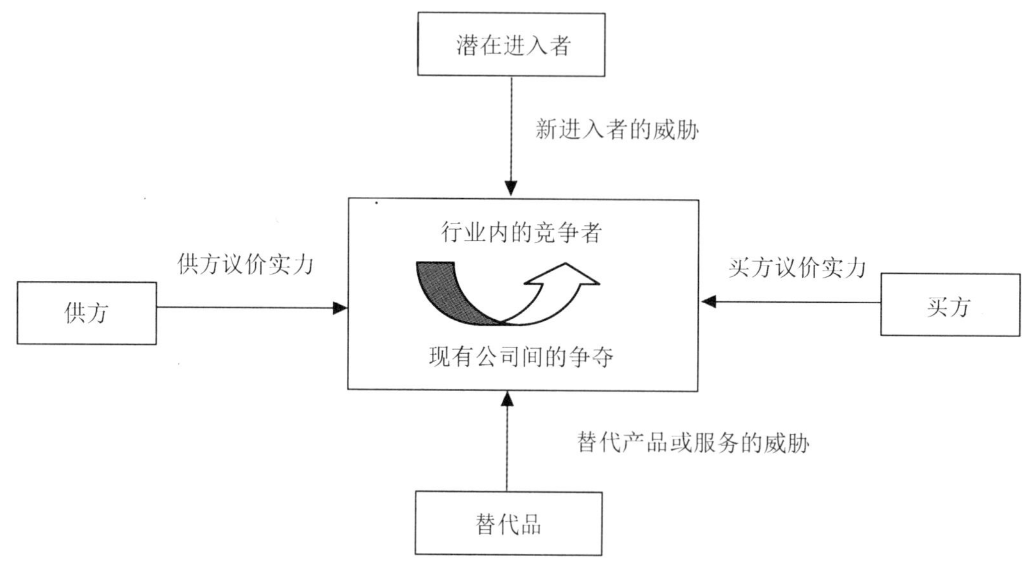

图10-1 波特五力模型③

(1)潜在进入者的威胁

除了处于迅速发展阶段的行业之外，一个行业中，任何新企业的进入都会形成对该行业原有企业的威胁。一般而言，当行业具有较高的投资回报时，就会吸引很多的潜在进入者，而新进入者的竞争将导致整个行业内平均利润的下降。进入壁垒就是企业为进入某一个新行业所要克服的困难(或风险)，主要包括：行业内企业的规模经济性、学习或经验效应、产品差异、资金需求、顾客的转换成本、进入分销渠道的难易程度、预期的市场增长率、政府的政策保护和预

① 黄旭.战略管理：思维与要径[M].北京：机械工业出版社，2007.

② 国内对该模型的应用有不同的理解，我们认为该模型的作用是分析行业吸引力。

③ [美]迈克尔·波特.竞争战略[M].陈小悦，译.北京：华夏出版社，2005.

想的报复等。

(2)现有竞争者之间的竞争

行业内的企业并不都是竞争对手，通常的情况是既有竞争又有合作。广告战、价格战、服务战等竞争方式比比皆是，但技术合作、委托制造、合资联盟，甚至各种暗地里的“卡特尔”也随处可见。

(3)替代品威胁

应当引起高度重视的替代品包括具有改善性价比从而排挤原行业产品的替代品，以及由盈利很高的行业生产的替代产品。在后一种情况下，如果该替代品所处行业中的竞争加剧了，以致引起产品价格下跌或其性能改善，则会使替代品立即脱颖而出。①

(4)买方讨价还价的能力

买方的行业竞争手段是压低价格、要求较高的产品质量或索取更多的服务项目，并且从竞争者彼此对立的状态中获利，所有这些都是以行业利润的牺牲为代价的。行业的主要购买者讨价还价能力的强弱，取决于众多市场情况特性，具体包括如下因素：产品的差异化程度；买方对价格的敏感程度；买方拥有行业内企业成本信息的程度；买方行业与供应商行业的集中程度；买方采购量的大小；买方的转换成本；购买者后向一体化的可能性。

(5)供方讨价还价的能力

供应商的威胁手段一是提高供应价格；二是降低供应产品或服务的质量，从而使下游行业利润下降。在下列情况下，供应商有较强的讨价还价能力：供应行业由几家公司控制，其集中化程度高于购买商行业的集中程度；供应商无须与替代产品进行竞争；对供应商来说，所供应的行业至关重要；对买主来说，供应商的产品是很重要的生产投入要素；供应商的产品是有差别的，并且使购买者建立起很高的转换成本；供应商对买主行业来说构成前向一体化的很大威胁。

综上所述，行业中的企业要面对五种力量的影响，它必须识别这五种力量，并选择恰当的行业作为自己的业务领域。总的来说，竞争越强烈，获利性越低。因此，那些低进入壁垒、买方与供方处在较强的讨价还价地位、替代品威胁严重、行业内企业竞争激烈的行业是没有吸引力的行业，企业难以建立战略性竞争优势，更难以获得超额利润。相反，那些进入壁垒高、买方与供方只有较低讨价还价能力、替代品威胁较少，行业内企业竞争不甚激烈的行业，才是有吸引力的行业。②

3.主要竞争者分析

主要竞争者是指那些对企业现有市场地位构成直接威胁或对企业目标市场地位构成主要挑战的竞争者。主要竞争对手是企业经营行为最直接的影响者和被影响者，这种直接的互动关系决定了竞争对手分析在宏观环境分析中的重要性。竞争对手的分析有四种诊断要素：未来目标、现行战略、对自己和产业的假设和能力。

---

① [美]迈克尔·波特.竞争战略[M].陈小悦，译.北京：华夏出版社，2005.

② 邵一明，蔡启明.企业战略管理(第二版)[M].上海：立信会计出版社，2005.

(1)未来目标

分析并了解竞争对手的未来目标，将有助于了解竞争对手对其自身地位及财务成果的满意度，由此可以推断其将如何改变战略以及对于外部事件(如经济周期)或对于其他公司战略行动的反应能力。

(2)现行战略

对竞争对手进行现行战略的陈述和分析，实际上就是看它正在做些什么，正在想些什么。

(3)假设

假设常常是企业各种行为取向的最根本的原因，对所有假设的检验能发现竞争对手的管理人员在认识其环境的方法中所存在的偏见及盲点。找出这些盲点可帮助公司产品采取不大可能遭到反击的行动或者采取即使有报复也不太奏效的行动。

(4)能力

对竞争对手的能力进行客观评价，是竞争对手分析过程的一项重要内容。能力分析包括核心能力、增长能力、迅速反应能力、适应变化的能力及持久耐力。

三、内部资源分析

1.企业资产

一般来说，企业的资产有有形资产和无形资产两种。而无论是有形资产还是无形资产，影响竞争优势最关键的因素是其中的特有资产。①

(1)有形资产

有形资产包括最基本的财务资源、土地、机器设备、原材料等，也就是一般体现在资产负债表中的事项。因为有形资产基本都可以在市场上获得，因此，重要的是如何通过组织运作使这些有形资产得到更有效的利用。

(2)无形资产

企业的无形资产包括商誉、专利技术、公共关系、信息系统、员工素质等。在知识经济年代，价值的产生依赖于组织内知识的整合，这也凸显出无形资产的日益重要。但企业必须注重对无形资产的持续维护和投资，否则品牌会折损、技术会过时、员工会流失。

(3)特有资产

顾名思义，特有资产是企业所独有的资产，它不能在市场上轻易获得，竞争对手也难以夺取和复制。事实上，拥有特有资产的企业并不多，大多数企业的资产都是类似的，而且时过境迁，特有资产的价值可能会逐渐消失。

2.企业能力

任何企业都是一个通过一系列的价值创造过程来满足顾客需要，同时获得自身利益的系统。都是在设计、生产、销售、发送和辅助其产品的过程中进行种种活动的集合体。所有这些活动都

---

① 汤明哲.战略精论[M].北京:清华大学出版社,2004.

可以用波特的价值链模型(图 10-2)来表示,价值活动可以分为基本活动和辅助活动两大类。

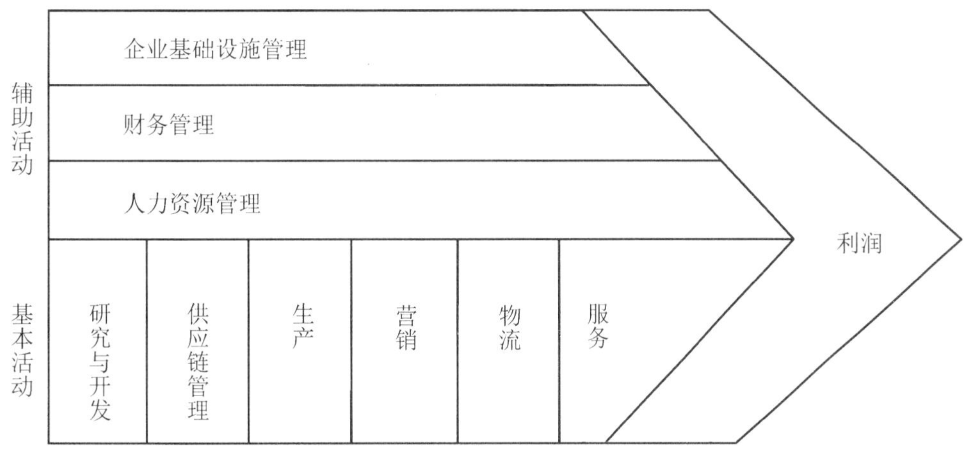

图 10-2　价值链模型示意图[①]

不管是基本活动还是辅助活动,都是企业价值创造过程中不可或缺的必要环节,企业要进行这些活动,就必须具备相应的能力。由于企业的价值创造活动包括基本活动和辅助活动两大类,相应地,我们也可以把企业能力分为基本能力和辅助能力两大类。[②] 基本能力包括研究与开发能力、供应链管理能力、生产能力、营销能力、物流能力和服务能力;辅助能力主要是人力资源管理能力、财务管理能力和企业基础设施管理能力,即除了人力资源管理和财务管理以外的其他辅助管理能力,包括战略管理能力、法律与政府事务管理能力、质量管理能力和其他管理能力。

在企业能力系统中,那些发挥关键作用的、独特的能力就是企业的核心能力。这些能力在企业价值创造过程中发挥着关键的作用。换句话说,核心能力在企业产品或服务价值的形成中扮演重要角色。普拉哈拉德和哈默尔首先引入了"核心能力"的概念,并指出,核心能力是组织中的积累性学识,特别是关于如何协调不同的生产技能和有机结合多种技术流派的学识。同时,他们认为,一项能力要成为核心能力,必须具有三个重要特征:用户价值、独特性和延展性。[③] 其中用户价值是指核心能力要特别有助于实现顾客看重的价值;独特性是指从竞争的角度看,核心能力必须是独树一帜的能力;延展性是指核心能力必须能够衍生出一系列新的产品或服务。

普拉哈拉德和哈默尔认为,面对全球化的新一轮竞争,企业管理者不应该再从终端产品的角度看问题,而应从核心能力的角度制定公司的发展战略。他们将多元化的公司形容成一棵大树:树干和主枝是核心产品,树叶和花果是最终产品,而提供营养、滋润和稳定的根系则是核心能力。[④] 他们指出,现代企业在三个不同的层次上展开竞争:核心能力层、核心产品层和最终产品层。企业在核心能力、核心产品和最终产品三个层次上都可以赢得竞争优势,但三个层次

---

① [美]迈克尔·波特.竞争优势[M].陈小悦,译.北京:华夏出版社,2001.

② 王锡秋,席酉民.企业能力缺陷研究[J].财经理论与实践,2002(53).

③ Prahalad C.K,Hamel G. The core competency of the corporation[J]. Harvard Business Review, 1990, 68(3).

④ Prahalad C.K,Hamel G. The core competency of the corporation[J]. Harvard Business Review, 1990, 68(3).

的竞争优势的适用范围和竞争优势的持续时间是不同的。与最终产品和核心产品相比，核心能力所带来的竞争优势的使用范围更广、持续的时间更长。

第三节 战略选择

1978 年诺贝尔经济学奖获得者、决策理论学派奠基人西蒙有一句名言："管理就是决策"，从而使决策在管理中的重要性得以充分彰显。决策作为管理的核心内容，贯穿于管理过程的始终，而战略选择又是决策过程中最关键的阶段。选择战略方案并非是一个理性的公式化决策，它需要决策者考虑多种因素，进行多方面的权衡，并且需要借助一些选择分析工具。因此，这一决策过程其实是一种智力活动，它可以说是战略决策者的专业知识、工作能力、业务水平、实际经验、领导作风和领导艺术的集中体现。

一、战略选择的内涵与特征

1.战略选择在本质上是一个相当复杂的决策过程

从战略选择的方法这一角度来看，凭借直觉进行决策并不是主观臆断和简单的拍脑袋，都要涉及对趋势、形势、条件、时机、方案、方法及后果的深入评判。战略选择的任务是要根据不同的环境条件，为组织确定某种行为方式。然而，面对经济日趋全球化，组织在这样一个机会层出不穷、风险相伴而生的全球化经济环境中，战略选择的过程就会变得更为复杂。

2.战略选择对决策者的综合判断能力具有较高的要求

在进行战略选择时，鉴于战略选择过程的复杂特性，决策者需要打破职能和运营界限来解决战略问题。无论在哪一种因素或环节上出现判断失误，都会对整个决策产生不良影响，甚至会导致战略失败。因此，决策者既要有高瞻远瞩的战略眼光，又必须具有通观全局和全面分析问题的能力，应该在考虑到与决策相关的各种因素之后做出一个综合性的判断。

3.战略选择通常需要组织进行艰难的变革

战略选择之所以重要，是因为在战略层面上做出的决策将会影响组织未来的发展方向，而且很多时候会迫使组织适应新的转变或不得不采取某种形式的组织变革，但由于组织文化及组织资源连贯性的限制，这种变革经常难以推进。此外，战略决策还需要管理或改变组织外部的关系和网络，如供应商、分销商和客户，这在一定程度上也存在着难以适应的过程。

4.战略选择是一个动态循环的过程

战略选择的结果必须与组织所处的环境相适应，并需要注意战略实施条件的限制，满足可行性，这也使得战略选择方案具有相对的稳定性。针对快速变化的宏观环境，决策者要密切关注组织发展与环境变化的相互协调，并根据这一变化对方案进行相应的调整，必要时需要根据环境发生的新的转变重新进行战略选择，从而形成一个动态往复的循环过程。从实际发展趋势来看，战略选择的这一特征将会得到突显。

二、战略选择的对象

1.公司层战略

公司层战略又称为总体战略，是由企业的战略使命和战略意图而产生的，指一家公司在多个行业或产品市场中，为了获得竞争优势而对业务组合进行选择和管理的行为。① 一般来说，根据企业所处的行业和业务领域、所提供产品和服务的种类，公司层战略可分为专业化战略和多元化战略。

(1)专业化战略

该战略是指企业致力于发展一个行业或领域，或者提供一类产品或服务的战略。企业专业化战略包括单品种和单行业组成的单一化战略、多品种和单行业组成的系列化战略、单品种和多行业组成的一体化战略。单一化战略是指企业完全在同一个领域中经营且只提供单品种的产品或服务时运用的战略。如麦当劳精心于全球快餐连锁业务，沃尔玛则成为最大的全球零售商。系列化战略是企业在一个领域内面向不同的市场或顾客提供多种产品或服务的战略。如索尼主要生产系列化家电用品。一体化战略是企业在产业链上不同领域开展活动，但主要向市场提供同一类产品或服务的战略。

(2)多元化战略

随着市场创新、产品创新、技术创新和顾客需求的变化，企业经营结构也发生了变化。企业为了开拓新市场、新产品和客户群，降低单一经营的风险，往往会在几个领域里寻求发展，也就是实施多元化发展战略。企业面向不同的市场和顾客，在多个领域和行业内开展活动，提供不同的产品和服务的战略。多元化可以分为两类，即相关多元化和非相关多元化。在多元化的程度方面，可以分为三个层次，即低度多元化层次、中度多元化层次和高度多元化层次。

2.业务层战略

业务层战略是实现公司层战略的途径。业务层战略的核心是一种企业专有的商业模式，能够帮助它在同对手的竞争中获得竞争优势。②

(1)成本领先战略

又称为低成本战略，指企业在生产和研发、财务、营销、人力资源等管理上最大限度地降低产品、服务和管理成本，使成本显著低于行业平均水平或主要竞争对手的水平，从而使企业与顾客受益于这种低成本的战略。这样的企业可以通过追求规模经济、原材料优势、先进专利技术等来降低成本。实施这种战略的企业必须要有很高的市场占有率，往往能以成本优势在市场中获取较大的份额和提升自身的品牌优势。如中国春秋航空公司通过不提供空中餐饮削减成本，戴尔电脑网上直销等，都在自身行业领域拥有大批的忠实顾客。

---

① [美]迈克尔·A.希特，R.杜安·爱尔兰，罗伯特·E.霍斯基森.战略管理：竞争与全球化(概念)(原书第4版)[M].吕巍，等译.北京：机械工业出版社，2002.

② [美]C.W.L.希尔，G.R.琼斯.战略管理[M].孙忠，译.北京：中国市场出版社，2005.

(2)差异化战略

该战略是企业通过向顾客提供行业内其他企业无法提供的、独特的产品或服务,以独具一格的特色来获取竞争优势的战略。差异化战略并非不在意成本,但更注重的是独特的产品和经营特点,而且必须以这种独特的优势来满足顾客的需求,这样就可以通过提高产品或服务价格增强盈利能力,从而超越竞争对手。如奔驰、劳力士、英特尔等公司都是这方面的典范,它们所拥有的特性,要么品质过硬,要么彰显身份地位,要么特别适合某类人群的个性偏好。

(3)集中化战略

又称聚焦战略、专一战略、利基市场战略等,是企业集中力量为某一特定的细分市场提供产品和服务,或重点经营某类产品的特定部分、特定的市场层面,在某一局部建立竞争优势的战略。成本领先和差异化战略是在全行业或市场范围中寻求成本优势和经营特色,而集中化战略与前两种战略的不同之处在于集中有限的资源,针对某个特定的、相对狭小的目标市场,发挥专业优势,为这个市场提供的产品或服务可以是低成本的,也可以是有特色的,还可以是两者兼而有之的。

三、战略选择的过程

战略选择的过程是选择某一特定战略方案的决策过程,这一过程是在已经拟订出各种可行性方案以供进一步选择的前提下进行的,备选方案的数量和质量往往决定了最终决策方案的优劣。此时,决策者需要考虑多种因素,进行多方面的权衡。

1.明确发展的目标和方向

决策目标是战略选择的出发点和归宿,没有目标,战略选择就没有方向;目标不明确,则会导致战略选择的失误。在目标的指引下,决策者才能把握组织发展的方向,考虑是否应该推出新产品、进入新市场,是通过自身发展还是通过联盟和合并获得发展等战略选择方面的问题。因此,决策目标的确定既是进行战略选择工作的前提条件,也是最终评价战略选择成败的标准。

2.遵循战略选择的标准

一些原则性的标准可以帮助决策者选择出更易成功的战略,如战略的适宜性、可接受性和可行性。适宜性是一项宽泛的标准,它是指一项战略选择是否适应组织所处的运营环境;可接受性关注的是一项战略选择的预期业绩表现(比如回报或风险),及该业绩表现与各方期望的符合程度;可行性关注的是一项战略在实际操作中是否可行,组织的资源能力和战略能力是否具有实用性。

3.考虑影响战略选择的因素

组织最终的战略选择往往是内部因素和外部因素共同作用的结果。外部因素是一个企业进行战略选择时的间接因素,而内部因素却是企业进行战略选择的直接因素。具体来说,影响战略选择的因素大致可以分为行为因素、制度因素和社会文化因素。决策者必须深入了解这些来自各方面的影响因素，才能在战略选择过程中表现得更为敏感和准确。在考虑未来战略时，还必须充分注意战略实施的现实状况，而战略实施本身有可能成为制约战略选择的重要障碍。

4.充分利用战略选择分析工具

战略选择过程中除了要做定性分析以外，还要进行定量分析，正如在战略选择方法中谈到的要把直觉与理性分析相结合。目前，在战略选择过程中，决策者经常借助于战略评价方法或工具来达到选择理想战略的目的，利用外部市场的机会并中和不利环境的影响，同时加强企业内部的优势并对自身的弱点加以改进。虽然分析工具并非是万能的，每种分析模型或方法都有自己的局限性，但决策者要充分利用各种分析工具的优点并避免其不足，使选择结果更趋满意与合理。

5.确定最终的战略方案

确定战略方案是战略选择的关键阶段，决策者要在对多种方案分析评价的基础上权衡利弊，做出最终选择，确定能满足决策目标要求的方案。由于组织最终选择哪一种战略既取决于它所处的环境和市场地位，同时也取决于它的文化，尤其是高层管理人员的思维习惯和个性，从而使最终方案的确定更类似于管理评测问题。但不管在这一阶段有什么特色或差异，选择标准都是一样的，那就是选择可能效果最好而副作用最小、成本最少而受益最大的备选方案。

6.监控战略方案的实施

战略方案的选择虽然涉及战略评价标准、文化、利益相关者的期望以及各种具体的评价指标和方法，是一个非常复杂的决策过程，但是，这并不等于说最终做出的战略选择就不会有所改变。确定战略方案以后，还要继续对方案的实施情况予以关注，当组织所处环境或自身状况发生了较为重大的改变时，原来确定的战略方案也许就不能适应组织新的发展需要，此时就必须在分析组织内外部环境的基础上，对原方案进行调整或放弃，重新拟订新的战略方案，并再次明确组织发展的方向和目标，进行新一轮的战略选择。从这个意义上来说，战略选择过程又是动态循环的。

四、战略选择的方法

战略选择是战略管理过程中十分关键的一环，战略选择的结果对企业具有持久性的影响，并将决定企业主要经营活动的成败。那么，战略选择者应该采取什么样的方法才能做出令人满意且比较合理的战略选择呢？

1.主观的直觉判断

战略选择经常需要决策者以往的经验、判断和感觉，从这一点来说，战略选择并非一种精密、纯粹的科学，许多高层管理人员在做出重大决策时并没有依赖严谨的逻辑分析，而是凭借“直觉”“本能”“预感”或“内心的声音”。在战略选择具有很大不确定性或没有先例的情况下，直觉对于决策尤为重要。而且，在存在高度相关变量的情况下，当决策者就决策是否正确承受巨大压力时，或者必须在数种都很可行的战略间做出选择时，直觉对于决策就很有帮助。

纽约哥伦比亚商学院的威廉·达根教授认为，战略直觉不是一种模糊的感觉，也不是一种反应，而是突然闪过的洞察力，能够解决你可能冥思苦想了几个月的问题。进而，达根教授提出了战略直觉如何发挥作用的四点描述：第一，长期在大脑的"架子"上存储信息；第二，进行"思维沉淀"，也就是放松或者清理你的大脑；第三，不同的信息有选择地在大脑中汇聚在一起，形成突然闪过的洞察力；第四，行动的决心驱使你前进。①

2.分析工具的理性运用

然而，战略选择并非如此简单，直觉并不能代表全部。这正如德鲁克所言：只有受纪律约束的直觉才是可信的。一直以来，虽然由于无法获取完全信息等因素使得"完全理性"的决策只能停留于假设，但人们还是希望决策者能够遵循理性过程。决策管理学派的创始人赫伯特·西蒙早就将"有限理性"概念引入管理决策模型之中。有限理性是把问题的本质特征抽象为简单的模型，而不是直接处理全部复杂性的决策行为。然后，在组织的信息处理限制和约束下，管理者努力在简单的模型参数下采取理性行动。其结果是一个满意的决策而不是一个最大化的决策，即是一个解决方案"足够好"的决策。

在此过程中，注重对分析工具的理性运用，在了解各种分析工具的基础上，以适宜的分析方法为战略选择提供必要的依据和支持。因此，战略选择中的直觉与理性分析不是一个非此即彼式的判断。组织中各层次的管理者应当将他们的直觉和判断融入战略管理分析中，让直觉式思维和分析式思维互为补充。

五、战略选择的标准

在战略分析之后，组织可以根据所处的环境进行战略设计，得到一些可供选择的战略方案。战略决策者凭借自己的直觉或运用相应的分析工具，对备选方案进行筛选。然而，通过筛选所拟订的战略方案究竟能在多大程度上取得成功？这一方案的实施能不能实现组织既定的战略目标？为了得到满意的答案，确保所选方案的成功，必须使拟订方案满足一定的标准，增强所选方案的成功机会。一般来说，战略选择方案应该满足三个方面的标准，即战略方案的适宜性、可接受性和可行性。

1.满足适宜性

适宜性是指战略与组织内外环境以及利益相关方期望的匹配程度。适宜的战略方案可以挖掘环境中的机会，避开威胁；发挥组织的优势，避免或弥补劣势；满足相关利益者的期望。因此，在确定组织发展方向和发展方法时，应该从组织外部环境、组织内部资源和能力以及利益相关方等三个方面来评价战略选择方案的适宜程度。

战略选择方案要保持适宜性，就要不断进行合理化调整，保持战略组成要素内部的一致性，即组织的竞争战略、发展方向和发展方法这三个要素要作为一个整体发挥作用。但是，随着时间的推移，组织会不断发展，各项战略要素也会发生改变，从而导致战略内部的不一致，继

---

① William R. Duggan. *Strategic Intuition: The Creative Spark in Human Achievement*[M]. New York: Columbia University Press, 2007.

而致使业绩下降。这时,组织就必须审时度势做出相应的调整,使战略组成要素之间重新协调起来。可见,寻求内部一致性并非毕其功于一役,而是一个连续的过程。

2.具有可接受性

可接受性是指战略满足企业的经营者及其他利益相关者期望的程度。由于可接受性关注的是战略预期的业绩结果,所以其评价的主要内容是回报(如利润率、成本—收益等)、风险(如财务比率、敏感性分析等)及利益相关方的反应。

一般来说,从利润率、成本—收益、真实选择和股东价值分析四个方面来对备选方案的回报进行评估;在实施某个特定战略的过程中面临的风险主要表现在战略选择方案将会如何改变公司的资本结构和偿债能力等上面;由于利益相关方拥有的权力和在支持或反对某项战略时所表现出来的关注程度不同,各利益相关方对企业的战略选择会有不同的反应,而这些反应将直接影响到战略选择方案的可接受性。

3.具备可行性

可行性关注的是组织是否具备实施战略所需的资源和能力。了解可行性的方式有很多,如资金的支持,现金流分析;其他相关的资源配置;组织的有关能力;市场地位的要求;技术的有效性等。这里主要讨论财务可行性和资源配置。

财务可行性的一个有效评估方法是资金流预测,该方法被用于评估一个拟订战略在财务方面是否可行,分析的方法是预测该战略所需的资金和这些资金可能的来源。财务可行性也可以通过盈亏平衡分析进行评估,盈亏平衡分析是通过盈亏平衡点(BEP)分析项目成本与收益的平衡关系的一种方法。财务可行性分析也对各种战略的风险进行评估,尤其是对不同战略方案要求明显不同的成本结构的场合。资源配置评估可以确定一个特定战略是否具备所需的资源和能力,能够更广泛地了解特定战略的可行性。例如市场渗透战略的选择主要取决于市场营销和分销专长及增加市场份额所需要的充足的现金;如果是选择产品开发战略,则需要拓展研发能力并增加客户需求方面的知识。

第四节 战略实施

在战略实施中,战略与领导的匹配构成战略与企业内部要素配合的一个主要方面。由于不同的战略对战略实施者的知识、价值观、技能及个人品质等方面有不同的要求,因此战略要发挥出最大的功效,需要战略与领导者的特点相匹配。

一、战略实施模式

战略实施模式是指企业领导者在战略实施过程中所采用的手段。大卫·布罗德温和L.G.布尔热瓦研究了许多企业的不同实践,确定了五种战略实施模式。

1.指令型

在这种模式中,企业的战略领导者考虑的是如何制定一个最佳的战略。在实践中,计划人员要向战略领导者提交企业经营战略的报告;根据该报告,战略领导者将运用严密的逻辑分析完成战略的制定。一旦战略制定好了,就会强制下层管理人员执行。

这种模式的运用要有以下约束条件:①战略领导者要有较高的权威,靠其权威通过发布各种指令来推动战略实施;②战略比较容易实施;③企业能够准确、有效地收集信息并能及时将信息汇总到战略领导者的手中。这种模式的缺点是把战略制定者与执行者分开,即高层管理者制定战略,强制下层管理者执行,因此,下层管理者缺少了执行战略的动力和创造精神,甚至会拒绝执行战略。总之,在战略实施阶段,该类型的战略领导者没有起到积极作用。

2.变革型

在这种模式中,企业的战略领导者考虑的是如何实施企业战略。此时,通常一个好的战略已经建立。在该战略实施过程中,战略领导者需要对企业进行一系列的变革,如改变组织结构、改变管理人员、改变组织优先考虑的事情、改变计划和控制系统等,以促进战略的实施。为进一步增强战略成功的机会,战略领导者往往采用以下三种方法:①利用新的组织机构和参谋人员,向全体员工传递新战略优先考虑的战略重点是什么,把企业的注意力集中于战略重点所涉及的领域中;②建立战略规划系统、效益评价系统,采用各项激励政策以支持战略的实施;③充分调动企业内部人员的积极性,争取各部门人员对战略的支持,以此保证企业战略的实施。

这种模式在许多企业中比指令型模式更加有效,但它并没有解决指令型模式存在的如何获得准确信息的问题,也没有解决各事业单位和个人利益对战略计划的影响问题以及战略实施的动力问题,而且还产生了新的问题,即企业通过建立新的组织机构及控制系统来支持战略实施的同时,也失去了战略的灵活性,在外界环境变化时使战略的变化更为困难。从长远来看,环境不确定型的企业,应该避免采用不利于战略灵活性的措施。

3.合作型

在这种模式中,企业的战略领导者考虑的是如何让其他高层管理人员从战略实施之初就承担有关的战略责任。为利用集体的智慧,战略领导者要和企业其他高层管理人员一起对企业战略问题进行充分的讨论,形成较为一致的意见,制定出战略,并进一步落实和贯彻战略,使每个高层管理者都能够在战略制定及实施的过程中做出各自的贡献。

合作型的模式克服了指令型模式及变革型模式存在的两大局限性,使战略领导者接近一线管理人员,获得比较准确的信息。同时,由于战略的制定是建立在集体考虑的基础上的,从而提高了战略实施成功的可能性。该模式的缺点在于战略是不同观点、不同目的的参与者相互协商折中的产物,有可能会使战略的经济合理性有所降低,同时仍然存在着战略制定者与执行者的区别,仍未能充分调动全体管理人员的智慧和积极性。

4.文化型

这种模式的特点是企业的战略领导者考虑的是如何动员全体员工都参与战略实施活动,即战略领导者运用企业文化的手段,不断向企业全体成员灌输这一战略思想,建立共同的价值观和行为准则,使所有成员在共同的文化基础上参与战略的实施活动。一旦战略已经制定,战略领导者就作为一个教练，帮助和鼓励不同的职能和工作区对实现战略目标的具体细节做出决策。由于这种模式打破了战略制定者与执行者的界限，力图使每一个成员都参与制定和实施企业战略，因此企业各部分人员都在共同的战略目标下工作，使企业战略实施迅速，风险小，企业发展较快。

文化型模式也有局限性，表现为：①这种模式是建立在企业职工都是有学识的假设基础上的，而在实践中职工很难达到这种学识程度，受文化程度及素质的限制，一般职工（尤其是劳动密集型企业中的职工）对企业战略制定的参与程度有限；②极为强烈的企业文化可能会掩饰企业中存在的某些问题，企业要为此付出代价；③采用这种模式要耗费较多的人力和时间，而且还可能因为企业的高层不愿意放弃控制权，从而使职工参与战略制定及实施流于形式。

5.增长型

在这种模式中，企业的战略领导者考虑的是如何激励下层管理人员制定和实施战略的积极性及主动性，为企业效益的增长而奋斗。战略领导者要认真对待下层管理人员提出的一切有利于企业发展的方案，只要方案基本可行，符合企业战略发展方向，在与下层管理人员探讨了解决方案中具体问题的措施以后，就应及时批准这些方案，以鼓励员工的首创精神。采用这种模式，企业战略不是自上而下的推行，而是自下而上的产生，因此，战略领导者应该具有以下的认识：①战略领导者不可能控制所有的重大机会和威胁，有必要给下层管理人员以宽松的环境，激励他们帮助自己从事有利于企业发展的经营决策；②战略领导者的权力是有限的，不可能在任何方面都把自己的愿望强加于组织成员；③战略领导者只有在充分调动并发挥下层管理者积极性的情况下，才能正确地制定和实施战略，一个稍微逊色但能够得到人们广泛支持的战略，要比那种“最佳”的却根本得不到人们热心支持的战略有价值得多；④企业战略是集体智慧的结晶，靠一个人很难制定出正确的战略。因此，战略领导者应该坚持发挥集体智慧的作用，并努力减少集体决策的各种不利因素。

在20世纪60年代以前，企业界认为管理需要绝对的权威，这种情况下，指令型模式是必要的。60年代，钱德勒的研究结果指出，为了有效地实施战略，需要调整企业组织结构，这样就出现了变革型模式。合作型、文化型及增长型三种模式出现较晚，但从这三种模式中可以看出，战略的实施充满了矛盾和问题，在战略实施过程中只有调动各种积极因素，才能使战略获得成功。上述五种战略实施模式在制定和实施战略上的侧重点不同，指令型更侧重于战略的制定，而把战略实施作为事后行为；变革型、合作型、文化型及增长型则更多地考虑战略实施问题。实际上，在企业中上述五种模式往往是交叉或交错使用的。

二、战略实施的组织结构

1.战略决定组织结构

美国学者钱德勒在对通用汽车公司、杜邦公司、新泽西标准石油公司、西尔斯公司等70家上市公司的发展历史进行深入研究后，于1962年出版了《战略与结构：美国工业企业历史的篇章》一书，并提出战略与结构关系的基本原则，即组织战略决定组织结构。该原则指出，组织不能仅从现有的结构出发去考虑战略，而应根据外部环境的要求，动态地制定相应的战略，然后再根据新制定的战略来审视组织结构，并进行适当调整。只有这样，战略的实施才能得到组织层面的保障。

外部环境的变化，要求组织的战略及其结构也进行相应的调整，而组织结构变革的形式也往往与外部环境的动态程度相关。在外部环境相对稳定的情况下，企业战略实施的外部障碍相对较少，战略与结构调整的动因主要来自企业内部，这时候的战略与组织变革往往是渐进式的、温和式的。随着环境变化的加剧，组织战略将面临重大转折，组织结构也不得不进行大的调整。

从工业化的发展过程来看，在工业化的初期，组织外部环境比较稳定。组织面临的主要矛盾是内部生产率低下，以致产量无法满足市场的需求。在这种情况下，组织往往采用数量扩大战略，即在一个地区内扩大产品或服务的数量。相应地，组织结构也相对简单，以单一性的直线结构为主。

随着工业化的进一步发展，组织生产率得到了极大的提高，现有市场已经无法消化组织扩张的生产量，组织战略的转变体现为新市场的开发，即地区扩散战略。相应地，组织内部形成了总部与部门的职能型结构。

在工业增长阶段的后期，社会生产力水平进一步提高，产品供大于求，组织承受着巨大的市场竞争压力。为了减少压力，组织纷纷采用纵向一体化战略，通过控制原材料供应、产品销售等环节，实现规模经营、降低交易成本。因此，出现了中心办公室机构和多部门的组织结构。

在工业发展进入成熟期后，企业竞争更加激烈，经营风险也随之增加。为了分散经营风险，保持稳定的利润水平，大型组织纷纷采取多元化战略。相应地，组织形成了总公司与事业部相结合的组织结构。

2.组织结构支持战略

战略决定结构，组织战略的变化要求组织结构进行相应的调整，而结构同样能够对战略的实施起到支持和保障作用。一个成功的企业就在于制定适当的战略以达到其目标，同时建立适当的组织结构以贯彻其战略。

应该说，战略、组织结构与外部环境之间的交互作用，形成了一个战略—组织结构关系闭环，如图 10-3 所示。组织在战略实施的过程中，往往会因为内部条件或外部环境的变化而出现新的管理问题，并相应导致组织绩效的下降，为此，在战略调整的同时，需要建立新的组织结构，以改善组织绩效，提高战略执行的效力。

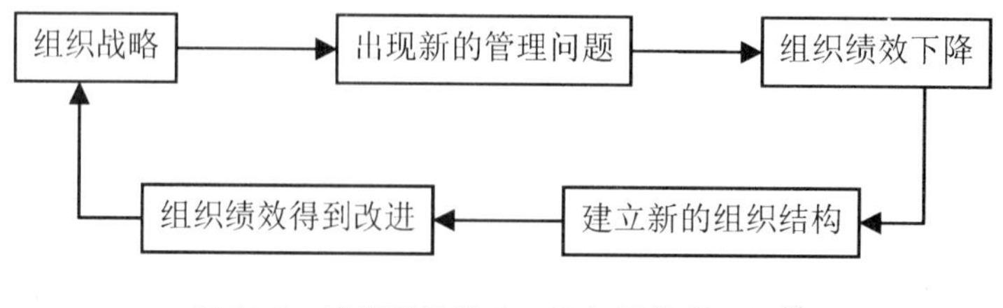

图 10-3 钱德勒的战略—组织结构关系图[①]

① Chandler, Alfred Dupont. *Strategy and Structure*[M]. Cambridge: MIT Press, 1990.

在战略实施的过程中，组织结构的保障作用非常关键。首先，组织结构是战略实施的载体。组织结构就好比战略的落脚点，没有组织结构的保障，战略实施中将无法形成有效的体系。其次，当前的组织结构能够影响未来的战略制定。组织结构本身具有刚性，企业在重新制定战略的时候，不可避免地要考虑到原有的组织结构特征和组织变革的风险。当对现有组织结构的变革存在重重阻力，或者现有结构的调整成本过高的时候，组织高层可能会让战略变革对现有组织结构做出妥协，换言之，组织结构在新的战略中将得到保持。

总之，组织战略的变化会导致组织结构的相应调整，组织结构的重新设计又能够促进公司战略的实施。孤立地制定战略或进行组织设计都是无效的，只有将两者视为一个整体，综合加以考察，才能够确保战略实施的有效性。

3.战略的前导性与组织结构的滞后性

战略与组织结构的关系首先体现在二者的先后关系上，即战略具有前导性，而组织结构则表现出相应的滞后性。在组织外部环境发生变化之后，组织将面临新的机遇或者挑战，为了抓住这一机遇或者应对挑战，组织需要对战略进行调整，以谋求经济利益的持续增长。新战略的实施，要求组织结构也进行相应的调整以适应战略的需要。否则，组织战略的实施效果将大打折扣，无法实现既定的利益目标。

组织结构的变化速度常常慢于战略的变化速度，这主要来源于结构本身的刚性：第一，组织结构具有一定的惯性，从旧有结构向新结构的过渡需要一定的时间；第二，不同利益主体为了维持自身利益，往往排斥组织结构的调整。而战略则不同，战略方向的变化始于组织高层，而高层是最具灵活性的组织层级。

战略的前导性和组织结构的滞后性表明，在应对环境变化进行组织战略变革的过程中，总会出现一个利用旧结构推行新战略的过渡阶段。这要求战略实施者彻底认识到组织结构的滞后性特点，通过有效的措施确保新战略的有效实施。

三、战略实施的组织文化

战略实施是在特定的组织文化中进行的，只有当战略与文化相匹配时，才能使战略实施得以顺利开展。组织文化根据其与外部环境的相容程度，分为异质性文化和兼容性文化；组织战略根据组织之间的关系，分为竞争战略与合作战略。异质性文化是指组织的文化具有自己的特色和优势，但很难与其他组织的文化相容，具有这种文化的组织一般倾向采取竞争战略。兼容性文化是指组织的文化可以很好地与其他文化相容，产生的冲突少，因此具有这种文化的组织一般倾向采取合作战略。

1.异质性文化与竞争战略

组织之间的竞争不仅表现为产品的竞争、服务的竞争、品牌的竞争等方面，而且还表现为文化的竞争。异质性文化由于具有自己的特色和优势，代表本组织的独特意图，具有独特的个性魅力，体现出与其他组织文化的差异性，并且很难与其他组织的文化相融合，因此，这种文化能促进组织竞争战略的实施。

（1）促进成本领先战略的实施

异质性文化强调自身的独特性，在盈利模式下，关注在降低成本中的独有的竞争优势，以保持在行业中的长期竞争力。该种文化鼓励和实施“降低成本”的文化准则，这与成本领先战略所要求的积极建立达到有效规模的生产设施，在经验基础上全力以赴将成本领先，注重成本与管理费用的控制等是相匹配的。

（2）促进差异化战略的实施

异质性文化鼓励和实施创新，这与差异化战略所要求的文化准则相匹配。差异化战略是将组织提供的产品或服务差异化，形成一些在全产业范围中具有独特性的东西。为了实现差异化战略的实施，与之相应的文化就应该鼓励创新、发挥个性及承担风险。

（3）促进集中化战略的实施

集中化战略是指围绕某个特定的顾客群、某产品系列的一个细分区段或某一个地区市场而采用成本领先或者差异化战略，或者二者兼得。所以，异质性文化可以针对具体战略目标，与成本领先和差异化战略所要求的文化准则相匹配。

2.兼容性文化与合作战略

合作战略是组织间在竞争的基础上，进行不同程度的合作，以实现共同目标的一种战略，战略联盟是组织间合作战略的主要表现形式。兼容性文化是一种善于整合的文化，它能够把其他组织的文化因素同化到自身的文化传统中，并且能在外来异质文化的冲击下既保持自己，又能在文化整合过程中吸收与融合外来异质文化的因素。更重要的是，兼容性文化承认其他组织文化具有与本企业文化同等的重要意义。因此，兼容性的组织文化是与合作战略相匹配的，能促进合作战略的实施。特别是在组织间知识共享的过程中，兼容性文化发挥着越来越重要的作用。

3.培育文化与战略的匹配

战略的实施需要文化的支持，同时文化也引导着战略的实施，相互影响，两者不可分离。一般来说，要实施新的战略，组织要素必定会发生重大变化，而这种变化大多与目前的组织文化不相适应，或受到现有文化的强有力的抵制。在组织战略与文化不相适应的情况下，在处理两者关系时，可以根据企业内部各种组织要素的变化与组织内部文化潜在关系作为分析变量，制作出战略与组织文化的分析管理图，使得组织文化与战略相匹配。

（1）让员工了解现有文化

在改变组织的现有文化之前，有必要让员工了解现在的文化是怎样的。这就是说要认清现在企业中主导的价值观、信念和行为。传播组织文化有很多方式，而且有不同的种类，典型的分类方式是迪尔·肯尼迪在《企业文化——现代企业的精神支柱》中指出的，企业文化的类型取决于市场的两种因素：其一是企业经营活动的风险程度；其二是企业及其雇员工作绩效的反馈速度。让员工认识到企业或所属部门属于哪一类型的文化，这有利于工作的开展和战略的实施。

(2)向员工渗透新的战略意图

当一个新的战略实施时,很有可能会抵触现有的组织文化,这就要求战略制定者要将战略意图渗透给每个员工,有时甚至要向组织的合作者解释理念。在这过程中,一定要让员工们相信改变的方向是正确的。有效的方式是让各个利益相关者确信实施新战略后能给他们带来成功。这在很大程度上取决于高层领导者的能力。

(3)形成群体决策的氛围

一个组织在变革期间能快速地做出决策往往拥有有效的变革管理机制。这需要一个团队去支撑,如果个人能够轻易做出决定,势必影响后续战略实施的控制。因为多数人都试图用自己的知识、力量去维护自己部门的立场,让个人的利益最大化。除非他们自己的利益没有受损,不然战略实施必将失败。从长期来看,这不利于组织发展。委员会或工作团队倾向于做出让各个群体都有利的决策。集体决策比个人更能让战略成功实施。

(4)努力塑造学习型组织文化

如何降低风险、减少阻力,变被动为主动,保证组织在不同时期各种新的战略实施的成功,就应在日常文化管理中努力塑造学习型组织文化。一个组织的文化如果是学习型的,当组织战略根据外部环境调整后,员工就会以一种积极态度去面对这种改变,努力改变自己的行为方式。而不是以一种消极、抵触的情绪来对抗这种改变,这对于组织战略的实施是非常重要的。

综上所述,组织文化和战略态势的选择是一种动态平衡的过程,组织文化建设离不开企业的发展战略,而组织选择、实施的战略也不可避免地要考虑组织文化的影响,它们之间是相互影响、相互促进的。对于尚未进行发展战略规划的组织来说,文化建设的首要任务之一,就是要勾勒出组织发展战略的轮廓,或者制定发展战略,并以此作为文化建设的基本依据。组织未来战略的选择只有在充分考虑到与目前的组织文化和未来预期的组织文化相互包容和促进的情况下,才能成功地实施。

第五节 战略评估

一、战略评估的定义及分类

战略评估一词的外延十分丰富,不同的人从不同的角度对其可能有不同的理解。但从战略评估总是贯穿于战略管理的全过程的角度出发,大体上可把战略评估概括为战略分析评估、战略选择评估和战略绩效评估三个层次。战略分析评估,即事前评估,它是一种对组织所处现状环境的评估,其目的是为了发现最佳机遇;战略选择评估,即事中评估,它在战略的执行过程中进行,及时获取战略执行情况并及时处理战略目标差异,是一种动态评估;战略绩效评估,即事后评估,它是在期末对战略目标完成情况的分析、评价和预测,是一种综合评估。因此,战略评估是以战略的实施过程及其结果为对象,通过对影响并反映战略管理质量的各要素的总结和分析,判断战略是否实现预期目标的管理活动。

1.战略分析评估

它指运用 SWOT 分析法,评估组织内外部环境状况,以发现最佳机遇。此种评估也可称作现状分析评估,一方面,它要检查组织现行战略是否能为企业带来经济效益,如果不能增效就要重新考虑这种战略的可行性;另一方面,通过考察外部环境,判定在现行环境下组织是否有新的机遇。最后结合两方面的结果,组织或继续执行原战略或采取适应环境要求的新战略。战略分析评估主要包括以下几个方面的内容:组织的现行战略和绩效的分析;不同战略方案的评估;对相关利益备选方案的评估;竞争力的评估,即对产品、市场、技术、人才、制度竞争力的评估。

2.战略选择评估

它指战略执行前对战略是否具有可行性的分析,这里涉及很多的评估模型,如战略一致性模型(SAM)、定量战略规划模型(QSPM)、Eletre 方法(E 方法)、战略规划评估模型(SPE)等。它们都是首先对环境因素进行分析,然后制订判断标准并打分,最后计算出结果。其中,SAM 模型包含的数学方法主要有层次分析法、熵权系数法、主观概率和效用理论等。此种方法是针对不同战略方案可行性的研究,是用数学的方法对不同的战略方案所面临的机会与威胁设定标准,计算机会与威胁的权重,并以所得风险与收益的结果选择最优的战略方案。

3.战略绩效评估

它是在战略执行之后对战略实施的结果从财务指标、非财务指标进行全面的衡量。它本质上是一种战略控制手段,即通过战略实施成果与战略目标的对比分析,找出偏差并采取措施纠正。为大多数人所熟悉的平衡计分卡就是实行战略绩效评估的一种有效手段,它被认为是一种新的战略评估和管理系统。战略评估不仅评价经营计划的执行情况,更重要的是时刻保持对企业内外部环境的监控,确认企业的战略基础是否发生了变化,以保证企业对环境变化的感知和适应,增强企业抵御风险的能力。

二、战略评估流程步骤

1.确定评估对象

要保证组织实现战略目标,就必须分析影响战略目标实现的各种因素,并把它们列为需要评估的对象。通常,这些因素包括经济环境、发展趋势、资源投入和组织活动等。

2.选择评估重点

组织无力也无必要对所有活动进行控制和评估,而是应在影响战略实施的众多因素中选择若干关键环节作为重点评估对象。

3.设计评估指标

评估指标是建立战略评估体系的关键和核心环节,指标的设计应该符合一致性和准确性的质量特征。要想使评估工作取得良好效果,评估过程必须严格遵守一定的原则,只有这样才能设计出一套好的评估系统。

4.制订评估标准

对象不同,建立标准的方法也不同。通常的方法有统计法和经验判断法。评估标准必须具备以下几个要点:第一,标准应该具有挑战性;第二,标准应透明且广为人知;第三,标准应能量化,不能量化的指标必须具体明确。

5.确定评估频度

控制评估的频度不仅和费用相关,还可能导致纠偏行动的延迟,造成不必要的损失。对于以什么样的频度进行评估,取决于被控制活动的性质。需要评估对象可能发生重大变化的时间间隔是确定适宜的衡量频度所需要考虑的主要因素。

6.反馈评估信息

评估后,管理者应及时掌握反馈信息。应该建立有效的信息反馈网络,使评估结果及时传递给有关的部门和个人。有效的信息反馈不仅有利于保证战略的实施,还能防止被评估部门产生抵触情绪。

三、战略评估的工具

1.战略过程评估工具

(1)全面预算管理方法

全面预算管理作为一种目标管理,以预算数字体现组织的目标而成为预算目标,充分发挥目标的导向功能,并以目标管理的思想和方法编制、执行、控制和考核预算。战略性全面预算管理必须是围绕组织战略的制定、实施、控制而采取的一系列措施的全过程。组织的战略导向将直接决定预算模式的选择,决定预算重点及其需要重点保障的内容,决定预算目标的具体确定等。

在全面预算管理循环中,预算考评处于承上启下的关键环节,在预算控制中发挥着重要作用。严格考核不仅是为了将预算指标值与预算的实际执行结果进行比较,肯定成绩,找出问题,分析原因,改进企业管理,也是为了对员工实施公正的奖惩,以便奖勤罚懒,调动员工积极性,激励员工共同努力,以提高效率,确保企业战略目标的实现。

(2)标杆管理方法

标杆管理的实质就是站在全行业,甚至更广阔的全球视野上寻找基准的模仿创新的过程,通过学习,组织重新思考和改进经营实践,创造自己的最佳实践。标杆管理是将目标组织的经营绩效设立为管理基准,为组织优化、组织实践、调整经营战略提供指导方法,从而缩小自己与领先者的距离。从本质上看,标杆管理是一种面向实践,面向过程的以方法为主的管理方式。它与流程重组、再造一样,基本思想是系统优化,不断完善和持续改进。

面对组织战略容易制定却难以落实的问题,实现战略的要务就是将战略转化成一整套有参照物的、可执行的绩效衡量标准与体系,来确定执行标准,引导和激励员工努力的方向。运用标杆管理可以有效地辅助战略实施,建立完整的战略执行体系。标杆管理的规划实施有一整套逻辑严密的实施步骤,大体可分为以下五步。

第一步，确认标杆管理的目标。在实施标杆管理的过程中，要坚持系统优化的思想，不是追求某个局部的优化，而是要着眼于总体的最优。同时，要制订有效的实践准则，以避免实施中的盲目性。

第二步，确定比较目标。比较目标就是能够为本组织提供有价值的信息的其他单位，比较目标的规模不一定同本组织规模相似（在考虑一个组织的做法在另一个组织中是否适用时要考虑这一点），但在所借鉴的某方面，它应是世界一流的领袖型组织。

第三步，收集与分析数据，确定标杆。分析最佳实践和寻找标杆是一项比较烦琐的工作，但对于标杆管理的成效非常关键。标杆的寻找包括实地调查、数据收集、数据分析、与自身实践比较找出差距、确定标杆指标等，标杆的确定为组织找到改进的目标。

第四步，系统学习和改进（这是实施标杆管理的关键）。标杆管理的精髓在于创造一种环境，使组织中的人员能够按组织远景目标工作，并自觉学习和变革，以实现组织的目标。标杆管理往往涉及业务流程的重组，从而会改变一些人的行为方式，使员工在思想上产生阻力。组织要创造适合自己的业务流程和管理制度，赶上甚至赶过标杆对象。

第五步，评价与提高。实施标杆管理不能一蹴而就，它是一个长期渐进的过程。每次做完后都有一项重要的后续工作，这就是重新检查和审视标杆研究的假设、标杆管理的目标和实际效果，分析差距，为下轮改进打下基础。

2.战略结果评估工具

对于战略实施结果的评估，需要建立相应的战略评估指标体系。战略评估指标体系是整个战略实施评估体系的核心，依据战略实施评估指标选取原则，从战略实施结果方面选取指标，构成完整的体现战略重点导向的战略实施评估指标体系，全方位描述战略实施的情况和战略实施所达到的结果。目前，进行战略评估的方法主要有：财务评估方法、价值评估方法、平衡评估方法。

（1）财务评估方法

从某种程度上讲，企业是以利润最大化为目标的经济实体，因此资产保值增值率、净资产收益率等财务指标就反映了企业一定时期的经营业绩。日本中小企业厅开发的综合财务比率图（雷达图）和美国杜邦化学公司开发的杜邦体系评价法都是财务指标业绩评定的具体应用。

（2）价值评估方法

价值方法的产生和发展与美国企业的股权结构密不可分，以股东价值最大化为导向而进行的业绩评价指标的改进最终产生了业绩评价的价值方法。价值方法中较为成熟的是经济增加值（Economic Value Added，EVA）指标。EVA也称为经济利润，是指扣除了股东所投入资本成本之后的企业真实利润。作为公司治理和业绩评估标准，EVA指标是一套财务管理系统、决策机制及激励报酬制度。

（3）平衡评估方法

平衡评估方法中，平衡计分卡最具代表性。国际上普遍采用“平衡计分卡”的方法，把战略实施转变成可操作和可衡量的评估框架，从“财务、客户、创新、管理”四个方面入手选取合适的评估指标，用以反映财务、非财务衡量方法之间的平衡，长期目标与短期目标之间的平衡，外部和内部的平衡，结果和过程的平衡，管理业绩和经营业绩的平衡等多个方面，从而反映整个公司综合经营状况，使业绩评估趋于平衡和完善，有利于公司的长期发展。

第六节 战略创新

战略创新是企业适应环境变化、维持竞争优势的重要举措，并且，战略创新也来自企业自身的相关特性。战略创新要取得成效，也需要注重相应的影响要素。

一、战略创新的原因

1.环境原因

环境是一个不断变化的动态体系，对企业的影响也相应变化。环境的变化会引发战略创新，环境变化的动态性、复杂性与不连续性隐含着无数现实的或潜在的机会与威胁，制约着战略创新的决策与实施。现如今企业所面临的环境不仅有来自技术、经济以及全球化等因素的影响，同时也面临着经营对象的转变，由市场导向转变为顾客导向的影响。

2.组织原因

组织由于自身经营状况发展变化，将导致战略的制定与实施发生改变。由组织原因所带来的变革因素主要有生命周期、资源与能力、利益相关者、战略弹性等。其中，组织在出生、成长、成熟、复兴与衰亡的不同阶段所采取的不同手段，引起了战略创新；利益相关者的相互较量、博弈，最终也导致了战略创新。

3.使命或愿景原因

进行战略创新并不仅是组织本身及外部环境的影响下自然发生的结果，它还是通过使命或愿景的驱动以及领导者认知的催化作用，进行独立转化的过程。由目的性反映的系统趋向的“终极状态”“未来状态”，使当今组织的战略创新突出显示在五个超越中：超越现有资源的束缚、超越内部优势、超越现金流局限、超越既定关键技能的局限、超越内部的既定程序规划等。

专栏 10-2 管理前沿：我国公共部门战略管理优化

1.抛弃受任期、预算限制的短期主义思维方式，克服“功能性短视”；

2.尽可能提供政治参与的权利和机会；

3.制定严格的规章制度；

4.选择充满朝气和强有力的领导人负责组织工作；

5.在战略管理中要谨守“满意比最佳更重要”的原则。

4.领导者原因

领导者在战略创新中的能动作用成为对市场有效协调的方式，他们不仅是组织战略创新的推动者，也是战略创新的发动者和支持者。而随着组织内部领导的更替，权力的变动，不同的领导者给组织注入不同的经营理念，也会直接或间接地导致组织战略、组织结构以及制度、文化的变革。

二、战略创新的要素

1.转变经营理念

在长期的市场竞争中，组织必须要有持续的核心竞争力，先加强自身的实力，再在国际市场中积极寻求并抓住机遇，拓展市场。不过，组织转变时并不是意味着完全否定过去的经验，而是要吸取过去的经验，不仅要从旧事物演变出新事物，同时也要以新事物来更新旧事物。

2.树立创新意识

在思想上牢固树立创新意识，可以把创新融入员工工作的全过程，努力创新思维方式，创新工作方式、工作方法、工作机制，以创新的理念、创新的思路、创新的举措，提高组织的竞争力。一旦多数关键员工具有了创新意识，创新就成为内在驱动力，容易达到创新目标。

3.转变思维模式

过去的思维定式是追求性能好、功能多、速度快的产品，但是有时候消费者不一定追求高性能、高质量的产品，反而比较注重外观的创新。现在创新不仅需要改变产品的功能，更需要满足客户的情感需求以及个性化需求。

4.关注社会发展趋势

人们对生活品质的看重，对健康低碳生活的追求是普遍趋势；人们对智能化要求越来越高，智能出行（智能化交通）等智能服务业的发展应该是组织需要关注的趋势；人们的沟通方式、工作方式、生活方式、购物行为都在发生变化，电子商务服务的流行，如天猫网、亚马逊、卓越网、京东商城等众多企业，正是顺应购买方式的变化应运而生，并大获成功。

5.建立领导团队

任何组织创新的成功，都需要一个强有力的领导团队。最关键的是，他们应该有强烈的创新、变革精神。在构建了一个强有力的工作团队后，最重要的事情便是创新型领导应该成为沟通网络的中心，他不断地与员工沟通，了解他们的需求是否得到满足、兴趣是否和工作方向一致。

6.掌握创新方法

创新需要用对方法，从技术创新转向全面创新，譬如营销创新、品牌创新、管理模式创新等。营销创新是指根据营销环境的变化情况，结合自身的资源条件和经营实力，寻求营销要素在某一方面或某一系列的突破或变革的过程；品牌创新是指随着经营环境的变化和消费者需求的变化,品牌的内涵和表现形式也要不断变化发展;管理模式创新是指基于新的管理思想、管理原则和管理方法,改变管理流程、业务运作流程和组织形式。

7.强力执行创新

创新需要强力执行。它是组织竞争力的核心,是把组织战略、规划转化成为效益和成果的关键。创新属于组织的战略意图,也是战略方向,同样需要执行力。一个组织的执行力应该是整体的执行力,只要有好的管理模式、管理制度,好的带头人,充分调动全体员工的积极性,管理执行力就会得到最大的发挥。

本章小结

1.战略是指组织为了实现其使命或长期目标,在与环境的互动中所展开的决策行为、采用的行动模式或遵循的基本观念。

2.战略管理是指组织为了实现长期目标和使命而开展的、在自身能力与环境互动中所进行的战略分析、战略选择、战略实施、战略评估与战略创新等一系列的活动及其过程。

3.行业生命周期主要包括四个发展阶段:开发期、成长期、成熟期、衰退期。

4.战略选择在本质上是一个相当复杂的决策过程;战略选择对决策者的综合判断能力具有较高的要求;战略选择通常需要组织进行艰难的变革;战略选择是一个动态循环的过程。

5.基本竞争战略包括成本领先战略、差异化战略、集中化战略。

6.战略实施模式是指领导者在战略实施过程中所采用的手段,包括指令型、变革型、合作型、文化型、增长型五种模式。

7.战略评估可以分为战略分析评估、战略选择评估和战略绩效评估三个层次。

关键术语

战略　战略管理　宏观环境　行业环境　行业生命周期　波特五力模型　成本领先战略　业务层战略　差异化战略　集中化战略　战略选择　战略实施　战略评估　平衡计分法

复习思考题

1.什么是战略?战略的特性是什么?战略的内容是什么?

2.什么是战略管理?战略管理的基本原则是什么?战略管理的作用是什么?

3.外部环境有何特点?如何对外部环境进行度量?

4.什么是宏观环境?它主要包括哪几类?

5.行业的主要经济特征识别主要包括哪几类?

6.请绘制波特的五力竞争模型,并对此进行简要说明。

7.战略选择一般应满足哪些标准?

8.组织文化是如何影响战略实施的?

案例讨论

三鹿奶粉风波与政府战略

2008年9月,河北石家庄三鹿集团股份有限公司生产的婴幼儿奶粉被检测出含有导致婴幼儿肾结石的三聚氰胺,从而引发了一场中国乳品行业的巨大危机。在这场危机中,蒙牛、伊利、光明等乳业巨头都被查出与三聚氰胺有关,遭到公众强烈的谴责。乳业大批品牌停产整顿,其产品纷纷下架退市,公司股价暴跌。三鹿集团董事长被刑事拘留,多名相关政府官员被免职。三鹿奶粉风波震惊中外,充分暴露了中国政府公共管理存在严重的战略缺陷。

三鹿奶粉事件,折射出中国政府在公共管理方面存在重大战略缺陷。中国处于经济社会的转型期,问题和矛盾层出不穷,政府理应着眼于合作,选择"共生者"战略,调动企业、行业、第三组织以及媒体各方面的资源和积极性。而目前政府"一枝独秀"的局面仍没得到改变,导致其疲于奔命的公共管理并没有收到良好的效果。

(案例来源:http://news.163.com/special/00012Q9L/sanjuqingan.html.)

讨论:

面对层出不穷、屡禁不止的"质量门"事件,中国政府应采用何种战略来防止类似悲剧的再次发生?

第十一章　人力资源管理

本章学习目标

1.熟悉人力资源管理的概念。

2.了解人力资源管理的基本原理。

3.熟悉招聘、培训、绩效、薪酬、团队管理的内容。

4.了解人力资源管理在实际工作中的方法。

知识结构图

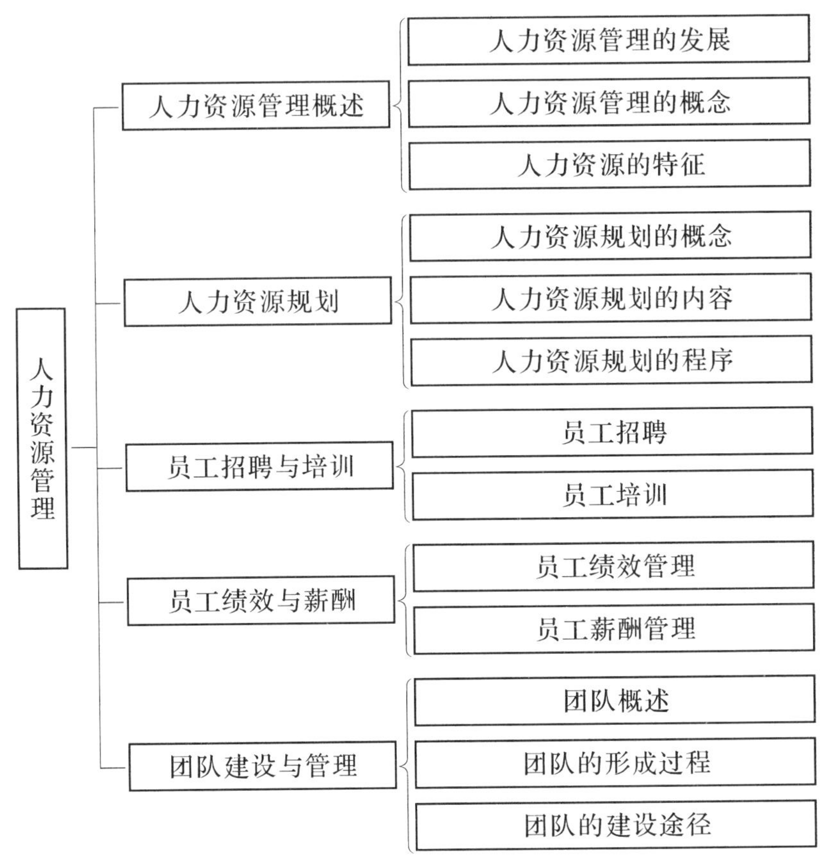

本章学习重、难点

重点

1.人力资源管理的概念。

2.人力资源的特征。

3.人力资源规划的内容。

4.人力资源规划的程序。

难点

1.招聘的方法。

2.绩效考评。

3.薪酬管理。

4.人力资源需求分析。

5.团队管理。

引　例

规划局领导的选拔①

S市宣布民主推荐局级领导，市规划局的干部、职工对于要行使自己的民主权利，起初并不热心，有些人认为，局长人选，上面已经内定了，找我们推荐，只不过是“陪太子读书”，走走过场罢了。也有人担心：选出的人不胜任领导工作怎么办？

可是这一次，工作组的同志分头找全局每一个人谈心，有些甚至谈三四次，态度很认真，不像是走过场的样子。于是，人们把心里话慢慢地掏出来了。其实，大多数干部、职工对局里的工作是关心的。工作组便因势利导，并再三表示：上面不提候选人，不规定推荐范围，并让群众讨论敲定进入新领导班子的条件。人们开始认真考虑和对待这件事，定条件时，大伙你一言我一语，像订立合同般字斟句酌，甚至开展争论。针对过去局领导的不足之处，群众特别强调新的领导要具备为人正派、办事公道、知人善任、不以权谋私、不争功诿过、作风民主等品质，并有一定的专业水平和组织能力。经过三次修改，工作组定出了包括政治思想、业务水平等5个方面、共24条作为担任局领导的条件。最终，局里把平时不为人注意的同志推荐了出来。

通过上述案例可知，人力资源管理对于组织的成功具有不可替代的作用，但是，由于人力资源管理包括诸多工作内容与环节，必须对这些内容进行系统梳理与深入了解，才能把有关人的重要工作做好。

① 摘自：http://www.doc88.com/p-231796866799.html.

第一节　人力资源管理概述

一、人力资源管理的发展

人力资源管理经历了三个发展层次，即人事管理、人力资源开发管理和战略人力资源管理。

第一，传统的人事管理的重点是人员的注册登记、档案管理，以保证组织正常的活动。

第二，人力资源开发管理是从传统的人事管理发展而来的，通过招聘与录用、培训与开发、绩效管理、薪酬管理等过程，充分调动员工的积极性，激发员工潜能。

第三，战略人力资源管理是组织战略管理的一部分，即根据长期发展战略，对人力资源需求进行预测，做出人力资源计划，制定出合理的人才吸引政策，并通过招聘与录用、培训与开发、绩效管理、薪酬管理、劳动关系管理，以保证战略人力资源目标的实现。

二、人力资源管理的概念

“人力资源”(Human Resource)一词据传由美国制度经济学家康芒斯于20世纪20年代在其著作《产业信誉》和《产业政府》中提出。人力资源的含义可以从广义、狭义两个方面来理解。从狭义上来讲，人力资源是指经济组织在现有经济活动过程中投入的劳动力总量，即现有组织内的劳动人口的存量；而从广义上来讲，人力资源泛指在一定区域范围内所有具有劳动能力的人口的总和，它包括现有经济活动过程中投入的劳动力总量，也包括潜在的劳动人口和有劳动能力的失业人口或待业人口等。

为了能对“人力资源”有更全面的理解，我们通常从广义的角度来理解它。此时的人力资源由两大部分构成：一部分是“现实人力资源”或“经济活动人口”，指就业人口和待业、失业人口。其中，就业人口是指未成年人就业人口，适龄就业人口，已退休的老年就业人口以及残疾人就业人口。另一部分是“潜在人力资源”，指青年学生、军人、家务劳动人口。用数学等式可表示为：人力资源＝现实人力资源＋潜在人力资源。见图11-1。

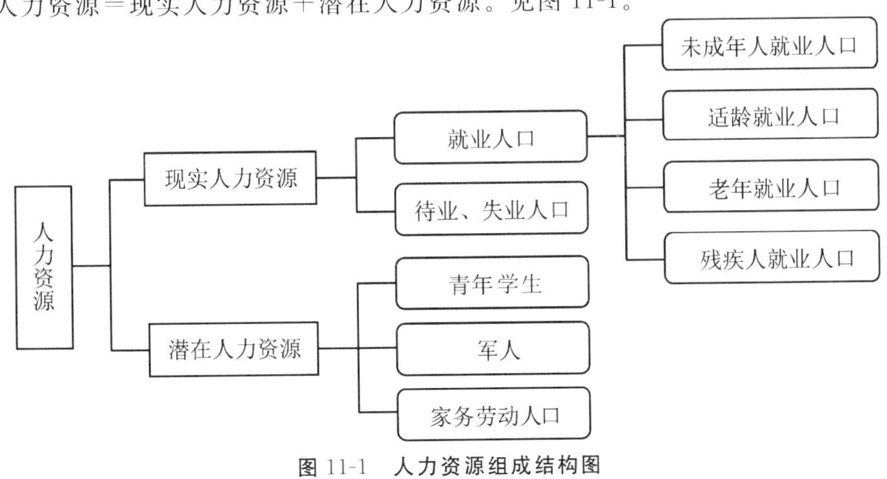

图11-1　人力资源组成结构图

如同其他资源一样，人力资源既具有量的属性，也具有质的属性。因此，一个国家或地区的人力资源可以从"量"和"质"两个方面来分析。

"量"指人力资源的数量，包括绝对量和相对量。绝对量即总量，量越大代表人力资源越丰富，其发展潜力就越大。而相对量是指现实人力资源数量在国家总人口中所占的比重，值越大，就业人口越多，表明发展活力越大。

"质"指人力资源的质量。人力资源的质量指的是人力资源的主体所具有的劳动能力的高低。影响劳动能力的因素主要有四个方面：一是基础素质，由人的智商、情商、体质、品德等组成，它们对人能力的形成与发展起到基础的作用；二是科学文化知识，它对人的能力的形成起至关重要的作用，但是知识本身并不是能力，而是构成能力的要素之一；三是经验，生产和生活经验、社会经验，是构成人的能力的不可或缺的部分；四是能力，包括沟通能力、实践能力、管理能力、思维能力、适应能力等。人力资源的质量对于国家和社会发展的作用比人力资源的数量更为重要。而且要以发展人力资源的质量为重要目标和方向，尤其是在以信息、知识、技术为核心的知识经济时代。

人力资源管理(Human Resource Management)作为一种职能性管理活动而提出，最早源于工业关系和社会学家怀特·巴克于1958年发表的《人力资源功能》一书，首次将人力资源管理作为管理的普通职能来加以讨论。随着人力资源管理理论和实践的不断发展，当代人力资源管理的各种流派不断产生，同时也使得学者们很难在人力资源管理的概念上达成一致。

美国著名的人力资源管理专家雷蒙德·A.诺伊等在其《人力资源管理：赢得竞争优势》一书中提出：人力资源管理是指影响雇员的行为、态度及绩效的各种政策、管理实践及制度。国内著名学者赵曙明则将人力资源管理界定为：对人力这一特殊的资源进行有效的开发、合理的利用与科学的管理。学者彭正龙认为，人力资源管理是运用现代科学方法，对与一定物力相结合的人力进行合理的培训、组织和调配，使人力物力经常保持最佳比例。同时，对人的思想、心理和行为进行恰当的诱导、控制和协调，充分发挥人的潜能，使人尽其才、事得其人、人事相宜。

综上所述，人力资源管理是指运用现代化的科学方法求才、育才、护才、留才，充分发挥人的主观能动性，使人尽其才、事得其人、人事相宜，以实现组织目标。

三、人力资源的特征

人力资源作为一种特殊资源，主要有以下几方面特征。

1.能动性

人作为一种高级动物，有思想，有感情，通过思维与实践的结合，主动地、自觉地、有目的地、有计划地作用于客观世界，改造客观世界。

2.时效性

生命有周期，有幼年期、少年期、青壮年期和老年期。青壮年期精力充沛，学习能力强，但经验欠缺；老年期身体素质降低，但经验丰富。因此，人在不同的时期能力各不相同。从人力资源的角度看，人才的开发、培训、使用都有其周期，即试用期、成长期、老化期和淘汰期。

3.再生性

人力资源在使用过程中会出现磨损，既包括自然磨损（有形磨损）也包括无形磨损。但与物质资源损耗不同的是，人力资源能够实现自我补偿，自我更新，持续开发。人口的再生产及劳动力的再生产决定了人力资源的再生性。首先，人口的再生产是人类自身得以延续和发展的基础，保证了人力资源始终维持在相对稳定的程度。其次，劳动力的再生产决定了人力资源在不断消耗其劳动力的过程中得到补偿，保证其必要的劳动能力。

4.高增值性

人力资源是投资回报率最高的资源，任何组织的硬件、资金等资源的运用方式和范围都有一定的局限性，而人力资源所产生的价值与影响、收益的份额远远超过其他资源，并且呈不断上升的趋势。

5.持续性

物质资源在开发使用过程中不断被消耗，但同时人通过不断学习、积极工作、积累经验和培训提高等方式来更新自我、丰富自我，使得知识、经验、技能在这个过程中不断提高，从而使人的潜能被源源不断地开发出来。

6.社会性

从宏观视角审视人力资源，它的形成依赖社会，并通过社会进行配置，它的使用处于社会劳动的分工体系之中；从微观视角审视人力资源，人类劳动是群体性劳动，承担社会分工的劳动，于是便构成了人力资源社会性的客观基础。从本质上讲，人力资源是一种社会资源。

第二节　人力资源规划

一、人力资源规划的概念

人力资源规划是组织计划的重要组成部分，是人力资源管理各项具体活动的起点与依据，是处于整个人力资源管理活动的统筹阶段，它为人力资源管理的后续活动制订了目标、原则和方法，它的科学性、准确性、可靠性直接影响着人力资源管理工作整体的成败。因而制订好人力资源规划是企业人力资源管理部门一项非常重要和有意义的工作。

人力资源规划，也称人力资源计划（Human Resource Plan，HRP），广义的人力资源规划是指根据组织发展战略与目标的要求，科学地预测、分析企业未来一定时期人力资源的供给和需求状况，制定必要的政策和措施，以确保组织在相应时间和岗位上获得各种需要的人力资源，促使组织目标的实现。狭义的人力资源规划是指对组织的人员需求、供给情况做出预测，并据此储备或减少相应的人力资源。

二、人力资源规划的内容

人力资源规划包括两个层次：总体规划和各项业务计划。人力资源总体规划是指在计划期内人力资源方面总的、概括性的谋略和有关重要方针、政策和原则。如人力资源管理的总目标、总政策、总供需、实施步骤和总预算。人力资源业务计划是总体规划的具体展开，每一项业务计划都由目标、任务、政策、步骤及预算等部分构成，是人力资源总体规划实现的基础。人力资源业务计划主要包括人员补充计划、分配计划、教育培训计划、晋升计划、绩效与薪酬福利计划、职业生涯计划、劳动关系计划、退休解聘计划等。

1.人员补充计划

人员补充计划即拟订人员补充政策，目的是使组织能够合理地、有目标地填补组织中、长期内可能产生的职位空缺。一个有活力的组织免不了老年员工的退休，一个现代制度的组织难免会淘汰不合格者，正因这些不可抗力导致组织人员空缺，此时组织应制定必要的招聘政策和措施，以保证及时获得所需数量和质量的人力资源。

2.分配计划

分配计划指部门编制，即组织中、长期内处于不同职务、部门或工作类型的人员的分布状况。组织中各个部门、职位所需要的人员都有一个合适的规模，这个规模是随着组织内外部环境和条件的变化而变化的。配备计划有利于人力结构优化及绩效改善，有利于人力资源能力与职位相匹配，是确定组织人员需求的重要依据。

3.教育培训计划

组织的教育培训计划对人员素质及绩效改善、提供新人力、转变态度及作风起着重要作用。一方面，可以使组织成员更好地适应正在从事的工作；另一方面，也为组织未来发展所需要的一些职位准备了后备人才，有利于提高组织整体素质和员工个体素质，增强组织智力资本的竞争优势。

4.晋升计划

晋升计划也叫提升计划，就是根据组织人员分布状况和层级结构，拟订人员的提升政策，表现为员工岗位的垂直上升。对组织而言，将有能力的人提升到关键的工作岗位去，有利于组织目标的顺利实现；对员工而言，晋升加大了工作的挑战性，但同时也为自己提供了广阔的平台和发挥能力的空间，对于提升员工的组织归属感、责任感、激发工作积极性有着重要意义。

5.绩效与薪酬福利计划

正确处理好组织与员工的物质利益关系，对于调动员工积极性、创造性，提高员工士气，减少组织人才流失，推动员工自觉遵守劳动纪律，提高组织技术水平和劳动生产率，改进组织绩效起着至关重要的作用。绩效与薪酬福利计划就是为了平衡组织目标与个人利益而推出的包括绩效标准及其衡量方法、薪酬结构、工资总额、工资关系、福利项目及绩效与薪酬的对应关系等在内的计划。

6.职业生涯计划

职业生涯计划的主体是员工，职业生涯计划指的是员工的职业生涯计划。员工的职业生涯计划并非一开始就与企业的目标相一致，需要组织与员工沟通组织愿景与员工期待，共同设计一份职业生涯计划，使员工实现个人目标的同时也实现了组织的目标，两全其美。

7.劳动关系计划

即关于如何减少和预防劳动争议，改进劳动关系的计划。劳动关系调整是协调劳动关系双方利益，维护双方特别是劳动者合法权益的重要手段，是化解矛盾、降低非期望离职率，促进组织公平、提高员工士气和工作积极性的重要措施，已经引起社会各界的广泛关注和组织的高度重视，其地位和作用将越来越突出。

8.退休解聘计划

退休解聘计划是指根据组织发展规划和组织内外部环境变化，通过有计划地让达到退休标准的人员和不合格人员离开组织，从而使组织的人员结构更优、规划更合理。退休解聘计划对于降低劳务成本及提高劳动生产率起着重要作用。

三、人力资源规划的程序

公共部门制订人力资源规划历经五个阶段，包括准备阶段、预测阶段、规划阶段、评估阶段、反馈阶段。见图 11-2。

图 11-2　人力资源规划流程图

1.准备阶段

准备阶段是指根据部门发展目标和战略规划，认清局势、明确职能。这需要充分的信息准备，所需的信息主要包括以下三个方面的内容。

①外部环境的信息，包括宏观环境信息和微观环境信息。宏观环境信息如社会的政治、经济、文化以及法律环境等；微观环境信息指直接影响人力资源供给和需求的信息，如竞争对手的人力资源管理政策等。

②内部环境的信息，包括组织环境的信息和管理环境的信息。组织环境的信息如组织的发展战略、经营规划、生产技术以及产品结构等；管理环境的信息如公司的组织结构、管理风格、组织文化、管理宽度以及人力资源管理政策等。

③现有人力资源的信息，指盘点组织现有人力资源的数量、质量、结构和潜力等。盘点的内容包括员工的基本信息、教育资料、工作经历、奖罚记录、能力态度记录等。只有准确掌握现有人力资源状况，才能结合人力资源的预测情况做出可行性的人力资源规划。

2.预测阶段

根据准备阶段收集的信息对组织人力资源供需进行预测。

①人力资源需求预测指根据组织战略目标和组织的内外环境选择合适的预测技术,对人力资源需求的数量、质量、结构进行预测。其主要任务是分析组织需要什么样的人及需要多少人。

②供给预测包括两方面:一方面是内部人员存量预测,即根据现有人力资源及其未来发展情况,预测出计划期内各工作岗位的人员供给量;另一方面是外部供给量预测,即确定在计划期内各工作岗位可以从组织外部获得的各类人员的数量。通常,因为内部人员的拥有量比较透明,组织内部人力资源供给的预测具有较高的准确度,而外部人力资源供给则有较大的不确定性。因此,组织在进行人力资源供给预测时,应该把重点放在内部人力资源供给的预测上,外部人力资源供给预测则应侧重于所必需的关键人员,如高级专业技术人员、高级管理人员等,以免做无用功。

3.规划阶段

制订人力资源总体规划及各项业务计划的阶段:这一阶段要根据供给和需求预测结果及两者间的差距,制定出切实可行的人力资源政策与措施,处理预期中的人力资源过剩或短缺问题,使组织人力资源的供需达到平衡。

①人力资源管理总体规划。如前所述,人力资源总体规划即人力资源的总目标、总政策、实施步骤和总预算。

②业务计划是总体规划的具体展开,主要包括人员补充计划、分配计划、教育培训计划、晋升计划、绩效与薪酬福利计划、退休解聘计划、职业生涯计划、劳动关系计划。

4.评估阶段

评估阶段是对实施后的人力资源规划进行评估,做好评估可以为下一个人力资源规划提供参考。评估的内容包括三方面。

①对人力资源规划目标的合理性进行评价;

②对人力资源规划所涉及的有关政策措施、指导方针等进行审核与控制;

③对组织人力资源规划所涉及各方面及其所带来的效益进行综合监督、审查与评价。

如实际人员招聘数量与预测人员需求量的比较、实施行动方案后的实际结果与预测结果的比较、劳动力的实际成本与预算额的比较、行动方案的成本与收益的比较。组织应对不当之处进行及时调整和反馈,以确保人力资源规划的适用性和有效性。

5.反馈阶段

即对前阶段的评估结果进行及时反馈,对不恰当的评估结果和不具操作性的规划进行适时修正,以保证规划的战略性、全局性、前瞻性和操作性。该阶段是人力资源规划的最后一个阶段,也是不可或缺的一个阶段。

第三节 员工招聘与培训

一、员工招聘

1.招聘的概念

在我国,招聘的思想和活动古而有之,周朝每年三月要“聘名士,礼贤者”,广征人才;三国曹操多次举办“求贤会”;明朝朱元璋每到一处都张贴“招贤榜”;等等。古人归纳出的“八征”“九征”“八观”“七知”和“任人唯贤”等识人、选人的方法至今仍影响着招聘工作,而科学招聘随着泰罗的科学管理应运而生。所谓员工招聘是指组织根据战略目标和人力资源规划采取公开透明的方法,吸引那些有资质、有能力又有兴趣到本组织来任职的人,并从中选出适宜人员予以录取和聘用的过程。

在知识经济时代,人们越来越认识到没有什么比招聘到合适的人更为重要,获取人才至关重要。如果无法从组织内部得到知识专长,组织就会花钱外聘。美国思科系统公司为了吸引人才,不惜花费50万美元甚至上百万美元招聘工程技术雇员。招聘是现代组织管理过程中一项重要的、具体的、经常性的工作,是人力资源管理活动的基础和关键环节之一,它直接关系到组织发展和工作目标的达成。因此,组织对招聘工作要给予高度的重视。

2.招聘的程序

招聘程序包括发布招聘公告、报名并进行资格审查、考试、考察与体检、公示、审批或者备案、办理聘任手续。为了使招聘工作有条不紊地进行,组织应严格遵守科学的招聘程序。招聘的程序包括准备阶段、招募阶段、选拔阶段、录用阶段、评估阶段和反馈阶段。见图11-3。

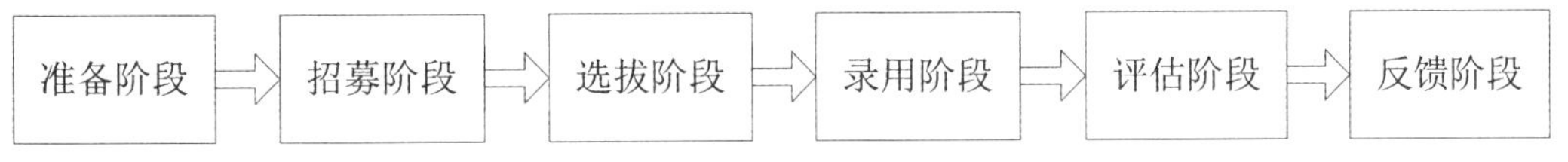

图11-3 招聘程序图

第一阶段:准备阶段。准备阶段包括招聘计划的拟订与审批、招聘组织的落实、招聘渠道的确定、招聘信息的发布四个方面。

招聘计划是招聘的主要依据,它使招聘趋于合理化、科学化。人员招聘直接影响人力资源管理的其他步骤,对后续工作影响深远,稍有不慎组织将得不到优秀的员工,组织的生存与发展也会受到威胁。招聘计划是用人部门根据部门的发展需要,对招聘的岗位、人员数量、时间限制等因素制订出详细的计划。

招聘计划的具体内容包括:①招聘岗位、人员需求、岗位要求;②发布招聘信息的时间、范围、方式;③招聘方法;④招聘测试的实施部门;⑤招聘预算;⑥招聘结束时间与新员工到位时间。招聘计划由用人部门制订,由人力资源管理部门复核,签署意见后交上级主管审批。科学招聘少不了精心的组织,除用人部门、人力资源管理部外,还需要组织高层的积极参与,且从上到下都要经过专业的培训。

招聘信息发布就是向目标人群传递组织将要招聘的信息。公司审批新进员工后，人力资源部对该职位进行工作分析，制订工作说明书，明确该职位的工作目标、工作内容、任职资格等，为能招到合适的人员提供参考。一般而言，人力资源部是根据职位说明书和工作分析来拟订招聘广告，并根据招聘规模和招聘预算、信息发布的费用成本、招聘目标人群以及招聘紧急与否等因素，选择恰当的信息发布渠道。

发布招聘信息应注意以下问题：①信息发布的范围。信息发布的范围由招聘对象的来源决定。发布信息的范围越精确，接收该信息的目标人群就越多，合格的应聘者也就越多，招聘到合适人员的概率就很大。同时招聘的费用也会增加。②信息发布的时间。在条件允许的情况下，招聘信息应及时向社会发布，不仅可以加大招聘的效率，也能优先挑选到更优秀的人才，使应聘质量大大增加。③招聘对象的层次性。每个岗位招聘的对象都是处在社会的某个层次，要根据招聘岗位的特点，向特定的社会层次发布招聘信息。

第二阶段：招募阶段。由于招聘岗位的不同、人力需求数量与人员要求的不同、新员工到位时间和招聘费用的限制，决定了招募对象的来源与范围，决定了招聘信息发布方式、时间与范围，因而也决定了招募的方法。人力资源部门在招聘过程中必须因地制宜地选择招募方法。根据招募对象的来源可将招募分为内部招募与外部招募。内部招募是指招募人员来自组织的内部，包括内部晋升、岗位轮换等。外部招募指从组织外部招募所需要的员工。内部招募和外部招募对组织人力资源的获取起着相辅相成的作用。空缺职位究竟是由组织内部人员还是外部人员来填补，要视内部人力资源状况及岗位性质、岗位工作分析而定。在实际工作中，常用“招募金字塔”来确定为了招募一定数量的新员工，需要吸引多少人来申请工作。若招募的新员工数为30人，接到录用通知的人数应该是60人(2：1)，实际接受面试的人数应为90人(3：2)，接到面试通知书的人数应为120人(4：3)，招募应该吸引的求职人数应为720人(6：1)。

第三阶段：选拔阶段。求职者获取招聘信息后，会通过电邮、邮寄、传真、当面呈送、内部推荐等方式将简历提交给人力资源部。人力资源部应以空缺岗位的工作分析为依据筛选符合条件的简历，并安排对应的求职者进行测试。人力资源管理部门在经过筛选简历(审阅推荐材料)、笔试、面试、心理测验、体检、试用等一系列环节后录用员工。为了科学挑选出组织真正需要及适合于组织的人员，招聘专员需遵从科学的选人原则，如：德才兼备原则、职能匹配原则、用人所长原则、因事择人原则、民主集中原则、回避原则等。

第四阶段：录用阶段。经过一系列的选拔流程，招聘工作进入了录用阶段。录用人员的程序包括：试用合同的签订、员工的初始安排、试用、正式录用。

员工进入组织前，要经历试用的过程，试用是对员工的能力与潜力、个人品质与心理素质的进一步考核。试用期间要与组织签订试用合同。员工试用合同可约束、保障员工与组织双方的权利与义务。试用合同主要包括以下内容：试用的职位、试用的期限、员工在试用期应接受的培训、员工在试用期的工作绩效目标与应承担的义务和责任、员工在试用期的报酬与福利、员工在试用期应享受的权利、员工转正的条件、员工辞职的条件与义务、试用期组织解聘员工的条件与承担的责任义务、员工试用期被延长的条件等。员工进入组织后，组织要为其安排相应的职位。一般来说，员工的职位是双向选择，即按照招聘要求和应聘意愿来决定。

第五阶段：评估阶段。招聘录用工作结束后，需要对当期招聘工作进行评估，即进入评估阶段。

评估阶段主要包括三个方面的内容：一是对招聘成本的评估，二是将实际招聘录用的结果（数量和质量）与招聘计划相比较进行评价总结；三是对招聘工作的效率进行评估，主要是对时间效率和经济效率（招聘成本）进行招聘评估，总结经验教训，发现问题，分析原因并解决问题，以便更好地开展下一周期的招聘工作。

招聘评估至少有以下作用：一是为今后的招聘工作节省开支。招聘专员通过成本效益核算清楚地了解费用的支出情况，明白哪些可以节省，哪些可以减少，明确列出支出项目与不应支出项目，对于今后招聘的费用的合理配备提供参考。二是对招聘工作的完成度（目标数量、目标质量）进行检查。通过当期招聘人数与人员招聘计划的数量对比，了解当期招聘是否达到了计划数量，把人员的素质与岗位说明书相比，分析当期招聘人员在质量上是否满足组织的需求，通过对比找到招聘的不足，以便能在下一阶段的招聘工作中弥补。三是提高今后的招聘效率。通过对工作效率的评估，绘出招聘工作的时间节点，科学改进工作流程，以提高下期招聘工作的效率。

第六阶段：反馈阶段。反馈包括三方面：一是管理者和相关员工对招聘工作进行反馈，如整个招聘流程的合理性、对于新进人员满意度及招聘的及时性、准确性等；二是评估阶段完成后，评估专员将评估结果反馈给管理者及相关员工，确保他们对上一周期的招聘活动心中有数，明确当期招聘的优势及不足，是各自反思或讨论新一轮招聘活动的基础；三是对招聘的新进人员进行追踪，考察其是否符合组织要求，对于不适合本组织的人员在试用期内尽早清退，对于有能力却有意跳槽的人员要积极沟通和挽留。

3.招聘的途径和方法

通常，招聘专员会根据岗位所需人员数量、人员质量、招聘费用、招募对象的来源与范围，决定招聘信息的发布方式和招聘的方法。当组织出现职位空缺时，人力资源管理部门可根据组织的实际情况从内部或者外部挑选合适的人员填补空缺。

（1）内部招聘

内部招聘有以下四大好处：一是为组织员工提供了更多发展机会，有利于员工队伍的稳定和员工积极性的调动；二是为组织节约大量成本，如广告费、招聘专员的差旅费、拟录用人员的培训费等；三是简化了招聘程序，缩短了招聘周期和工作磨合的周期，为组织省去较多时间成本；四是可以为能岗不匹配的人员提供机会到喜欢的岗位上去，对于提高员工的满意度和归属感有着积极意义。

内部招聘对象的来源包括以下四个方面。

第一，晋升。晋升是指在有等级之分的系列岗位中，由低级别到高级别的升迁，指员工向更高挑战性、更大责任范围和更多职权的工作岗位流动的过程。通过晋升岗位获取的是熟悉组织人员、工作程序、政策以及组织特性的老员工，这批员工只需很短的工作磨合就能融入新的工作岗位，从时间和金钱两个方面来看，晋升很经济。同时，畅通的内部晋升通道让员工有源源不断的工作动力，对于激励员工做好本职工作，防止优秀员工流失起着重要作用，对于组织和个人而言可谓一箭双雕。

第二，职务调动。职务调动也称“平调”，指职务级别不变，工作岗位变化。它是内部人员的另一种来源，一般用于中层管理人员，且通常是永久性的调动。职务调动帮助员工深入组织各个角落了解组织，为员工的下一步晋升累积必备的经验。因此，职务调动可以为组织提供内部或外部的求职者。

第三，工作轮换。工作轮换指将员工轮换到另一个同等水平、技术要求接近的工作职位上去工作。工作轮换适用于基层员工，通常是临时性的。工作轮换能帮助员工了解组织的各个工种和环境，找到自身的职业兴趣；且能缓解处于高压职位上员工的工作压力、减少因长期从事同一工作带来的枯燥感和工作懈怠；同时可以使有潜力的员工在各方面积累经验，为晋升做准备。

第四，内部人员再聘用。一些组织由于经营状况不佳，会让一些员工下岗待聘，当组织经营状况好转后，重新聘用这些员工。据调查，80%的下岗员工愿意回到原组织工作，一方面，经历下岗后他们更珍惜工作，工作热情更高；另一方面，这些员工对组织环境及工作流程非常熟悉，能很快投入工作当中，比起招聘新人节约成本。因此，组织能以最小的成本获取最适合组织的人员，对于组织和个人而言都是有利的。

内部招聘的主要方法有以下三种。

第一，布告法。布告法公开组织内的职务空缺，让全体员工都了解需要补充哪些人员，使员工感觉到组织在招募人员这方面的透明度与公平性，并认识只要自己有能力，通过个人的努力，在本组织是有发展机遇的。这有利于提高员工士气，培养积极进取精神。布告法是在确定了空缺职位的性质、职责及条件后，将这些信息公布在组织中一切可利用的方式上，如内部刊物、黑板报、布告栏等，号召并鼓励有志趣的员工积极向用人部门毛遂自荐，用人部门经过公平公正公开的考核择优录取。

第二，推荐法。推荐法对于内部招聘、外部招聘均适用，它是组织员工根据组织需要推荐合适人员，并供用人部门和人力资源部门选择和考核的方式。由于推荐人了解用人部门的需求，被推荐者往往是跟该岗位所需能力和水平紧密匹配的，因而成功概率较大，招聘所花费的经济成本和时间成本都较低。

第三，档案法。人力资源部门可以从员工档案中了解到员工曾经的教育培训、技能经验、业绩荣誉等信息，这些资料可以帮助人力资源部门和用人部门寻找合适的内部人员补充职位。员工档案对员工培训、晋升、发展有参考价值，因而员工档案应力求准确、完备，及时记录员工的教育、技能、工作业绩等信息，为人员选择与配置做好准备。

专栏 11-1　管理扩展：公务员内部选拔——遴选

遴选是一种可以跨政府层级、跨工作部门（系统）、跨地区的竞争性选拔。全国各省（区、市）、市（地）、县（市、区）、乡镇（街道）各级机关公务员和参照公务员法管理机关（单位）中的工作人员都可以报考中央机关，对他们报考的岗位也没做严格限制，可以跨越自己的工作部门（系统）报考。

(2)外部招聘

尽管内部选拔有许多优点,但由于人员选择的范围较窄,往往不能选拔到令组织满意的人选,特别是组织组建初期,需要的人才较多的时候或快速发展期,需要的高级别人员较多的时候。这时我们往往要采用外部招聘的方式,借助于外部人才。外部招聘对象的来源主要有以下几种。

第一,广告媒体。广告媒体是指组织通过网络、电视、报刊、广播等大众媒体向求职者发布人才需求的信息,以吸引符合组织要求的外部人员应聘的外部招聘方法。随着信息技术的飞速发展,电视招聘、互联网招聘也成为流行,电视招聘如早年央视的《劳动就业》《赢在中国》《绝对挑战》,如今湖北经视的《天生我才》、天津卫视的《非你莫属》、江苏卫视的《职来职往》等,网络招聘如智联招聘、58 同城、赶集网等。

广告媒体吸引着广大企业和求职者的广泛参与,并对整个社会产生了较为深远的影响。通过广告媒体招聘,可以很容易地从外部人才市场招聘到合适的人选。广告时,不仅要将职位说明、岗位所需资质提供给申请人,还要向社会塑造自己的组织形象,展示组织优势和吸引力,如组织良好的人事制度、用人政策等,因为当今社会对人才的争夺越演越烈,组织要吸引更多的高素质人才。如今,不再是组织选人的单向选择时代,人也在选择组织,人和组织的地位是合作平等的关系,因而组织要在招聘广告上下功夫,让招聘广告具有吸引力。

第二,大中专院校。学校是人才的主要来源,特别是大中专院校,每年有几百万毕业生等待进入社会,这个巨大的人才储备库可谓"卧虎藏龙",因而也成为组织争相抛递橄榄枝的重要区域,以求找到满足组织发展所需的各方面人才。组织为了找到合适的人员,会采用设立奖学金的方式与学校横向联系,或者资助合适的贫困生,或者提供实习岗位,以便能在学生中产生影响力,与学生建立更好的联系。组织在学校举行的招聘活动通常一年一次,组织委派人力资源部门或用人部门进驻学校举办招聘洽谈会,组织、学生双方直接面谈,实行双向选择。

第三,人才招聘会。人才招聘会是人才服务机构为用人单位和人才双方提供的双向选择的洽谈场所,人才招聘活动不适宜长期的人才招聘计划,但对于急需的岗位也可以利用它立即填补职位空缺。人才招聘会分为综合人才招聘会和专业人才招聘会。综合人才招聘会是各种类型的组织提供各种类型的工作岗位供广大求职者选择。专业人才招聘会有两种含义:一是指相同或相似行业的组织联合举办的寻找某一类或某几类特定专业的人才,如管理人才、财会人才、电子商务人才、市场营销等文科人才或是机械设计、通信工程、计算机工程、航天工程等理工科人才。二是指一个组织根据自身需要举办的专场招聘会,一些跨国企业如戴尔、摩托罗拉,就常在国内各地以招聘会、信息发布会等形式举办专题招聘活动。

第四,猎头公司。使用猎头公司招聘高级人才是国外非常流行的一种招聘方式,"猎头"在英文里叫 headhunting,意为"网络高级人才",是一种高级人才委托招聘业务。猎头公司则是从事中高级人才服务和人才寻访服务的中介公司,如举荐总裁、副总裁、总经理、副总经理、人事总监、财务总监、技术总监、高级工程师、高级咨询师、博士后等。

第五,随机求职者。一些优秀的组织往往会有较多毛遂自荐、不请自来的求职者,部分组织会认为这是唐突的，也会引起他们的反感，但是我们不能不承认这是一种花费最低的人才挑选的方式和机会。这些“走进来”的求职者往往非常主动，充满热情，对组织也情有独钟，因而用人部门和人力资源管理部门面对他们时更应以诚相待，应安排相关的招聘专员与他们进行简短的面谈，即使组织当下不需要新进人员，但一定要传达“一旦有合适的工作机会，一定会优先考虑你”的信息，这既是对求职者的尊重，也可以让求职失败的求职者对组织保有很高的评价，维护组织的社会形象。

外部招聘的流程如图 11-4 所示。

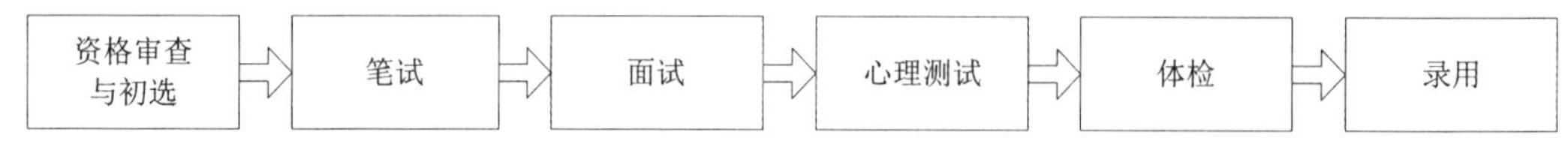

图 11-4　外部招聘流程图

第一，资格审查与初选。资格审查是指人力资源部门通过求职者的申请资料或简历来审查求职者是否符合岗位要求的一种审核方式。人力资源部门将符合要求的求职者名单与资料交由用人部门初选，由于求职者提供的申请资料和简历只能反应过去的经历，无法直观地反应求职者的其他信息，所以用人部门将可能符合岗位需求的人员组织起来进行下一轮的考察。初选人员往往是由决策人员根据个人经验和主观臆断来确定，带有一定的盲目性，经常产生漏选的现象，因此，初选的淘汰率不会太高，除一些特殊的求职者，用人部门和人力资源部门都会通知他们参加下一轮的笔试测试。

第二，笔试。在外部招聘中，笔试是一种广泛使用的方法。是通过纸笔测试对求职者的知识结构、知识广度和知识深度进行考察，以便了解求职者知识储量的一种方法。笔试包括论文式和测验式。论文式笔试即现在俗称的“申论”，是通过论文来表达对某一现象、某一问题的看法，以展示自己所具有的知识、能力。测验式笔试是以选择题、填空题或问答题、案例分析题等方式来考察应聘者记忆能力、思维能力的方法。

第三，面试。面试是一种求职者与面试官面对面提问—回答的测试方式，它为求才的组织和人才提供了双向交流的机会。组织用人部门和人力资源管理部门在精心安排下，与求职者面对面交谈，并应用观察手段测评求职者的知识、能力、经验、心理素质。面试在组织的招聘过程中意义重大，特别是在高级管理人员的招聘中，面试是一种不可或缺的测试手段。

面试分为问题式、压力式、随意式、情景式、综合式。问题式指人力资源专员对求职者直接提问的方式。压力式指组织方有意识地对求职者施加压力，对某一问题或事件刨根问底，直至求职者无法应答。随意式指组织者通过与求职者进行海阔天空、漫无边际的聊天，使求职者能自由发表言论，此方法可以很好地测试求职的综合素质。情景式指组织者事先设定一个场景或问题，要求求职者进入模拟角色解决问题，考察的是求职者分析问题、解决问题的能力。综合式指用多种方法对求职者的能力和素质进行全方位的考核，如用外语交流或要求即兴演讲等。

第四，心理测试。心理测试是一种比较先进的测试方式，是指通过一系列科学手段来测量求职者的智力水平、个体心理素质的方式。现在在许多领域中都应用了心理测试法，在组织招聘中应用得尤其广泛。心理测验的主要形式有一般能力测试、业务知识及经验测试、职业兴趣测试、个性测试、运动神经能力测试、工作样本测试等。

一般能力测试是我们常说的智力测试。测量的是包括记忆数字、词汇表达能力。由法国人比奈和西蒙发明的智力测量量表是最早的智力测量工具。业务知识及经验测试是指人力资源部门和用人部门对求职者是否具备岗位所要求的知识和能力的衡量。职业兴趣测试测的是求职者对哪些岗位感兴趣，测试结果可以和业务知识及经验测试结果结合起来，尽量将录用人员安排到兴趣和能力兼具的岗位上。个性测试指为了考察求职者的个性特点与工作行为的测试。运动神经能力测试是衡量求职者灵活性、协调性、力量的方式，它对于招聘一线操作工人起着积极的作用，常用的运动神经能力测试有“克洛弗德”小部件灵活性测试、明尼苏达操作速度测试等。工作样本测试要求求职者在实际工作职位上进行相关工作，观察其在与未来工作背景相似的环境中会表现出什么行为，并根据其实际工作表现做出评价。

第五，体检。招聘阶段体检在求职者通过一系列测验、考试后进行。目的是确定求职者的身体状况是否符合岗位的要求，不仅可以及时发现员工本人不知道或刻意隐瞒的影响工作的疾病，也可以为日后组织为员工购买保险提供参考。体检要按程序进行，对体检结果的使用也一定要合法，不能对求职者有疾病歧视，如非食品相关行业就不得拒绝乙肝携带者从业。西方国家的招聘体检分一般体检、药检、临床体检三种，一般情况下，所有的求职者都要接受前两者体检，只有中高级管理职位的求职者才需接受临床体检。在我国，体检是入职必不可少的一环，求职者通常只需要进行一般体检。

第六，录用。组织对于求职者的录用主要包括：签订试用期合同、试用、正式录用三个阶段。求职者在正式工作前，应与用人单位签订试用期合同，通过试用期考核后，再与单位签订正式合同。试用期合同对于员工和组织双方都是权利义务的约束和保障。试用期合同内容主要包括：试用岗位、试用期限、岗位权利义务、试用报酬与福利、培训项目、转正条件、解聘条件等。签订试用期合同后，新进人员在约定时间报到，开始试用期工作，试用对于员工的知识、能力、品质等进行进一步考核。试用期满后对于满足组织需要的试用人员进行转正，签订正式的用工合同，包括劳动合同期限、工作内容、劳动条件、劳动报酬、劳动纪律、劳动合同终止条件等条款。

二、员工培训

1.培训的概述

培训在企业运用广泛，在公共组织领域也有一定的运用，如公务员的初任培训、领导干部素质提升培训、会议精神培训等。培训是指组织通过教育、训练的方式来提高员工的工作能力、知识水平和开发潜能，最大限度地使员工具有与工作需求相一致的个人素质，从而达到组织绩效目标的目的。世界著名的跨国公司都非常重视员工的培训与开发。如，美国摩托罗拉公司在 20 世纪每年在员工培训上的花费达到 1.2 亿美元，占工资总额的 3.6%，每位员工年培训时长为 36 小时。美国联邦快递公司每年用于员工培训的花费为 2.25 亿美元，占公司总开支的 3%。培训是提高员工知识技能和职业素养的重要手段，是组织在竞争激烈的外部环境中获取知识的重要途径。

2.培训的程序

培训的程序包括六大部分，分别是分析培训需求、确定培训目标、确定培训对象、选择培训教师、选择培训内容、设置培训课程。如图 11-5 所示。

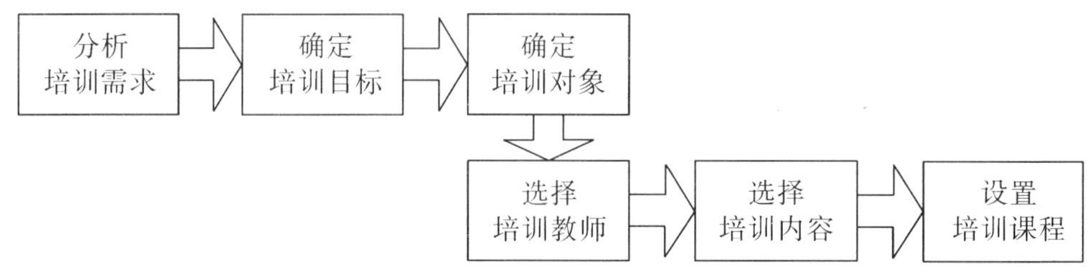

图 11-5　培训的程序图

(1)分析培训需求

培训需求分析是判断是否需要培训及需要什么培训内容的过程，它对培训工作影响重大。组织通常选择以下各种方法对培训需求进行调查与预测。

一是自我申告法。自我申告法的前提是组织有相关的制度支持。此方法是员工根据自身职业生涯规划和发展需求产生参加长期的脱产学习或者短期培训班的意愿后，由本人填写申请书，交由审查后，由人力资源部门衡量并约请员工面谈沟通培训细节，最终决定是否同意培训的方式。

二是观察法。是指有经验的观察者，通常是人力资源部门的工作人员或部门负责人以工作说明书和职位规范为参照对象，分析提炼出体力劳动型或事务工作型员工与参照对象的差距，这个差距就是员工所需要培训的地方。

三是人事记录分析法。人力资源部门在日常的管理中积累了员工的大量资料，如员工的表现及绩效评估结果为培训需求分析提供参考。其次，从员工的档案性资料中也可得到该员工缺乏的教育培训。再次，人力资源部可以根据专业工作测评员工的人员素质和工作质量，并根据结果分析员工所需的培训。

四是问卷调查法。是由人力资源部门和用人部门联合设计问卷并对员工进行问卷调查的方法，主要是为了了解内部员工对培训的需求内容和态度，并以此作为分析的依据。

五是战略分析法。主要用于企业整体范围内培训需求的预测，以此为依据，确定符合企业整体战略目标要求的企业培训计划。根据组织近几年的业务情况、盈亏数据与同行业其他组织相比较，找到组织的弱项，以此作为培训需求的依据。

(2)确定培训目标

培训是为了使组织与员工共同发展，培训的目标是使员工的发展规划与组织的战略目标相一致。组织为了提升其竞争力，千方百计想要提升人员的知识、技能，转变人员的态度，因而对于员工的培训包含以下目标：习得知识的培训、习得技能的培训、转变态度的培训。组织对员工的知识培训包括公司的战略规划、经营方针、规章制度等；技能培训包括如人际交往能力、操作能力、公关能力、管理能力等；态度培训是指培养员工的爱岗敬业、忠诚负责等。公共部门的培训目标可以为培养一大批适应我国经济社会发展需求的高素质的公共服务人员。

(3)确定培训对象

组织的培训对象可依据组织的需要及员工绩效确定,即根据组织和个人两个层面来确定培训对象。组织可根据战略规划或经营方针,对组织内全员或者部分群体所做的较大范围的培训就是以组织层面确定的培训对象。员工个人根据自身职业生涯规划或工作绩效等原因主动申请参加某种培训,即是由个人层面确定的培训对象,这种培训是自下而上的,对于员工的发展起着重要作用。

(4)选择培训教师

教师不是课程要素,一般情况下,培训教师应该具备以下条件:具备经济管理的专业理论知识;对培训内容涉及的主题有实际的工作经验;能够熟练运用教学所需的教材和工具;要有良好的口头表达能力和逻辑思维能力;了解培训涉及的主题的相关前沿知识;热爱学员,对教学工作充满热情等。

培训教师来源于两个方面:一是企业外聘,二是企业内部开发。外聘培训教师是中小企业最常采取的方法,这些外聘的教师通常是高校教师、专职培训师、专职咨询师或在某一领域具有扎实理论和实践经验的专业人士。外聘教师的优点是:可供选择范围大,可承接的培训面广;可带来一些新鲜的理念为组织注入新的活力。缺点是由于外聘教师对组织的具体情况不能透彻了解,可能导致纸上谈兵,成本会相对较高。企业内部开发适用于有经常性培训项目的组织。企业内部开发的培训师由于对组织文化、组织环境了然于心,在课程设计方面会更符合企业的发展,以保障培训的质量,成本也低。但可供选择的范围小、培训师在培训对象中不易树立威信、难有新突破。所以,组织应根据环境和实际需要确定培训教师。

(5)选择培训内容

合理安排员工培训的内容,对于实现组织培训目标,提高组织绩效具有至关重要的作用。组织中员工的培训围绕着工作需要和个人发展展开。影响工作绩效的因素有三类:一是员工具备的知识;二是员工具备的业务技能;三是员工的工作态度,如细心、责任心、忠诚、敬业、奉献等。

知识培训。与岗位相关的知识是员工培训的重要内容,组织应通过知识培训使员工学习和掌握相关知识。培训内容包括概括性强、抽象度高的理论知识和系统化的专业知识。不同的培训对象其培训重心应有所区别和侧重,如管理层的培训应注重概括性较强的理论知识的强化,而基层人员的培训应注重专业知识方面的培训。

技能培训。不同层级的人员和不同部门、不同岗位的人员技能培训应有所区别和侧重,管理人员的技能培训主要围绕决策能力、创新能力、协调沟通能力等进行,而基层人员的培训则应注重业务操作能力、计算机运用能力等。对于文职岗位要加强文书写作能力、公关能力,而技术岗位着重培养操作和运用技能。

态度培训。态度是影响工作绩效的重要因素,积极的工作态度除了自身的修养外,主要依赖于培训。态度培训对于新进员工与老员工来说都有必要,新进员工特别是应届毕业生往往浮躁,不够踏实;老员工很可能做一天和尚撞一天钟,有极强的工作懈怠,因而都需要培训来扭转消极态度。

(6)设置培训课程

培训课程的设置对于培训目标的实现起着至关重要的作用。课程设置一定要具有针对性及时效性。一般培训课程设置包含以下要素。

课程目标。课程目标具有整体性、阶段性、层次性和递进性。它为学习提供了方向和各阶段要达到的水准。通常以“掌握”“识记”“了解”“熟悉”等认知指标和“运用”“分析”“解决”“评价”等较高级的认知行为为目标。

课程内容。根据组织和个人的需要去选择和编排,可以是职业领域内的概念、判断、思想、过程或技能。无论怎样,内容强调客观性、顺序性、逻辑性。客观性能保证学习的价值;顺序性能让学习由浅到深、循序渐进;逻辑性能够理顺学习内容,加强记忆。

课程模式。主要指培训活动的教学安排和培训方法的选择。好的教学模式不仅能让学员学到扎实的理论知识,还能从中锻炼解决实际问题的能力。案例分析和情景模拟等方式就是较好的教学模式,能让学员在培训过程中轻松地学到理论和实践两方面的知识。

课程评价。即需找课程目标与实施效果的差距并进行评价,用来衡量组织者多大程度地完成了培训任务、培训师多大程度地教授了知识和技能、学员多大程度地掌握了学习内容等。

3.培训的评估

在培训完成之后,要对数据进行收集、分析和汇报。作为一种以结果为基础的评估方法,在培训评估实施中需要完成如下步骤。

第一,确定评估目标。在培训项目实施之前,必须确定一个评估目标。评估目标有利于对培训活动的前景做出决定、有利于培训方法等的选择,但是这个目标是暂时的,只有等待有足够的信息预测目标能够达成,目标才能最终得以完善。最终确定的培训目标应该具有明确性、挑战性、可操作性、时限性等特点。为了达到这些标准,培训的各相关方都应该参与目标的制订工作。这不仅有助于宏观上的实现,也有助于微观效果的达成,更贴近部门的工作实际。

第二,选择评估方法。培训评估可由课程测验、学员反馈、学员追踪、工作业绩等方式进行。一般采用的评估方法有两种:一是汇报式评估。员工完成培训回到组织工作后,应及时向主管部门汇报培训效果。通过该过程,部门主管可从与员工的交流中,得到培训目标的完成情况,检验员工学到的新知识、新技能。二是调查问卷评估。培训结束后,由组织人力资源管理部门和用人部门联合设计问卷并采用匿名方式对接受培训的员工进行调查。通过对问卷的回收、整理、分析,得到员工对培训的评价信息,并以此作为根据对下一周期的培训进行改进。

第三,决定评估策略。评估策略解决了在什么时候什么地方由谁来评估的问题,这些问题的回答对评估工作尤其重要,因为培训相关方如培训部门、实施培训的机构、培训教师等在评估中都扮演着很重要的角色,各方责任的划分问题一定要明确而具体,避免后期的纠纷。

第四,估算开发和实施培训项目的成本/收益。培训成本的估算在培训项目启动之前进行,这决定了该项目是否实施。培训目标、评估策略一旦确定,就能估算启动该培训项目所需要的成本,并将成本与预计的收益进行对比,从而预测投资回报率。成本可以按培训流程分类分项进行统计。

第五，对数据进行分析和解释。数据收集完后，将对数据进行分析处理。分析处理有三种常见的方法：一是趋中趋势分析，二是离中趋势分析，三是相关趋势分析。数据处理完后仍是一串抽象的数字，我们要把数据和培训实施的过程加以结合，将数字赋予特殊的含义并撰写数据分析报告。数据分析报告要使用简洁、非专业的表述，使每一个相关人员都能理解报告的含义并将报告结果应用于后期培训的调整。

第六，根据评估分析结果调整培训项目。如果评估结果表明培训项目没有大的效果，可以考虑调整培训方式、更换培训师或者取消项目的决定；如果培训有一定的效果，我们要分析有效部分和无效部分分别是什么，将有效的培训部分保留，改进和取消无效部分。如果培训有效，则应将培训方案详细记载，以便下期培训能得到很好的参考和借鉴。

第四节　员工绩效与薪酬

一、员工绩效管理

1.绩效管理概述

绩效管理在经济组织中应用广泛，在公共部门应用中才刚刚起步，特别是在政府部门，即使有绩效管理制度，但绩效考评的结果很难应用到现实中，绩效管理在经济组织中的应用更为广泛，其程序和成果更完善。

绩效管理(Performance Management)作为组织管理活动，尤其是人力资源管理活动的重要组成部分之一，其本身也是一个过程，它是管理者与被管理者之间根据组织目标对被管理者的工作活动、工作技能和工作产出进行持续的沟通与评价，进而保证组织目标有效实现的管理方法与过程。

2.绩效管理的流程

绩效管理的流程包括绩效计划、绩效实施、绩效评价、绩效反馈、绩效改进和绩效结果应用，如图11-6所示。

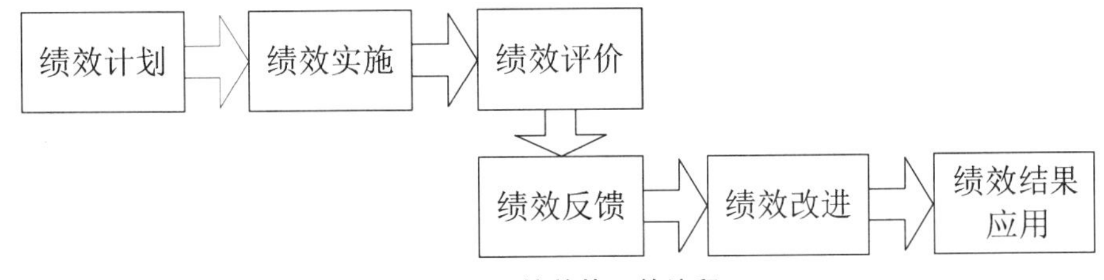

图11-6　绩效管理的流程

(1)绩效计划

绩效计划是绩效管理的第一个环节，它是绩效管理的起点。绩效计划是由组织战略目标逐渐分层而来，先将组织战略目标分解为具体的子目标，再对子目标进行分解，落实到各个岗位的工作目标，再根据工作目标制订绩效计划。绩效计划是由人力资源部门、用人部门与员工共同协商确定的，在这个阶段，绩效管理的协作性非常关键，需要管理者和员工的共同投入参与，如果是管理者单方面布置任务，员工单纯接受工作安排，绩效管理就无法执行了。绩效管理计划通常是一年一做，在年中可以修订。

(2)绩效实施

绩效实施即是将绩效计划付诸实践，绩效实施并不是对绩效计划原封不动地执行，而是随着环境的变化做一定的修改。在工作执行的过程中，管理者要对员工进行必要的监督和指导，对发现的问题及时给予纠正。在整个绩效实施期间，管理者需要持续地对员工进行追踪、指导和反馈。这种及时、持续的沟通对于推动绩效计划、纠正极小偏差，解决绩效障碍等起着重要作用，对于督促员工完成绩效计划，履行工作职责等也有深远的影响。

(3)绩效评价

绩效评价也称绩效考核，是绩效管理中至关重要的一环，指运用一定的评价方法和量化指标对绩效计划的实现程度进行综合性的评价。绩效评价按考核周期的不同可以分为年度、半年度、季度、月度绩效评价。绩效评价一能督促员工实现、完成绩效计划，帮助组织达成目标；二能挖掘绩效实施工作中的问题；三能为合理分配经济利益提供参考；四能对人员进行有效的激励，对表现好的员工升职提薪，反之则督促改进或降级降薪。

专栏 11-2 管理实践：政府绩效评估进行时

作为全国开展绩效管理试点的8个地区之一，深圳市从2007年就开始了政府绩效管理的探索和实践。政府绩效评估包括客观指标评估和满意度评估。客观指标评估包括“行政业绩、行政质量、行政效率和行政支出”4个一级指标25项三级指标，在政府工作中引入了“行政成本”的要素；对区政府(新区管委会)的评估指标包括“公共服务、社会管理、经济调节和市场监管”等4个一级指标33项三级指标，体现“政府绩效”的内涵。在主观评估指标方面，包括市委市政府领导评价和公众满意度调查。不仅如此，深圳市还开发建设了“深圳市政府绩效电子评估与管理系统”和“深圳市政府绩效评估模型”，将绩效评估与网络技术紧密结合起来，实现数据采集、计算处理、分析诊断、结果反馈的自动化。

(资料来源：http://finance.ifeng.com/stock/roll/20120831/6970984.shtml.)

(4)绩效反馈

绩效反馈指人力资源部门与用人部门就绩效评价的结果与员工进行面对面沟通交流，肯定其成绩，找出工作中的不足并加以改进。绩效反馈的目的是为了让员工了解工作业绩和行为方式是否达到了绩效计划的标准，让员工和管理者双方达成对评估意见的一致看法，共同寻找绩效改进的方法。绩效反馈是具体的而非原则性的，它在于员工的行为表现而非人格特质，同时要注意多为被考评者考虑，尽量使用非强制性、鼓励的语气，并以解决问题替代责备质疑，要多指导多分享成功经验，以求被考评者能在下一绩效实施周期有明确的行动方向。

(5)绩效改进

绩效改进是绩效管理过程的一个重要环节。传统绩效考评的目的在于通过对员工的工作业绩和行为方式进行评估，以达到利用评估结果作为确定员工报酬、晋升、奖惩的依据，但现代绩效管理有了拓展，加入了绩效改进的环节，它为员工能力的提升和绩效的持续优化创造了可能。绩效改进的步骤为分析员工的绩效评价结果，找出员工的问题所在，并针对问题，提出合理的改进方案，如个性化的培训等，同时也注意在下一周期的绩效指导中，尽可能地为员工提供相关帮助。

(6)绩效结果应用

当绩效考核完成后，评估结果要与人力资源管理的其他环节相衔接。主要体现在薪酬分配、职务调整和教育培训上。一般来说，绩效评价效果越好，员工付出的劳动就更多，应该得到更多的报酬。对于绩效突出的员工应该做出升职提薪的决定，若连续三年无法胜任岗位工作，则应考虑为其调整工作岗位。绩效考核的结果可以用于分析员工培训需求，并有针对性地安排一些培训项目，弥补员工的短板，达到提升自我又完成组织任务的双重目标。

3.绩效管理的方法

(1)关键事件法

关键事件法是指记载影响工作绩效优劣的关键行为的考评方法，能对其他绩效管理方法进行补充。关键事件法往往要求人力资源管理专员、部门负责人、员工对工作过程的关键事件加以详细记录，并对收集到的大量信息对岗位的特征和要求加以分析研究。它具有以下优点：首先，它对工作过程进行的详细具体的记录是绩效评价的重要参考资料；其次，它可以避免因为近因效应而导致的绩效评价的偏差；最后，管理人员也可以从中总结和提炼改进绩效的方法和经验。

(2)排序法

排序法是依据被评估员工的工作绩效、工作态度、工作质量等维度，确定每位员工的排序及名次，即可采取简单排序如顺序排列、逆序排列，也可采取稍复杂的交替排序。顺序排列即将最好的排前面，最差的排后面。逆序排列指将最差的排前面，最好的排后面。交替排序指先挑出最好的和最差的，然后在剩下的被考评者中挑出最好的和最差的，以此类推，直至排完。排序法比关键事件法更直观。

(3)强制正态分布法

强制正态分布法也称强制分布法，该方法实施的前提是组织不同部门都有优秀、一般、较差的员工，并且优秀和较差的员工少，一般员工占绝大部分，即俗称的“中间大、两头小”，人力资源部门及用人单位可以根据以往的经验共同预先确定各评价等级在总数中所占的百分比，并按照排序结果将预定比例的员工归入某一等级中。

二、员工薪酬管理

1.薪酬管理概述

薪酬是指雇员因雇用而获得的各种形式的支付，即一种契约下的报酬与劳动的交换。而薪酬管理是指一个组织根据所有员工提供的服务来确定他们应该得到的报酬总额、报酬结构及报酬形式的过程。良好的薪酬管理无疑能够提升组织自身的管理效能，促进员工的工作积极性和主观能动性，从而实现组织与员工的双赢，因而组织越来越重视员工的薪酬管理。具体而言，薪酬管理的基本内容包括以下几方面。

(1)薪酬政策和薪酬制度

薪酬政策是指组织在管理过程中运用合理的组合、选择以及任务手段以实现薪酬管理的方式，其本身是为了保证与促进整体战略发展的合理性与有效性，是为现有组织的人力资源管理以及企业整体的未来发展规划而设计的。例如年薪制、绩效年薪。这些多元化的薪酬体系可以为组织的发展保驾护航，促进整体薪酬制度的优化。

(2)薪酬形式

薪酬形式是指计量劳动和支付薪酬的形式。对于现代组织而言，良好的薪酬形式可以积极促进以及提升员工的工作态度，并且可以更加客观地衡量以及评价员工自身的工作效率和实际工作质量。目前，主要薪酬形式包括按劳支付以及计时支付等。

(3)薪酬关系

薪酬关系是指组织内部不同岗位的薪酬水平所形成的相互比较关系。薪酬关系决定了内部人才的工作满意度以及流动状况，借助于合理的薪酬关系的构建可以最大程度地减少人才流失，促进员工的工作积极性和主观能动性。

(4)薪酬体系

薪酬体系的选择，即如何借助于合理薪酬制度以及评价功能去衡量员工的工作效率，去评价员工对于组织的贡献。根据每一个岗位的特殊性以及每一个员工的差异性，从而设计一套完整的薪酬体系。一方面，可以促进员工在现有岗位上提升自己的工作效率和积极性，更加安心地在现有岗位上工作；另一方面，也可以让组织更好地根据每一个工作岗位的特殊性实现员工激励措施以及内部良性的岗位竞争，避免了“大锅饭”下的员工工作倦怠性。

(5)薪酬结构

薪酬结构是指薪酬由哪些部分构成。在现代组织的管理中，薪酬结构更加的多元化，不仅仅是传统单一性的工资以及奖金，同时也包括了股权、度假旅游、商业医疗保险以及教育基金等多元化的薪酬内容，这些都促进与提升了员工自身对于工作的满意度，实现了员工自身利益与组织利益的结合。参见图 11-7。

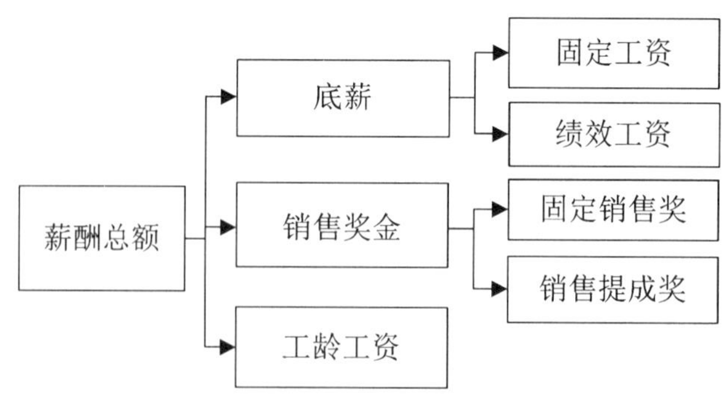

图 11-7 某单位销售人员薪酬结构示例

(6)薪酬水平

薪酬水平是指组织中各职位、各部门以及整个组织的平均薪酬水平。其体现了不同岗位之间的差异性，代表了每一个员工在公司中的价值，同时也能够更好地区分不同员工对于公司的重要性。由此，能够使得那些优秀的员工清楚地意识到自己是否被公司重视，能否在现有的组织中体现自身的价值。

2.薪酬管理体系设计

对于现代组织而言，薪酬管理体系的设计意味着组织未来能否真正合理有效地提升员工的工作积极性与主观能动性，能否真正基于每一个员工的实际需求以及未来战略发展规划而制订合理的薪酬管理制度，从而提升组织的竞争力，促进员工和组织的可持续性成长与发展。

(1)薪酬调查

通过薪酬调查，能够对区域内同类组织的薪酬水平有一个充分的系统性的了解，将现有组织的状况与周边组织进行对比，由此了解组织未来薪酬的定位情况，并进行合理的区间划分，以保证薪酬政策的合理性。其具体调查内容包括以下六个方面。

①选择调查对象。调查对象的选择首先要保证其是与本单位处于同一行业的组织，彼此之间应该有着竞争关系，会造成员工相互跳槽。同时，与本单位距离较近，在同一劳动力市场上录用员工的组织。

②争取其他组织的合作。在现代组织管理中薪酬状况往往是一个单位的内部机密，其本身并不会向外透露，因此要想能够切实有效地了解周边组织以及同行业组织的薪酬状况，就必须要争取其他组织的合作，通过高层管理人员之间的沟通与交流，实现彼此信息的共享。除此之外，也可以接触猎头公司，了解同行业的薪资状况，借助于多元化的手段了解整个行业不同岗位的薪酬现状。

③选择代表性的工作以便比较。不同行业的组织其对于不同岗位的重视程度有一定的差异性。由此可以选择较为有代表性的职位进行比较，一方面较为便捷，避免了额外的成本支出；另一方面也能够由点及面去体现整个行业的薪酬水平。

④确定资料内容。对于每个岗位的薪酬的组成其主要内容包括：奖金、工资、津贴以及具体的劳动时间。

⑤搜集资料。资料的搜集在整个薪酬调查中起着至关重要的作用，只有资料真正准确有效，才可以实现后续的数据分析的准确性。因此在资料搜集的过程中除了通过网络方式进行调查以及数据搜集之外，同时也应该借助于实际走访调查以及与对方管理人员和工作人员的访谈与沟通，从而实现数据的获得。

⑥资料的整理与统计。调查完毕后，结合未来企业发展需求以及整体的发展方向和规划而进行有选择性的数据内容的分析，包括岗位设置、激励制度、薪酬范围以及总体薪酬统计和具体的每一个组织单个岗位的薪酬支出状况，由此为本单位后续的薪酬体系设计奠定基础。

(2)薪酬总额的计算方法

薪酬总额的计算，主要从以下几方面进行综合性的考量。

①市场行情，不同区域由于生活状况以及生活支出水平的差异性，因此在具体薪酬计算过程中也有一定的差异性。

②其次，员工的基本生活费用，即考虑员工每个月的基本生活费用，而薪酬必须要满足其基本生活需求。

③最后，组织的支付能力，即组织能够真正支付得起的每一个员工的薪资。

(3)选择合适的薪酬体系和薪酬结构

薪酬体系一般来说是指支付薪酬基准,即决定本薪(基本工资)的根据是什么,按其差异可区分薪酬性质和特征。目前薪酬体系的设计主要依据员工的工作效率以及工作时间而定。大部分的组织薪酬体系主要根据员工的工龄、学历等进行设计。

薪酬结构包括了基本工资、奖金、津贴以及额外的福利等。同时,除了显性的福利之外,也包括了隐性的如医疗、职业规划以及股权激励等福利。

(4)薪酬的控制与支付技术

薪酬的控制包括自下而上法和自上而下法。自下而上法即由员工出发进行合理的薪酬规划与设计,根据不同部门的差异性,进行逐级的薪酬递增,从而有效区分不同的管理岗位。并由此最终计算出整个部门所需要的薪酬支出。自上而下法则是首先通过顶层设计,薪酬逐级递减,完全由地区的高层主管决定公司整体的薪酬预算额和增薪的数额,这样有助于高管能够对整体的薪酬水平以及待遇有一个全面的了解与认识,并最终为组织的规划与发展奠定基础,更好地通过上层薪酬管理实现整体持续性发展。

薪酬的支付技术:在现代管理中,对于薪酬的支付首先要遵循公开、公正、透明的原则。其在实际的薪酬支付过程中必须要平等对待每一个员工,不能够因为他们自身的岗位或者担任领导职务而造成一定的薪酬支付的偏颇,只有这样才能够真正满足及提升现有薪酬激励的作用,保证每一个员工都能够在公平的薪酬体系下工作与发展。同时,在实施过程和选择方法中,都要符合实际,概括起来说有以下几方面的内容:一是要了解和把握员工的各项需要;二是要认真分析各类人员的需要;三是要采用科学方法收集信息,得出科学结论,用科学的办法去解决问题。面对不同的职务应采用不同的薪酬支付方式,更好地满足员工的实际需求。

第五节　团队建设与管理

一、团队概述

有人做过这样一个实验:把七八只黄蜂同时关进一个密封的小木箱里,几天以后,打开木箱,发现木箱的四壁多出了七八个小洞,每个洞里各有一只死去的黄蜂,而这些小洞中最浅的已经超出了木板厚度的一半。还有人做过另外一个实验,把一盘点燃的蚊香放进一个蚁巢里,惊恐的蚂蚁乱作一团,但片刻之后,蚁群开始变得镇定起来了,开始有蚂蚁向火光冲去,并向燃烧的蚊香喷出蚁酸。随即,越来越多的蚂蚁冲向火光喷出蚁酸,过了不到一分钟的时间,蚊香的火被扑灭了。[①]

面对困境,黄蜂单打独斗,结果全部悲惨毙命,而蚂蚁临危不惧,团结合作,共同战胜了困难。一个毫不起眼的个体团结起来的力量是惊人的,它们的成功源于团队的协作。

团队是指一种由相互协作的个体为了实现共同目标所组成的正式群体。成功的团队应该拥有清晰的目标、优秀的管理者、合理的规模、互补的技能、融洽的关系和内外部的支持。团队分为问题解决型团队、自我管理型团队、多功能型团队、虚拟型团队。

---

① 郭振亚.黄蜂和蚂蚁的启示[N].西安晚报,2004-04-05(19版).

二、团队的形成过程

团队的形成过程如图 11-8 所示。

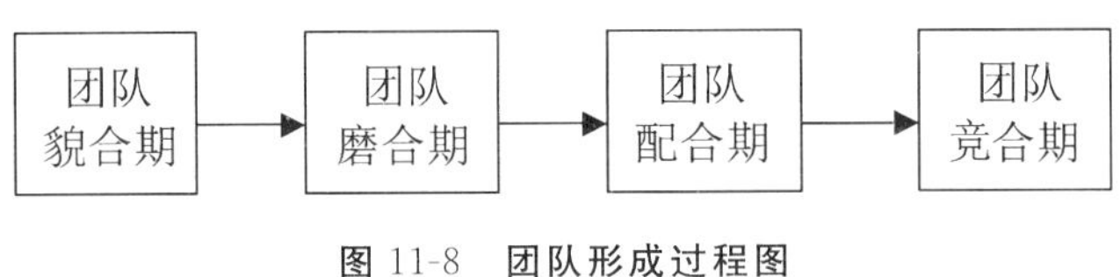

图 11-8　团队形成过程图

1.团队貌合期

一个团队可能是作为上一级组织的一个基础单位而长期运行，同样也有可能是为了完成某项任务而短暂组建或建立的。但是，无论是哪一种形式的团队构成，其本身必然会遇到团队最初构建过程中的貌合期，在这一过程中需要的是团队成员彼此之间良好的沟通与交流，需要的是彼此之间的相互适应。

在这个阶段，对于团队管理者而言，为了可以调和现有团队成员之间的关系以及团队氛围，可以就现有团队内的框架制度进行搭建，并且制订相应的绩效考评制度以及激励手段。同时，积极构建良好的团队文化以及制订内部管理制度，从而应用有效的规范化的章程实现团队建设的有效性。

2.团队磨合期

团队经过组建阶段后，每一个成员都对于自身的角色有了清晰的认识。经过一段时间内的团队成员之间的沟通与交流，对于他人也有了一个清晰的认识，彼此之间的矛盾以及偏见也渐渐消失。团队内部的气氛逐步有所缓和，这也就意味着团队进入了一个磨合期。

团队磨合期是团队建设的关键所在，在这一时期只有彼此能够真正进行密切的沟通与交流，才可以保证团队成员之间在后续工作中的协调与有序，避免对各自的成见。所以，在这一阶段团队管理者可以尝试利用不同的措施，通过组织诸如盲人方阵、密室逃脱等团队活动以及组织游戏，实现团队成员之间良好的磨合。

3.团队配合期

经过一段时间的激荡，团队逐渐走向规范。由此团队成员之间在经过了一系列的了解、接触以及认知之后，各自真正对于对方有了一个全新而深入的了解，从而在团队内部形成了一定的亲密关系，团队也表现出了良好的凝聚力，由此意味着团队建设进入了团队配合期。

在这一阶段，每一个成员都能够在团队中寻找到属于自己的位置，并且在现有的位置上积极发挥自己的作用，更好地服务于现有的团队发展，为团队建设做出自己的贡献。因而，团队管理者应该重视对每一个团员主观能动性的激发，了解每一个团员的实际需求，从而采取合理的手段与措施提升团队成员工作的积极性，促进团队成员之间的密切合作。

4.团队竞合期

随着时间的推移，团队进一步发展，成员之间相互配合、彼此尊重，团队结构已经开始充分地发挥作用并已被团队成员完全接受。由此，意味着内部的竞争会逐步加剧，每一个团队成员都希望可以获得更高的报酬，提升自己在团队中地位，这也就意味着团队进入了竞合期。

在这一时期，团队中的每个人都希望最大限度地发挥自己的作用，并且获得相应的报酬以满足自我价值的实现。因而，对于团队管理者而言，在这一阶段就必须要明确团队成员之间的关系以及各自的作用，避免恶性竞争的同时开展合理的良性竞争，积极促进团队成员之间的良性竞争，更好地发挥每一个团队成员自身的积极性与主观能动性。

三、团队的建设途径

团队是当今最流行的作业方式和组织形态。研究团队建设，对提高团队及组织有效性，有着重要的指导意义。对于团队的建设，不仅仅是注重团队整体作用的发挥，同样也必须要注重个人在团队中的作用，在充分实现团队凝聚力的同时促进个人在团队中的成长与作用的显现。

1.以资源吸引人

团队和组织一样，不仅仅是拥有人力资源，同时也包括了市场资源、品牌资源、信息资源、技术资源等。通过对上述资源的合理配置，从而吸引更多优秀人才的进入，促进团队建设，实现各自价值的融合，以满足不同成员的资源需求。结合不同成员的实际需求，对不同资源进一步合理地整合，从而吸引多元化、复合型人才的加入，提升团队的竞争力以及工作效率。

2.以情感凝聚人

自古以来，中国人就非常重视关系，强调“人和”。因而，在团队建设中需要把握每一个团队成员的感情需求，通过对团队内部关系的梳理，借助于感情牌，实现团队内部人际关系的协调。把人气力量聚拢在一起，在和谐互助的氛围中促进团队发展。团队管理者可以定期举行聚会或是各类活动以促进团队内部的气氛，保证每个人都能够在现有的团队中找到自己的位置和感情归属，在团队中寻找安全感与归属感。

3.以机制激励人

个人有理想信念，组织有战略规划，团队也应当有自己的愿景追求。由此，就需要将团队未来的发展与规划和个人绑定在一起，让每一个团队成员都可以在团队建设与发展过程中实现自我价值。将自己的愿景和团队建设相联系，这样无疑能够最大程度地发挥个人的主观能动性，更好地在团队建设中贡献自己的力量。

4.以愿景引导人

团队建设仅靠资源和人脉是不够的，还必须有一整套良好的机制来激励人。因此，团队在建设过程中必须要结合不同的工作需求以及未来的团队建设与发展规划制订相应的激励机制，明确每一个人在团队中的作用的同时，利用良好的激励手段促进个人的工作积极性与主观能动性。运用机制的好处在于它是全局性的，覆盖所有对象，从而真正实现团队中的每一个人都可以获得应有的价值。

本章小结

1.人力资源管理是以组织的战略目标为导向，围绕人力资源开展的规划、招聘、培训、绩效管理、薪酬管理、团队建设等一系列提升组织智力资本的管理活动。

2.人力资源具有能动性、时效性、再生性、高增值性、持续性、社会性等特征。

3.人力资源规划,也称人力资源计划,有广义和狭义之分。

4.人力资源业务计划主要包括人员补充计划、分配计划、教育培训计划、晋升计划、绩效与薪酬福利计划、职业生涯计划、劳动关系计划、退休解聘计划等。

5.绩效管理是管理者与被管理者之间根据组织目标对被管理者的工作活动、工作技能和工作产出进行持续的沟通与评价,进而保证组织目标有效实现的管理方法与过程。

6.薪酬管理是指一个组织根据所有员工提供的服务来确定他们应该得到的报酬总额、报酬结构及报酬形式的过程。

7.团队是指一种由相互协作的个体为了实现共同目标所组成的正式群体。

关键术语

人力资源管理 人力资源计划 关键事件法 绩效指标 绩效管理 薪酬管理 团队建设

复习思考题

1.分析人力资源规划的内容。

2.简述招聘的具体方法。

3.培训的方法有哪些?

4.论述绩效管理的流程。

5.简述薪酬体系如何设计。

6.团队的形成历经了哪些过程?

案例讨论

把珍珠串成项链——联想集团的人力资源管理经验

联想集团从1984年创业时的11个人、20万元资金发展到2001年已拥有近7000名员工、16亿元资产、累计上缴利税10.5亿元,成为具有一定规模的贸、工、技一体化的中国民营高科技企业。当外界纷纷探索联想成功的奥秘的时候,当一大批优秀的年轻人被联想的外部光环吸引而云集联想的时候,我们不妨走入联想内部,去看看联想的人力资源管理。

1.观念的转变:从“蜡烛”到“蓄电池”

联想和每一个企业的成长历史相类似,也经历了初创、成长到成熟几个阶段。在企业成长过程中,随着企业规模扩大,企业领导层越来越认识到“人”的作用的重要性。1995年,集团“人事部”改名为“人力资源部”,这种改变不仅是名称的变化,更是一种观念的更新。

蒋北麒先生说:“过去的人才管理把人视作蜡烛,不停地燃烧直至告别社会舞台。而现在,把人才看作资源,人好比蓄电池,可以不断地充电、放电。现在的管理强调人和岗位适配,强调人才的二次开发。对人才的管理不仅是让他为企业创造财富,同时也要让他寻找到最适合的岗位,最大限度地发挥自身潜能,体现个人价值,有利于自我成长。”

在中关村人才争夺战中,联想并不是被动挨打,而是主动迎战,他们认为跨国公司的进入,大大刺激了中国的人才市场,同时也给国内企业提供了一个更新人才观念、改变管理机制的学习机会。为此,联想提出了自己的薪新理论:项链理论。就是说人才竞争不在于把最大最好的珠子买回,而是要先理好自己的一条线,形成完善的管理机制,把一颗颗珍珠串起来,串成一条精美的项链。而没有这条线,珠子再大再多还是一盘散沙。没有好的管理形成强有力的企业凝聚力,仅仅依赖高薪也难留住人才。

2.在赛马中识别好马

联想启用年轻人采取的策略是"在赛马中识别好马"。这包括三个方面的含义:

(1)要有"赛场",即为人才提供合适的岗位;

(2)要有"跑道"划分,不能乱哄哄挤作一团,必须引导他们有秩序地竞争;

(3)要制订好比赛规则,即建立一套较为科学的绩效考核和奖励评估系统。

媒体评论说联想"爱折腾",从1994年开始,每到新年度的3~4月间联想都会进行组织机构、业务结构的调整。在这些调整中,管理模式、人员变动都很大。通过"折腾",联想给员工提供尽可能多的竞争机会,在工作中崭露头角的年轻人脱颖而出,而那些故步自封、跟不上时代变化的人就会被淘汰——这就是"在赛马中识别好马"。

3.善于学习者善于进步

联想创始人之一、公司副总裁李勤总结自己时说过一句话:办公司是小学毕业教中学。其含义是,办企业对他是一项全新的挑战,需要学习的知识太多。不仅是李勤一个人,不仅仅是联想一家企业,可以说中国整个企业界尚处于少年期,需要学习的地方太多,善于学习者善于进步。

联想注重向世界知名的大公司请教。在人力资源管理上,IBM、HP等都是他们的老师。联想和这些公司的人力资源部保持着亲密的关系。同时,他们与国际上一些知名的顾问咨询公司合作,引入先进的管理方法与观念。

4.小公司需要关羽、张飞,大公司需要刘备

当问到什么人在联想成长最快时,蒋经理的回答是首先要明白联想需要什么样的人。联想决策层一直关注领军人物的培养。柳传志总裁曾说过:领军的人好比是1,后面跟1个0是10,跟2个0是100。用一个不太确切的比喻:一个刚兴起的小公司需要关羽、张飞的勇猛善斗,而一个已具规模的企业更需要刘备的知人善用。好的领军人物需要有识人的眼光和培养人的胆略。那么,什么人更能获得成功?

第一,他要具有极强的上进心。第二,他要乐于接受新知识并勤于学习。第三,他要有对事物的敏感性,能预见结果,具备一眼看到底的透彻力(此种能力更是智慧与经验的结合)。第四,最重要的是要有自知之明。最后,年轻人悟性要强,要善于总结。犯错误并不可怕,可怕的是在同一个地方因同一原因摔倒两次。

(案例来源:http://www.kjcity.com/news_615477.html.)

讨论:

1.请谈谈你对人才从"蜡烛"到"蓄电池"转变的看法,这反映了从"人事管理"到"人力资源管理"哪些方面的变化?

2.联想集团的核心人才包括哪些?联想集团的核心人才如何支撑公司的竞争优势?

3.联想集团注重向IBM、HP等世界知名大公司请教的做法在人力资源管理方面给了你什么启示?

第十二章　管理沟通

本章学习目标

1.识别影响管理沟通的因素。

2.了解并运用不同类型的管理沟通。

3.掌握充分沟通在管理中的地位。

4.掌握管理沟通的过程、要素和障碍。

5.掌握管理沟通技巧。

知识结构图

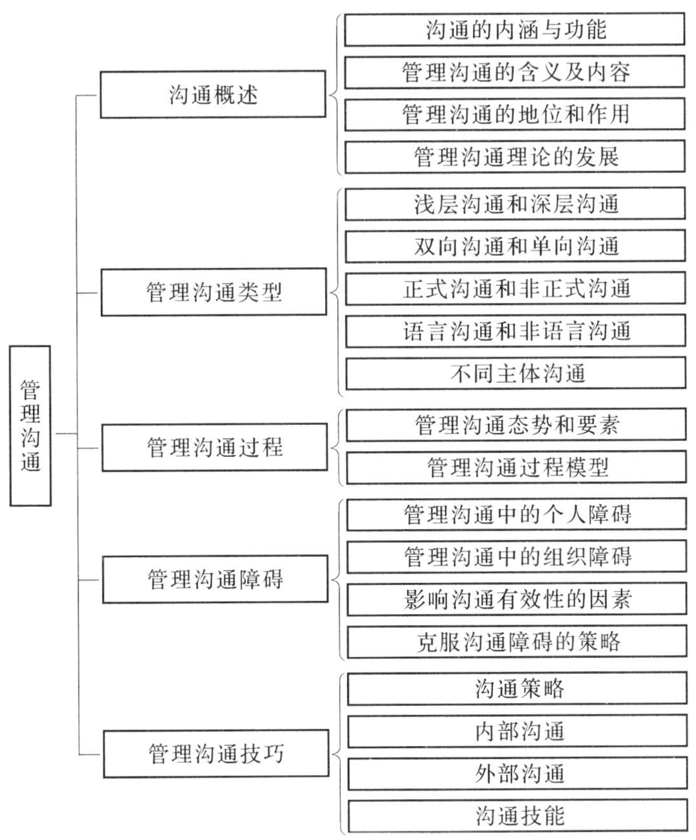

本章学习重、难点

重点

1.根据沟通目标确定沟通主体策略。

2.正确区分管理沟通类型,选择运用不同类型的管理沟通技巧。

难点

1.正确把握管理沟通的技巧与管理沟通障碍。

2.熟练运用管理沟通理论进行案例分析。

引 例

摩托罗拉的沟通系统①

以生产手机闻名世界的摩托罗拉公司早在三十年前就认识到内部沟通的重要性,并不断实践和完善沟通制度。公司管理者注意到,不同职位的人需要不同的沟通方式,完整的沟通系统应该包括上行沟通、下行沟通和平行沟通。摩托罗拉的沟通系统因此分为三部分:一是每月召开的员工协调例会;二是每年举办的主管汇报会;三是每年举办的员工大会。通过良好的内部沟通,企业运营效率得到了有效提升:1997 年,拥有 15 万员工的摩托罗拉公司销售总额达 298 亿美元,利润额达 12 亿美元,1997 年度《财富》排名第 93 位,而 1996 年它还在百名之外(101 位)。

第一节 沟通概述

社会生活中,沟通无处不在,国与国、组织与组织及人与人之间都需要进行沟通,良好的沟通对于促进国家、组织与个人的发展尤为重要。沟通是一门学问,掌握有效的沟通知识有利于提高沟通效率,改善人际关系。

一、沟通的内涵与功能

1.沟通的内涵

"沟通"(Communication)一词源于拉丁语"communicare",意为"分享、传递共同的信息"。② 14 世纪在英语中写为"comynycacion",15 世纪以后逐渐演变成为现代词形,在英汉词

① 摘自:http://www.docin.com/p-1249880508.html.

② 郭文臣.管理沟通[M].北京:清华大学出版社,2010.

典中的解释是"交流、交际、通信、传播、沟通"，也就是纯粹的信息交流。[①] 英文的"沟通"一词也曾翻译为"交际"或"社交"，即社会上人与人之间使用语言等媒介进行思想、观念、感情、意志的交往、联系和相互作用(在社会学、心理学等领域也称之为"社会互动")的一种行为。[②] 沟通就是为达到一定目的，在人与人之间、人与群体之间进行信息、思想与感情的传递和反馈过程，以求达成思想一致和感情畅通。

2.沟通的功能

从功能的角度看，沟通具有以下"三剂"功能。

(1)润滑剂

由于员工的个性、价值观、生活经历等方面的差异，个体之间难免会有磕磕碰碰，产生矛盾冲突。通过沟通，使得员工懂得尊重对方和自己，不仅了解自己的需要和愿望，也能通过换位思考，彼此了解，建立信任、融洽的工作关系。

(2)黏合剂

沟通又是黏合剂，将组织中的个体聚集在一起，将个体和组织黏合在一起，使员工在组织发展蓝图中描绘自己的理想，同时紧密与其他个体协调合作，在实现组织愿景的努力和工作中，追求个人理想和人生价值。

(3)催化剂

通过沟通可以激发员工的士气，引导员工发挥潜能、施展才华。研究表明，一些规模中等、制度健全的组织中，员工平均只将 15%的潜能施展在其工作中。主要原因是员工不清楚组织发展的目标以及其与个人目标的关系。而良好的沟通可以增进员工对组织目标、愿景的了解和理解，从而激发员工的内在潜力和潜能，众志成城，实现组织目标。

二、管理沟通的含义及内容

1.管理沟通的含义

管理离不开沟通，沟通贯穿于管理的全过程，沟通是事业成功的金钥匙、组织的生命线。[③] 根据沟通过程中的对象特征，沟通分为机—机沟通、人—机沟通和人—人沟通三种类型，通常把人—人沟通称为管理沟通。从管理的角度看，管理沟通是指沟通者为了获取沟通对象的反应和反馈而向对方传递信息的全部过程。实质上，管理沟通是一个满足需求的过程，所以又可以把管理沟通定义为，组织及其管理者为了有效发挥管理职能、实现组织目标，运用各种沟通渠道和工具，与内外公众之间进行的信息、知识、思想和情感的交流过程。

管理沟通的含义主要包括以下几点。

(1)它总是围绕组织目标而展开

---

① 李锡元.管理沟通[M].武汉：武汉大学出版社，2006.

② 赵慧军.管理沟通：理论·技能·实务[M].北京：首都经济贸易大学出版社，2003.

③ 赵建国.论企业管理沟通[J].科技信息，2013(9).

管理沟通不同于一般意义上的沟通，是围绕组织目标而进行的信息、知识传递和理解的过程，有效的管理沟通应对实现组织目标起到促进作用。

(2)它是一种双向的信息交流

管理沟通的效果受到传递信息的性质和传递者与接收者之间关系的影响。只有当信息使得沟通对象做出其所期望的反应时，才算是有效的管理沟通。沟通只在有接收者时才会发生，如果信息和想法没有被传递到，则意味着沟通没有发生。

(3)它必须借助一定的信息符号和信息载体，通过沟通渠道或沟通工具进行沟通

传送者首先把要传送的信息转化成符号，接收者再将其翻译为信息。语言、身体动作、表情等都是一种符号，例如人们会借助手势语来表达信息，用“竖起大拇指”表示“做得好”。

(4)管理沟通既是科学，又是艺术

管理沟通遵循一定的规律，但在不同的场合、时间，其具体方法是不尽相同的。在相同条件下，不同人运用相同的方法，其沟通效果也是不同的，有时甚至相差悬殊。

2.管理沟通的内容

根据管理沟通的内容进行分类，组织内部管理沟通的内容可归纳为以下五类。

(1)情感沟通

为了最大程度地提高员工工作的积极性，挖掘员工最大的工作潜能，让每位员工都能够愉快地工作，这就需要在平时培养优良的情感，营造良好的人际工作环境，增进双方的信任。

专栏 12-1　管理技巧：玫琳凯的情感沟通

玫琳凯·艾施是玫琳凯化妆品公司的创始人，她的公司已拥有 20 万职员，但她仍要求管理者记住倾听是最优先的事，而且每个员工都可以直接向她陈述困难。这样做的好处就是沟通了彼此的感情，倾诉者的自尊心得到了满足，在很多情况下，倾诉者的目的就是倾诉，“一吐为快”，并没有更多的要求。日本、英国和美国一些企业的管理人员常常在工作之余与下属一起喝几杯咖啡，就是让下属有一个倾诉的机会。

(2)业务沟通

在日常工作中，各工作层面横向和纵向之间都需要不时进行正常的业务衔接，因此就存在着一种基本、经常、重要的业务管理沟通，这种沟通不但能够体现出各工作的关联紧密程度，也能够体现出各层面的工作绩效和工作效率。

(3)战略决策沟通

战略决策是一个组织可持续发展的总体方向，也是组织经营管理能力的最高综合体现，它是由最高决策层做出的正确抉择。决策层需要通过下一层级获取大量可靠、准确的数据和信息，以便做出正确的判断和决策，并解释、传达给下一层级。而下一层级也需要正确理解和深刻认识决策层的战略意图，并清晰、准确地传达给各自的下一层级。因此，解释、传达、深入到组织各个层级的过程，就是战略决策沟通的过程。

(4)制度沟通

任何一个组织的正常运行都离不开制度做保障,因此,在制度制订前、制订中、制订后都需要进行有效的沟通,从而保证制订的制度具有较强的系统性、针对性和可操作性。制度制订前的沟通是为了确保制订的制度框架清晰、明了,各项业务能够紧密衔接;制订中的沟通是为了保证制订的制度更加科学合理、全面完整;制订后的沟通是为了保证制度能够被准确理解和严格执行,并能够及时对制度的执行情况进行跟踪、监督、检查和分析,不断进行纠偏、完善和持续改进。

(5)文化沟通

组织文化是在长期的生产经营过程中经过多年的提炼、修正和沉淀而成的,是组织核心价值观的一种表现形式。它的形成是组织在持续不断沟通的环境和背景下,最终形成的目标和结果。因此,在组织的发展过程中,其沟通工具和方式不但是组织文化的重要组成部分之一,也是引导组织成员积极投身于组织发展建设的强劲动力。

三、管理沟通的地位和作用

1.管理沟通的地位

(1)管理沟通是组织形成和运行的重要机制

组织是由许多不同的部门、成员所构成的一个整体,这一整体有其特定的目的和任务。[①] 为了达成组织目标,各部门、成员之间必须密切配合与协调,加强部门间的联系和沟通,增进相互理解,最终达到整体目标优化的效果。管理沟通是组织运行的重要促进机制。[②] 良好的沟通能减少团队内的冲突与摩擦,促进员工之间、员工与管理层之间的和谐与信任,减少工作的重复和脱节,从而避免人力、物力、财力以及时间上的浪费。良好的沟通还能提高员工的满意度,提升他们工作的质与量。现代组织都是建立在职能分工的基础上,管理沟通对于促进管理的专业化、科学化具有重要意义。

(2)管理沟通是履行管理职能的基本手段

沟通不仅是管理的一项职能,所有管理职能的履行都离不开沟通这一基本手段。在计划与决策中,良好的沟通不仅能交换信息,还能够互相融合、互相促进,从而产生创新效果。在组织构建过程中,无论是自上而下的目标分解、任务分工、设定岗位,还是自下而上的组建各层次各部门,都离不开上下左右的沟通;并且明确各层次上下的沟通关系,各部门之间的协调关系本身就是组织构建的重要内容。在招聘用人过程中,也只有通过沟通,才能考察人、识别人,将合适的人放到合适的岗位。管理沟通总是作为领导活动的重要内容,沟通能力总是作为领导水平的重要标志。在控制中,无论是对计划执行情况的信息收集、对环境变化信息的把握,还是根据环境变化对原先目标计划的调整,都是信息沟通过程。

---

① 吴元其,戴强,陈家田,罗宣.管理沟通——理论·实务·趋势[M].安徽:合肥工业大学出版社,2011.

② 申明,姜利民,杨万强.管理沟通[M].北京:企业管理出版社,1997.

(3)管理沟通是管理方式的决定因素

管理方式是管理者管理下属的手段、方法和风格的总称。权变理论认为,世界上没有放之四海而皆准的最优管理方式,而必须根据管理环境和下属的具体情况采取最有效的管理方式。根据科曼的领导生命周期理论,管理方式可以分为四种:命令式、指导式、协商式、授权式。不同的管理方式可以从沟通的信息控制程度与沟通的频率去区分,如图 12-1 所示。

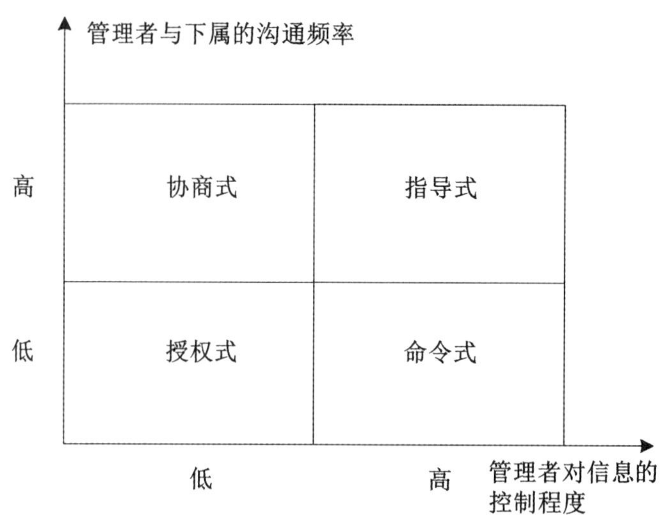

图 12-1 管理模式与沟通方式的关系

(4)管理沟通是管理者的日常工作

管理层次越高,花费在沟通上的时间也就越多。对于完成生产任务的基层主管来说,往往是工作时间的 20%~50%用于言语沟通,当通过文字工作增加沟通时则增加到 29~64%,而中高层管理人员 66%~87%的时间用于言语即面对面交流和电话沟通。这些数字还没有包括像阅读和书写文件、便函和报告等其他沟通形式。显然,沟通已经成为管理者的日常工作。

(5)管理沟通是组织对外联系的唯一桥梁

组织作为一个开放系统,不能离开环境中的其他组织或个人而独立存在和发展,它必须与环境中其他系统进行物质、能量和信息交换,而信息是首要的交换内容。如果一个政府不能与人民群众、其他组织等进行沟通,就无法获得准确信息,从而无法做出正确的决策,制定正确的政策。

2.管理沟通的作用

(1)管理沟通贯穿于管理实践过程的各个环节

只要管理的主体及对象是相对独立的个人或群体,管理沟通就会发生在管理过程的每一个环节。

(2)管理沟通是实现各项管理职能的主要方式和手段

例如,计划前的信息收集,计划中的信息交流和方案讨论,以及计划后的方案阐述和分解落实共同构成了管理的计划职能。而信息收集、信息交流、方案讨论、方案阐述和分解落实均属于管理沟通的范畴。因此,管理沟通的顺畅运行决定管理职能的顺利实现。

(3)管理沟通是组织管理的本质和核心

管理的根本目的是优化配置组织内外部资源,合理组织人员,共同高效地完成生产任务。以充分利用现有资源作为根本目标,获取资源信息并在不同的个体之间及时传递信息构成了管理工作的本质和核心,而内外信息的及时交流本身就是组织管理沟通的内容和目的。从管理层次角度来说,高、中、低层的管理者均面临着不同层次、方式与内容的管理沟通。同时,管理沟通不仅贯穿于纵向管理的每个层次,同时也发生于横向管理的整个过程。

四、管理沟通理论的发展

管理沟通理论是伴随着管理学理论逐步形成,并不断得到发展的。管理沟通理论形成与发展过程大体经历了三个阶段:萌芽阶段、形成阶段和发展阶段。

1.萌芽阶段(19 世纪末～20 世纪初)

管理沟通理论是伴随着科学管理理论和古典组织管理理论逐步产生的,其代表人物有泰勒、法约尔等。美国管理学家泰勒在其提出的科学管理理论中关注到管理中下行沟通的重要性,并试图通过组织结构设计来保证下行沟通的畅通,以确保命令下达的准确性以及实施的效果。1916 年,法国管理学家法约尔提出了著名的"等级链和跳板"原则,从整个组织结构的角度分析了信息的传递与沟通。法约尔对于促进管理沟通特别是组织沟通的研究起了重要作用,其思想可以认为是组织沟通理论的雏形。

2.形成阶段(20 世纪 20～50 年代)

20 世纪 20 年代,人际关系理论和行为科学理论的产生,使得管理沟通理论得到丰富和发展,人际沟通、组织沟通(包括非正式沟通、横向沟通、组织文化沟通)引起人们的关注,其代表人物有梅奥、巴纳德、德鲁克等。1924—1932 年,梅奥的"霍桑试验"促成了人际关系理论问世。可以说,人际关系理论的创立是管理沟通理论史上具有重要意义的事件,为管理沟通理论研究奠定了基础。1938 年,美国管理学家巴纳德提出了组织构成的三要素:协作意愿、共同目标和信息交流。他认为,信息交流是连接组织共同目标和个人合作意愿的桥梁。1954 年,"现代管理之父"德鲁克提出了一个具有划时代意义的概念——目标管理(Management By Objectives, MBO):"所谓目标管理,就是管理目标,也是依据目标进行的管理。"[①]德鲁克在管理理论中对管理者的责任、目标管理、管理决策等组织管理沟通进行了精辟论述。

3.发展阶段(20 世纪 60 年代至今)

自 20 世纪中叶开始,管理学理论得到了较快发展。系统论、信息论、控制论、决策管理理论、组织文化理论、学习型组织理论、知识管理理论等研究成果都或多或少地为管理沟通理论的发展奠定了基础,使得管理沟通逐渐发展成为一门科学和学科。系统论主张的出现,使人类

---

① [美]彼得·F.德鲁克.管理实践[M].帅鹏,刘幼兰,丁敬泽,译.北京:工人出版社,1989.

思维方式发生了深刻的变化，系统思考成为管理沟通的核心；控制论认为，任何系统要保持或达到一定的目标，就必须采取一定的行为：输入和输出，其中控制论的反馈（正反馈、负反馈）是管理沟通过程中不可或缺的环节。

兴起于20世纪80年代的组织文化理论，从组织的理念、制度、行为、视觉识别等方面出发，系统构建了组织文化传播沟通网络。它由某种非正式的组织和人群以及某一特定场合组成，它所传递出的信息往往能反映出职工的愿望和心态，主要作为非正式的信息传递渠道，其代表人物有沙因、肯尼迪和迪尔等。①

20世纪80年代以来，随着信息革命、知识经济时代进程的加快，组织之间的竞争越来越激烈，传统的组织模式和管理理念已越来越不适应环境。以美国麻省理工学院教授彼得·圣吉为代表的西方学者，吸收东西方管理文化的精髓，提出了以"五项修炼"为基础的学习型组织理念。1990年圣吉出版了《第五项修炼——学习型组织的艺术与实务》一书，提出了学习型组织必备的五项修炼：自我超越、改善心智模式、建立共同愿景、团队学习和系统思考。② 可以说，学习型组织的五项修炼都是管理沟通理论研究的重要内容，其涉及自我沟通、人际沟通、团队沟通、组织沟通，尤其是第五项修炼，阐述的是沟通的核心。

进入21世纪，信息网络技术迅猛发展，即时性通信工具的广泛应用③，给相对滞后的管理沟通理论提出了严峻挑战。因此，如何应对网络沟通或电子沟通带来的管理真空，如何利用快捷、方便、实用、简约的信息沟通渠道提高工作效率和工作效益，如何利用网络传播组织文化，如何应对管理组织虚拟化、组织结构扁平化、管理手段和设施网络化、管理文化全球化等发展趋势，成为管理沟通理论研究的新课题。

第二节 管理沟通类型

根据不同的划分标准，可以把沟通划分为不同的类型：浅层沟通和深层沟通、双向沟通和单向沟通、正式沟通和非正式沟通、语言沟通和非语言沟通及不同主体沟通。

一、浅层沟通和深层沟通

根据沟通时信息涉及人的情感、态度、价值观领域的程度深浅，可以把沟通分为两种：浅层沟通和深层沟通。

1.浅层沟通

浅层沟通是指管理工作中必要行为信息的传递和交换，如管理者将工作安排传达给下属，下属将工作建议告诉主管等。组织的上情下达和下情上传都属于浅层沟通。浅层沟通的特点

① ［美］阿伦·肯尼迪，特伦斯·迪尔.西方企业文化［M］.孙耀君，何大基，帅鹏，马继森，译.北京：中国对外翻译出版公司，1989.

② ［美］彼得·圣吉.第五项修炼——学习型组织的艺术与实务［M］.郭进隆，译.上海：上海三联书店，1994.

③ Jones R. Personal knowledge management through communicating[J]. Online Information Review, 2009(2).

是:①浅层沟通是组织内部传递工作的重要内容。如果缺乏浅层沟通,管理工作势必会遇到很大障碍。②浅层沟通的内容一般仅限于管理工作表面上的必要部分和基本部分。如果仅靠浅层沟通,则管理工作无法深知下属的情感态度等。③浅层沟通一般较容易进行,因为它本身已成为员工工作的一部分。

2.深层沟通

深层沟通是指管理者和下属为了有更深的相互了解,在个人情感、态度、价值观等方面较深入地相互交流。有价值的聊天或者交心谈心都属于深层沟通。深层沟通的作用主要是使管理者对下属有更多的认识和了解,便于依据适用性原则满足他们的需要,激发员工的积极性。深层沟通的特点是:①深层沟通不属于组织管理工作的必要内容,但它有助于管理者更加有效地管理好本部门或本单位的员工。②深层沟通通常在管理者和员工两人的休息时间进行。③深层沟通与浅层沟通相比更难以进行。主要因为深层沟通必然要占用沟通者和接收者双方大量的时间,也要求相互投入大量的情感,深层沟通的效果严重地影响着沟通过程本身。

二、双向沟通和单向沟通

根据沟通时是否出现信息反馈,可以把沟通分为两种:双向沟通和单向沟通。双向沟通是指有反馈的信息沟通,如讨论、面谈等。在双向沟通中,沟通者检验信息接收者是如何理解信息的,也可以使接收者明白其所理解的信息是否正确,并可要求沟通者进一步传递信息。单向沟通是指没有反馈的信息沟通,如电话通知、书面指示等。

一般情况下,在要求接收者接收的信息准确无误时,或处理重大问题时,或做出重要决策时,宜用双向沟通;而在强调工作速度和工作秩序,或者执行例行公事时,宜用单向沟通。双向沟通与单向沟通相比,前者在处理人际关系和加强双方紧密合作方面有着更为重要的作用。因此,现代组织的沟通也越来越多地从单向沟通转变为双向沟通。因为双向沟通更能激发员工参与管理的热情,有利于组织发展。

管理者在促进双向沟通时,要注意以下两点:①平衡心理差异。上下级之间由于权力的差异而导致心理上的差异有可能严重影响双向沟通的效果。作为管理者应努力消除下属的不适心理,营造一种民主、和谐、轻松、包容的沟通气氛,这样才能获取下属的真实看法和意见。②增加容忍度。双向沟通时,不同意见、观点、建议的出现是正常现象,作为管理者,应该心平气和地与员工交换自己的想法和看法,以求达成共识,共同做好工作。

三、正式沟通和非正式沟通

1.正式沟通

正式沟通是指组织中依据规章制度明文规定的原则进行的沟通,如国家之间的公函来往、组织内部的文件传达、召开会议等。按照信息流向的不同,正式沟通又可细分为下向沟通、上向沟通、横向沟通、斜向沟通、外向沟通等几种形式。

2.非正式沟通

非正式沟通与正式沟通不同,沟通对象、沟通时间及沟通内容等各方面,都是未经计划和难以辨认的。通过组织成员的关系进行沟通,这种社会关系超越了单位、部门以及级别层次等。

四、语言沟通和非语言沟通

1.语言沟通

语言沟通是指人们为了达到一定的目的,运用口头语言和书面语言传递信息与接收信息、交流思想感情的一种语言活动。语言沟通建立在语言文字的基础上,其又可细分为口头沟通和书面沟通两种形式。人们之间最常见的交流方式是交谈,也就是口头沟通。常见的口头沟通包括演说、正式的一对一讨论或小组讨论、非正式的讨论以及传闻或小道消息传播。书面沟通包括备忘录、信件、组织内发行的期刊、布告栏及其他任何传递的书面文字或符号的手段。

2.非语言沟通

非语言沟通是指通过身体语言来传递信息。美国心理学家艾伯特·梅拉比安经过研究认为:在人们沟通中所发送的全部信息中仅有7%是由语言来表达的,而93%的信息是由非语言来表达的。非语言沟通内涵十分丰富,主要包括体态语和符号语等。

五、不同主体沟通

沟通按照主体的不同,可分为人际沟通、群体沟通、组织沟通和跨文化沟通等不同类型。

1.人际沟通

人际沟通是指人与人之间的信息和情感相互传递的过程。它是群体沟通、组织沟通乃至管理沟通的基础。

2.群体沟通

当沟通发生在具有特定关系的人群中时,就是群体沟通。

3.团队沟通

团队沟通是指在特定的环境中,两个或两个以上的人利用语言、非语言的手段进行协商谈判达成一致意见的过程。

4.组织沟通

组织沟通是指涉及组织特质的各种类型的沟通。一般来说,组织沟通又分为组织内部沟通和组织外部沟通。其中,组织内部沟通可以细分为正式沟通和非正式沟通;组织外部沟通可以细分为组织与顾客、股东、社区、新闻媒体之间的沟通。①

---

① Frenkel M. Communicating management: The role of the mass media in the institutionalization of professional management and productivity discourse in Israel[J]. Scandinavian Journal of Management, 2005(2).

5.跨文化沟通

跨文化沟通是指发生在不同文化背景下的人们之间的信息和情感的相互传递过程。它是文化沟通的变体。相对于文化沟通而言,跨文化沟通要逾越更多的障碍。

第三节 管理沟通过程

管理沟通对于每一个管理者来说都至关重要,如影随形,无处不在,它是管理者职业生涯中最重要的组成部分。它解决的是现实管理活动中发生的组织与组织之间、人与人之间、人与组织之间的沟通问题。管理沟通区别于其他沟通就在于它强调沟通是一个系统的过程,这一过程主要涉及信息的编码、译码和沟通渠道等关键步骤。

一、管理沟通态势和要素

个体、群体或组织努力使沟通更加有效进行的过程,即是对沟通的管理。任何沟通过程,尤其是组织中的沟通过程,都是一个管理过程,涉及发信者与收信者、媒介、噪音与反馈等要素,以及两个黑箱操作过程:一个是发信者对信息的编码过程,另一个则是收信者对信息的解码过程。如图12-2所示。这两个子过程之所以被视为黑箱过程,是因为无法检测而且难以控制,这是人脑的思维和理解过程。前者是反映事实、事件的数据和信息如何经过发信者的大脑处理、理解并加工成双方共知的语言的过程,而后者是收信者如何就接收到的表述数据和信息的语言经过搜索大脑中已有的知识,并与之相匹配从而将其理解、还原成事实、事件的过程。

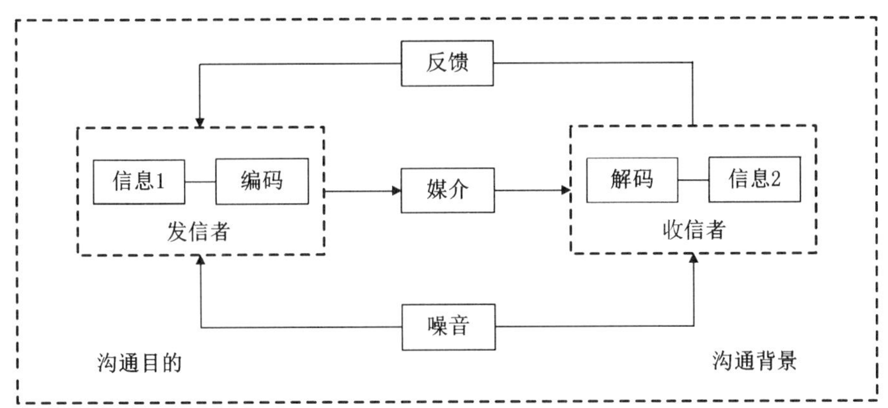

图12-2 沟通过程和要素

1.发信者:信息源

在信息交流过程中,发信者的功能是产生、提供用于交流的信息,是沟通的初始者,具有主动地位。发信者回答“谁正在发起行动(沟通)”“信息是从哪里发出来的”“为什么要信任他”等问题,其动机、态度及其可靠性对沟通效果有重要作用。

2.收信者:听众

收信者即信息接收者。在信息交流过程中,信息接收者被告知事实、观点或被迫改变自己的立场、行为等,往往处于被动位置。对这一要素,要考虑的问题包括:是什么促使他们接收和理解这些信息?他们对发信者的建议的态度是积极的还是消极的?那些会受到发信者信息影响的次要听众是谁?有没有还没考虑到的听众?

3.编码和解码

编码是发送者将信息译成可以传递的符号形式的过程,发送者的词汇和知识在这里起着重要作用。专业化的信息可以用专业术语传递,也可以用任何人都能理解的形式传递。解码指信息接收者的思维过程,是信息接收者根据自己已有的经验和参考的框架进行解释的过程。在这一过程中,接收者得到的信息与发送者的本意可能相似也可能不同。发送者明白,不管自己的期望如何,在接收者头脑中所进行的解码只反映了接收者自己的情况。

4.目标

当人们接收一个指示或产生一个好主意时,会尽可能清晰地把它记下来,然后把它与实现的成本进行比较。还要思考:目标有价值吗?沟通的双方将怎样评价其风险和成果?简言之,即要回答"怎样才算是沟通成功"的问题。

5.背景

沟通是在具体环境中发生的。它可能涉及某一个人或几百、几千人;它可能意味着遵循特定的组织文化、组织历史并在组织特定的竞争形势中进行,或者意味着要改变这些准则;它还可能涉及外部沟通,与客户、潜在的消费者、当地媒体、其他竞争者等进行沟通。在制定沟通战略之前,要确保了解这些背景。

6.信息

这是指沟通主体(发信者和收信者)要分享的思想感情。这些思想感情通过语言和非语言两种符号来表达。关于信息这一要素,要考虑的问题包括:针对特定的听众,提供什么信息可实现沟通的目的?他们需要多少信息?怎样使你的信息具有说服力和被收信者牢记在心?怎样最有说服力地传达你的观点?

7.管道或媒介

这是发信者把信息传递到收信者那里所借助的手段,如面谈、电话、会议、计算机网络等。哪种媒介能把信息最有效地传递给每个重要听众?也就是说,是写信、发电子邮件,还是召开会议、发传真、做录像,或是举行记者招待会?实际上"媒介本身就是信息",做出媒介选择时就已经在传递着相应的信息。

8.反馈

这是发信者与收信者相互间的反应。反馈意味着沟通的每一个阶段都要寻求听众的支持,更重要的是给他们回应的机会。只有这样,才会知道听众在想什么,才可能相应地调整发布的信息，使他们更有可能感觉到参与了这个过程并对其目标做出承诺。由于反馈能让沟通的主体参与并了解信息是否按他们预计的方式发送和接收、信息是否得到分享，所以它对沟通效果的好坏是至关重要的。相比之下，两个人面对面地沟通使沟通主体有最大的反馈机会。交流中包含的人越少，反馈的机会就越大。

9.噪音

这是影响接收、理解和准确解释信息的障碍。根据噪音的来源，可将它分为三种形式：外部噪音、内部噪音和语义噪音。外部噪音源于环境，它阻碍人们听到和理解信息，但是这种噪音并不单纯指声音，它也可能是刺眼的光线、过冷或过热的环境。有时在组织中，人们之间不太友好的关系、过于强调等级和地位的组织文化等也是有效沟通的障碍。内部噪音发生在沟通主体身上，比如注意力分散、存在某些观念和偏见等。语义噪音是由人们对词语情感上的拒绝反应引起的，如许多人不听带有亵渎语言的讲话，因为这些词语是对他们的冒犯。

10.环境

这是指沟通发生的时间和地点(时空背景)。人们的任何活动都不是发生在真空中的，环境对沟通效果能产生重大影响。正式场合适于正式沟通，而在非正式场合人们的言语交谈则要随意得多。很多情况下，当环境变化时，沟通也随之变化。众所周知，大型组织和小型组织由于结构和规模上的差异，组织沟通的方式和风格也大相径庭；而一个组织处于稳定发展阶段时的信息沟通，与处于变革时期的信息沟通，不论在内容还是手段上都会有很大区别。

通过分析以上要素就可以看出，任何人际沟通和组织沟通实际上都是一项管理工作。无论是制定较宽泛的战略，还是设计某一特定的沟通方案，认真考虑发信者、听众、目标、信息、背景、媒介、反馈、噪音等要素，会提供一个任何沟通情势下都可应用的要素框架。应用这个要素框架，可以确保沟通者更好地参与沟通过程，并在沟通中取得更有效的结果。

二、管理沟通过程模型

1.沙农的信息理论模型

通常，人们把沙农的信息理论模型看作现代沟通过程研究的开端。1948 年他首次提出了沟通过程的一般模型，如图 12-3 所示。这一模型被应用于新闻学、修辞学、语言学、演讲和倾听等多个学科领域或专门领域。

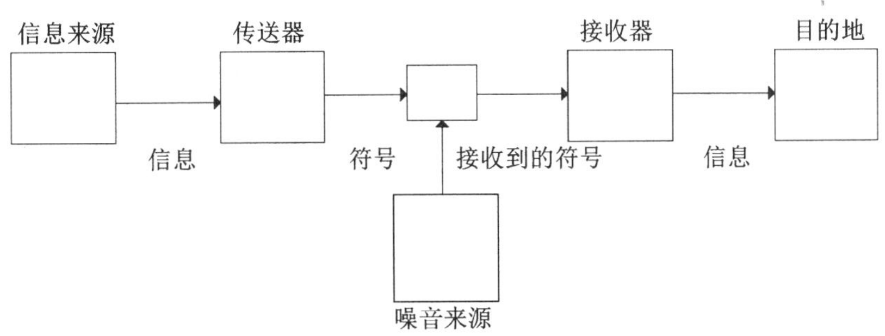

图 12-3 沙农的信息理论模型

沙农的信息理论模型并不是完整的沟通模型，而是一个通过媒介的信息流动模型，是一个不完整的、有偏见的模型。这一模型更适用于电话或电报系统中，而不适用于其他大多数媒介。沙农的信息理论模型是一种线性传播，即单向传播，把传输者向接收者的传输看作主要的媒介活动。但是在现实媒介世界中，沟通几乎从来都不是单向的，而且通常是间接的。它缺乏信息反馈、忽视客观环境因素的制约以及发送者和接收者的主观能动因素。

与沙农的信息理论模型相近的另一个沟通过程模式是由另一位美国学者哈罗德·拉斯韦尔提出的。1948 年，拉斯韦尔提出构成传播过程的五种基本要素：谁、说了什么、通过什么渠道、对谁、取得了什么效果，并按照一定的结构顺序将它们排列，形成人们称之为“五 W 模式”或“拉斯韦尔公式”的过程模型，如图 12-4 所示。

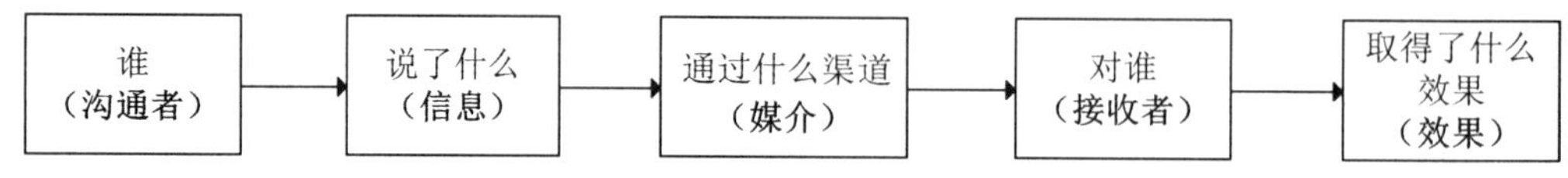

图 12-4　拉斯韦尔公式

该模式的不足有：①将传播视作劝服性过程，认为传播是传播者打算影响接收者，并且总能取得一定效果——对此人们表示理解，因为拉斯韦尔是从研究政治传播和宣传的角度进入传播学的；②忽略了反馈；③忽略了传播过程中外部环境的影响；④忽略了传播行为的复杂性；⑤忽略了各要素相互之间的关联性等。

2.反馈的控制论模型（双向沟通模型）

维纳等提出了反馈的控制论模型或双向沟通模型：交互模型（Interactive Model）和交易模型（Transactional Model）。在交互模型（图 12-5）中，一个变量用反馈的控制理念详细地解释了沙农的信息理论模型，但其没有改变沙农信息理论模型的任何其他因素。一个关键的理念就是目的地能够反馈他们收到的信息，以便于信息源能及时地调整其信息。

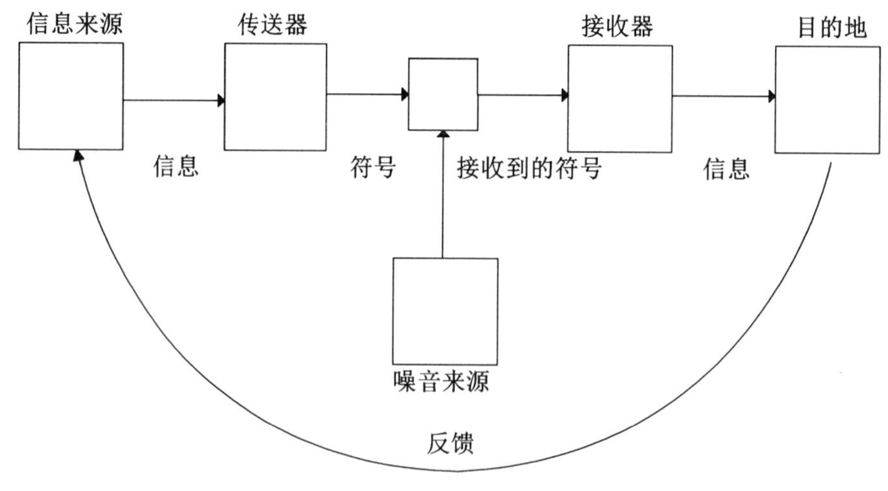

图 12-5　交互模型

交易模型（图 12-6）与交互模型不同，交易模型更倾向于把与模型相关的人看作既能创造信息又能接收信息的沟通者，即这一模型在显示每一个参与者发出信息的同时，另一些参与者在接收信息。从某种程度上来说，这是一个非常好的面对面地互动沟通过程。这一模型延伸了能够为使用者对称性沟通创造和接收信息的互动媒介，包括便条、信件、电子邮件等。

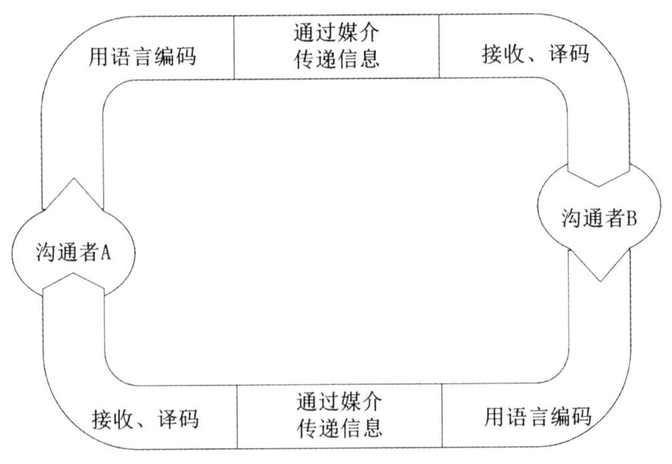

图 12-6 交易模型

3.沟通过程的新模型：生态模型

沟通的生态模型(图 12-7)认为沟通是在四个基本的构建交会处产生的：人们之间的沟通由语言和媒介产生的信息来调节；通过媒介来接收并通过语言来诠释。从某种程度上说，生态模型更加具体且详细地描述了拉斯韦尔传统的沟通研究框架，即"谁通过什么方式对谁说了什么，产生了怎样的效果"。在生态模型中，"谁"是信息的创造者；"说了什么"是指信息；"什么渠道"被具体、详细地描述为语言(渠道的内容)和媒介(渠道的组成)；"向谁说"是指信息的接收对象；效果就是在各种要素关系中产生的，包括关系、观点、归因、解释以及语言和媒介的不断改进等。

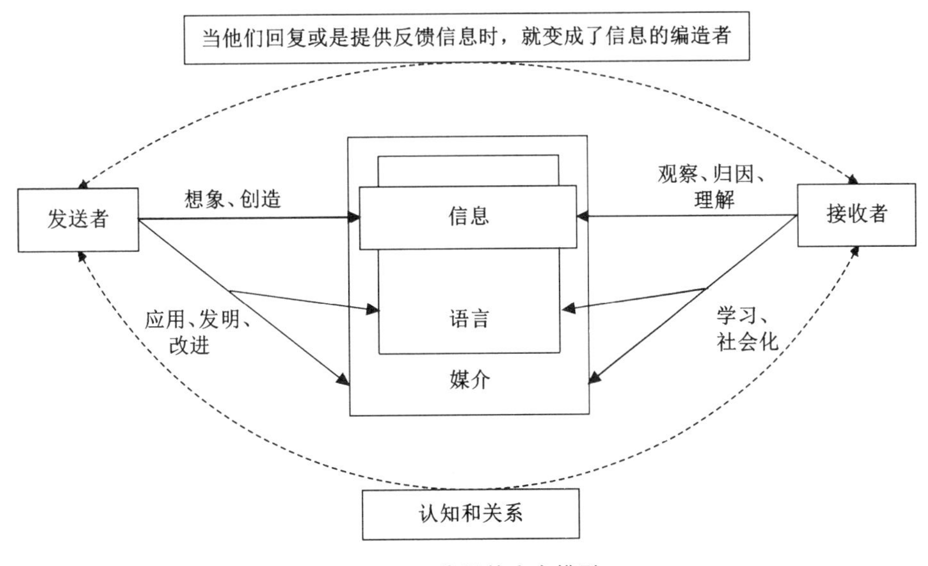

图 12-7 沟通的生态模型

生态模型描述了诸多关系：信息是通过语言来编制和接收的，语言是在一定的媒介背景下产生的，信息是在一定的媒介背景下构建和接收的，接收信息和编制信息的角色是具有回应性的。当你回复或是向别人提供反馈时，那么你就变成信息发送者；当他人应用反馈改编其信息然后将其发送给信息接收者时，原来的信息发送者就变成信息接收者。

第四节　管理沟通障碍

管理沟通障碍是管理工作中常见的现象，是指管理者与被管理者之间、管理者与管理者之间、被管理者与被管理者之间，在沟通过程中由于信息意图受到干扰或误解，而导致沟通失真的现象，本节对管理沟通中常见的障碍进行论述。

一、管理沟通中的个人障碍

从信息传送者到信息接收者的沟通过程并非都是畅通无阻的，其结果也并非总是如人所愿。信息沟通中的障碍，是指导致信息在传递过程中出现的噪音、失真或者停止的因素或原因。[①] 宽泛而言，影响有效沟通的障碍主要包括客观障碍和主观障碍。

1.客观障碍

客观障碍首先表现为生理障碍。当人们接收所有信息时，这些信息都要经过五官（视觉、听觉、触觉、嗅觉和味觉器官）中的一个或多个器官。人们依赖这些感官来准确地感知周围所发生的事情，尽管感官可能受到损害，或者信息发送者提供不完整的信息（光线不足影响看清楚信息，发布通知时声音不够响亮而影响听清楚通知等）。在向他人传递信息时，一定要清楚地意识到他们的感官也许有别于传递者本身。其次，沟通双方空间距离遥远、接触机会少、双方社会文化背景不同等也是客观障碍的表现。

2.主观障碍

沟通不仅仅是发送和接收信息，还涉及理解信息。沟通是指含义的转换，因此，即便人们可以清晰地看到和听见发送者传递的信息内容，但如果不明白发送者的意思，也就没有沟通。人们遵从所在群体的规范标准，而由此形成的文化会影响日常生活中对于信息、事件和经历的看法和反应。甚至，个体的思维定式，包括偏见和陈见也会影响对他人的理解和反馈。

二、管理沟通中的组织障碍

在管理中，合理的组织结构有利于信息沟通。但是，如果组织机构过于庞大，则会出现组织混沌现象。[②] 那么，信息从最高决策传递到下属单位不仅容易产生信息失真，而且还会浪费

---

① ［美］詹姆斯·S.奥罗克.管理沟通——以案例分析为视角(第4版)[M].康青，译.北京：中国人民大学出版社，2011.

② Ronél Rensburg，Ursula Ströh.Communicating on the edge of chaos：a transformation and change management perspective[J]. Communicatio South African Journal for Communication Theory & Research，1998，24(2).

大量时间,影响信息的及时性。

有学者统计,如果一个信息在高层管理者那里的正确性是100%,到了信息的接收者手里可能只剩下20%的正确性,如图12-8所示。这是因为,在进行信息沟通时,各级主管部门都会花时间把接收到的信息进行甄别,层层过滤,然后有可能传达断章取义的信息。此外,在甄选过程中,还掺杂了大量的主观因素,尤其是当发送的信息涉及传递者本身时,往往会由于心理方面的原因,造成信息失真。这种情况也会使信息的提供者畏而却步,不愿提供关键的信息。因此,如果组织结构臃肿,机构设置不合理,各部门之间职责不清、分工不明,形成多头领导,或因人设事、人浮于事,就会给沟通双方造成一定的心理压力,影响沟通的进行。

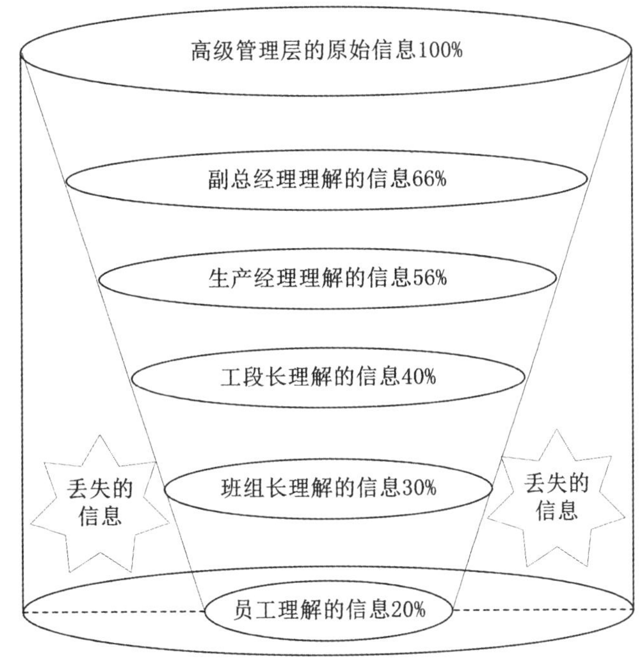

图12-8 信息理解漏斗

三、影响沟通有效性的因素

沟通的有效性,受多个因素影响,包括主体因素、客体因素等。生活与工作中遇到的很多棘手问题都是源于沟通不畅。所以,如何达到有效沟通是一门不折不扣的学问,也是现代人的必备技能。

1.主体因素

所谓主体因素,又可称为管理沟通主体因素,或发送者因素。管理沟通的主体通常包括发送信息的组织或个人。组织作为管理沟通的主体,其影响沟通有效性的因素很多,主要包括组织已有的社会形象、载体选择与代言人形象、组织战略、组织结构、组织文化等组织行为。个体作为管理沟通的主体,其影响管理沟通有效性的因素主要包括领导风格或管理风格,心理、态度与行为等。

(1)组织形象

组织形象指的是公众心目中对一个社会组织的整体要求、全部看法和总体评价。简单地说,组织形象就是组织在公众中产生的印象。组织形象的构成要素包括产品形象、服务形象、员工形象、环境形象、文化形象和标识形象等。[①]

除此之外,组织形象还包括组织的方针政策、办事程序与效率、财政资信以及信息公开程度等方面的内容。

(2)载体选择与代言人

沟通主要是组织通过一定的媒介与其相关的公众进行信息、知识、思想和情感等的交流。沟通媒介的种类很多,从一般意义上划分,沟通媒介大体上有三种:符号、物品和人。从媒介的特质划分,沟通媒介主要分为两种类型:电子媒介和印刷媒介。从公共关系传播角度划分,沟通媒介主要可分为人际传播沟通媒介和大众传播沟通媒介。

沟通媒介的选择对沟通效果的影响非常大,因此,必须科学选择沟通媒介。通常要遵循以下三条原则。

①根据沟通的内容选择沟通媒介。组织要向公众传递信息,通常要借助各种媒介。至于选择哪种媒介,首先要看传播什么信息,要根据信息的内容来确定选择哪种媒介。

②根据沟通对象选择沟通媒介。不同社会组织在不同的社会时期,其沟通目标是不同的,需要联系的公众也各不相同。因此,选择沟通媒介时,一定要注意考虑并研究分析沟通对象的情况,包括公众的类型、喜好、文化素质、心理承受能力、经济状况等。

③根据组织经济能力选择沟通媒介。在选择沟通媒介时,还必须考虑组织的经济承受能力,尽量少花钱多办事。每个组织的经费都是有限的,如果一味地追求沟通效果,不考虑经济承受能力,必将打乱整个沟通活动计划,也会给组织带来一定的负担。

(3)领导风格

领导者基于对自己角色、权力等认知的差异而形成了各自不同的领导风格。美国心理学家库尔特·勒温发现,团体的任务领导并不是以同样的方式表现他们的领导角色,领导者通常使用不同的领导风格,这些不同的领导风格对团体成员的工作绩效和工作满意度有着不同的影响。勒温等人认为领导风格有三种类型,即专制型、民主型和放任型的领导风格。后来,研究人员将领导风格类型不断细化,提出了四种类型(专制型、咨询型、协商型、民主型)、六种类型(强制型、权威型、合作型、民主型、方向指定型、教练型)乃至更多类型的领导风格。

归纳起来,无论对领导风格怎样划分,领导风格通常都可归为两种典型领导行为:指挥性行为(又称为命令性行为)和支持性行为。指挥是一种单向沟通,领导者将内容、时间、地点和方法明确告诉下属,并且严格监督下属的工作过程。下属的工作过程和工作步骤都是由领导所决定的,下属只是执行领导的决策。指挥性行为的特点是组织、控制和监督。支持性行为意味着领导对下属的努力进行支持,领导倾听下属的意见,帮助下属之间增进关系和交流意见。

---

① 郭文臣.公共关系管理[M].大连:大连理工大学出版社,2005.

支持性行为的特点是称赞、倾听和辅助。领导风格的类型如图 12-9 所示。

图 12-9　四类领导风格

(4)心理、态度与行为

个体的心理是指个体在沟通过程中的心态及其变化,包括心理预期、心理定式(感知障碍)、自我意识等。个体的心理预期是指个体根据以往经验对某事事先企盼所能达到的符合自己期望的目标。心理预期值的高低与人的实际心理感受成反比例关系,即期望值越高,一旦实际情况达不到理想状态,心理失望的程度越大,反之亦然。所谓心理定式,是由一定的心理活动所形成的准备状态,对以后的感知、记忆、思维、情感等心理活动和行为活动起正向或反向的推动作用。心理定式是一种综合效应,它综合反映人的经验、知识、文化素养等。心理感知偏差就是一种心理定式,通常包括首因效应、晕轮效应、刻板印象、对比效应、投影效应等。

专栏 12-2　管理知识:心理定式实验

曾经有一个女孩做了一个实验,她走上讲台,同时邀请一位观众作为伙伴。然后她在纸片上写了一些东西,小心地把纸折起来,并对她的伙伴说:"我要进行一项传心术的实验。请你列举出一种家禽,一种长在脸上的东西和一位俄罗斯诗人的名字。"这位伙伴说道:"母鸡,鼻子,普希金。"女孩微笑着说:"现在请你将刚才纸条上的内容念出来。"这位伙伴大声念道:"母鸡,鼻子,普希金。"正好是他刚才自己说的词语!

这个实验正是一个心理定式的缩影。人类的全部活动,都是由积累的经验和以前作用于大脑的环境所决定的,人们从经历中早已建立了牢固的条件联系和基本联想。由于人都有根深蒂固的心理定式和成见,很难以冷静、客观的态度接收说话者的信息,这也会大大影响沟通的效果。

此外,组织战略、组织结构、组织文化也是很重要的主体因素。

2.客体因素

沟通客体即沟通对象在沟通过程中并不是唯命是从、百依百顺，而是有自己的个性、喜好等起能动作用的客体。由于沟通客体的心理素质、文化素质、职业、个性等各不相同，因而使得沟通客体因素更加复杂。

(1)选择性因素

沟通客体影响沟通效果的因素主要是由于其对沟通信息具有选择性。这种选择性包括选择性接收、选择性理解和选择性记忆。

(2)功能性因素

功能性因素主要是指信息接收的时效性，其主要包括延缓性因素和即时性因素。延缓性因素，是指能在沟通对象身上较长时间内发生作用的因素。即时性因素，是指信息在短时间内及时满足沟通对象的需求并即刻发生作用的因素。

(3)结构性因素

结构性因素是指沟通主体将具有相互作用和关联的信息沟通要素，采取不同的匹配和耦合方式影响沟通对象。结构性因素包括信息刺激的强度、对比度、重复率和新鲜度。

3.环境因素

影响沟通效果的环境因素主要是指沟通的周边物理环境，包括沟通场所的噪声、空间距离、空气环境质量(气味)、温湿度、光线的明亮度、色彩等。不合时宜的环境会使信息接收者难以全面、准确地接收信息发送者所发出的信息。

(1)噪声

噪声会影响人的神经系统，使神经系统的兴奋与抑制平衡失调，轻者会使人感到心里不舒服，影响人的心情；重者会使人产生神经系统功能紊乱，出现头晕、耳鸣、心悸、全身无力等症状，进而影响正常的生活和工作。

(2)空间距离

空间距离是无声的，但它对人际交往具有潜在的影响和作用，有时甚至决定着人际交往的成败。事实上，人们都在自觉或不自觉地运用空间来进行交往，以表明对他人的态度与他人的关系。

(3)气味

气味主要包括沟通场所周边的空气质量、人体气味(身体散发、口腔散发等)。对于人的感觉而言，气味是最能影响情感和行为的因素。人们对气味比较敏感，容易产生联想，特定的气味能改变人的心情。

(4)温湿度

在适度的气温下，气温对人的行为没有特别影响，但温湿度过高或过低都会影响人的正常交往。温度过高或过低时，人会感到烦躁或拘谨；湿度过高或过低时，人会感到潮湿或干燥。

(5)光线、色彩

光线的明亮程度会影响人们沟通时的心情和感受。强光会刺激人的眼睛,分散人的注意力,使人感到灼热、烦躁和不安;弱光会使人行为迟缓,而且容易使人产生沉闷压抑的感觉。人们在长期实践中获得了对色彩的认识,对不同的色彩会产生不同的心理感觉。

四、克服沟通障碍的策略

1.使用恰当的沟通节奏

面对不同的沟通对象,或面临不同的情境,应该采取不同的沟通节奏,否则可能造成严重的后果。如在一个刚组建的项目团队,团队成员彼此会小心翼翼,相互独立,若此时采取快速沟通和参与决策的方式,可能会导致失败;一旦一个团队或组织营造了学习的文化氛围,即组建了学习型组织时,可以导入深度会谈、脑力激荡等开放式的沟通方式。

2.考虑接收者的观点和立场

有效的沟通者必须具有"同理心",能够感同身受,换位思考,站在接收者的立场,以接收者的观点和视野来考虑问题。若接收者拒绝其观点与意见的话,那么传达者必须耐心、持续地做工作来改变接收者的想法。传达者甚至可以反思:我自己的观点是否正确?

3.充分利用反馈机制

进行沟通时,要避免出现"只传递而没有回馈"的状况。只有确认接收者接收并理解了传送者所发送的信息,沟通才算完整与完成。要检验沟通是否达到目标,传送者只有通过获得接收者的反馈才能确定,如提问、倾听、观察、感受等方式。

专栏 12-3　管理技巧:相互尊重与理解

某企业要召开一次董事会,董事王铭经过精心准备,在董事会上提出并说明了自己就提高生产率的新计划设想。当王铭讲完后,另一位老资格的董事发言:"按照我的看法,以这个途径来解决生产率的问题是幼稚的。情况要比王铭想到的复杂得多,我认为我们不能在这个计划上浪费更多的人力、物力和时间。"

这位老资格董事的观点也许是合理的,但是他传递信息的态度可能完全破坏了其他与会人员就问题所想提出的一些看法。结果呢,可以想象,这次董事会就不会再有其他不同的声音,王铭很可能就是一言不发地等到会议结束。像这种情形的出现,一方面,将损害沟通双方的关系,使得某一方产生敌意或抵触情绪;另一方面,将严重阻碍问题的解决,新的想法就被扼杀在思想的摇篮里。

4.以行动强化语言

语言上说明意图,只不过是沟通的开始,只有化为行动,最终才能真正提高沟通的效果,达到沟通的目的。树立了以行动支持语言的信誉后，管理沟通才能真正达到沟通与交流的目的，才能在组织内部建立一种良好的相互信任的文化氛围。

5.避免一味说教

有效沟通是彼此之间的人际交往与心灵交流。仅仅试图用说教的方式与人交往则违背了这个原则。当传送者打算一味全面传达其信息时，很难对接收者的感受、反响做出反应，其结果会引发接收者对其的反感与“敬而远之”。

第五节　管理沟通技巧

管理沟通作为一门学科，有其独特的规律及技巧。根据管理沟通的要素分析，应该从管理沟通的几个基本要素入手，系统全面地考虑管理沟通的技巧。

一、沟通策略

沟通技巧是管理变革和成功的关键因素之一。[①] 尽管在沟通过程中形成了这样那样的障碍，但是，只要具备良好的沟通理念，采取科学的沟通方法，仍然能够克服沟通中的障碍，实现有效沟通。具体来说，克服沟通障碍的策略主要表现在以下方面。

1.明确沟通的目的

沟通双方在沟通之前必须弄清楚沟通的真正目的是什么，动机是什么，要对方理解什么。确定了沟通目标，然后对要沟通的信息做详尽的准备，并根据具体的情境选择合适的沟通形式来实现这个目标；另外，不仅要分析接收者的特点，学会“换位思考”，而且还要善于激发接收者的兴趣，这样才能达到有效沟通的目的。

2.尊重别人的意见和观点

在沟通过程中，要试着去适应别人的思维架构，更要能够想象对方的思路，体会对方的世界，感受对方的感觉。因此，无论自己是否同意对方的意见和观点，都要学会尊重对方，给对方说出意见的权利，同时将自己的观点更有效地与对方进行交换。

3.考虑沟通对象的差异

发送者必须充分考虑接收者的心理特征、知识背景等状况，并依此调整自己的谈话方式、措辞或是服饰、仪态，同时要以自己的职务、地位、身份为基础进行沟通，一定要适应沟通环境。例如，厂长在车间与一线工人沟通，如果西装革履且咬文嚼字，势必给工人造成一道心理上的鸿沟；但在诸如管理论坛或各类高峰会上，这样的穿着和措辞却是必需的。

4.充分利用反馈机制

许多沟通问题是由于接收者未能准确把握发送者的意思造成的，为减少这些问题的发生，

---

① Hurn B. J. Management of change in a multinational company[J]. Industrial and Commercial Training, 2012(1).

沟通双方应该在沟通中积极反馈。反馈的方式多种多样，发送者可以通过提问、聆听等方式来获得反馈信息，也可以通过观察、感受等方式来获得反馈信息。

5.学会积极倾听

积极倾听就是要求沟通双方能站在对方的立场上，运用对方的思维架构去理解信息。一般说来，要做到积极倾听，需要遵守以下基本原则：专心、移情、客观、完整。

6.注意非语言信息

非语言信息往往比语言信息更能打动人。因此，如果你是发送者，你必须确保你发出的非语言信息有强化语言的作用。如果你是接收者，你则要密切注意对方的非语言提示，从而全面理解对方的思想、情感。

7.保持良好的心态

人的情绪、心态等对沟通过程和结果具有巨大的影响，过于兴奋、失望等情绪一方面易造成对信息的误解，另一方面也易造成过激的反应。因而，沟通双方在沟通前应主动调整各自的心态和情绪，明确自己的角色位置，只有做到心平气和，才能对人、对事、对物做出客观公正的评价。

二、内部沟通

1.上行沟通

上行沟通是指在组织中信息从较低层次流向较高层次的一种沟通。沟通的内容主要是下级的工作汇报、工作总结、当前存在的问题、工作行为和反应、建议和意见等。依靠上行沟通，组织和管理层可以了解下级和整个组织工作及运营情况，了解员工对工作和组织态度，以及时发现问题、解决问题。为获得有效的上行沟通，组织可以建立一种和谐而富有建设性的氛围。

2.下行沟通

下行沟通是指在组织中信息从较高层次流向较低层次的一种沟通。下行沟通是组织中最重要和最强大的沟通流程，更是传统组织中最主要的沟通流向，一般以命令的方式传达上级组织所制订的决策、计划、规划之类的信息。下行沟通的媒介一般包括文件、通知、报告、会议和口头通知等。

3.横向沟通

横向沟通又称平行沟通，是指在组织中同一层次不同部门之间的沟通。例如，团队成员之间的沟通。横向沟通的存在是为了增强各部门之间的合作，减少部门间摩擦，满足部门与部门之间的信息共享，并最终实现组织总体目标。横向沟通能够弥补纵向沟通造成的不足，满足不同部门之间信息共享的需要。

4.斜向沟通

斜向沟通是一种特殊形式的沟通，包括群体内部非同一组织层次上的单位或个人之间的信息沟通和不同群体的非同一组织层次之间的沟通。斜向沟通有利于促进上行沟通、下行沟通和平行沟通的渠道畅通，具有信息传递环节少、质量高、成本低以及快速、便捷和高效的优点。但斜向沟通可能带来管理混乱，激发管理层内部矛盾、下属有时无所适从等弊端。

三、外部沟通

1.客户

也称顾客。它既可以是组织，如经销商(零售与批发)，也可以是消费者个人。

2.供应商

一切为组织提供资源的组织和个人都属于供应商的范畴。比如科技信息供应者(科研院所、高校)、人才劳动力供应者(高校、人才市场等)。

3.政府有关管理部门

像工商部门、税务部门、环保部门、质量监督部门、宏观调控部门等。

4.新闻媒体

包括平面媒体、广播影视媒体、网络媒体等。对于组织形象来说，媒体往往是“成也萧何，败也萧何”。

5.合作伙伴

任何组织都有不同性质的合作伙伴，或稳定或暂时，它们都是组织的沟通对象。

6.社会组织和利益群体

现代社会组织总是一定人群利益的代表者。比如消费者利益代表者——消费者协会，妇女儿童利益的代表——中华全国妇女联合会，环保人士的组织——中国环境保护协会。

7.社区公众

任何组织都处于一定的社区之中，与社区公众的沟通难以避免。我国社会管理改革逐步由“单位管理”转为“属地管理”，组织与社区公众的沟通尤显重要。

四、沟通技能

作为一个管理者，要实现有效沟通，首先需要对自身的角色和应具备的基本技能有一个粗略的认识，提升伦理道德理念品质，促进管理沟通社会化。[①]

根据明茨伯格的研究，管理者扮演的角色共有十种。这十种角色可归纳为人际关系类角色、信息类角色和决策类角色三类，如表 12-1 所示。虽然这些角色经常被分别解释，但事实上它们具有高度的整体性。

---

① 曾萍，姚建文.管理沟通与伦理道德建设融合探析[J].经济问题探索，2008(10).

表 12-1　明茨伯格的经理角色[①]

类别	角色	工作内容
人际关系类	挂名领袖(Figure Head)	执行仪式或象征性工作
	联络者(Liaison)	建立内部和外部的信息网络
	领导者(Leader)	指挥、协调群体工作
信息类	监听者(Monitor)	搜寻、接收和筛选信息
	传播者(Disseminator)	传递信息给他人
	发言人(Spokesperson)	通过演讲、报告、电视、广播等向外部提供信息
决策类	企业家(Entrepreneur)	制订计划,建立秩序
	混乱驾驭者(Disturbance Solver)	解决员工或部门中的各种冲突、问题
	谈判者(Negotiator)	在谈判中代表部门或组织
	资源分配者(Resource Allocator)	决定资源分配的对象和数量等

本章小结

1.沟通就是为达到一定目的,在人与人之间、人与群体之间进行信息、思想与感情的传递和反馈过程,以求达成思想一致和感情畅通。

2.根据不同的划分标准,可以把沟通划分为:浅层沟通和深层沟通、双向沟通和单向沟通、正式沟通和非正式沟通、语言沟通和非语言沟通及不同主体沟通。

3.任何沟通过程,尤其是组织中的沟通过程,都是一个管理过程,涉及发信者与收信者、媒介、噪音与反馈等要素,以及两个黑箱操作过程。

4.信息沟通中的障碍,是指导致信息在传递过程中出现的噪音、失真或者停止的因素或原因。

5.克服沟通障碍的策略主要表现在以下方面:明确沟通的目的、尊重别人的意见和观点、考虑沟通对象的差异、充分利用反馈机制、学会积极倾听、注意非语言信息、保持良好的心态。

6.明茨伯格认为管理者扮演了十种类型的管理角色,即挂名领袖、联络者、领导者、监听者、传播者、发言人、企业家、混乱驾驭者、谈判者、资源分配者。

关键术语

管理沟通　沟通目标　双向沟通　谈判目标　群体沟通　团队沟通　内部沟通　外部沟通　组织战略

---

① [加拿大]亨利·明茨伯格.管理者的工作:传说与事实[J].商业评论,2004(1).

复习思考题

1.如何理解管理沟通的内涵?

2.简述管理沟通的地位与作用。

3.论述实现有效管理沟通有哪些沟通策略。

4.如何提高管理者的沟通技能?

案例讨论

韩鹏的竞聘

韩鹏,2001年7月毕业于辽宁工业大学电子工程专业,应聘到了大连MV商业集团公司工作。由于在三个月的试用期内,韩鹏工作富有激情,并且具有较强的交际能力,很快便得到集团领导的赏识。2001年10月,在新入职员工的岗位分配时,按照韩鹏个人的第一志愿,他竞聘到了集团营销部工作,负责集团内部报刊和广告方面的工作。

进入营销部后,韩鹏一如既往地努力工作,经常向部门内部的前辈和其他科室的领导请教工作方法以及业务方面的问题,从而使其业务能力不断提升,业绩也很突出,受到了营销部主管领导的好评。

随着工作时间的延续,韩鹏觉得目前的机关工作不利于自己以后的职业发展,于是他协调各方面关系,得到了一次工作调动的机会。2005年2月,韩鹏调至集团下属最大的分公司营业部大连A区营业部担任服务经理助理职务。韩鹏在这个职务上如鱼得水,很快便成为营业部的骨干。2005年10月,韩鹏被任命为营业部服务经理,全面负责营业部的顾客服务工作。一直积极要求上进的他工作更加努力,希望自己能够得到更大提升。

正在韩鹏希望自己能够有更大的发展空间时,2007年3月,MV商业集团公司决定拓宽业务领域,成立国际名品经营公司,面向集团内部招聘一名总经理和两名业务经理。韩鹏认为自己的工作能力和经验适合国际名品公司业务经理的要求,决定再一次挑战自己,便报名参加竞聘业务经理。

由于竞聘的顺序是按照姓名的拼音排序,所以韩鹏第一个走上了讲台。整个演讲过程都很顺利,下一个环节是答辩。为了给自己原来的部下鼓劲,营销部孟总第一个提问:“韩鹏,你在刚才的演讲中提到自己工作能力很强,能讲一讲你是如何提升自己的工作能力的吗?”

“作为入职集团近五年的大学生,我对领导安排的每一项工作都仔细思考,认真执行,同时经常到图书馆借阅各种与工作相关的业务书籍,时常向老领导和经验丰富的员工请教工作方法,从理论和实践两个方面不断提升自己的业务能力,所以即使我不是业务能力最强的一个,但我一定是进步最快的一个!”韩鹏满怀信心地答道。

“你刚才提到零售企业的顾客服务工作十分重要,甚至在公司的经营业绩中举足轻重,能深入地说一说服务的主要作用吗?”为进一步考察韩鹏的工作能力,集团总裁继续提问。

“我从2005年2月到现在一直从事服务工作,处理的棘手问题很多,我认为服务工作开展的好坏将直接影响公司的经营效益，同时对公司的持续发展起着很重要的作用。就拿我工作的大连 A 营业部来说吧，两年内我处理的顾客投诉问题我自己都不知道有多少起了，客服部的工作很重要，工作开展也很难，有些顾客如不给予经济补偿就百般纠缠。我们营业部 2006 年因顾客投诉而给予经济补偿的有 28 起之多，全年因为顾客投诉造成的经济损失达 238230 元!”为了增强说服力，韩鹏在回答过程中还举出了自己工作中的实例，并采用了精确的数据，希望展现出自己对工作的认真和业绩情况的准确把握能力，能得到集团总裁及评委的认可。

“真的有这么多顾客投诉需要经济补偿吗？每年的损失有这么多?”集团总裁似乎半信半疑，在问韩鹏的同时转过脸看了一眼大连 A 营业部的总经理。

“这些数据是我从去年工作中总结出的，这些数据足以说明顾客服务工作的重要性。”韩鹏并没有意识到集团总裁所持疑问的真实意图，依然按照自己的思路回答问题。其实，集团总裁掌握的顾客服务方面的损失数据与他讲的“精确”数据差距很大。

最终，出乎韩鹏意外的是他竞聘失败。

（案例来源：http://www.cdfds.com/qita/33378.html.）

讨论：

1.韩鹏竞聘失败意味着这次沟通没有达成其目标，那么韩鹏竞聘失败的原因是什么？

2.韩鹏应如何提高自我沟通能力？

第十三章　管理激励

本章学习目标

1.理解激励的含义和实质。
2.理解激励的构成要素。
3.了解激励的过程。
4.理解和掌握需要层次理论、双因素理论、期望理论、公平理论和强化理论等激励理论。
5.掌握主要的激励方法和技巧。

知识结构图

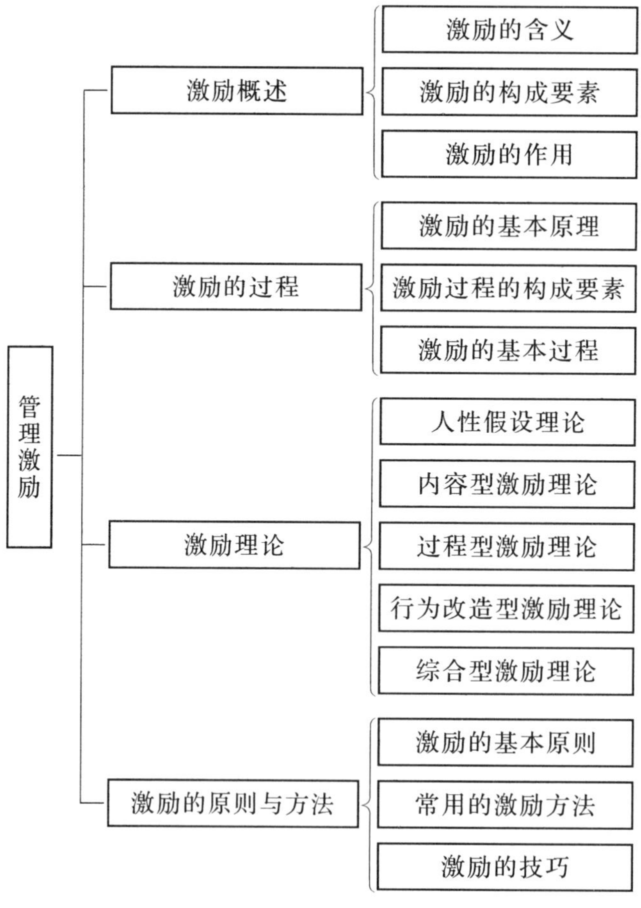

本章学习重、难点

重点

1.需要层次理论。

2.双因素理论。

3.期望理论。

4.公平理论。

5.强化理论。

6.激励的方法。

难点

1.双因素理论。

2.激励理论在实践中的应用。

引　例

马蝇效应与倒U形假说[①]

马蝇效应：再懒惰的马，只要身上有马蝇叮咬，它也会精神抖擞，飞快奔跑。

启示：有正确的刺激，才会有正确的反应。

倒U形假说：当一个人处于轻度兴奋时，能把工作做得最好。当一个人一点儿兴奋都没有时，也就没有做好工作的动力了；相应地，当一个人处于极度兴奋时，随之而来的压力可能会使他完不成本该完成的工作。世界网坛名将贝克尔之所以被称为常胜将军，其秘诀之一即是在比赛中自始至终防止过度兴奋，而保持半兴奋状态。所以有人亦将倒U形假说称为贝克尔境界。

点评：1.激情过热，激情就会把理智烧光。

2.热情中的冷静让人清醒，冷静中的热情使人执着。

成功的管理者必须知道用什么样的方式能有效地调动下属的工作积极性。为了进行有效的激励，收到预期的效果，领导者必须了解人的行为规律，知道人的行为是如何产生的，产生以后会发生何种变化，这种变化的过程和条件有何特点等。

① 摘自：百度百科“马蝇效应”词条。

第一节 激励概述

激励就是调动人的积极性的过程。如何激发人的工作积极性，是管理中的一个重要课题。这是因为，在组织活动中，只有使所有参与活动的员工都保持高昂的士气和工作热情，才能取得良好的效果，进而实现组织的目标。在组织中，研究管理激励的目的，就是要弄清在怎样的条件下，人会更努力地工作，工作会更有效率。

专栏 13-1 管理故事：渔夫、蛇和青蛙

一天，渔夫看见一条蛇咬着一只青蛙，渔夫为青蛙感到难过，便决定救这只青蛙。他靠近了蛇，轻轻地将青蛙从蛇口中拽了出来，青蛙得救了。但渔夫又为蛇感到难过：蛇失去了食物。于是渔夫取出一瓶威士忌，向蛇口中倒了几滴。蛇愉快地走了。青蛙也显得很快乐。渔夫满意地笑了。可几分钟以后，那条蛇又咬着两只青蛙回到了渔夫的面前……

管理启示：激励是什么？激励就是让人们很乐意去做那些他们感兴趣的又能带来最大利益的事情。当然，关键是用合适、正确的方法去引导，并让他们做好。

一、激励的含义

激励(Motivation)，原是心理学的概念，是激发、刺激、鼓励的意思。激发是对人的动机而言，鼓励是指对人的行为方向加以引导。所谓激励，就是利用某种外部诱因调动人的积极性和创造性，使人产生内在的动力，向所期望的目标前进的心理过程。

激励是由动机推动的一种精神力量或状态，它对人的行为起激发、推动和加强的作用，并且指导和引导人们的行为指向目标。

从管理学的角度，国内外的学者对激励的概念进行了不同的定义。综合各种激励的定义，管理学中的激励就是管理者采用某种有效的措施或手段激发人的动机，诱导人的行为，使其产生一种内在动力，为实现所期望的目标而努力的活动或过程。管理工作中的激励就是通常所说的调动人的积极性。

在理解激励的概念时要注意以下两点。

第一，激励是一个过程。人的很多行为都是在某种动机的推动下完成的。对人的行为的激励，实质上就是通过采用能满足人的需要的诱因条件，引起行为动机，从而推动人采取相应的行为，以实现目标，然后根据人们新的需要设置诱因，如此循环往复。

第二，激励过程受内外因素的制约。各种管理措施，应与被激励者的需要、理想、价值观和责任感等内在的因素相吻合，才能产生较强的合力，从而激发和强化其工作动机，否则不会产生激励作用。

二、激励的构成要素

根据激励的含义，可以看出激励一般由五个要素组成。

①激励主体，指施加激励的组织或个人；

②激励客体，指激励的对象，即激励措施所指向和作用的对象；

③激励目标，指主体期望激励客体的行为所实现的结果；

④激励手段，指能引起激励客体的动机和行为的物质或精神的因素、方法；

⑤激励环境，指激励过程所处的时空环境因素，它会影响激励的效果。

因此，可以说激励就是在一定环境中，激励主体采取适当的激励手段作用于激励客体，以实现一定的激励目标的过程或活动。

三、激励的作用

从管理的角度来讲，激励的最主要作用在于激发、鼓励、调动人的积极性，从而使工作更有效率，使他们在实现组织目标的同时实现自身的需要。在组织中，激励具有特殊的、重要的作用，表现在以下几方面。

1.激励是调动员工积极性的主要途径，有利于提高工作绩效

调整人的行为的方式有多种，其中激励是一种让人自觉自愿地改变行为的方式，具有区别于其他方式的优势。通过激励可以充分调动员工的积极性，使其最充分地发挥其技术和才能，从而实现工作的高质量和高效率。

2.激励有利于吸引并保留优秀人才

当代社会的竞争核心是人才的竞争，任何组织，甚至一个国家的发展都必须依赖优秀的人才和稳定的人才队伍。管理者如果精于激励，善于用有效的激励手段，营造一种和谐、信任和融洽的组织氛围，为员工的发展创造机会，就能吸引并保留优秀的人才。

3.激励有助于使员工个人目标与组织目标相统一

个人目标及个人利益是员工行动的基本动力，它们与组织目标和总体利益之间既有一致性，又存在着差异，当二者发生背离时，个人目标往往会干扰组织目标的实现。通过激励，使员工理解和接受组织目标，认同与追求组织目标，使组织目标成为员工的信念，从而转化为动机，推动员工为此而努力。激励的功能就在于以组织利益和需要的满足为基本作用力，诱导员工把个人目标统一于组织的整体目标，推动员工为完成工作任务做出贡献，从而促进个人目标与组织目标共同实现。

4.激励可以激发人们的热情和兴趣

激励不仅可以提高人们对自身工作的认识，还能激发人们的工作热情和兴趣，解决工作态

度和认识倾向问题。通过激励，使其对本组织成员产生强烈、深刻、积极的情感，并以此为动力，将自己的全部精力投入实现预定目标中。兴趣是影响动机形成的重要因素，通过激励使人对工作产生稳定而浓厚的兴趣，使人对工作产生高度的注意力、敏感性、责任感，形成对自身职业的偏爱。

第二节　激励的过程

激励是一种复杂的现象，也是一个复杂的过程，它涉及人的行为活动的产生、方向、持续和终止等问题以及由这些问题构成的行为机理。因此，要掌握有效激励，首先应了解激励的基本问题：对个体行为的激发、定向、保持的因素是什么，以及这些因素的相互关系和作用过程。具体来讲，要研究什么因素引起人的行为、什么因素指引该行为向目标前进、这种行为是如何坚持下去或终止的等等。

一、激励的基本原理

如何对人进行激励，是建立在对人的行为规律的认识基础上的。人是生活在特定的环境(包括自然环境和社会环境)之中的，受到环境的影响。激励产生的根本原因，可分为内因和外因两个方面，内因由人的认知知识构成，外因则是人所处的环境，从而激励基础上人的行为可看成人自身特点及其所处环境的函数。内因是激励的根据和根本原因，决定着激励的性质和发展方向；外因是激励的条件，通过内因起作用，对激励能够起强化或弱化的作用。内因和外因是辩证统一、互相联系、互相转化的，激励效果是内因和外因共同起作用的结果。显然，激励的有效性在于对内因和外因的深刻理解，并使其协调一致。

人的行为中只有少数是本能性、反射性、无动机的。从管理者所关心的人的动机来看，一般都是通过客观因素的刺激来引发的。管理中的激励，是指激发员工的行为动机，也就是说，用各种有效的方法去调动员工的积极性和创造性，改变员工的活动方式，使员工奋发努力完成组织的任务与目标。因此，要激励员工，管理者应首先了解员工的需要与动机、员工的行为过程以及影响行为的因素等问题。

二、激励过程的构成要素

激励的实质是动机的激发过程。心理学认为：人的行为是由动机支配的，而动机则是由需要引起的，行为的方向是达成目标、满足需要。因此，一个激励过程主要是由需要、外部刺激、动机、行为和目标五个要素构成的。

1.需要

人为了维持生存和发展，对外界环境必然产生各种需求。《吕氏春秋》中说，若一个人“耳不乐声，目不乐色，口不甘味，与死无异”。需要是指个体由于缺乏某种生理或心理的因素而产生的与周围环境的某种不平衡，并希望得到补偿的状态，即个体对某种目标或事物的渴求或欲望。这种内在的需要是人的思想与活动的基本动力，并会通过一定的方式影响人的情绪、思维和意志。需要使人感到某种结果具有吸引力，当需要未被满足时就会产生紧张感，进而激发个体的内驱力，产生行为动机。因此，需要是激励的起点与基础，是人们积极性的源泉和实质。

专栏 13-2 管理故事：毛驴拉磨：最大限度地满足员工的需求

杰克小时候，每年都会和奶奶去碾辣面，碾辣面一般都用石碾，拉石碾的大都是毛驴。毛驴很滑头，拉一会儿就会偷懒，走得很慢，杰克就用树枝打它，毛驴一打就跑，可不一会儿又慢下来。结果打打跑跑，没等碾完，杰克已累得跑不动了。

后来，杰克发现奶奶从不打毛驴，而毛驴却跑得很快。仔细观察后杰克才明白，原来是这么一回事。每次去碾坊的路上，奶奶总会拔一些青草，等让毛驴拉石碾时就将这些青草用小木棍固定在笼头上，青草刚好放在驴嘴前将要够着又够不着的地方，毛驴要想吃到草就得够着向前跑。等碾上几圈，奶奶就会将木棍压低一些让毛驴吃着草。这样，就在毛驴的头脑中形成了“向前跑，有青草”的概念，自然而然的，不用赶，它自个儿就跑得挺欢。

启示：组织管理，就是要解决如何在实现组织目标的前提下，最大限度地满足员工个人的需要。假如组织忽视员工的工作动机而一味地追求效益，只会招致不满，影响组织的持续发展。

2.外部刺激

外部刺激是激励的条件，是指激励过程中，人们所处的外部环境中各种影响需要的条件与因素，主要指各种管理手段及相应的管理环境。

3.动机

动机对每一个人来说都不陌生，它在人们生活中处处可见、时时可见。入党时组织要进行入党动机审查；司法机关在审理案件过程中要查究犯罪动机；出于搞清对方的动机，在日常人际交往中需要“察言观色”；等等。那么到底什么是动机呢？

当人产生某种未满足的需要时，就会引起人的欲望，它使人处在一种不安和紧张的状态之中，从而成为某种行为的内在驱动力，心理学上把这种驱动力叫作动机。因此，动机是引起和维持行为，并将此行为导向某一目标的愿望或意念。动机是人们行为产生的直接原因，它引起行为、维持行为并指引行为向满足某种需要前进。动机不仅来源于内在需要的不满足，同时也受到外界环境刺激的影响。当物质方面或精神方面的外在刺激与人的内在需要产生共鸣时，就会激发和强化人的行为动机。所以，动机是由需要驱动、刺激强化和目标诱导三种因素相互作用的一种合力，是推动人从事某种行为的心理动力，是激励的核心要素。

4.行为

行为是动机作用的结果，是个体在环境影响下所引起的生理和心理变化的外在反应，如行动、表情等，但不包括纯意识的思想反应过程。主导动机对行为的产生与发展起主要作用，人的行为是内在因素和外在因素共同作用的结果。一般情况下，内在因素是根本，起着决定作用；外在因素是条件，起着导火线的作用。因此，行为是被管理者采取的有利于组织目标实现的行为，是激励的直接目的。

5.目标

个体的目标往往是以满足需要为内容，同时也是动机的指向和行为努力追求的结果。一方面，目标表现为个体行为的结果，目标实现的同时往往行为结束；另一方面，目标又是行为的诱因，在行为过程中推动动机的产生，引导和调节着行为的方式和方向。因此，个体的目标是激励可以利用的刺激点。

总之，人的任何动机和行为都是在需要的基础上建立起来的，产生某种需要后，只有当这种需要具有某种特定的目标时，才会产生动机，动机才会成为引起人们行为的直接原因。在多种动机下，只有优势动机才会引发行为。需要、外部刺激、动机、行为和目标之间的关系可以用图 13-1 表示。

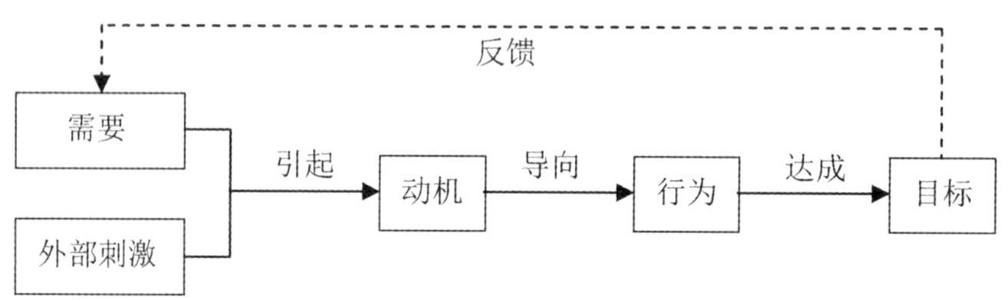

图 13-1　需要、外部刺激、动机、行为与目标的关系

三、激励的基本过程

激励的过程，可以看成一系列的连锁反应过程。当人产生某种未满足的需要或者受到外界的刺激时，就会产生心理和生理上的反应，会让人产生改变现状的欲望，它使人处在一种不安和紧张状态之中，从而成为某种行为的动机。动机产生以后，人就会寻找、选择能够满足需要的方法和途径，待方法确定后，如果遇到能够满足需要的目标，就会驱使个体采取某种行为活动。

如果行为的结果实现了目标，使需要得到满足，紧张的心理状态就会消除，则人们会产生新的需要和动机，确定新的目标，进行新的活动；如果行为的结果未能满足需要，目标未实现，则会让人产生挫折感，或采取新的行为，或重新努力，或降低目标要求，或改变目标从事别的活动等。

总之，从需要的产生到目标的实现，人的行为是一个周而复始、不断升华的循环过程。激励就是要促使需要、外部刺激、动机、行为、目标这五个相互影响、相互依存的要素更好地衔接起来，构成激励的整个过程。激励的基本过程可用图 13-2 表示。

事实上，人的行为远比上述过程复杂得多，各个阶段的过渡与发展也并非界限分明。在任何一个组织中，管理人员一定要关注各种激励的因素并创造性地运用它们。由激励过程可以看出，为了引导人的行为达到激励的目的，管理者既可在了解人的需要的基础上，创造条件促进这些需要得以满足，引导和影响组织成员的行为，也可通过采取措施，改变个人行动的环境。管理者实施激励，就是想方设法做好需要引导和目标引导，强化员工动机，刺激员工的行为，从而实现组织目标。

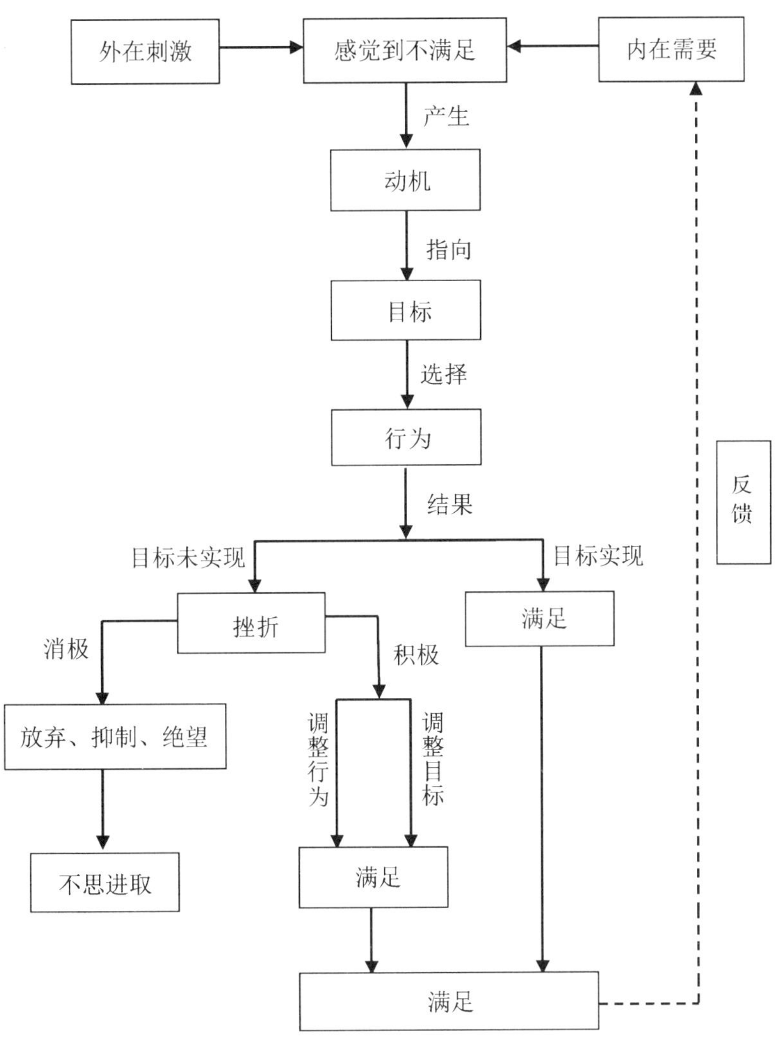

图 13-2　激励过程模式

第三节　激励理论

人的行为过程就是追求需要满足的过程，而激励正是通过帮助员工满足个人需要、引导其实现预期目标来进行的。管理激励理论就是研究如何预测和激发人的动机、满足人的需要、调动人的积极性的理论。20 世纪二三十年代以来，管理学家、心理学家和社会学家从不同角度对怎样激励人的问题进行了大量的研究，提出了许多激励理论。这些理论按其所研究的激励侧重点及其与行为关系的不同，大体上可以分为内容型、过程型、行为改造型和综合型四大类。

由于所有的激励理论都涉及对人性的认识，是建立在一定的人性假设和判断的基础上的，因此在学习激励理论之前需要先了解有关人性认识的一些理论与观点。

一、人性假设理论

被管理者的特性和心理需求决定了管理者应该采取的管理行为。对组织中人的不同假设，将直接影响到管理人员的管理行为。美国著名行为科学家道格拉斯·麦格雷戈在其代表作《企业的人性面》(1957)中提出了著名的X-Y理论；美国的心理学家和行为科学家埃德加·沙因归纳分类了人性的四种假设，即经济人假设、社会人假设、自我实现人假设和复杂人假设。

1.经济人假设

经济人又称为“理性—经济人”或实利人，经济人假设最早由英国经济学家亚当·斯密提出。其基本假设是：人基本上是被动的，其一切行为都是为了最大限度地满足自己的利益，工作动机是为获得经济报酬。经济人假设的基本观点是：人的行为来源于经济诱因，人都要追求自己最大的利益，并且需要用金钱、权力与组织的操纵和控制，使员工服从并为此效力。

2.社会人假设

社会人的理论基础是梅奥的人际关系学说。社会人的基本假设是：从根本上说，人是由社会需求而引起工作动机的，并且通过与同事的关系而获得认同感。其基本观点有：工作本身失去了意义，只能从工作上的社会关系去寻求意义；员工对同事们的社会影响力要比管理者所给予的经济诱惑及控制更为重视；员工的工作效率随着上司能满足他们的社会需求的程度而改变。

3.自我实现人假设

自我实现人是美国管理学家、心理学家马斯洛提出的。自我实现人的基本假设是：人有好逸恶劳的天性，人都要需要发挥自己的潜力，表现自己的才能，只有人的潜力充分挖掘发挥出来，人的才能充分表现出来，人才会感到最大的满足。其基本观点是：人除了基本的社会需求之外，更有一种想要充分表现自己才能和发挥自身潜力的欲望。

4.复杂人假设

约翰·莫尔斯和杰伊·洛希在1970年发表的《超Y理论》对上述三种人性假设进行了总结，提出了复杂人假设，有人称其为“超Y理论”。复杂人的基本假设是：每个人有不同的需要和潜力，不但是复杂的，而且是多变的；人在不同的组织或不同的部门，会引发不同的动机和行为表现；人能够学到新动机，也能够对不同的管理策略做出反应。

因此，没有一种适合任何时代、任何组织、任何个人的普遍行之有效的管理方法。复杂人假设是权变管理理论直接的理论基础。

二、内容型激励理论

内容型激励理论着重于研究如何从需要入手，通过满足需要来激励、调动人的积极性。具体来讲，就是研究需要的内容和结构，即激发、引导、维持和阻止人的行为的因素是什么，解释“什么会使员工努力工作”的问题。关于人类需要的讨论众说纷纭，其中代表性的理论有：需要层次理论、双因素理论、成就需要理论。

1.需要层次理论

1943 年，美国著名的心理学家和行为学家马斯洛在《人的动机理论》一文中，首次提出了需要层次理论，把人的需要分成生理需要、安全需要、社交需要（即友爱和归属的需要）、尊重需要、自我实现的需要五个层次。

(1)需要层次理论的基本内容

人类的需要可分为五个层次，它们的基本内容是：

第一，生理需要。这是人类为维持生命所必需的最基本的需要，包括吃、穿、住及休息等。

第二，安全需要。这是人类要求保障身心安全、工作稳定、经济安全和环境安全等的需要，包括对现在的安全需要和对未来的安全需要两方面。

第三，社交需要。这是友爱和归属的需要，指在社会生活中，希望与别人交往、避免孤独、获得友谊，希望与别人关系融洽，希望被他人接受、关心、爱护和支持，在感情上归属于某一个群体的要求。

第四，尊重需要。它是一种对于自尊和来自他人的尊重的心理需要。自尊指对于获得信心、能力、成就的渴望和感到自身重要性的要求。来自他人的尊重是指“要求有名誉或威望，可看成别人对自己的尊重、赏识、关心、重视或高度评价”。

第五，自我实现的需要。指使人能最大限度地发挥自己的潜能，实现自我理想和自我发展的欲望与需要。这种需要突出表现为工作胜任感、成就感和对理想的不断追求。这是最高层次的需要，希望在工作上有所作为，在事业上取得较大成就，是一种永无止境的对于证明自身存在价值的追求。这五种需要呈阶梯形分布，如图 13-3 所示。

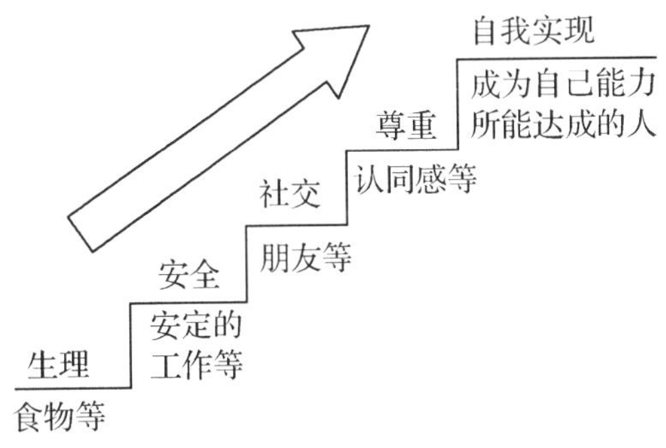

图 13-3 马斯洛的需要层次

(2)需要层次理论的基本观点

第一,人的需要是有层次的,需要按重要性和层次性进行排序。生理需要是人最基本、最优先的需要,自我实现是最高层次的需要。

第二,五种需要按照层次逐次递进,只有未满足的需要才能影响人的行为,已经得到满足的需要不再具有激励作用;当人的低层次需要得到满足后才会追求高一层次的需要。一般认为,生存和安全需要属于较低层次的物质方面的需要,社交、尊重和自我实现的需要则属于较高层次的、精神方面的需要。高级需要是从内部使人得到满足,低级需要则主要是从外部使人得到满足。

第三,人在特定时期存在特定的主导需要。在某一个时期,通常只有一种需要是人迫切需要满足的、能够引起人的动机和行为的需要,这种需要就是优势需要或主导需要。

第四,任何一种需要都不会因为更高层次需要的发展而消失,只是对行为的影响力量减轻而已。

第五,五种需要的等级顺序并不是固定不变的,存在着等级倒置现象。可能有例外现象,比如需要层次的跳跃。

第六,各种需要相对满足的程度不同。实际上,绝大多数人的需要只有部分得到满足,同时也有部分得不到满足,而且随着需要层次的升高,满足的难度相对增大,满足的程度逐渐减小。

(3)对马斯洛需要层次理论的简要评价

马斯洛的需要层次理论将人类的各种需要划分为五类,指出了人的需要是从低级向高级发展的,并指出了每一种需要的具体内容,这基本符合人的心理发展过程,提供了一个比较科学的理论框架,成为激励理论的基础。

马斯洛的需要层次理论也存在不足,主要体现在:对需要的五个层次的划分过于机械;分析过于简单,缺乏实证基础;马斯洛认为已满足的需要一般不再起大的促进作用,但满足的意义和标准不够明确。

(4)马斯洛需要层次理论在管理实践中的应用

需要层次理论由于直观逻辑性强,易于理解,具有广泛的影响,对管理实践有很强的指导意义。其在组织管理中的应用如表 13-1 所示。

表 13-1 马斯洛需要层次理论在组织管理中的应用

需要层次	激励因素	管理对策
生理需要	食物、住所、工作环境	工资和奖金制度、贷款制度、医疗保健、工作时间、创造健康的工作环境、住房与福利设施等
安全需要	职业保障、意外事故的防止	雇佣保证、退休养老金制度、意外保险制度、安全生产措施、危险工种的营养福利制度等
社交需要	友谊、爱、团体的接纳,组织的认同	建立和谐的工作团队、建立协商和对话制度、互助金制度、团体活动计划、教育培训制度等
尊重需要	名誉、地位、权力、责任、尊重、认可	考核制度、职务职称晋升制度、表彰制度、奖金制度、责任制度、授权等
自我实现的需要	成长、成就、挑战性的工作、能发挥个人特长的环境	安排挑战性和创造性的工作、决策参与制度、提案制度、破格晋升制度、目标管理、创造良好的工作环境、工作成就等

第一,正确认识组织成员需要的多层次性和差异性。

第二,人们在不同的情况下和不同时期可能会有不同的主导需要。管理者必须找出受时代、环境及个人条件差异影响的各种优势需要,注意目前对组织成员起主导作用的需要,有针对性地进行激励。

第三,需要层次理论揭示了人的需要包括物质的和精神的两个方面。特别是在物质方面的需要得到一定程度的满足后,精神方面的需要能起到更持久的激励作用。

2.双因素理论

双因素理论,又称为"激励—保健因素"理论,是由美国心理学家赫兹伯格于1959年提出的。20世纪50年代后期,赫兹伯格等人对203名会计师和工程师采用"关键事件法"进行调查访问,要求回答两个问题:第一,什么原因使你愿意干你的工作?第二,什么原因使你不愿意干你的工作?要求被调查者在具体情境下描述他们认为工作中特别好或特别差的方面、让他们感到满意和不满意的事项,在研究了调查结果后提出了双因素理论。

(1)双因素理论的内容

赫兹伯格通过分析调查结果,发现某些因素总是与工作满意相关,与不满意关联度很低,他把这种因素叫作激励因素;而另一些因素则总是与工作不满意相关,与满意关联度很低,叫作保健因素。赫兹伯格的调查发现,由保健因素引起的不满占69%,而激励因素只占31%,当保健因素被充分满足后,所能发挥的激励作用只占19%,而激励因素得到满足后,能发挥的激励作用高达81%。二者的形成如图13-4所示。

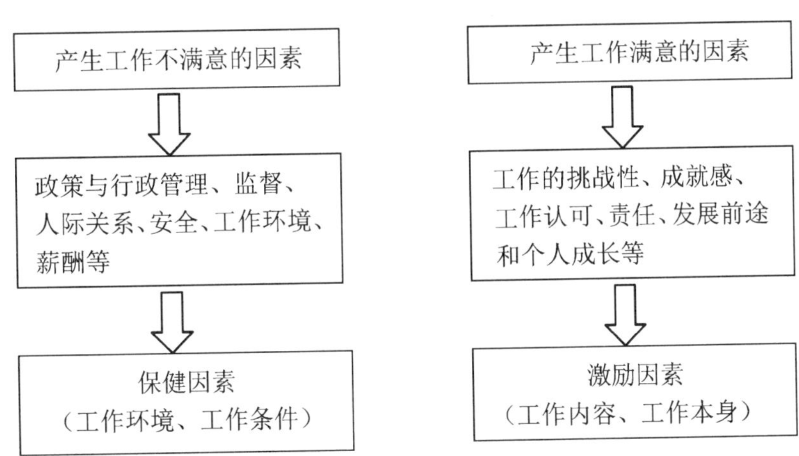

图13-4 激励因素和保健因素

①保健因素。保健因素是指和工作环境或条件相关的因素。这类因素不具备或强度太低或这类需要得不到满足,会导致员工的不满,甚至严重挫伤员工的积极性;但这类因素即使充分具备、强度很高也很难使员工感到满意,仅能防止人们产生不满情绪,而不能使员工产生更高的积极性。由于这类因素带有预防性,只起保持人的积极性、维持工作现状的作用,因此这类因素被称为保健因素(或维持因素)。赫兹伯格发现这类因素主要有公司政策与管理方式、监督、薪酬、人际关系和工作条件等。

②激励因素。激励因素是指和工作内容联系在一起的，能带来积极态度、满意和激励作用的因素。这类因素的改善，或者使这类需要得到满足，往往会对员工产生很大的激励，产生工作的满意感，有利于调动员工的积极性；不具备这些因素和条件，也不会引起组织成员的不满意，只会没有满意感（但不是不满）。赫兹伯格认为激励因素主要包括挑战性的工作、赏识（认可、奖励）、晋升、成长、工作责任感、成就感等，大多是属于工作本身或工作内容方面的因素。

概而言之，赫兹伯格认为保健因素不能直接起到激励人们的作用，但能防止人们产生不满的情绪。保健因素改善后，人们的不满情绪会消除，但并不会产生太大的积极效果。而激励因素能产生使人满意的积极效果。

赫兹伯格还认为，传统的观点把工作满意度视为一个单一维度的概念，认为满意的对立面是不满意，满意和不满意构成一个单一连续体的两个极端，这是不正确的。赫兹伯格提出这其中存在着双重的连续体：满意的对立面应该是没有满意，而不是不满意；不满意的对立面是没有不满意，而不是满意。其对比见图 13-5。

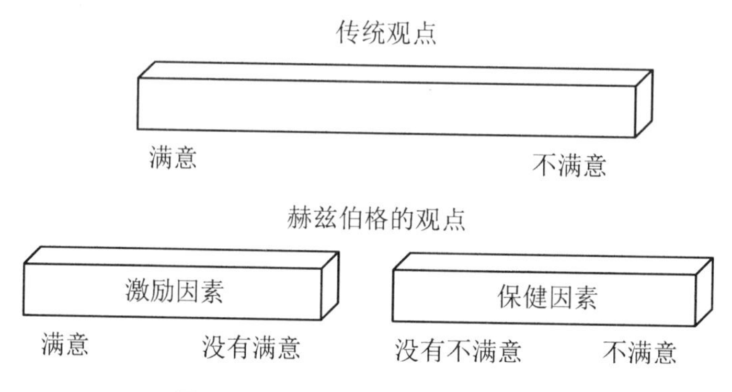

图 13-5　满意—不满意观点的对比①

赫兹伯格的双因素理论与马斯洛的需要层次理论有密切的联系，其保健因素相当于生理、安全等低层次需要，激励因素相当于社交、尊重、自我实现等高层次需要。

（2）对双因素理论的评价

双因素理论在现代激励理论中有着重要地位，它告诉管理人员必须充分注意工作内容方面因素的重要性及其满足对激励的重要意义，使人们对激励的内容有了新的认识。

但是，也有人对它提出了批评，指出了该理论的缺陷，主要在于：

第一，赫兹伯格调查取样的数量和对象代表性不够。样本仅有 203 人，数量较少。而且对象是工程师、会计师，他们在工资、安全、工作条件等方面都比较好，因此，这些因素对他们自然不会起激励作用，不能代表一般组织成员的情况。

第二，赫兹伯格在调查时，问卷的方法和题目有缺陷。首先，人们一般具有把好的结果归功于自己的努力，而把不好的结果归咎于客观条件或他人的心理倾向，而这种心理特征在他的调查问题上无法反映出来。其次，赫兹伯格没有使用满意尺度的概念。一个人很可能对工作一部分满意一部分不满意，或者比较满意，这在他的问题中也是无法反映的。换句话说，满意

① ［美］斯蒂芬·P.罗宾斯.管理学（第四版）［M］.黄卫伟，孙建敏，等译.北京：中国人民大学出版社，1997.

与不满意都不是绝对的，赫兹伯格未能提供衡量满意与不满意程度的标准。

第三，赫兹伯格认为，满意和生产率的提高有必然的联系。实际上满意并不意味着劳动积极性的提高或劳动生产率的提高，满意与生产率之间没有必然联系。

第四，赫兹伯格将保健因素和激励因素截然分开是不妥的。实际上保健因素和激励因素不是绝对的，它们相互联系，在一定条件下可互相转化。

(3)双因素理论的应用

赫兹伯格的双因素理论，强调工作本身的激励作用，在组织行为学中具有重要的意义，为管理者更好地激发员工的动机提供了新思路。

第一，管理者在实施激励时，应注意区分保健因素和激励因素，并注意二者作用的不同，前者的满足可以消除不满意，后者的满足可以产生满意。

第二，管理者在管理中不应忽视保健因素，要注意预防和消除保健因素带来的不满意感，但也没有必要过分地改善保健因素，因为这样做只能消除组织成员对工作的不满情绪，不能直接提高工作积极性和工作效率。

第三，不能只注意保健因素，还要用激励因素不断调动人的积极性。

第四，在不同国家、不同地区、不同时期、不同阶层、不同组织，乃至每个人，最敏感的激励因素是各不相同的，应灵活地加以确定。

第五，管理过程中要善于把保健因素转化为激励因素。保健因素和激励因素是可以转化的，不是一成不变的。

3.成就需要理论

成就需要理论是美国哈佛大学教授麦克莱兰及其学生在20世纪50年代提出来的。他们对成就需要进行了深入的研究，认为成就需要具有挑战性，能够激发奋斗精神，对行为起主要影响作用，因此称其为成就需要理论，也叫三种需要理论。

该理论认为人类的许多需要都不是生理性的，而是社会性的，而且人的社会性需求不是先天的，而是后天的，来自环境、经历和培养教育等，特别是在特定行为得到报酬后，会强化该种行为模式，形成需要倾向。时代不同、社会不同、文化背景不同，人的需要也就不同。通过研究分析，他归纳出了三类社会性需要：权力需要、社交需要和成就需要。

(1)成就需要理论的主要内容

成就需要理论认为，人在生存需要得到满足以后，还有三种主要的动机或需要。

①权力需要。指影响和控制他人的愿望和驱动力。

②社交需要。即对归属和社交的需要，指寻求被他人接纳并建立良好人际关系的愿望和要求。

③成就需要。指根据适当标准追求成就的驱动力，是该理论的核心内容。麦克莱兰认为，具有强烈成就需要的人往往具有以下三种性格特征：有极强的事业心，谨慎地设定具有适度挑战性的目标；总是寻求能够独立处理问题的工作机会，喜欢通过自己的努力解决问题，不依赖他人或偶然的机遇坐享成功；希望尽快得到工作绩效的反馈。

(2)成就需要理论在管理中的应用

首先,在人员的选拔和安置上,通过测量和评价一个人动机和需要对于如何分派工作和安排职位有重要的意义。其次,对于具有不同需要的人需要不同的激励方式,了解员工的需要与动机有利于合理建立激励机制。再次,该理论认为,具有高度成就需要的人对组织和国家都有重要的作用,无论是组织还是国家都要善于发现、培养那些具有高成就需要的人,为他们提供施展才能的机会,及时肯定和宣传他们的业绩,并给予较高的荣誉。从管理的角度来看,高成就需要者特别适合于那些独当一面,能够显示其工作业绩的工作。由于成就需要可以后天培养,因此组织应当为员工提供能够发挥个人能力的具有挑战性的工作环境,培养员工的成就需要;尽可能对高成就需要员工的工作成果给予及时反馈。

以上几种内容型理论激励都是从人的需要方面来研究激励问题的,所以也可称为需要理论。

三、过程型激励理论

过程型激励理论着重研究人们所进行的行为的选择以及持续和结束的过程,即行为是怎样产生的、是怎样向一定方向发展的、这种行为怎样保持下去以及怎样结束的发展过程。过程型激励理论解释的是"为什么员工会努力工作"和"怎样才会使员工努力工作"这两个问题。代表性理论有期望理论、公平理论、目标设置理论等。

1.期望理论

(1)弗鲁姆的期望理论

期望理论是由美国耶鲁大学教授、心理学家弗鲁姆于1964年在《工作与激励》一书中首先提出的。

①期望理论的内容

期望理论是通过考察人们的努力行为与其所获得的奖酬之间的因果关系,来说明激励过程以及如何选择合适的行为达到最终的奖酬目标的理论。该理论认为,人们对某项工作积极性的高低,取决于他对这种工作能满足其需要的程度及实现可能性大小的评价,前者称为效价,后者称为期望值。当人们有需要,又有达到这个需要的可能时,其积极性才高。激励水平取决于期望值和效价的乘积,其公式是:

$$\text{激励力}(M)=\text{效价}(V)\times\text{期望值}(E)$$

激励力,指一个人受激励的程度和动机的强度,愿意为达到目标而努力的程度。

效价,指一个人对行动的结果能满足其需要的程度的估计,即对实现目标后所获得的奖酬的价值的主观评价,其取值范围为$-1\leqslant V\leqslant 1$。

期望值,指个人对采取某种行动可能导致某一预期结果和满足需要的概率的估计,即对工作目标能够实现概率的估计,其取值范围是$0\leqslant E\leqslant 1$。

由公式可以推导出,效价和期望值的不同结合会产生不同的激励力量,表现如下:

E高×V高 = M高

E中×V中 = M中

E高×V低 = M低

E低×V高 = M低

E低×V低 = M低

激励力的大小与效价、期望值有密切的关系，效价越高，期望值越大，激励力也越大，反之越小。如果其中一个变量为零甚至为负，激励力也就等于零或为负。这就说明了为什么非常有吸引力的目标，也会无人问津，这是内容型激励理论无法解释的。

根据这一理论的研究，员工对待工作的态度依赖于对下列三种关系的判断。

第一，努力与绩效的关系。员工感觉到通过一定程度的努力而达到工作绩效的可能性。如需要付出多大努力才能达到某一绩效水平？是否真能达到这一绩效水平？概率有多大？如果个人主观认为通过自己的努力达到预期目标的概率较高，就会有信心，就可能激发出很强的动力。但是如果他认为通过努力也不会有好的绩效、很难实现预期目标时，就会失去内在的动力，导致工作消极。这一关系可在期望值上反映出来。

第二，绩效与奖酬的关系。员工对于达到一定工作绩效后即可获得理想的奖赏结果的信任程度。如当达到一定绩效水平后，会得到什么奖赏？如果员工认为取得绩效后能够获得合理的奖励，就有可能产生工作热情，否则就可能没有积极性。

第三，奖酬与个人目标的关系。如果工作完成，员工所获得的潜在结果或奖赏对其的重要性程度。如这一奖赏能否满足个人的目标？吸引力有多大？如果奖励能很好地满足个人需要，工作动力就强、积极性就高，反之积极性就低。

后两方面关系可以在效价这个变量上体现出来。这三方面关系可用图13-6表示。

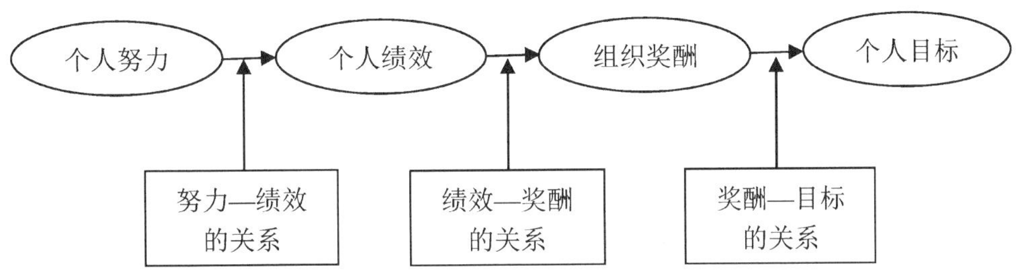

图13-6　期望理论三方面的关系

这三种关系要求在激励过程中要处理好这三方面的关系，这也是调动人的积极性的三个条件。

②期望理论对管理的启示

现实中的情况并非公式这样简单，因为效价是一种主观偏好，它因人而异、因时而异；期望值也是一种主观判断，不仅与努力程度有关，也与个体的实际能力有关。但是，期望理论对我们实施管理激励仍然有诸多启示。

第一，为了激励员工，主管人员应当一方面提高预期结果的效价；另一方面帮助员工实现其期望值，即提高期望概率。要重视效价与个人需要的联系，将满足低层次需要（如发奖金、提高福利待遇等）与满足高层次需要（如加强工作的挑战性、给予某些称号等）结合运用。

第二，一定要选择员工感兴趣、评价高，即认为效价大的项目或手段。管理者不要泛泛地实行一般的激励措施，而应当实施被多数组织成员认为效价最大的激励措施，要通过宣传教育提高员工对工作目标及其奖酬效价的认识水平。

第三，适当控制期望概率和实际概率。期望概率既不是越大越好，也不是越小越好，关键要适当。凡是想起广泛激励作用的工作项目，都应是大多数人经过努力能实现的。当一个期望概率远高于实际概率时可能产生挫折，而期望概率太小时又会减少某一目标的激发力量。实际概率最好大于平均的个人期望概率，使大多数人受益。但实际概率应与效价相适应，效价大，实际概率可以小些；效价小，实际概率可以大些。

第四，设置某一激励目标时应尽可能加大其效价的综合值。如果每月的奖金多少不仅意味着当月的收入状况，而且与年终分配、工资调级和获得先进工作者称号挂钩，则将大大增大效价的综合值。

第五，适当加大不同人实际所得效价的差值。加大组织希望行为和非希望行为之间的效价差值。如只奖不罚与奖罚分明，其激励效果大不一样。

(2)波特和劳勒的期望模式

美国心理学家和管理学家波特和劳勒于 1968 年在期望理论的基础上，结合公平理论和强化理论提出了一种比较完善的激励模式，见图 13-7。

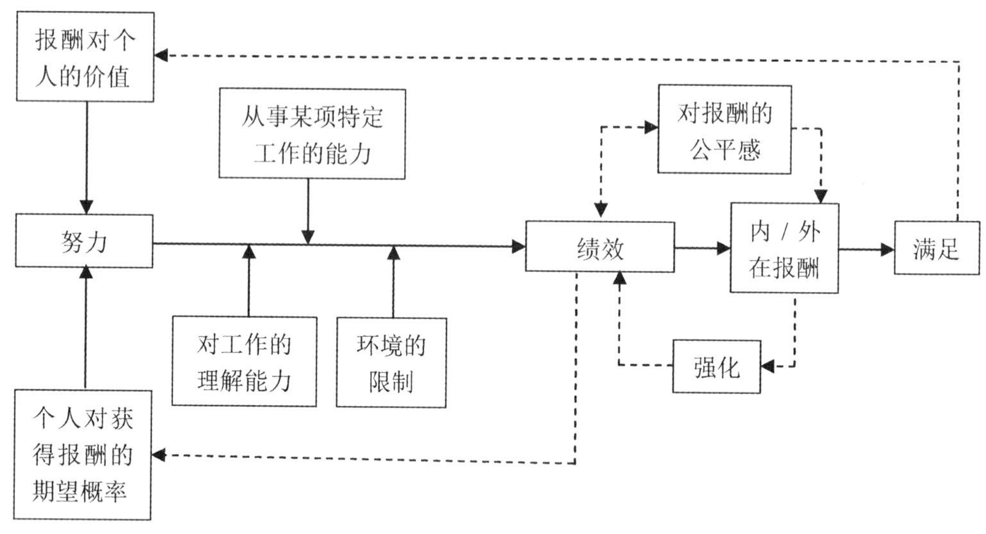

（说明：图中方框表示有关因素，实箭线表示因素间的因果关系，虚箭线表示反馈回路。）

图 13-7 波特和劳勒的期望模式

①波特和劳勒的期望模式的内容

该模式包含努力、绩效、报酬、满足四个变量。

A.努力，是指个人所受到的激励程度和所发挥出来的能力。个人的努力程度综合取决于个人对报酬(如工资、奖金、提升、认可、友谊、荣誉等)效价的主观看法及个人对努力将获得这一报酬的概率的主观估计。

B.绩效,是工作表现和实际成果。绩效不仅取决于个人所做的努力程度,而且也受个人能力与素质(如从事某项特定工作必要的业务知识、技能等)、对工作任务的理解和认识以及环境的影响。

C.报酬,是绩效所产生的奖励的报酬。包括内在报酬(如成就感或自我实现感)和外在报酬(如工作条件或身份地位),这两种报酬和个人对报酬所感受到的公平感糅合在一起,影响着个人的满足感。

D.满足,是个人对实现某种绩效后所获得的报酬是否满意以及满意的程度如何的感觉。它取决于受激励者对所获报酬公平性的感觉,如果受激励者感到不公平,则会导致不满意。个人是否满意以及满意的程度将会反馈到其完成下一个任务的努力过程中。满意会促使进一步的努力,而不满意则会导致努力程度的降低甚至离开工作岗位。

②波特和劳勒的期望模式的应用

波特和劳勒的期望模式提示管理者,激励不是一种简单的因果关系,而是一个受多种因素影响的复杂过程,要想取得预期效果,管理者必须将激励的每个环节考虑周全,切不可简单化地进行处理。管理者应该仔细地评价他们的报酬结构,并通过周密的计划、明确的职责等,把“努力—绩效—报酬—满足”这一连锁关系结合到整个管理系统中去。

2.公平理论

公平理论(Equity Theory)又称社会比较理论,是由美国心理学家斯达西·亚当斯于20世纪60年代提出的,它侧重于研究奖酬分配的公平性、合理性对员工的工作积极性和工作态度的影响。

(1)公平理论的内容

公平理论认为,人的工作态度和工作积极性不仅受其所得的绝对报酬的影响,而且还受其相对报酬(个人的付出与所得到的报酬的比较值)的影响,组织成员对报酬的满意程度是一个社会的比较过程。比较包括横比(在同一时间内以自身同其他人的比较)和纵比(自己不同时期的付出与报酬的比较)两种。

人都会自觉或不自觉地把个人的报酬与付出(或贡献)的比率同相关参照对象进行比较并做出判断,可用表13-2表示。当二者相等时,会产生公平感,才会心情舒畅,努力工作;如果二者的比率不同,就会产生不公平感,就会采取措施消除不公平感。

表13-2 公平理论的比较

觉察到的比率比较	员工的评价结果
$(O/I)_A < (O/I)_B$	不公平(报酬偏低,不满意)
$(O/I)_A = (O/I)_B$	公平(满意)
$(O/I)_A > (O/I)_B$	不公平(报酬偏高,乐于接受)

其中，O(Outcome)代表报酬，包括物质方面和精神方面的所得，如工资、奖金、晋升、赏识、名誉地位、受人尊敬等；I(Input)代表投入(也可以是贡献)，包括体力和脑力的消耗，如技术水平、努力程度、能力、精力、时间、经验和工作态度等，具体体现为工作数量与质量；A代表当事人(本人)，B代表参照对象。参照对象可以是“他人”(包括同事、朋友、邻居、同行等，通常是那些与自己年龄、能力、受教育水平、工作性质相近的人)，可以是“制度”或“规则”(组织中的薪酬政策与程序以及这种制度的运作，人们会分析规则本身的公平性并将自己的状况与之相比较)，还可以是“自我”(自己过去的情况，即自己过去的付出与所得的比率)。

在组织中，人们往往喜欢经常地进行比较，进而对公平与否及其程度做出判断。从某种意义上说，工作动机激发的过程，实际上就是一个人与他人进行比较、做出判断，并据以指导行动的过程。

应当指出，人们在进行比较时，对投入与报酬以及公平与否的评价都是当事人的主观感受。只有当个体主观上感到“不公平”时，才会产生一种力图恢复“公平”的愿望。对大多数人来说，“不公平”感是一种令人厌恶的刺激，为消除这种刺激产生的紧张感，个体会产生一种内在的驱动力，这就形成了一种激励，其强度与个体所感受到的不公平程度成正比例。在这种情况下，人们通常会采取一定的行为以期改变这种不公平，如：要求改变自己的报酬、付出或产出，改变自我认知或对他人的看法，或改变他人的贡献或报酬，或改变参照对象，甚至辞去工作等。

(2)公平理论对管理者的启示及其应用

公平理论提出的基本观点是客观存在的，它对管理者具有很强的启示意义，在管理实践中应注意吸收运用。

第一，公平奖励组织成员。必须将相对报酬作为有效激励的方式，尽可能实现相对报酬的公平性。管理者在管理激励中不应孤立地看待某个人，而应该考虑其参照对象，在工作任务的分配、工作绩效的考核、工作报酬的发放等方面充分运用公平理论的原理。管理者要坚持绩效与奖酬挂钩的原则，公平奖励组织成员。

第二，公正评价，合理奖酬。要使员工有公平感，管理者就应当尽量克服绩效评价和报酬制度中不合理的现象。合理的奖酬是以公正科学的评价为基础的，组织要科学地建立系统的评价指标体系，以公正地评价员工的劳动，建立平等的竞争机制。

第三，教育员工正确选择比较对象和认识不公平现象。公平感是个体的一种主观感受，而人们往往倾向于高估自己的付出而低估自己的所得；对参照对象的相应估算却恰巧相反，而且常常选择一些比较性不强的比较对象，这些情况都会使员工产生不公平感，这对组织是不利的。不准确的估算自然难免使主观判断偏离实际，以致误导行为。因此，管理者应能敏锐地察觉到成员个人认识上可能存在的偏差，适时做好引导工作，确保个人工作积极性的发挥。

第四，管理人员应该了解下属对各种报酬的主观感觉，为了使员工对报酬有比较客观的感觉，管理人员应该让下属知道分配的标准，且应在工作前便让下属知道这个标准。

第五，管理人员应对下属可能因为感到不公平而产生的负面效应有所准备。比如与下属多做沟通，在心理上减轻他们的不公平感觉等。

3.目标设置理论

美国马里兰大学的心理学教授爱德文·洛克提出了目标设置理论。该理论指出，目标(Goal)是一个人试图完成的行动的目的。目标是引起行为的最直接的动机，设置合适的目标会使人产生想达到该目标的成就需要，因而对人具有强烈的激励作用。重视并尽可能设置合适的目标是激发动机的重要过程。

洛克认为目标设置理论是实际应用的一种认知过程。他认为个体的意识目标和意图是行为的主要决定因素。有意识行为的一个通常可观察到的特征，就是行为持续直到他完成目的。洛克认真描述了目标设置中的精神(认知)过程的特征，即目标的具体性、目标的挑战性和目标强度。

四、行为改造型激励理论

行为改造激励型理论是研究如何改造和转化人的行为，变消极行为为积极行为的一种理论。对这个问题存在着不同的看法，大体可分为三类：第一类看法认为，人的行为是对外部环境刺激做出的反应，只要改变外部环境刺激(即创造一定的操作条件)，就可达到改变行为的目的，如强化理论；第二类看法认为，人的行为是人的思想认识指导和推动的结果，通过改变人的思想认识就可以达到改变人的行为的目的，如归因理论；第三类看法认为，人的行为是外部环境刺激与内部思想认识共同决定的，只有把二者相结合，才能达到改变人的行为的目的，如挫折理论。

1.强化理论

强化理论是由美国哈佛大学心理学教授斯金纳提出的。强化是心理学术语，是指通过改变环境刺激因素来达到增强、减弱或消除某种行为的过程。该理论认为人的行为是其所获刺激的函数，认为个体对外部刺激所采取的行为或反应，取决于特定行为的结果。如果行为的结果对他有利，这种行为会重复出现；若个体行为的结果对其不利时，这种行为就会减弱或消失。也就是说，人的行为是对外部环境刺激做出的反应，只要通过改变外部环境刺激，就可达到改变行为的目的。

(1)强化的类型

根据强化的性质和目的可分为以下类型。

①正强化。也叫积极强化，指符合组织目标的行为发生后及时用某种有吸引力的、令人满意的结果，即物质的或精神的鼓励来肯定这种行为，使该类行为重复出现和加强。例如，看到员工工作表现出色领导立即加以表扬，实际上就是对行为做了正强化。正强化通常包括增加工资、发给奖金和奖品、表扬、赞赏、给他分配有意义的工作等。为了使强化达到预期的效果，还必须注意实施不同的强化方式。正强化的方式主要有连续的、固定的正强化和间断的、不固定的正强化两种。

②负强化。也称消极强化或逃避性学习，是指在组织中预先告知某种不符合要求的行为或不良绩效将带来的不利的结果，促使员工抑制或避免这些行为，来回避令人不愉快的处境，成语“杀鸡儆猴”说的就是这个意思。如果人们能按所要求的方式行事，即可减少或消除这种令人不愉快的处境，从而使人们增加积极行为出现的可能性。因此，负强化不仅能使一些不良行为减少或结束，而且还能使积极行为得到强化。例如，员工知道随意迟到、缺勤会受到处罚，不缺勤、按时上班则不会受到处罚，于是员工会避免迟到、缺勤，学会按要求行事。负强化与正强化的目的是一样的，但两者的手段和形式不同。

③自然消退。也称衰减或消除，是通过不提供个人所希望的结果来减弱和消除某种行为，包括对某种行为不予理睬以表示对该行为的轻视或某种程度的否定和对原来用正强化手段鼓励的有利行为不再给予正强化两种方式使其逐渐消失。研究表明，一种行为如果长期得不到正强化，就会逐渐消失。“无为而治”就包含着这种思想。

如上所述，正强化是用于加强所期望的个人行为；负强化、惩罚和自然消退的目的是为了减少和消除不期望发生的行为。这几种类型的强化相互联系、相互补充，构成了强化的体系，并成为一种制约和影响人的行为的特殊环境因素。

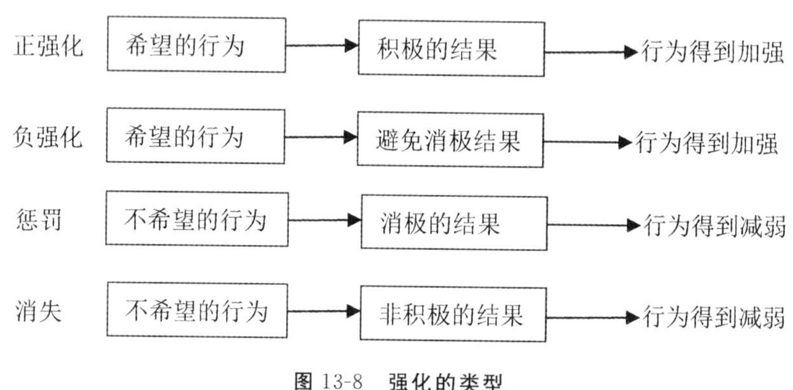

图 13-8　强化的类型

(2)强化理论在管理中的应用

强化理论强调行为是其结果的函数，通过适当运用及时的奖惩手段，集中改变或修正员工的工作行为。主管人员在运用强化理论改造下属的行为时，应注意以下几点。

①要明确强化的目的或目标，要选准强化物。要明确预期的行为方向，使被强化者的行为符合组织的要求。

②因人制宜采取不同的强化模式，不能以同样的方式强化所有员工。人们的年龄、性别、职业和文化不同，需要也不同，因而对同一种强化物的反应也各不相同，强化方式也应不一样。这就要求具体分析强化对象的情况并据此采用不同的强化措施。

③要及时反馈和及时强化。所谓及时反馈就是通过某种形式和途径，及时将工作结果告诉行动者。无论结果好与坏，对行为都具有强化的作用，好的结果能鼓舞其信心，继续努力；坏的结果能促使其分析原因，及时纠正。

④要尽量运用正强化的方式，避免运用惩罚的方式，奖惩结合、以奖为主。应十分注意采

用以奖励为主的正强化办法调动员工的积极性。即使需要运用惩罚等强化手段，最好同时告诉组织成员应该怎样做，力求严肃认真、实事求是、处理得当。

⑤要设立一个目标体系，分步实现目标，不断强化行为。在鼓励人前进时，不仅要设立一个鼓舞人心而又切实可行的总目标，而且要将总目标分成许多小目标。把庞大的总目标分成若干阶段性小目标，通过许多“小步子”逐渐完成。对每一小步取得的成功结果，管理者都应予以及时强化，以长期保持员工奔向长远目标的积极性，而且通过不断的激励增强信心。

⑥要多用不定期奖酬，少用定期奖酬。强化理论的不足之处在于，它仅仅注重当人们采取某种行为时会带来什么样的后果，忽视了诸如目标、期望、需要等个体要素，但强化并不是员工工作积极性存在差异的唯一解释；强化理论只讨论外部因素或环境刺激对行为的影响，忽略人的内在因素和主观能动性对环境的反作用，具有机械论的色彩。

2.归因理论

归因理论是美国心理学家海德首先提出，后由美国斯坦福大学的罗斯等人加以发展。

归因理论认为，人们对过去的成功或失败主要归结于四个方面的因素：努力、能力、任务难度和机遇。这四个方面的因素又可按内外因、稳定性和可控性进一步分类：从内外因方面来看，努力和能力属于内因，而任务难度和机遇则属外因；从稳定性来看能力和任务难度属于稳定因素，努力与机遇则属不稳定因素；从可控性来看，努力是可以控制的因素，而任务难度和机遇则超出个人控制范围。

如果一个人把失败归因于天生能力低、脑袋反应慢这样的自己难以控制的内因，他在几次失败后就不会再从事同样的行为，因为他知道能力低是难以改变的，再努力也是徒劳。如果一个人把失败归因于不够努力这样的可以由自己主动控制的内因，他失败后可能会加倍努力，从事同类行为，直至获得成功。

如果一个人把失败归之于偶然的不可控制的外因，例如他认为没有完成任务是天公不作美，他失败后一般能坚持同样行为，争取在下次获得成功，因为“天公不作美”因素不可能每次都出现。如果一个人把失败归之于必然的不可控制的外因，例如，认为领导总是和自己作对，阻碍自己，他失败后就会减少可能坚持引起失败的行为。因为他认为只要领导不下台或不离开这个单位，自己就难逃失败的命运。

另外，如果一个人把成功归因于内部原因，会使人感到满意和自豪；归于外部原因，会使人感到幸运和感激。

总之，如果一个人把自己的失败看成必然的，自己无能为力的，就会降低自己以后从事同样行为的动机；反之，如果将失败看成偶然的或自己可以主动控制的，就可能保持甚至是增强同类行为的动机，努力去争取成功。

归因理论给管理者很好的启示，即当下属在工作中遭受失败后，如何帮助他寻找原因（归因），引导他继续保持努力行为，争取下一次行为的成功。在管理工作中，管理者应尽量帮助组织成员做出后一种归因，即将成败归之于自己的努力，这对增强人们的积极性、对取得成就行为有一定的作用，特别是对科研人员的作用更明显。

3.挫折理论

挫折理论专门研究人们遇到挫折后会有一些什么行为反应，管理人员应如何针对员工遇到的挫折采取相应的措施，引导员工走出挫折的阴影，积极努力地对待工作。

挫折是指人们在从事有目的的活动过程中，遇到障碍和干扰，使需要和动机不能获得满足时的情绪状态。

导致挫折的原因是多种多样的，人们受挫的程度也各不相同，但总的来说，挫折不外乎是由主观因素和客观因素造成的，因此归纳起来可分为客观环境与主观条件两方面的原因。由客观因素引起的挫折叫作环境起因的挫折，这是由于外界事物或情况阻碍人们达到目标而产生挫折。构成挫折的客观环境因素主要有自然环境因素、物质环境因素、社会环境背景因素三个方面。由主观因素引起的挫折叫作个人起因的挫折。引起挫折的主观因素主要包括个人目标的适宜性、个人本身能力的因素、个人对工作环境了解的程度、个人价值观念和态度的矛盾等。

研究表明，受挫的大小与个体的动机密切相关，当重要动机受挫时，感受到的挫折就大，打击也大。由于不同个体具有不同的重要动机，因而，挫折的感受因人而异。一般说来，一个人遭受挫折后，在生理上、心理上均会产生种种反应，而反应的强烈程度和方式则往往因受挫的性质、强度及个体自身当时的情况而异。一个人的行为受挫后，目标不能达成，动机无法兑现，需要得不到满足，在个体和环境之间便产生了冲突，导致内心的紧张，心理上的不安，乃至陷入痛苦之中。此时，个体会自觉或不自觉地采取一种防卫性的对抗行为，以适应行为受挫后的新情况。行为受挫后所产生的防卫行为，其效果可能是积极的、建设性的，也可能是消极的、破坏性的。一方面，它可能使人失望、痛苦、消极、颓废，甚至一蹶不振，或引起粗暴的消极对抗行为，导致矛盾激化，还可能使某些意志薄弱者因此失去生活的希望等；另一方面，挫折又可能给人以启迪，使人变得聪明起来，使犯错误的人有所醒悟，认识错误，接受教训，改弦更张；它还可以磨砺人的意志，使之更加成熟、坚强；它还能激发人的斗志，从逆境中奋起。

五、综合型激励理论

看待激励的视角可以有多种，以上的各种理论分别从不同角度来分析、解释人的行为，都对激励研究做出了不同的贡献，或者从不同的角度做出了相应的贡献，各个理论有着各自的优势（见图 13-9）。

同时，不同激励理论又有着各自的局限性，有些理论在某些方面存在着一定的矛盾，甚至正好相反，如期望理论认为员工倾向于成功率高的目标，而目标设置理论认为有一定难度的目标更具有激励作用。事实上，人的行为是复杂的，多方面的因素都可能对其产生影响。没有哪一种理论能解决所有问题，因此有时有必要使用多种理论，将它们融会贯通，才可能比较客观、全面和准确地理解和认识激励的过程和规律。综合型激励理论就是对已有的激励理论进行概括与综合，试图全面揭示人在激励中的心理过程。

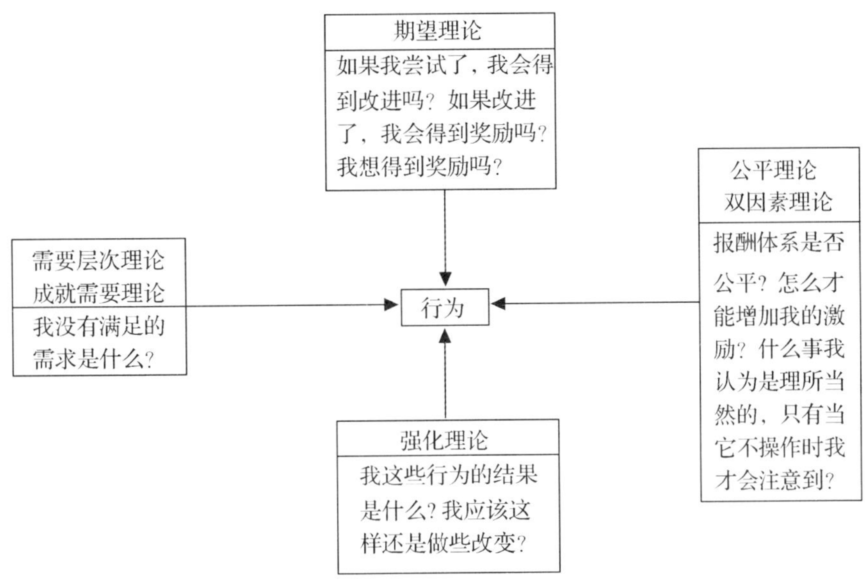

图 13-9　各种激励理论的关系①

图 13-10 所示模型，实际上就是前述的波特—劳勒期望模式，它总结了前面所提到的关于激励问题的大部分内容，以弗鲁姆的期望理论为基础把前文提到的相关激励理论加以整合。个人的行为受到个人目标的影响，这与目标设置理论是相吻合的。期望理论认为如果个体认为在努力与绩效、绩效与奖酬、奖酬与目标间存在密切联系，那么他的努力程度将非常高；反过来，每一种联系又受到一定因素的影响。在这个过程中的各个环节又符合其他的有关激励理论。

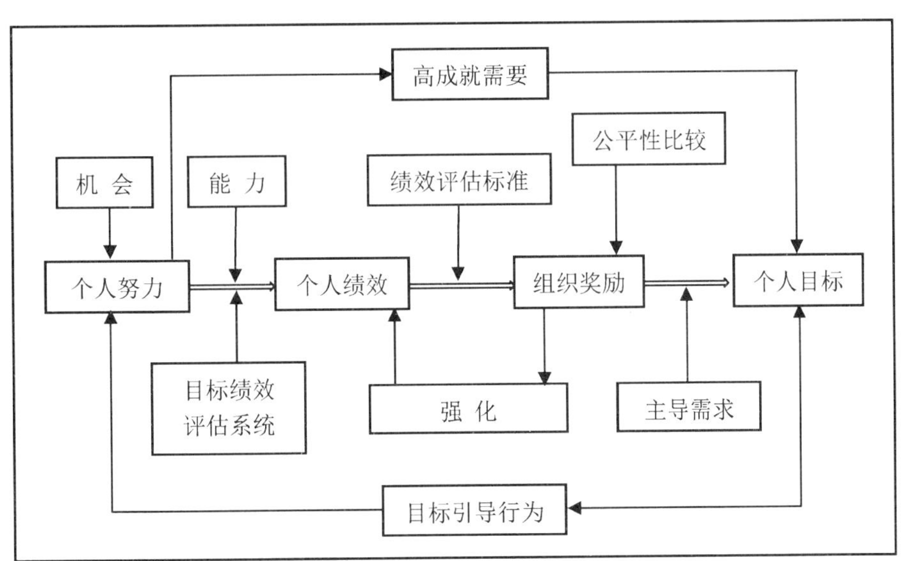

图 13-10　当代激励理论的综合②

① ［美］莱斯利·W.鲁，劳埃德·L.拜厄斯.管理学：技能与应用（第 11 版）［M］.刘松柏，译.北京：北京大学出版社，2006.

② ［美］斯蒂芬·P.罗宾斯，玛丽·库尔特.管理学（第 7 版）［M］.孙健敏，黄卫伟，王凤彬，等译.北京：中国人民大学出版社，2004.

在努力与绩效的关系中，个体的激励受到表现机会和个人能力的影响，同时绩效评估系统是否公正、客观也对个体具有明显的作用，这与公平理论是相符合的。对于绩效与奖励之间的关系来说，个体的努力程度受到绩效评估标准和组织强化的影响和作用，如果个人感知到自己是因绩效因素而不是其他因素而受到奖励时，这种关系最为紧密。组织的奖励强化了个人的绩效，如果奖励系统在员工看来是用于奖励卓越的工作绩效的，那么奖励将进一步强化和激励这种良好绩效。另外，绩效评估标准是否公平、组织强化的强度和频度是否公平、组织奖励的公平性对个体的努力程度也具有重要的作用。这与强化理论和公平理论相吻合。在奖励与目标的关系中，各种需要理论起着重要作用，需要层次理论、成就需要理论在这里都能够得到体现和应用。当个人由于他的绩效而获得的奖励满足了与其目标一致的主导需要时，他的工作积极性会非常高。成就需要理论体现在高成就需要者不会因为组织对他的绩效评估以及组织奖励而受到激励，对他们来说，努力与个体目标之间是一种直接关系。对于高成就需要者而言，只要他们所从事的工作能使他们产生个体责任感、有信息反馈并提供了中等程度的风险，他们就会产生内部的驱动力。

第四节　激励的原则与方法

激励理论与相关研究结果表明，激励的方法有很多，但激励对象都有自己的特性，他们的需求、个性、期望、目标等个体变量各不相同。因而管理者根据激励理论处理激励实务时，应将激励理论与实践进行结合与分析，在遵循激励的一般原理的基础上针对激励对象的不同特点采用不同的方法。激励的内容与形式应依情况的变化而变化，不同的工作性质、不同的员工素质、不同的组织状况，需要不同的激励方式。

由于需要是人的行为的原始驱动力，是激励的起点和基础，是人的积极性的源泉和本质，而动机是产生行为的直接原因；因此，管理者要真正调动下属的工作积极性，首先必须掌握员工的动机与需要。了解激励对象的需要有哪些、每种需要和动机特别是主导需要的强度，以及这些需要对其的效价。只有这样，才能对症下药，“激”人所需。为此，管理者应经常调查并分析员工的需要和动机。可以通过员工访谈、观察、实验等方法收集有关员工需要与动机的资料，然后对这些资料进行整理、归类和分析，在此基础上有的放矢地进行激励。

明确了员工需求以后，管理者还需要根据需求的具体情况将各种激励理论结合起来，正确选择和运用各种激励理论。由于各种激励理论是互补的，不同的理论可以运用于激励过程中的不同阶段，不同的理论也回答了不同的问题。管理者应针对员工激励过程中的不同问题，灵活选用最适当的、正确的激励理论作为指导，进行激励分析和设计。

一、激励的基本原则

在管理活动中，尽管激励必须因时、因地、因人、因事而异，但这并不等于说激励就没有一定规律可循，在管理中仍然有一些共同的激励原则可以遵循和参考。

1.以人为本原则

激励的根本目的是要调动人的积极性,需要、动机、行为、绩效目标等几个激励要素都是以人为基础、从人出发的,最终结果也是归结于人。激励是一门以人为工作对象的艺术,做好人的工作,前提是必须了解人、理解人、尊重人和满足人。

2.个人目标与组织目标相结合原则

目标是员工产生动力的源泉,目标设置必须能满足员工个人的需要;同时,目标设置还必须体现组织目标,否则激励将偏离组织目标的方向。如何将员工个人目标与组织目标结合起来呢?一是把组织目标转化为员工个人目标,明确组织目标的实现将给员工带来的好处,使员工自觉地从关心自身利益变为关心企业组织的利益,从而提高影响个人激励水平的效价;二是善于把组织、个人目标展现在员工眼前,不断增强员工实现目标的信心,提高员工实现目标的期望值;三是制订具有一定挑战性的目标,对员工起到激励的作用。应树立合理的目标及尽可能准确、明确的绩效衡量标准。

3.时效原则

时效原则是指奖惩必须及时,不能拖延。适时激励的关键在于“赏不逾时”即及时性,切忌口头许诺,画饼充饥,一旦事过境迁,激励的作用就会大打折扣。

4.功过分开,适度激励原则

奖励与惩罚应该分明,对该奖的人给予奖赏,对该罚的人进行惩罚,对同一个人的功过应该严格区分,分别处理。同时,激励要适度,奖励和惩罚不适度都会影响激励效果,同时增加激励成本。

5.奖惩结合,奖主罚辅原则

根据实际情况的不同在赏或罚之间做出适当的选择,有功则奖,有过则罚。管理人员在制订激励制度和激励时应把正激励和负激励巧妙地结合起来,以正激励为主,负激励为辅。在进行奖惩时要注意奖惩分明,以奖为主。

6.实事求是,客观公正原则

在进行激励时,一定要认真、客观、科学地对员工进行业绩考核,做到奖罚分明,不论亲疏,一视同仁,使得受奖者心安理得,受罚者心服口服。要使所有相关员工在激励面前享有平等的权利和义务,使奖励的程度与价值贡献度对等。

此外,还有物质激励与精神激励相结合的原则、因人而异按需激励的原则、外在激励与内在激励相结合的原则等原则。

二、常用的激励方法

1.激励的基本形式

按照不同的分类标准,可将激励分为以下一些基本形式。

①物质激励(如工资、奖金和福利等)和精神激励(表扬、授予称号等);

②正激励(奖励、表扬、肯定、鼓励、支持)与负激励(批评、惩罚、否定);

③内激励(自尊、成就、晋升等)和外激励(工资、福利、安全环境、人际关系等);

④直接激励("职务内"满足或"岗位上"满足,如工作具有挑战性,工作本身有利于自我成长,工作本身的社会认可度、评价较高等)和间接激励("职务外"满足或"岗位外"满足,如工资、津贴、奖金等)。

注意,这几种激励形式只是分类角度不同,它们并不是相互独立的,而是相互交叉和联系的。

专栏 13-3　管理故事:保龄球效应

行为科学中有一个著名的"保龄球效应":两名保龄球教练分别训练各自的队员。他们的队员都是一球打倒了7只瓶。教练甲对自己的队员说:"很好!打倒了7只。"他的队员听了教练的赞扬很受鼓舞,心里想,下次一定再加把劲,把剩下的3只也打倒。教练乙则对他的队员说:"怎么搞的?还有3只没打倒!"队员听了教练的指责,心里很不服气,暗想,你咋就看不见我已经打倒的那7只。结果,教练甲训练的队员成绩不断上升,教练乙训练的队员打得一次不如一次。

启示:赞赏和批评的收效有多么大的差异。用好赞赏的技巧,关键是把你的注意力集中到"被球击倒的那7只瓶"上,别老忘不了没击倒的那3只。要相信任何人或多或少都有长处、优点,只要"诚于嘉许,宽于称道",你就会看到神奇的效力。

2.具体的激励方法

具体的激励方法很多,本书主要介绍以下几种对公共部门来讲比较常用且相对更适合的激励方法。

(1)工作激励法

工作激励就是通过工作本身满足工作者的需要,激发工作者内在的工作热情和工作积极性。这种激励方法可以叫事业激励和"内激励"。

工作激励包括工作目标激励、工作过程激励和工作完成激励三个部分。从组织的角度来看,主要是采取措施强化员工工作完成的激励效果,例如及时肯定员工的工作成绩,其中成绩突出者予以表扬、奖励,并通过媒体宣传其业绩等。工作激励主要有以下一些具体做法。

①要让员工认识到工作的意义,树立工作的责任感和成就感。

②工作安排要尽可能考虑员工的兴趣和爱好,发挥员工的专长,做到人尽其才。

③工作具有挑战性,能力略低于工作的要求。最好的状态是工作者处于某一岗位时总感到能力不足,必须努力和提高工作能力才能适应工作的要求。

④参与管理。让组织成员参加组织决策和各级管理工作的研究和讨论,或者通过各种形式或途径听取组织成员的意见,这既有利于决策和管理的有效进行,也对组织成员和下属有激

励作用。

⑤工作丰富化。工作设计要尽可能做到内容丰富多样，克服单调乏味和简单重复，增加工作的丰富性、趣味性，使工作者具有责任感、成就感和充满乐趣。具体的方法有：让企业员工参与一些具有较高技术或管理含量的工作，即提高其工作层次；让工作者有较大的自主性和自由发挥的空间；任务具有完整性并能及时看到自己的成果；鼓励员工参与管理；鼓励员工相互交往和沟通；随时反馈组织成员完成任务的情况；让组织成员也参与分析和改变工作物质环境和条件的工作；等等。

(2)目标激励法

目标激励就是通过设定适当的目标，诱发人的动机和行为，达到调动积极性的目的。必须以组织的目标为基础，把组织的目标与员工的个人目标结合起来，使二者相一致。要使个人的目标及奖酬与个人的需要一致，提高目标的效价，还要使实现目标信心的增加也就是提高目标的期望值。管理者在管理的过程中，要不断地为员工设立看得到、在短时间内可以达到的目标。通过帮助员工确立既定的目标，使之诱发行动的力量，并按照目标的要求自觉来控制自身的行为方向，挖掘自身的心理和生理潜力，全力以赴实现目标。

(3)榜样激励法

榜样激励法是指通过组织树立的榜样使组织的目标形象化，号召组织内成员向榜样学习，从而提高激励力量和绩效的方法。20 世纪 50 年代以来，我国在各条战线上树立过像雷锋、李向群、王铁人、张秉贵、焦裕禄等一大批英雄模范人物，曾在全国起了很好的榜样作用。榜样激励主要包括先进典型的榜样激励和管理者自身的模范作用的榜样激励两个方面。首先要求领导人以身作则，还要求树立好先进典型。其次，“榜样”的树立，应当坚持实事求是，不要“虚构”和“夸张”，以免引起员工的逆反心理。再次，要对榜样的事迹广为宣传，使组织成员都能知晓，使组织成员知道有什么样的行为才能荣登榜样的地位，使学习的目标明确。最后，非常重要的环节就是给榜样以明显的且使人羡慕的奖酬，这些奖酬中当然包括物质奖励，但更重要的是无形的受人尊敬的奖励和待遇，提高榜样的效价，使组织成员学习榜样的动力增加。

(4)物质利益激励法

物质利益激励法就是以物质利益(如工资、奖金、福利、晋级、住房、汽车、带薪休假、员工持股计划和各种实物等)为诱因对员工进行激励的方法。最常见的物质利益激励有奖励激励和惩罚激励两种方法。奖励激励是指组织以奖励作为诱因，驱使员工采取最有效、最合理的行为。组织首先根据工作的需要，规定员工的行为，如果符合一定的行为规范，员工可以获得一定的奖励。惩罚激励是指组织利用惩罚手段，诱导员工采取符合组织需要的行动的一种激励。在惩罚激励中，组织要制订一系列的员工行为规范，并规定逾越了行为规范的不同的惩罚标准。惩罚手段包括扣发工资、奖金，罚款、赔偿等。

物质刺激应该与一个人的工作表现或绩效挂钩。实施物质激励要注意保持组织成员的公平感，充分体现“多劳多得，少劳少得”的分配原则。

在使用物质激励方法时，不要忽视金钱的因素。一个关于 80 项激励方式对员工生产率影响的研究的结论是：当仅根据生产情况来设定目标时，生产率水平提高了16%；重新设计激励机制以使工作更为丰富化，生产率水平提高了8%～16%；让员工参与决策的做法，使生产率水平提高了不到1%；然而，以金钱作为刺激物却使生产率水平提高了30%。

(5)培训教育和发展机会激励

进入知识经济时代和信息社会，知识的更新越来越快，员工在工作岗位上受到的挑战也越来越多，对学习的需要越来越强烈。因此，培训教育这种激励方式也越来越受到青睐和重视。通过开展组织文化和技术知识培训教育，培养员工的成就欲望、进取精神，充实和更新知识，树立崇高理想和职业道德，提高员工的素质和工作能力，提高自我激励能力，是重要的激励方法。

(6)考评激励

考评是指各级组织对所属成员的工作及各方面的表现进行考核和评定。通过考核和评比，及时指出员工的成绩、不足及下一阶段努力的方向，从而激发员工的积极性、主动性和创造性。通过考核，给组织成员一种压力和动力，促使其振奋精神。

(7)形象与荣誉激励法

荣誉是贡献的象征，反映了组织对团队和个人贡献的充分肯定和高度评价，是满足员工自尊需要的重要激励手段。常用的方法是将照片、资料张榜公布，借以表彰组织的标兵、模范。有条件的组织，还可以通过闭路电视系统传播组织的经营信息，宣传组织内部涌现的新人、新事、优秀员工等。

荣誉激励是一种重要的精神激励手段，但要注意：①激励种类要适当少而精。过多的评先评奖会导致荣誉称号的贬值。②不要轮流坐庄。轮流坐庄会极大地打击员工的积极性。③荣誉激励与物质奖励相结合。④荣誉激励要制度化和规范化，减少随意性。

(8)行为激励

领导者以身作则，通过自己的实际行动，言传身教，带动组织成员努力工作，积极进取。行为激励即所谓"上行下效"。作为领导者，无论在生活上、工作上、态度上都应起到表率作用，激励下属为之效仿，才能起到正向的作用。

以上只是常见的激励方法，在实际工作中，应该针对不同的情况，从实际出发，综合地运用一种或多种激励手段，以求良好的激励效果。要特别关注新时期的一些新的激励方法的创新和运用。

三、激励的技巧

1.委以恰当工作，激发组织成员内在的工作热情

(1)工作的分配要考虑组织成员的特长和爱好

不同的工作对人的知识和能力的要求是不同的。同时，每个人的文化知识水平和工作能力也是有差异的。合理地分配工作首先要根据工作的要求和个人的特点，把工作与人有机地结合起来。

根据工作的特长安排工作就是要考虑"这个组织成员能做什么"，而不是"他不能做什么"。

善于用人，就是要认真研究每个人“长”在何处，“短”在何方，用其长而避其短，使每个人都能充分发挥其特长，使人尽其才，才尽其用。

给每个人分配适当的工作，还要求能在条件允许的情况下，把分配给每个人的工作与其兴趣尽量结合起来。

（2）工作的分配要能激发组织成员内在的工作热情

分配适当的工作，不仅要使工作的性质和内容符合组织成员的特点，照顾到组织成员的爱好，而且还要使工作的要求和目标既有一定的挑战性，又有实现可能性，能激发组织成员内在的工作热情。一般认为工作的能力要求应该略高于执行者的实际能力。

2.正确评价工作，合理给予报酬，形成良性循环

从工作报酬的角度来持续、有效地调动组织成员的积极性，激发组织成员的工作热情，关键是要正确使用奖和惩两种工具，即要做到“赏罚分明，赏要合理，罚要合情”。

（1）赏要合理

要使组织成员感到报酬公平合理，就必须贯彻按劳分配的原则，把组织成员的劳动报酬和劳动成果挂起钩来。不同的劳动成果应采用不同的评价标准，不同职位、不同工作应采取不同的评价标准和不同的报酬形式。

（2）罚要合情

“罚”的目的都是为了“惩前毖后”，使员工不要再犯类似错误。任何惩罚都应有“火炉效应”，即当你用手去触摸火炉时，会立即感到灼痛，迅速把手缩回来，你与其他人都将由此得到教训，以后不能再用手“触摸火炉”。为了提高“罚”的效果，必须掌握“罚”的四条规则：

①事先警告。要让每个员工事先都知道做了哪些违规行为一定会招致惩罚，并接受这种规定。

②即时处理。违规与惩处间隔的时间越短，效果愈好。

③人人平等。在惩罚面前人人平等，无论是谁，违规后必然招致同样的惩罚。

④对事不对人，普适执行。任何惩罚都只针对违规行为，而不要考虑违规者个人的情况。

3.掌握批评武器，化消极为积极

批评是管理者最常用的武器，领导者要使批评收到理想的效果，必须注意以下几点。

（1）明确批评目的

在进行批评之前，要明确批评的目的。在不同情况下，对不同对象进行的批评，可以有不同的目的，如：帮助批评对象认识行为可能或已经产生的有害结果；帮助批评对象下次不会再犯同样的错误；帮助批评对象补救这次错误造成的不利结果；帮助批评对象认识错误的原因，并使之认识到本来可以把事情办得好些，从而恢复自己的信心。

（2）了解错误的事实

了解错误的事实，就是要知道错在何处，何事错了，何时错的，如何发生的，何人做错的，为何会做错等。了解了错误的事实才可以在批评中有的放矢，这样才会使批评有说服力，不抽象笼统。

(3)注意批评方法

①要注意对事不对人。批评一个人,应是针对某一事而发,而不是针对其本人而发。

②要注意选择适当的用语。批评语言要尽量使对方感觉到你在帮助他,而不是在批评他,要在批评中给对方以启发。

③选择适当的场合。除非特殊情况,一般不要在公开场合"杀鸡儆猴"。要尽可能地在个别场合、在双方都心平气和的时候,向对方指出问题所在,给予批评。

④注意选择适当的批评时间。

(4)注意批评的效果

一方面,批评者在批评过程中和批评结束时,要及时了解批评对象是否明白了批评的目的,是否明白了对他的要求,是否明白了应该如何去做;另一方面,还要注意批评后的追踪检查,以保证组织成员在工作中确实避免重犯类似的错误。

4.加强教育培训,提高组织成员素质,增强进取精神

通过教育和培训,提高员工的自身素质,从而增强他们自我激励的能力,也是领导在激励和引导下属行为时通常可以采用的一种重要手段。提高组织成员素质的激励方法主要表现在思想政治教育和业务技术知识与能力培训两方面。

本章小结

1.激励是管理者采用某种有效的措施或手段调动人的积极性的过程。激励的起点是需求,由此产生出的动机会引起人们一定的行为,从而对目标的实现产生相关的作用。

2.有关激励的理论一般可以分为内容型激励理论、过程型激励理论、行为改造型激励理论和综合型激励理论四种类型。

3.内容型激励理论旨在了解人的各种需要,解释"什么会使员工努力工作"的问题。如马斯洛的需要层次论、赫兹伯格的双因素理论、麦克莱兰的成就需要理论等。

4.过程型激励理论着重分析人们怎样面对各种满足需要的机会以及如何选择正确的激励方法。如弗鲁姆的期望理论、亚当斯的公平理论等。

5.行为改造型激励理论研究如何改造和转化人的行为,变消极行为为积极行为的问题,解释行为结果对行为本身的作用。如强化理论、归因理论和挫折理论。

6.综合型激励理论则对已有的激励理论进行概括与综合,试图全面揭示人在激励中的心理过程,如波特和劳勒的激励模式等。

7.在管理过程中,应该根据具体问题进行具体分析,针对不同的内外环境采用不同的激励方法。管理者要很好地激励员工需要遵循激励的一些基本原则,要掌握一定的激励方法与技巧。

关键术语

激励 激励过程 需要层次理论 双因素理论 保健因素 激励因素 期望理论 公平理论 强化理论 激励方法 效价 期望值

复习思考题

1.简述激励的过程。

2.简述常用的激励方式。

3.回答以下激励理论的基本内容:①需要层次理论;②成就需要理论;③激励—保健理论;④期望理论;⑤公平理论;⑥强化理论。

4.常听到一些经理说,"金钱是最有效的激励因素。只要多给钱,就可以调动组织成员的积极性"。你认为是这样的吗?试运用有关激励理论对经理的话做出评论。

5.假如你是一个组织的中层管理者,你会怎样运用赫兹伯格的双因素理论?

6.现有三个经理,他们分别具有高成就感、人际关系导向明显和权力欲望极强的特点,你愿意为哪个类型的上司工作?为什么?他们三个的优点和缺点分别是什么?

7.金钱激励、工作激励、精神激励和培训教育激励方法分别与哪些激励理论有关?在运用时应注意什么问题?

案例讨论

猎狗的故事

一条猎狗将兔子赶出了窝,一直追赶它,追了很久仍没有捉到。牧羊狗看到此种情景,讥笑猎狗说:"你们两个之间小的反而跑得快得多。"猎狗回答说:"你不知道我们两个的跑是完全不同的!我仅仅为了一顿饭而跑,他却是为了性命而跑呀!"

这话被猎人听到了,猎人想:猎狗说得对啊,那我要想得到更多的猎物,得想个好法子。于是,猎人又买来几条猎狗,凡是能够在打猎中捉到兔子的,就可以得到几根骨头,捉不到的就没有骨头吃。这一招果然有用,猎狗们纷纷去努力追兔子,因为谁都不愿意看着别人有骨头吃,自己没得吃。

就这样过了一段时间,问题又出现了。大兔子非常难捉到,小兔子好捉,但捉到大兔子得到的骨头和捉到小兔子得到的骨头差不多。猎狗们善于观察并发现了这个窍门,专门去捉小兔子。慢慢地,大家都发现了这个窍门。猎人对猎狗们说:"最近你们捉的兔子越来越小了,为什么?"猎狗们说:"反正没有什么大的区别,为什么费那么大的劲去捉那些大的呢?"

猎人经过思考后,决定不将分得骨头的数量与是否捉到兔子挂钩,而是采用每过一段时间，就统计一次猎狗捉到兔子的总重量。按照重量来评价猎狗，决定一段时间内的待遇。于是猎狗们捉到兔子的数量和重量都增加了。猎人很开心。

但是过了一段时间，猎人发现，猎狗们捉兔子的数量又少了，而且越有经验的猎狗，捉兔子的数量下降得就越厉害。于是猎人又去问猎狗。猎狗说："我们把最好的时间都奉献给了您，主人，但是我们随着时间的推移会老，当我们捉不到兔子的时候，您还会给我们骨头吃吗？"

猎人做了论功行赏的决定。分析与汇总了所有猎狗捉到兔子的数量与重量，规定如果捉到的兔子超过了一定的数量后，即使捉不到兔子，每顿饭也可以得到一定数量的骨头。猎狗们都很高兴，大家都努力去达到猎人规定的数量。

一段时间过后，终于有一些猎狗达到了猎人规定的数量。这时，其中有一只猎狗说："我们这么努力，只得到几根骨头，而我们捉的猎物远远超过了这几根骨头。我们为什么不能给自己捉兔子呢？"于是，有些猎狗离开了猎人，自己捉兔子去了……

（案例来源：http://www.doc88.com/p-2833901606438.html.）

讨论：

1.在不同时期猎狗的需要分别是什么？

2.猎狗的需要的变化和发展体现了什么规律？

3.针对猎狗不同的需要请分别提出你的激励措施。

参考文献

一、著作译著类

[1][美]彼得·德鲁克.管理:使命、责任、实务(实务篇)[M].王永贵,译.北京:机械工业出版社,2006.

[2][美]彼得·德鲁克.管理的实践[M].齐若兰,译.北京:机械工业出版社,2006.

[3][美]彼得·德鲁克.卓有成效的管理者(珍藏版)[M].许是祥,译.北京:机械工业出版社,2009.

[4][美]弗雷德·鲁森斯.组织行为学(第11版)[M].王垒,等译.北京:人民邮电出版社,2003.

[5][美]海因茨·韦里克,哈罗德·孔茨.管理学——全球化视觉(第十一版)[M].马春光,译.北京:经济科学出版社,2004.

[6][美]赫伯特·A.西蒙.管理行为:管理组织决策过程的研究[M].杨砾,韩春立,徐立,译.北京:北京经济学院出版社,1988.

[7][美]赫伯特·A.西蒙.管理决策新科学[M].李柱流,汤俊澄,等译.北京:中国社会科学出版社,1982.

[8][美]赫伯特·A.西蒙.现代决策理论的基石:有限理性说[M].杨砾,等译.北京:北京经济学院出版社,1989.

[9][美]莱斯利·W.鲁,劳埃德·L.拜厄斯.管理学:技能与应用(第11版)[M].刘松柏,译.北京:北京大学出版社,2006.

[10][美]理查德·L.达夫特.管理学[M](第9版).范海滨,译.北京:清华大学出版社,2012.

[11][美]罗伯特·R.布莱克,简·S.莫顿.新管理方格[M].孔令济,徐吉贵,译.北京:中国社会科学院出版社,1986.

[12][美]罗伯特·阿格拉诺夫,迈克尔·麦圭尔.协作性公共管理:地方政府新战略[M].李玲玲,鄞益奋,译.北京:北京大学出版社,2007.

[13][美]斯蒂芬·P.罗宾斯,玛丽·库尔特.管理学(第9版)[M].孙健敏,黄卫伟,王凤彬,等译.北京:中国人民大学出版社,2008.

[14][美]斯蒂芬·P.罗宾斯,玛丽·库尔特.管理学(第11版)[M].李原,孙健敏,黄小勇,译.北京:中国人民大学出版社,2012.

[15][美]斯蒂芬·P.罗宾斯,蒂莫西·A.贾奇.组织行为学(第14版)[M].李原,孙健敏,黄小勇,译.北京:中国人民大学出版社,2012.

[16][美]斯蒂芬·P.罗宾斯,玛丽·库尔特.管理学(第7版)[M].孙健敏,黄卫伟,王凤彬,等译.北

京:中国人民大学出版社,2004.

[17][美]詹姆斯·L.吉布森.组织学:行为、结构和过程(第10版)[M].王常生,译.北京:电子工业出版社,2002.

[18][英]理查德·潘汀吉尔.管理技能[M].肖霞,译.北京:经济管理出版社,2011.

[19][法]亨利·法约尔.工业管理与一般管理[M].迟力耕,张璇,译.北京:机械工业出版社,2007.

[20][美]弗雷德里克·温斯洛·泰勒.科学管理原理[M].马凤才,译.北京:机械工业出版社,2013.

[21]Chandler,Alfred Dupont.*Strategy and Structure*[M].Cambridge:MIT Press,1990.

[22]Bernard M. Bass. *Leadership and Performance Beyond Expectations*[M]. New York: Free Press,1985.

[23][美]C.W. L.希尔,G.R.琼斯.战略管理[M].孙忠,译.北京:中国市场出版社,2005.

[24]Foulger D. *Evolutionary Media*[M]. Models of the Communication Press,2004.

[25]J.P.Kotter.*A Force for Change: How Leadership Differs from Management*[M].New York: Free Press,1990.

[26]John P.Kotter.*John P.Kotter on What Leaders Really Do*[M].Harvard:Harvard Business Review,1990.

[27]Edgar H.Schein.*Organizational Culture and Leadership(4th Edition)*[M].Hoboken:John Wiley & Sons Inc,2010.

[28][美]阿尔弗雷德·钱德勒.战略和结构[M].盛洪,译.云南:云南人民出版社,2002.

[29][美]阿伦·肯尼迪,特伦斯·迪尔.西方企业文化[M].孙耀君,何大基,帅鹏,马继森,译.北京:中国对外翻译出版公司,1989.

[30][美]保罗·乔伊斯.公共服务战略管理[M].张文礼,译.北京:清华大学出版社,2008.

[31][美]贝克.管理沟通——理论与实践的交融[M].康青,王蔷,冯天泽,译.北京:中国人民大学出版社,2003.

[32][美]彼得·德鲁克.管理实践[M].帅鹏,刘幼兰,丁敬泽,译.北京:工人出版社,1989.

[33][美]彼得·圣吉.第五项修炼——学习型组织的艺术与实务[M].郭进隆,译.上海:上海三联书店,1994.

[34]陈洪安.管理学原理(第2版)[M].上海:华东理工大学出版社,2013.

[35]陈琳,龚秀敏.管理原理与实践[M].北京:国防工业出版社,2013.

[36]陈阳,禹海慧.管理学原理[M].北京:北京大学出版社,2013.

[37]陈晔.管理学(第二版)[M].北京:科学出版社,2012.

[38]陈振明.公共管理学[M].北京:中国人民大学出版社,2003.

[39]崔运武.公共事业管理概论[M].北京:高等教育出版社,2004.

[40][英]大卫·鲍迪.管理学(第二版)[M].韩婷,刘新颖,沈秀琼,等译.北京:经济管理出版社,2011.

[41]冯国珍.管理学(第二版)[M].上海:复旦大学出版社,2011.

[42]郭文臣.公共关系管理[M].大连:大连理工大学出版社,2005.

[43]郭文臣.管理沟通[M].北京:清华大学出版社,2010.

[44][美]亨利·明茨伯格.战略历程:纵览战略管理学派[M].刘瑞红,译.北京:机械工业出版社,2003.

[45]黄旭.战略管理——思维与要径[M].北京:机械工业出版社,2007.

[46][美]基蒂·洛克.商务与管理沟通[M].梁汶洁,译.北京:机械工业出版社,2000.

[47]金太军,赵晖.公共行政管理学新编[M].上海:华东师范大学出版社,2006.

[48]金太军,赵晖.公共行政管理学新编[M].上海:华东师范大学出版社,2009.

[49]康青.管理沟通教程(第二版)[M].上海:立信会计出版社,2005.

[50][美]哈罗德·孔茨.管理学[M].黄砥石,陶文达,傅介声,译.北京:中国社会科学出版社,1987.

[51]雷金荣.管理学原理[M].北京:北京大学出版社,2012.

[52]李锡元.管理沟通[M].武汉:武汉大学出版社,2006.

[53][美]理查德·达夫特.管理学(第5版)[M].韩经纶,韦福祥,等译.北京:机械工业出版社,2003.

[54]林建煌.管理学[M].上海:复旦大学出版社,2010.

[55]刘巨钦.企业组织设计原理与实务[M].北京:企业管理出版社,1996.

[56]刘雪梅,胡建宏.管理学原理与实务[M].北京:清华大学出版社,2009.

[57]刘英骥.企业战略管理教程[M].北京:经济管理出版社,2006.

[58]娄成武,魏淑艳.现代管理学原理(第三版)[M].北京:中国人民大学出版社,2012.

[59][美]斯蒂芬·罗宾斯.组织行为学(第七版)[M].孙建敏,李原,等译.北京:中国人民大学出版社,1997.

[60][德]马克思,恩格斯.马克思恩格斯全集(第23卷)[M].中共中央马克思恩格斯列宁斯大林著作编译局编. 北京:人民出版社,1972.

[61][美]迈克尔·希特,杜安·爱尔兰,罗伯特·霍斯基森.战略管理:竞争与全球化(概念)(原书第4版)[M].吕巍,等译.北京:机械工业出版社,2002.

[62][美]迈克尔·波特.竞争战略[M].陈小悦,译.北京:华夏出版社,2005.

[63]苗雨君,李亚民,邵仲岩,赵卓.管理学:原理·方法·实践·案例(第2版)[M].北京:清华大学出版社,2013.

[64]彭正龙.公共部门人力资源管理[M].上海:同济大学出版社,2007.

[65]秦勇,李东进,于洁,何天林. 管理学:理论、方法与实践[M].北京:清华大学出版社,北京交通大学出版社,2013.

[66]芮明杰.管理学:现代的观点[M].上海:上海人民出版社,1999.

[67]芮明杰.管理学[M].上海:上海财经大学出版社,2005.

[68][美]桑德拉·黑贝尔斯,理查德·威沃尔.有效沟通(第5版)[M].李业昆,译.北京:华夏出版社,2002.

[69]邵冲.管理学案例[M].北京:清华大学出版社,2006.

[70]邵一明,蔡启明.企业战略管理(第二版)[M].上海:立信会计出版社,2005.

[71]申明,姜利民,杨万强.管理沟通[M].北京:企业管理出版社,1997.

[72][美]斯蒂芬·P.罗宾斯,大卫·A.德森佐.管理学原理(第五版)[M].毛蕴诗,等译.大连:东北财经大学出版社,2005.

[73]苏勇,罗殿军.管理沟通[M].上海:复旦大学出版社,1999.
[74]孙耀君.西方管理学名著提要[M].南昌:江西人民出版社,2007.
[75]孙元欣,许学国,林英晖. 管理学——原理·方法·案例[M].北京:科学出版社,2006.
[76]谭黎阳,王琦.管理学原理[M].上海:华东理工大学出版社,2013.
[77]汤明哲.战略精论[M].北京:清华大学出版社,2004.
[78]万卉林,贾书章. 管理学(第2版)[M].武汉:武汉理工大学出版社,2012.
[79]王关义,高海涛,张铭.管理学[M].北京:机械工业出版社,2011.
[80]王慧彦.管理学原理[M].北京:清华大学出版社,2008.
[81][美]威廉·詹姆斯.心理学原理[M].郭宾,译.北京:九州出版社,2007.
[82]魏新,刘苑辉,黄爱华.人力资源管理概论[M].广州:华南理工大学出版社,2007.
[83]瓮亮然,刘晓飞.团队管理艺术[M].北京:中国石化出版社,2010.
[84]吴亚平.管理学原理实训指导[M].武汉:华中科技大学出版社,2009.
[85]吴元其,戴强,陈家田,罗宣.管理沟通——理论·实务·趋势[M].安徽:合肥工业大学出版社,2011.
[86]武忠远,马勇.管理学[M].北京:高等教育出版社,2012.
[87]周新刚,肖小虹.工商管理学科导论[M].北京:科学出版社,2013.
[88]徐光华,暴丽艳.管理学:原理与应用[M].北京:清华大学出版社,北京交通大学出版社,2004.
[89]杨文士,焦叔斌,张雁,李晓光.管理学(第三版)[M].北京:中国人民大学出版社,2009.
[90]叶龙,吕海军.管理沟通——理念与技能[M].北京:清华大学出版社,北京交通大学出版社,2006.
[91]陈维政,余凯成,程文文.人力资源管理[M].北京:高等教育出版社,2002.
[92]喻旦辉.管理学[M].广东:中山大学出版社,2006.
[93][美]詹姆斯·S.奥罗克.管理沟通——以案例分析为视角(第4版)[M].康青,译.北京:中国人民大学出版社, 2011.
[94]张康之,李传军.一般管理学原理(第3版)[M].北京:中国人民大学出版社,2010.
[95]张康之,李传军.一般管理学原理(修订版)[M].北京:中国人民大学出版社,2005.
[96]张佩云.人力资源管理(第2版)[M].北京:清华大学出版社,2007.
[97]张岩松,周宏波.组织行为学案例教程[M].北京:清华大学出版社,北京交通大学出版社,2011.
[98]张智光,蔡志坚.管理学原理——领域、层次与过程(第2版)[M].北京:清华大学出版社, 2010.
[99]赵慧军.管理沟通:理论·技能·实务[M].北京:首都经济贸易大学出版社,2003.
[100]郑海航.企业组织学导论[M].北京:中国劳动出版社,1990.
[101]周三多,陈传明,鲁明泓.管理学——原理与方法(第五版)[M].上海:复旦大学出版社,2013.
[102]周三多,贾良定.管理学:原理与方法学习指导(第五版)[M].上海:复旦大学出版社,2010.
[103]周三多,陈传明.管理学(第三版)[M].北京:高等教育出版社,2000.

二、期刊论文类

[1]Frenkel M.Communicating management: The role of the mass media in the institutionalization of

professional management and productivity discourse in Israel[J]. Scandinavian Journal of Management,2005,Vol. 21(2).

[2]Hurn B. J. Management of change in a multinational company[J]. Industrial and Commercial Training,2012(1).

[3]Jones R.Personal knowledge management through communicating. Online Information Review, 2009,Vol. 33(2).

[4]Nitin Pangarkar. Internationalization and Performance of Small and Medium-sized Enterprises[J]. Journal of World Business, 2008,Vol. 43(4).

[5] Rensburg Ronél, Ströh Ursula. Communicating on the edge of chaos: a transformation and change management perspective[J]. Communicatio: South African Journal for Communication Theory & Research,1998,Vol. 24(2).

[6]曾明.工作激励理论研究综述[J].大连大学学报,2004(5).

[7]曾萍,姚建文.管理沟通与伦理道德建设融合探析[J].经济问题探索,2008(10).

[8]陈娟,邓晰隆.论公共部门人力资源管理中的激励机制[J].科技管理研究,2010(9).

[9]陈焱.管理沟通的现状、提升及其实务[J].长江大学学报(社会科学版),2012(11).

[10]陈志军,胡晓东,王宁. 管理控制理论评述[J].山东社会科学,2005(12).

[11]杜栋.管理控制的不同视角[J].系统科学学报,2010,18(3).

[12]郭改英.管理沟通:成功管理的基石[J].中国商贸,2012(14).

[13]何晴,张黎群.组织间管理控制模式与机制研究评介[J].外国经济与管理,2009,31(10).

[14][加拿大]亨利·明兹伯格.管理者的工作:传说与事实[J].商业评论,2004(01).

[15]贾雅茹.公共部门与私营部门激励机制比较研究[J].兰州大学学报(社会科学版),2010, 38(03).

[16]李京文.中国在21世纪全新环境下的管理创新[J].管理科学文摘,2002(11).

[17]李丽清, 周小刚.当代管理理论发展的新趋势[J].企业家天地,2005(2).

[18]李晓庆.对我国公共组织激励机制的思考[J].改革与开放,2010(10).

[19]李新.建立人力资源价值评估体系的思考[J].中国人口·资源与环境,2005(06).

[20]刘军.公共部门激励机制构建的路径选择[J].边疆经济与文化,2007(3).

[21]吕力.管理学的元问题与管理哲学——也谈《出路与展望:直面中国管理实践》的逻辑瑕疵[J].管理学报, 2011(04).

[22]孟卫东,付治国,颜廷旭.浅议政治管理的激励机制[J].重庆三峡学院学报,2006(2).

[23]尚水利.对沟通的再认识及其现实意义[J].消费导刊,2008(9).

[24]申喜连.管理概念的新审视[J].中国行政管理, 2004(03).

[25]申喜连.试论行政组织激励机制向企业组织激励机制的借鉴[J].中国行政管理,2011(11).

[26]孙衍安.试析人力资源绩效考核方法[J].改革与开放,2011(6).

[27]王强,王鲁平,周小耀.管理控制系统的概念框架[J].管理科学,2006,16(5).

[28]王辉霞.组织的社会责任研究[J].当代法学,2012(4).

[29]王家龙.激励理论的发展过程和趋势分析[J].求实,2005(4).

[30]王奇.企业战略性管理沟通模式探讨[J].现代商贸工业,2012(12).

[31]王玮，李长淑.上海：服务型政府的“智慧”之路[J].上海信息化，2012(4).
[32]王小青.论彼得·德鲁克的管理沟通理论与高校师生关系的调谐[J].煤炭高等教育，2012，30(5).
[33]王卓，王树恩.管理控制方法论新探——兼评《管理控制与管理经济学》一书[J].自然辩证法研究，2002，18(2).
[34]韦联桂.高校管理沟通研究概述[J].山西科技，2012，27(3).
[35]杨玄.瑞士钟表业是怎样走出困境的[J].经济研究导论，2012(31).
[36]张经远.管理激励理论述评及应用[J].科学与管理，2006(4).
[37]张先治.关于管理控制的几个基本理论问题[J].会计之友，2012(22).
[38]张振丽，官巨宏.全面预算管理控制模式研究[J].财会月刊(理论)，2007(05).
[39]赵建国.论企业管理沟通[J].科技信息，2013(9).
[40]赵曙明，高素英，耿春杰.战略国际人力资源管理与企业绩效关系研究[J].南开管理评论，2011(1).
[41]周雪艳.基于胜任特征的绩效管理流程体系设计研究[J].经济问题，2014(7).

三、报纸类

[1]马红漫.公路收费乱象与财税体制改革[N].南方都市报，2014-12-02(AA23版).
[2]茅以宁.MBA洗礼同仁医院：百年老院的现代管理启蒙[N].21世纪经济报道，2003-03-19.
[3]梁莹辉.海南航空：传统文化的力量[N].中国经营报，2013-07-29.
[4]赵峰.王亚伟再赌乐凯胶片重组[N].中国经营报，2013-08-24.
[5]上海市人民政府关于印发上海虹桥商务区“十二五规划”的通知[N].上海人民政府公报，2012-07-03，第15期.
[6]李方向.削减审批事项的流程，不再走“长征”[N].钱江晚报，2014(A0024版).
[7]罗昌爱.理念一变柳江清[N].人民日报，2007-01-11 (01版).
[8]王进，韩晓蓉.江苏“泗阳万人公选最差政府官员”调查[N].北京青年报，2003-03-01(网络版).
[9] 黄奇帆.推进新型城镇化的思考与实践[N].学习时报，2014-05-26(A8版).

四、电子文献类(网络资源)

[1]赵卜成.如何避免各行其是[EB/OL].[2009-03-07].http://www.globrand.com/2009/179320.shtml.
[2]赵力，朱自洁，吴振鹏，等.社科院统计14年间群体性事件[EB/OL].[2014-04-27].中国政府创新网，http://www.chinainnovations.org/index.php? a = show&c = index&catid = 31&id = 1772&m=content.
[3]新华网.是“吸血鬼”还是“鲶鱼”？一场因余额宝引发的口水战[EB/OL].[2014-02-25].http://news.xinhuanet.com/fortune/2014-02/25/c_119484302.htm.
[4]中国共产党新闻.2003年8月中央纪委、中央组织部正式组建专门的巡视工作机构[EB/OL].[2009-08-19].http://fanfu.people.com.cn/GB/143349/165093/165096/165117/9889408.html，
[5]舜网.狠抓食品安全，让老百姓从“吃得饱”到“吃安心”[EB/OL].[2014-05-15].http://opinion.e23.cn/a/2014-05-15/34886.html.
[6]互联网.把珍珠串成项链——联想集团的人力资源管理经验[EB/OL].[2015-11-10].http://www.kjcity.com/news_615477.html.

后　记

现代管理学之父彼得·德鲁克于1954年出版的《管理实践》一书提出了一个具有划时代意义的概念——目标管理，从此将管理学开创成为一门学科。时至今日，管理学的影响不但没有减弱，反而日益扩大，愈来愈多的人加入了学习和研究管理学的大潮之中，体验管理学所具有的独特魅力。

在管理信息化、国际化、网络化的时代背景下，如何体现管理学发展的前沿性与针对性一直是管理学教学的重要命题。因此，本人作为一名长期从事管理学原理教学与研究工作的教师，在传播管理学基础知识的同时，始终在思考如何提升管理学的吸引力，做到传播知识与实践运用相结合、理论学习与批判思维相结合、科学认知与能力培养相结合，本书就是在这种情况下应运而生。

为了实现以上目标，本书力求突破传统写作方式，突出以下特色：

实践性。注重实践导向，避免繁多的理论介绍，强调知识的实践运用，形成了章前有引例、章中有实践分析及思考题、章后有案例分析的实践体系，并将基础知识与现实生活中的管理问题与现象紧密结合，引导学生实践思维的养成。

趣味性。注重兴趣导向，每章均有丰富的专栏，介绍管理故事、管理人物、管理定律、管理常识、管理名言、管理技巧等，拓展学生视野，改善知识结构，提高学习热情与动力。

前沿性。注重发展导向，丰富知识体系，加入前沿理论，体现在知识拓展、全球环境中的管理、新的工具与理念、时效性的文献等方面，提高学生的知识广度与深度。

能力性。注重能力导向，通过思考题、讨论题、定量分析方法等提高思辨能力，并在每章中拓展内容与要求等环节，对学生分析问题、解决问题的能力进行培养和检验。

公共性。注重专业导向，结合知识体系，加入公共管理知识与实践内容，如公共部门理念、公共危机、政府社会责任、政府职能转变、行政决策模式等，提升学生公共管理实践中的管理意识与技巧。

同时，本书还强调管理英语的重要性，通过关键术语、外文文献阅读等方式加强学生运用英语进行学习与查找文献的能力，也要求教师应结合国际管理学发展前沿进行讲解与拓展。

本书按照管理学的总体要求、管理职能、专业管理的逻辑顺序展开。本书共有13章，其中第1章至第4章属于总体要求的范畴，对管理学进行概要介绍，着重体现在管理学发展、管理理念、管理环境等方面，突出管理的规律性与前沿性；第5章至第9章为管理职能的具体论述，体现在管理决策、计划、组织、领导及控制等方面，突出管理的科学性与严谨性；第10章至第13

章为重要的专业管理活动，体现在战略管理、人力资源管理、管理沟通、管理激励等方面，突出管理的艺术性与技巧性。

本书的顺利完成，凝聚着整个编写团队的辛勤劳动，牺牲了大量的休息时间，经历多次的修改、完善、校对之后，又先后进行了五轮统稿，力求精益求精，最终目的就是保证质量与可读性，为阅读者和使用者提供一本全方位、多视角、宽视野、重实践的管理学教材与工具书，唤起人们对于管理学的新认识、新思考及新体验。

本书得以出版，首先要感谢西南师范大学出版社与西南大学政治与公共管理学院的支持，感谢“新编公共管理丛书编委会”总主编、西南大学政治与公共管理学院院长陈跃教授，感谢学校档案馆馆长吴江教授在本书筹备、编写过程中给予的指导与关心，感谢各位编委给予的支持、启示与分享。

本书由王作军设计大纲、编写计划与整体结构，协调编写进程，并具体组织讨论、修改工作；王作军总体统稿、校对与完善，甄杰协助统稿，何其芳、周密、付金萍、汪渊、杜晓康、贝纪宏、特尔格乐、吴晓玲参与了后期修改、校对等工作。各章编写分工如下：

第1章	管理与管理学	田茗萱
第2章	管理理论的发展	代欣玲
第3章	管理理念与原则	郑文平　张雪峰
第4章	管理环境	李　锋
第5章	管理决策	徐国平
第6章	管理计划	王作军　田茗萱
第7章	组织	王作军　徐国平
第8章	领导	甄　杰
第9章	管理控制	张　杰
第10章	战略管理	甄　杰
第11章	人力资源管理	代欣玲
第12章	管理沟通	朱　琳
第13章	管理激励	张　杰
后记		王作军

本书主要适用于高等院校管理类专业及其他相关专业的研究生、本专科学生，也可作为成人教育、网络教育管理类专业的教材使用，同时可为管理工作者提供借鉴与参考。管理学书籍众多，本书感谢相关专家学者们的观点启迪，并争取体现出编写团队自身的思想与特色，今后还可以用新的视角及方法，将新的思想和观点加入其中，使管理学教材更加异彩纷呈，更加接地气，更加与社会接轨。

书中难免存在疏漏或欠妥之处，敬请读者斧正！

王作军

2015年6月于西南大学绩镛楼